幸せのための教育

幸せのための教育

ネル・ノディングズ 著
山﨑洋子／菱刈晃夫 監訳

知泉書館

Happiness and Education
by
Nel Noddings

謝辞

Acknowledgments

本書のいくつかの部分とその中心的な考えは、過去三年にわたる講義とゼミナールのなかで取り組んできたものです。カルヴァン大学、コルゲート大学、南メイン大学、ロングアイランド大学（ブルックリン校）、東ミシガン大学、コロンビア大学ティーチャーズ・カレッジ、バンクストリート教育大学での講義やゼミナールに参加し、有益な質問や激励に満ちたコメントを下さった大学教員、学生、一般の方々に感謝いたします。このプロジェクトは、アイルランド、ダブリンのセント・パトリック大学のシェイマス・ヒーニー教授就任連続講義（二〇〇〇年）に招かれて講義を行ったときに大きく前進しました。第10章は、チューリッヒで開かれた研究会議「教育の未来—労働、教育、職業—」（二〇〇二年）において意見交換をしたことによって刺激を受け、さらによくなりました。

ケンブリッジ大学出版局とともにこのプロジェクトを後援してくださり、貴重な示唆を与えてくださったジュリア・ハフ氏にはとくに感謝を申し上げます。また、原稿を編集してくださったヘレン・グリンバーグ氏、出版監修をしてくださったヘレン・ホィーラー氏にもともに感謝いたします。

わたしは一九六〇年代の偉大な教育批評家たちからも多大な恩恵をえています。幸せ——その明示、領域、そして源泉——の分析を通して、何か価値あるものをそれらにつけ加えられたのは幸いなことですが、もし政策立案者がそうした批評家たちの声に耳を傾けていたなら、今日の学校教育は、いまよりももっと満足のいく、しかも効果のあるものになっていたことでしょう。

最後に、幸せと教育の両方についてとても多くのことを学ばせてくださった、わたしの学生、子どもたち、孫たち、そして夫に感謝いたします。

目次

目　次

幸せのための教育

はじめに　Introduction

ここ数ヶ月、わたしが幸せと教育についての本を書いていると聞いて、戸惑う人が何人もいました。「えっ、でも、幸せと教育とが両立するなんて、それはムリだよ！」という答えが返ってきたのは、ただの一回ではありませんでした。確かに今日、幸せと教育の二つはますます対立してきているように見えます。しかし、二つが対立しているように見えることこそが、このテーマに取り組もうと思う理由のひとつになりました。なぜなら、幸せと教育とは、本来は密接に関係しているからです。また、幸せは教育の目的のひとつであるべきであり、よい教育は個々人の幸せと集団の幸せの両方にとって、大いに役立つはずだからです。

　わたしは伝記に興味があるので、そのためいっそう幸せと不幸せ、それに退屈と学校教育とがどのような関係にあるのかに大きな関心を抱いてきました。なぜ、頭がよく創造性に富んだ人で、学校を嫌っていた人がこんなに多いのでしょうか。こうした人々が不幸せなつらい目にあったことを示す記録が十分あるのに、なぜ、わたしたちは昔から次のようないい訳を続けようとするのでしょうか。「つらい目にあったことを、あれはよかったことだったのだ、といつか思う日がくるから」と。こうした態度を親と教育者がとり続けている理由のひとつに、多くのアダルト・チルドレンが、（ときには疑わしい）自らの成功を、かつて不幸せなつらい目にあったことのおかげだと感謝していることがあげられます。すると、そう考えているアダルト・チルドレンは、ほかの人を新たに不幸せでつらい目にあわせることに抵抗がありませんし、むしろそうすることを望みさえします。事実、多くの親や教育者も、つらい目にあわせることをしないということを恐れるときさえあります。それは、子どもたちが、甘やかされ、何の準備やしつけをされず、成功もせず、そして結局、不幸せになってしまうのではないかという恐れからです。

　わたしがこのテーマに取り組もうと思ったことには、もうひとつ別の理由があります。それは、わたし自身が教えられてきたキリスト教に対する失望です。わたしはキリスト教の教義の次のような点に嫌悪感を抱くようになりました。すなわち、苦しむのを称えようとすること、善き人であれと諭すさいに人の恐れを用いること、そして、幸せをいま享受するのではなく、あとに延ばそうとする習慣があることに対してです。もちろん、読者のなかには、すぐにこう反論する人もいるでしょう。宗教はまた多くの人びとの生活に幸せをもたらしてもくれるし、それはキリスト教でも同じですよ。そして、よろこびという考えは宗教生活の中心となるものです。このようにわたしに反論する人もいるでしょう。そこで、本書では宗教について論じるさいに、宗教がもつこうした全く正反対の傾向を比較しながら検討することにしました。

これまでわたしは五十年以上にわたって教育と母親業（マザリング）にたずさわってきました。そして、子どもは幸せである場合に、もっともよく学ぶということに気づきました。また、大人も同じであるということに気づきました。もちろん、だからといって、厳しいやり方で丸暗記させることができない、ということではありません。あるいは、学ぶ者が幸せでさえあれば、いらだたしい目にあうこともなければ、何か失敗をすることもない、ということでもありません。事実はむしろ逆で、知識と能力を身につけていくうえで、難しい問題に直面したり、苦労したりすることは不可避なのです。しかし、苦労することが学習するうえで不可避の要素だからといって、わたしたち教育者が、生徒のためにわざわざ苦労をつくりだしてやる必要はありません。自らの学びにほぼ満足していて幸せである場合のほうが、彼らは困難な時期にうまく意味を見いだし、また、それを満足のいくかたちでうまく切り抜けていくのです。

幸せな生徒のほうが不幸せな生徒よりもよく学ぶということ、これに加えて、わたしはそれに密接に関連する事実として、次のことにも気づきました。しかも、こちらの事実のほうがより重要だと考えられます。それは、幸せな生徒が卑劣であったり、暴力的であったり、冷酷であったりすることはほとんどない、ということです。ただし、このことは個人に関してはほぼ当てはまると思いますが、すぐに次のような限定をつけ加える必要があると思います。たとえ集団や社会全体が幸せであっても、そうした集団や社会で搾取されていたり軽視されていたりして、苦しんでいる人がいる可能性があるということを。したがって、そうした人びとがどのような意味で幸せであるのかを問う必要があります。しかし、最初に述べた主張は、全くその通りだと思います。つまり、幸せな個人が暴力的であったり、わざと冷酷であったりすることはほとんどありません。たとえ相手が自分以外の人間であったとしても、また人間以外の動物であったとしてもです。それゆえ、道徳教育は何よりもまず、次のような世界をつくりだすことを目指すべきでしょう。子どもが善い人間であることが可能であり、かつ、それが望ましいような世界を。つまり、それは子どもが幸せである世界にほかなりません[1]。

　主に以上であげたような事実に気づいたことから、わたしは幸せと教育についての研究に取り組むことにしました。ただし、このような大きな問題のほかにも、次のような比較的小さな疑問もありました。なぜ、わたしたちは自らの目的と明らかに矛盾するような手段を選ぶことによって、自らの目的を自らの手で挫折させてしまいがちなのでしょうか。たとえば、詩を教える場合に、詩が子どもにとって人生を通じての知恵とよろこびの源泉となることを望んでいるとしましょう。では、なぜ、わたしたちは生徒に際限なく分析させたり、専門用語を強調したりして、彼らをうんざりさせるのでしょうか。生徒に全力を尽くすようにいいながら、なぜ、ある生徒には低い評価を与えたりするのでしょうか。その生徒が全力でやったことが、ほかの生徒に比べて劣っているからといって。この点に関してさらにいうと、そもそもなぜわたしたちは評価を与えたりするのでしょうか。

　わたしはまた、なぜ幸せについて論じている教育理論家がほとんどいないのだろうと不思議に思ってきました。Ａ・Ｓ・ニイルはこのトピックについて臆することなく語っています。しかし、ほとんどの学校関係者には、ニイルはあまりに子どもに寛大であり過ぎました。このわたし自身も、子どもにはニイルが勧めている以上にもっと多くの指示をだすべきだと考えます[2]。日本の教育者である牧口常三郎もまた、幸せを教育の第一の目的だと考えています。そして、牧口が幸せと価値を創造することとを同一視しているのは興味深いことです。しかし、そのように焦点を絞ることは、西洋の読者には少し奇妙に見えることでしょう[3]。ロビン・バロウはまた別のアプローチを採用しています。バロウは幸せを分析したうえで、その分析が学校教育にどのような示唆を与えるかを述べています[4]。バロウの著作は、ニイルや牧口の著作と同じく、読むに十分値するものです。とはいえ、バロウの著作はあまりに抽象的だと思う読者もいることでしょう。わたし自身が本書で考察を進めていくなかで、教育と関連づけて幸せを論じている人がほかにも何人かいるということがわかるでしょう。しかし、近年の著作のなかに、幸せについて言及しているものを見いだすのは難しいことでしょう。なぜなら、それらは、学校改革と〔学力の〕スタンダードにほとんど焦点を絞っているからです。（もっとも、次のことは急いでつけ加えなければなりません。現在の動向に反対している書物には、幸せについて言及しているものが確かにあります[5]）。

本書では、以下、まず幸せについてのいくつかの重要な定義や説明を取りあげて検討します。幸せというのは一時的なエピソードなのでしょうか。あるいは、全生涯を幸せなものとして描くことはできるのでしょうか。快楽は幸せの主な特徴なのでしょうか。善い人のみが本当の意味で幸せになれるのでしょうか。善い人であるとはどういうことなのでしょうか。幸せなパーソナリティなどというものはあるのでしょうか。教育者は厳密に何が幸せを構成しているのかについて同意できなくても、生徒がさまざまな幸福観について学ぶ機会を与えられるべきだという点には同意できるでしょう。そもそも、さまざまな幸福観を整理して自分自身の見解を打ち立てたり、自分自身の見解を修正したりすることよりも大事なことがあるのでしょうか。

教師は生徒のために幸せを定義すべきではありません。もちろん、わたし自身が、幸せについての説明のうち、ある特定の複雑な説明をよい説明だと思っていることは読者から見て明らかでしょう。しかし本書では、読者が幸せについてさらに探求していくことができるように気を配っています。また、幸せについての説明にかかわる問いと、幸せをどのように手に入れるかについての問いとを分けてはいません。というのは、さまざまな可能性を理解して考察することは、そのこと自体、幸せを見いだすうえで大きな助けとなるからです。

議論を進めていくにつれて、幸せと密接に関連することがらでより分析を必要とするものにでくわすことでしょう。たとえば、幸せの特徴のひとつは痛みや苦しみがないことであるように見えます。苦しむことを称えようとするのは、宗教の伝統のなかでしばしば行われていますが、わたしはこれを拒否します。しかし、わたしはまた、真の幸せは不幸せを分かち合う能力を必要とする、と主張します。つまり、わたしたちが本当に幸せであるためには、わたしたちのまわりの人びとの苦痛も和らげてあげようという気持ちにならねばならない、と主張したいと思います。わたしたちは、ほかの点では幸せな人が、不幸せに*ならねばならな*

いような場合もあるのかどうか、問う必要があります。ただし、本書が行う分析は、「苦行のためにわざと着るヘアシャツのような」見方ではありません。哲学者のデイヴィッド・ヒュームと同様、わたしも禁欲主義の徳を称賛する気持ちはありません。ただし、そうした徳が他者の幸せに必要であるという場合は別です。が、そのようなことはほとんどありません。

　人が幸せであるためには、重要なニーズが満たされる必要があります。そうしたニーズについて考えると、いくつかの興味深い問いがわきあがってきます。子どもがあるニーズを表明した場合（つまり、そのニーズをもつ本人自身の内側からでてきたニーズの場合）、親と教師はどこまでその表明的ニーズを満たしてやるべきなのでしょうか。また、インフェアード・ニーズに関しては（つまり、子どもの外からでてきたニーズで、その子に押しつけられたニーズに関しては）、親や教師はどこまでそのニーズをはっきりさせて、そのニーズに応じてやるべきなのでしょう。ニーズと欲求（ウォンツ）とはどのように区別すればいいのでしょうか。何がわたしたちを幸せにしてくれるのかを、わたしたちは知っているのでしょうか。わたしたちを幸せにすべきものなどあるのでしょうか。

　本書全体を通じて、幸せを追求するための二つの大きな領域に言及していきたいと思います。それは、私的な（プライベート）（ないし個人的な（パーソナル））領域と、公的な（パブリック）（主には職業にかかわる）領域です。また、幸せをもたらす数多くの要因にも言及します。たとえば、ほかの人々と良好な関係をもっていることは、確かに、私的生活と公的生活の両方で幸せの要因となることでしょう。同様に、善い性格をもっていることは、個人の幸せと職業上の幸せとの両方に大いに役立つように見えます。こうした重なり合いがありますが、わたしはこの二つの大きな領域を分けたうえで、分析を進めていきます。本書の第Ⅱ部は主に個人の生活を扱い、本書の第Ⅲ部は公的な生活を扱う予定です。

　個人の生活における幸せの要因について論じる第Ⅱ部の前に、本書の第Ⅰ部では教育の根本的な問題について考察していきます。その問題とは、目的についての問題です。幸せが教育の目的のひとつとなるべきだと示唆するだけでなく、わたしはさらに、目的をめぐる議論が復活するように仕向けたいと思います。かつては偉大な教育者が目的の問題について大いに考察したものでした。しかし今日では、そのような議論はほとんど見受けられません。あたかも、わたしたちの社会はもはや学校教育の目的が経済的なことにあると決めてしまったかのようです。つまり、個々人の財政状況を改善して、国家の繁栄を増進させることだけが目的だ、と決めてしまったかのようです。したがって、生徒がなすべきことは、スタンダードテストでいい点をとり、いい大学に入ること、そして、高い収入の職業に就き、たくさんモノを購入することとなります。教育にはこれ以上の役割があるということは間違いないでしょう。しかし、これ以上の役割とはいったい何でしょうか。この問いは、目的をめぐる議論の核心にある問いです。わたしたちは何をなし遂げようとしているのでしょうか。だれのためにでしょうか。なぜでしょうか。目的をめぐる基本的な議論と密接に関係しているのは、人がなすことすべてを評価するうえで、目的というものがどのような機能を果たすのかについての議論です。わたしたちの目的は互いに矛盾してはいないでしょうか。わたしたちが選んだ手段は、ほかの目的と両立するでしょうか。目的をめぐる議論、つまり目的についての絶えざる対話と反省は、教育を思慮深いやり方で実践していくうえで欠かせないものです。

　幸せとは何なのでしょうか。幸せは苦しむことやニーズを満たすこととどのように関係しているのでしょうか。第Ⅰ部でこうした問題をある程度理解し、目的をめぐる議論が教育の核心をなしていることを理解したうえで、ようやく、わたしたちは第Ⅱ部での考察に取りかかる準備ができたことになります。第Ⅱ部では、個人の生活における幸せの要因について、重要なものをいくつか取りあげて検討します。ここでいう幸せの重要な要因とは、家庭を築くこと、郷土（プレイス）と自然（ネイチャー）を愛すること、親業（ペアレンティング）、そして個人の能力と対人関係の能力を発達させることです。この最後のカテゴリーでは、性格、精神、知性、パーソナリティといったものの発達について考察していきます。第Ⅱ部での議論全体を通じて、わたしは読者に次のことをお願いします。すなわち、こうしたトピックについて研究することがいかに豊かで、やりがいのあるものなのかを想像していただきたいと。そして、なぜ、わたしたちの学校では、こうしたことがらについてほとんど注意を払っていないのかを、わたしとともに不思議に思っていただきたいと。すべての子どもに代数を教えることを要求していながら、なぜ、わたしたちは子どもに、家庭を築くとはどのようなことかをほとんど教えていないのでしょう。この問いに対する答えのひとつは、家庭を築くことは本来家庭で学ばれるものだからというものでしょう。では、家庭を築くことについて家庭で学んでいない子どもには、どうすればよいのでしょうか。さらにいえば、わたしたちはみな、この家庭を築くという課題について、まだまだ学ぶべきことがあるのです。この課題は、わたしたちの生活と幸せにとってきわめて重要なものです。

第Ⅲ部では、公的領域における幸せの要因について考察します。自らの仕事に幸せを見いだすことは素晴らしいことです。では、人がこれを行ううえで、学校はいかに役立つのでしょうか。また、幸せを支えるうえでのコミュニティの役割についても考察します。最後に、わたしは次のことを問いたいと思います。すなわち、民主的な社会で生活することによって、幸せが増進されるのかどうかを問います。もし民主的な社会で生活することがわたしたちの幸せに影響を与えるというのであれば、その影響はおそらく間接的なものでしょう。とはいえ、この可能性は検討に値するものです。さらにいっそう重要な問いは、リベラルで民主的な社会における生活によって市民に課せられる特別な条件についてです。果たして、そうした社会で幸せになるには、何が必要なのでしょう。

本書の最終章では、教育における幸せについての問いを立てます。幸せを目的とした教育を実現するためには、単に幸せについて生徒に教えるだけでは不十分です。ここでもまた、目的をめぐる議論が決定的に重要となります。もし、わたしたちの用いる手段がわたしたちの目的と矛盾せずに両立すべきだというのなら、学校における生活の質もある程度の幸せを生みだす必要があります。そして、学んだことを実践に移すよう生徒を励ます必要もあります。さらには、目的をめぐる議論の評価の機能も重要になってきます。幸せは教育の唯一の目的ではありませんし、人生の唯一の目的でもありません。しかし、幸せは教育や人生の中心的な目的のひとつなのです。そして、幸せは、わたしたちが行うことすべてを判断し評価するためのふるいとして用いることができます。このような種類の評価であれば、教師と生徒の生活を変えていくことができるのです。

第Ⅰ部　人生および教育の目的としての幸せ

Happiness as an Aim of Life and Education

これから始める章では、幸せに関するさまざまな見解について探求していきます。苦しみと幸せとの関係や、幸せの主たるかたちのひとつである、ニーズを満足させること、そして、教育における目的についての議論（目的をめぐる議論）を復活させることを求めます。その後で、教育の目的としての幸せを取りあげて、幸せを教育の目的として確立する試みが間違っていない、ということを示したいと思います。これらの章は、個人の生活（第Ⅱ部）と公的な生活（第Ⅲ部）において、幸せになっていく教育について議論するための土台をなしています。

第1章　幸せとは　Happiness

ほとんどの人間は自分自身のために、また愛するだれかのために、幸せを求めています。ダライ・ラマは、かつてこう語りました。「たとえ宗教を信じていてもいなくても、わたしたちはみな人生のなかでよりよい何かを求めている。わたしたちの人生の動きそのものは、幸せのほうへと向かうのだ」と。ウィリアム・ジェームズは『宗教的経験の諸相』のなかのある章を、次のように始めています。

もし「人間生活の第一の関心は何か」と質問するとしたら、わたしたちの受け取る答えのひとつは「幸せである」という答えになるだろう。(1)

幸せがわたしたちのいちばんの関心であることを否定し、これ以外に何かより大いなる善を追求しようなどという生真面目な熱情をもった人もなかにはいます。が、ダライ・ラマやジェームズに賛同する多数派からも、それでは幸せとはいったい何か、さらにそれをどこに見いだしたらよいのか、というような問いがでてきます。この二つの問いが本章の主題です。この章では、学校教育は幸せをえるために果たしてどのような貢献ができるのかという究極の問いに対して、ただ考えるヒントが与えられるだけです。が、この問いを念頭に置き続けることは、これからさまざまな見解を検討し精査していくのに役立つでしょう。ここで、わたしは幸せというものについての年代史的な説明を企てるつもりはありません。しかし、すでに古典的とされている見解から始めたいと思います。なぜなら、これら古典的見解は、教育を考えるうえでかつて大きな力をもっていたものですし、いまももち続けているからです。

古典的な見解　Classical Views

ソクラテス、プラトン、アリストテレスの時代のギリシア人は、幸せを偶然性に左右されないものにしようと望みました。[2]つまり、「彼らは幸せを、健康や富、そして毎日の生活の浮き沈みから独立した仕方で定義しようとしたのです。この見方からすれば、幸せとは〔一時的に生じる出来事のような〕エピソードではなく、むしろ人生の全体、あるいは人生そのものの傾向に適用すべきものなのです。これには多くの宗教的伝統が同意してきました。人間は、この死すべき生のなかでは幸せを期待できず、それを直接的に追求することでは幸せになれない、といったのです。しかし、キリスト教やイスラム教の伝統では、ある者たちは来世で絶対的に信頼できる幸せを手に入れるだろうと主張されたのですが、これに対して、ギリシア人は理性の働きを最大限に訓練するなかに幸せを位置づけました。人間にとって理性は本質的な特徴であり、理性の発展と活用が人間としての本来の幸せを形成するのだ、と彼らは説いています。[3]ギリシアの思想家たちは理性が第一であると主張し、理性を訓練することを通じて宇宙と調和して生きることが可能になると信じていました。しかも、宇宙そのものは秩序によって成り立っています。

アリストテレスは幸せについて二つの見解を示していますが、その両者ともが今日のわたしたちの考えに影響を及ぼしています。現にアリストテレスはエウダイモニアに関して記しており、それはおそらく「人間の繁栄」と訳したほうがいいように思いますが、わたしは「幸せ」という慣例的ないい方に従うことにします。広く受け容れられてきた見方によりますと、アリストテレスは幸せを構成している要素を見いだそうとして、これを分析しました。幸せというものを、個々の構成要素を「総合したもの」とする見方は、健康や富や名声や友情といった偶然性をも視野に入れることを許容するものですが、ともかく理性を訓練することが幸せを成り立たせる主たる要素だとしています。幸せを構成する要素を秩序づける試みのなかで、アリストテレスは、健康というものは病気のときにもっとも重要であると感じる、と指摘しています。また破産したときには、富がもっとも重要に感じられるといったように。しかし、健康で富裕な人々でも明らかに不幸せになります。ですから、これらの構成要素（あるいはこれに類するほかのもの）は、いずれも幸せのもっとも重要な要因ではありません。幸せに対する必要かつ十分な何かほかの要素があるのでしょうか。哲学者が、社会科学者が、ふつうの一般の人々が、この疑問にいまもずっと取り組んでいるのをわたしたちは知っています。わたしたちは、なおも問い続けています。幸せを構成する要素とは、いったい何なのでしょうか。

主知主義としばしばレッテルを貼られる二つ目の見解では、理論的あるいは観想的に思考することがすなわち幸せであり、そのような思考は、この世界での実践的な知恵や活動にも勝っている、とアリストテレスは思っていました。双方の見解とも、理性を最大限に訓練することが人間の生の聖なる側面を引き立たせると主張しているのです。観想的な思索に取り組んでいるとき、わたしたちは神聖な観念のいちばん近くにいます。こうした精神活動のなかで、わたしたちは神から与えられた機能、つまり思考するという機能を使い続けているのです(4)。

今日、主知主義の立場を受け容れている者はわずかです。少なくとも、それを認めて公言する者はわずかですが、しかし、わたしたちの学校カリキュラムは、ここから大きな影響を受け続けています。きわめて抽象的で理論的な科目は実際的なものよりも高く評価され、実際的な科目は理論的なものよりも低く評価されています。アリストテレスは人間的な活動に階層をつくりだしました。そして、実際的な価値や世の中で実践的な仕事をする人々の価値を低く見なしたのです。彼は、事実、こうした類の仕事をするのはある特定の人々の役割であり、よりすぐれた知的能力をもった人々は思考するという、まさにそのすぐれた機能を果たすことができると主張しました。ジョン・デューイは、こうしたアリストテレス風の教えが教育に対して及ぼし続けてきた有害な影響について、何度も指摘しています(5)。これは理論と実践とのあいだに明確な分裂を生み、ある科目内容をほかよりもすぐれたものとして不自然に決めつけてしまうものでした。数学——これはアリストテレスによって（神学の次に）他の学問よりもさらに完全性に近いものと考えられていました——には、知的にもくだらないようにもたずさわることができる、とデューイは好んで指摘しています。同じことは、料理などのもっと実際的な活動についてもいえるでしょう。それゆえ、科目内容の分類や見せかけではなく、それにどうたずさわり、それをどう行うかが問題となります。もうひとつのデューイの警告にも注意を払わねばなりません。それは主知主義的なものに反対するあまり、かえって間違いを犯してしまうということについてです。理論的なものを排除して実際的なものを強調するのも、またよくないということです。「農奴の身分から自由市民の身分へという、その変化のもっとも誇るべき成果が、人間という生産用具の機械的効率の増大に過ぎないのなら、わたしたちは、この変化によって利益をえるというよりも、むしろ被害をこうむるのである」[6]。

すべての活動の上位に知的な活動を位置づけるという見解は、現代でもまだ生き続けている、といっても決していい過ぎではありません。政治学や自然誌よりも数学や物理学を高く評価するところに、そうした考えが生きていることがわかります。生徒たちはみな代数や幾何学を学びますが、しかし親業を学習しないというところに、この見解は生きているのです。わたしたちのほとんどが親となり、ほんの限られた人々しか代数など用いないというのに。奇妙にもわたしたちはそうした影響を、デューイが心配した逆の反応――プロスポーツのような純粋に肉体的な活動を崇拝すること――のなかにも見いだします。そして、もちろんそれは近年の知的生活のなかでも生き続けていました。偉大な数学者G・H・ハーディは自信をもってこう主張しました。「わたしは決して「役立つ」ことはしてこなかった」[7]と。この主張は（ただし明らかに誤りですが）、彼がより善いと見なしたもの、すなわち数学は純粋で美しい、ということへの敬意からなされたものでした。そうした事例をほかに見つけだすのは難しいことではないでしょう。繰り返します。抽象的なものや美しいものを愛することが間違いなのではなく、ハーディが告白するように、具体的なものの価値を低め、これを「醜い」と思うことが、間違いなのです。

幸せであることと純粋に思考する生活との同一視は、今日のほとんどの者にとっては、知的な気取りの最たるものと思われますが、そこには簡単には拭いきれない何かがまだあります。人間の能力を発達させることと幸せとが何らかの関係をもつのは確かですし、理性の働きが、わたしたちのもっとも大切な属性のひとつであることも間違いありません。快楽としての幸せを議論するとき、わたしは精神の快楽をまじめに取りあげようとしているのですが[8]、ただし、これらの快楽がほかのすべての快楽に必然的に勝っているとは評価したくありません。さらに、人間の属性に階層をつくりだすことを通じて高く位置づけられた属性を「基準にする」というとてつもない圧力を人々にかけることについては、とくに注意しておきたいと思います。このことによってその人に与えられた属性のなかで高い位置の属性が欠けていることで、もしそれがあれば大きな困難には出会わなかっただろうと思われる人々を、不幸せにしてしまうかもしれないのです。したがって、合理／理性の働きをそれ以外のすべての人間の特性に勝るものとして評価することには、倫理上の問題があるということになります。存在するものに道徳的価値を与えるのが理性の働きの特有形態であるとするのなら、存在しているものの地位、つまり人間であるとか、人間でないとか、その資質を欠いた存在の地位をめぐる疑問が、すぐに生じてきます。わたしたちは思考する精神という賜物をおとしめる必要はありませんが、それでもって道徳的価値の唯一の目印としないように気をつけなければなりません。

こうした幸せに関する古典的見解のごく簡単な議論から、これからさらに探求しなければならないことがらをいくつか取りだしてみましょう。幸せが、さまざまな構成要素で総合された状態だと解釈するなら、その構成要素とは何でしょうか。とりわけ精神の快楽とは何で、それはどのようにして発達させられるのでしょうか。具体的で実践的なもの以上に抽象的で理論的なものを好む学校カリキュラムへの影響とは、どのようなものでしょうか。偶然性に左右されない幸せという見解を信奉するのは、好ましいことでしょうか。この最後の問いについて、次に考えてみましょう。

宗教的な見解 Religious Views

毎日の生活のなかで幸せとかかわる偶然性を避けるもうひとつの道は、苦しみをわたしたちの死すべき運命にはつきものであるとして受け容れ、幸せへの希望を来世に置いてしまうことです。もしわたしたちが来世を信じ、来世に利益があるように生きるならば、幸せを確信するようになれるというわけです。それは確かなことです。宗教的信仰は、地上での苦しみを和らげるという有益な効果を多くの人々に及ぼしてきました。それはこの地上での生活において、人々が期待する幸せにもっとも近い（と思っている）満足へと苦しみを変容させるのに格好の効果を事実上あげてきました。

わたしたちはここで、人生のたいへん複雑な領域に足を踏み入れることになります。来世での永遠の幸せを信じる信仰は、数限りない個々人に対して、人生のなかで目的を見いだし、艱難辛苦の状況でも勇気と道徳上の善を保ち続けるように手助けしてきました。厳しい道徳的規則や宗教儀礼に厳格に従うことは、人間という存在がほかの何よりも幸せというものを探し求めているということを否定することではありません。こうした規則や儀礼への服従は幸せへの欲望を強固なものにし、この永遠の幸せを勝ち取るために、この世のほとんどの快楽を実際に犠牲にした人々もいるくらいです。善と服従――これらは幸せに優先して称賛されているようです――は、先延ばしされた幸せにとっては、まさに道具のようなものです。またもうひとつ別の見解もあります。それはギリシア思想を彷彿とさせる見解で、「完全な行動」の生がそうした生に固有の幸せをもたらすと見なしているようです。そこでいう幸せとは、精神の満足であって快楽ではありません。

ここで宗教的信仰を幸せになっていくための道具と解釈するなら、これを支持する者には、数々の問題が浮上してきます。もし来世がなかったとしたら、どうでしょう。フロイトが指摘したように、人々が宗教のなかに一方の何かを補う要素を見つけださない限り、彼らは単なる幻想の犠牲者となってしまうかもしれません[9]。宗教活動に徹底して没頭することは、しばしば陶酔にも似た様相を帯びてきます。極端な場合には、天国行きが保証されるように生きることを強調するあまり、自らのドグマ的信念を揺るがしかねない見解は、あえてすべて無視したり、考えることを拒否したりすることになりかねません。自己欺瞞の可能性もまた大きくなります。試されたことのない自分の信念を真理だと信じ切った者は、たとえ客観的な観察者があなたの生活は幸せとは異なるものだと評価しても、しばしば自分たちは幸せなのだと公言します。こうした観察から、この章の後の節で再び立ち返ることになる問いが提起されます。それは、人は自分がいつ幸せなのかを果たして知っているのだろうか、というものです。

幸せを来世へと先延ばしすることで引き起こされるもうひとつの好ましくない影響とは、静寂主義でしょう。これはかたちに縛られない感覚のなかで、すべてのことがらを神の手に委ねてしまうように人々を導きます。このやり方では、人間性にかかわる物理的かつ社会的な状況を改善していこうとするあらゆる努力は必要がないものとされます。そして、すべては神の支配の下に、やがては正しいところに行き着くだろうと単純に満足することが求められてしまいます[10]。こうした態度に伴う実際上の主な困難とは、神ではなく、人間の無節操な支配を助長させてしまうところにあります。宗教によって黙らされてしまった民衆が、自分たち自身の境遇改善へと向かって働くことは、容易に自覚されることはないのです。だからマルキストたちはいいました。宗教は民衆の阿片だ、と。

こうしたしばしば好ましいとは思えない影響があるにもかかわらず、宗教と密にかかわることが積極的効果をもたらすのも確かです。はっきりしたかたちの宗教的信念をもたずに人生の目的をはっきりさせることに、人々はひどく困惑するものです。人生の目的とは、まず神を知り、これを愛することだと信じるのは慰めとなります。一方では、こうした宗教的目的を述べることは、その宗教の信者であるという条件の下でのみですが、これを信じるすべての人々に対して幸せへの道を開くことになります。これは、意義ある才能と十分な余暇をもつ者だけが人生のもっとも神聖な特質――理性と観想――へと到達することができるとしたギリシア人の考えとは、きわめて対照的です。しかし、また他方では、人生には経験に先立つ目的があるのかどうかという問題が浮上してきます。そして、人間は自分自身の生の目的をつくりあげなければならない、という発想は阻まれてしまいます。ある者は、宗教的信仰によって広められた目的を受け容れるなかで幸せを見いだしますが、それ以外の者は、そうした考えには耐えられず、別の道へと探求の進路を変えることになります。どちらの選択がなされようとも、ともに幸せへとつながる確実な道ではないのですが、それにもかかわらず、どちらもある種の個人的な幸せに貢献していることは確かです。

宗教や、幸せに対する宗教の貢献について書かれた本が数多くあるなかで、今日の心理学がこうしたことについてほとんど目もくれないのは驚きです。ある有名な本では（全五七四ページ中）たった二ページ足らずしか宗教と幸せとの関係に割かれていません。しかも、このなかでも主観的幸福感（SWB）と関連した幸せの基準について関心が向けられているだけです。[11]主観的幸福感とは、後の節で検討する幸せについてのひとつの定義であり、記述です。社会科学者がそうした分類の下に集めてきた情報が、今日の生活のなかで本当のことのようになって聞こえるというのは確かです。健康、富、友人との交わり、目的感覚、仕事に満足すること、自尊心、親しい者を愛すること、余暇をエンジョイすることなど、すべてが主観的幸福感の一助となるのです。

心理学的な研究は説明的というよりむしろ記述的ですが、とにかく、規範的な体験談（わたしたちを幸せにすべきものは何か）やよろこびや脱自的な幸せについての報告は、避ける傾向にあります。両者とも重大な間違いです。わたしたちはよろこびや宗教的エクスタシーについての記述（後節で探求されます）から学ぶだけでなく、多くの者は、こうした説明を聞いて、たとえ報告されている経験によってそう駆り立てられることはないとわかっていても、これらの話から幸せのあるかたちへと到達します。キリスト教にしぶしぶ回心したC・S・ルイスの体験談を読んで[12]、わたしたちの多くは、キリスト教を受け容れようとする誘惑に動かされることなく「精神のよろこび」を経験します。そうして、宗教的な幸せの深いかたちについて重要な何かを学ぶこともあるのです。これらは道具的なものではありません。つまり、改宗者は幸せに到達するために宗教を追求するのではないのです。多くの場合、幸せは驚くべき副次的効果となります。ルイスの場合、その回心は、彼がすでに経験していたよろこびに対して説明を与えたのでした。

この種の話は、心理学的／実験的研究によってはめったに浮上してこない問題について話すことをうながします。つまり、わたしはそうしたよろこびを経験したことがあるのだろうか、と。それはどのような状況の下で生じたのでしょうか。そのよろこびの源泉は何でしょうか。学校教育が幸せのためにできることについて考えながら、同時にこうした話を思いだし、これを分かち合うことによって、何がえられるのかを尋ねるべきなのです。

心理学者たちが常に宗教的経験を無視してきたわけではありません。ウィリアム・ジェームズは、宗教的な生と結びついた恍惚の経験について研究し率直に報告しています。そうした経験をした人々がまっすぐに幸せを追求し続けてきたという理解は、普通、彼らには当てはまりません。彼らは古代ギリシア人のように、「善」を求め続けているのです。つながりが生まれるとき、すべてが変わるのです。

> この精神状態においては、わたしたちのもっとも恐れたものが安住の住家となり、道徳の死滅するときが霊の誕生日に変わる。魂の緊張のときは去りゆき、幸せなくつろぎのときや静かな深呼吸のときが訪れ、また、もはや混沌たる未来に対する不安を知らない永遠のいまというときが、訪れている。単なる道徳の場合には恐怖は中絶されるが、宗教の場合には恐怖は中絶されるのではなく、積極的に拭い取られ洗い流されるのである[13]。

ジェームズの魅力的な研究には、宗教的なよろこびやエクスタシーについての生き生きとした個人的報告に満ち溢れていますが、しかし、それには同じくらいの苦しみやメランコリー、さらに苦しみの自覚についての生々しい説明もあります。こうしたことについては次章で議論することにしましょう。幸せに関する本のなかで、どうして苦しみが話題になるのでしょうか。もっとも単純な答えは、幸せが痛みや苦しみのないこととしばしば同一視されるからです。そうすると、もしわたしたちが幸せを追い求めるのなら、苦しみを避ける方法を見いだささなければならない、ということになります。これはきわめて明白で正しいのですが、他方で幸せと苦しみとのつながりにはいくぶん矛盾するものがあります。他者の苦しみを分かち合うことは、わたしたち自身が人間として充足することにもしばしば寄与します。ルイスが指摘するように、ときに悲嘆がそのあとによろこびをもたらすこともありうるのです。わたしたちがサディストでもない限り、だれかの痛みから快楽を受け取ることはありませんし、ここでは快楽としての幸せについて話しているのでもありません。むしろ、快楽よりも長く持続する感覚としての幸せ、つまり、分かち合えるような悲しみや感情的痛みなくしては完全な人間になりえない感覚としての幸せについて、話しているのです。

これまでの議論で、宗教がときに（天国での）最終的な幸せへの到達という希望のなかで苦難を生みだしたり、苦難を許したり助長する場合があることを見てきました。すでに議論した否定的な特徴を認識し、いまもこうした見解をとる者は、思慮深い宗教思想家にはほとんどいません。しかし、わたしたちが探求してきたすべての見方のなかには、明らかに規範的な側面が含まれています。幸せを求めるのなら、わたしたちはある方法で生活したり、考えたりすべきではないでしょうか。たいていの場合、やるべきこととして定められていることは、善の追求です。幸せはその後に続きます。わたしたちは善とは何かという問題を探求する必要があるのです。すでにギリシア人からひとつの答えをえました。それは、観想的生および／あるいは完全な行動の生である、と。

アウグスティヌスはエウォディウスとの対話のなかで、幸せと善との関係をはっきりさせています。

幸せな人は同時に正しい人でなければならないが、彼が幸せであるのは、幸せに生きるのを欲したからではなく——悪人でさえそれを欲する——、むしろ正しく生きるのを欲したからだ。これは悪人の欲しないことである。(14)

アウグスティヌスにとっては、悪人が幸せへと至ることも、幸せに値することもありえません。損なわれたかたちで、この見解はさまざまに誤用されてきました。それは地獄での永遠の罰を正当化するのに用いられてきました。カルヴィニストによる解釈では、自らが悲惨であるのは当人に責任があるのだ、というように。たとえば健康と繁栄は、その担い手として「正しく生きている」人々に匹敵する徴候だとしばしば理解されてきました。もちろん、これは論理的には誤りです。というのも、アウグスティヌスにせよソクラテスにせよ、カルヴァン以前には、邪悪な人々がときには、少なくともしばらくのあいだでも、栄えるのを否定しなかったからです（それゆえ、この調整のためにアウグスティヌスは地獄を必要としたのでした）。ただ、何かに値する状態として幸せを解釈することは、わたしたちをまたその道具的見解へと陥らせてしまいます。わたしが見て取りたいのはこれではありませんが、それに類する解釈が、教育にかかわるのちの議論のなかで生じてきます。

そうしたある一定の生活方法には幸せが付随しますし、善行がしばしばその担い手に充足感を与えることは議論の余地がないようです。が、こうした見方においてさえ堕落への可能性が含まれています。自己正当化したひとりよがりは、幸せを装うことができます。小説にあるたくさんの我慢ならない人物を思い浮かべることもできます（たとえばディケンズのジェリビー夫人とパーディグル夫人）。しかし、そうした態度を幸せの「見せかけ」と呼ぶことを何によって正当化するのでしょうか。ある規範的な性癖が、わたしをしつこく責めてこういうに違いありません。「これは幸せではない。本当の幸せとは……」と。さらに探求し続けていきましょう。

ルイスとジェームズは、宗教的エクスタシーの経験に関する体験談を提供しましたが、そうした経験は特別に宗教的な内容をもたなくても生じてきます。アブラハム・マズローは至高経験と呼ぶ出来事を報告しました。[15] 超越的なエクスタシーの瞬間は、じつに多様なきっかけによって引き起こされます。美しい日没、音楽の一楽節、赤ちゃんを目にするとき、海の音、ステンドグラスを通過する光。こうしたものや、さらにこれら以外のたくさんのものが大きなよろこびを伴った、あの超越の感覚を誘発します。

マルティン・ガードナーもまた超自然的な感覚、すなわち畏怖や驚嘆のなかで明らかにされた神秘を玩味する感覚について論じています。[16] そして、彼は偉大な神学者たちがほとんど変わることなく「深い聖なる感覚をもっている」と記しています。しかし、この感覚は神学者や信者に限ったものではありません。アルバート・アインシュタインは宇宙のなかで感じる神秘の畏怖を表明していますし、バートランド・ラッセルやH・G・ウェルズのような無神論者でも同様です。彼らの経験をめぐって、そうした体験談や追憶に接すると、実際、ほとんどの人々は超越の経験から逃れられないようにさえ見えます。こうした経験をもつ人々はこれを宝物にします。そのとき、次のような問いが生じます。この超越的経験のきっかけは何か。こうした経験がよく起こるようにするには、わたしはどのように生きればよいのか。超越的経験が引き起こされるのをうながすように、学校教育にできることは何なのだろうか、と。

幸せをもたらす道具として選択された行動に関する特定の策略や様式に対して慎重であるならば、人間が幸せを求めることを否定する必要はありません。本質的に難しい問いとは、問いをいかにして口にするかなのです。幸せになるためにどのように生きるべきなのか、と問うことができるでしょう。あるいは、どのように生きるべきかと問い、たとえ幸せが求められる直接の対象ではなくても、約束されたある答えが幸せを伴ってくるだろう、と願うこともできます。もしわたしたちが二番目の道をたどるなら、ポール・ティリッヒによって記されたように、究極的関心のようなものが必要になります。究極的関心とは「すべての意味に意味を与えるもうひとつの意味[17]」です。この目的は、ある者にとっては宗教的生活のなかで、またほかの人たちの場合には、知的、芸術的、市民的な生活のなかで、あるいは別の種類にかかわる生活のなかで見いだされます。たとえば、自然とつながるなかで、肉体的な労働をするなかで、個人的な親密さのなかで、ひとつの関係が築かれたときのあらゆる種類の感覚的経験のなかで、人々は豊かでスピリチュアルな経験を見いだすことができる、とよく報告されています。

ある意味において、いくつかの宗教的見解は幸せに関するわたしたちの見方を広げてくれます。というのも、幸せは神にも似た知性の機能に限られているのではなく、すべての人々に開かれているからです。しかし、これ以外の意味で、その扉はある宗教にとってはより狭いものとなります。いまだにその信者だけに幸せへの扉は開かれているのです。幸せを定義しようと試みる代わりに、おそらく何が人々に対して幸せを与えるのかを尋ねるべきなのでしょう。それは理論的／観想的思考、宗教的エクスタシー、さまざまな出来事によって引き起こされる至高経験、（徳に伴う限りでの）健康、富、名声といった一連の幸運な偶然性など、これまで議論してきたことがらの多くを含んでいるのです。

この段階に来て読者のみなさんは、わたしがすべての企てを難しいものにし過ぎていると、いぶかっているかもしれません。どうしてまっすぐに快楽へと進んで行かないのか、と。これこそがほとんどの者が幸せということを聞いて思いつく方向ではないのか、と。

快楽　Pleasure

快楽は十九世紀の功利主義思想における根本理念でした。最大幸福原理を描くなかでジョン・スチュアート・ミルは、「幸せとは快楽を、そして苦痛の不在を意味する」[18]と述べました。道徳上受け容れられる行為とは、その行為から影響を受ける人々の快楽の量を苦痛よりも大きくさせるものだという考えに加えて、そのうえに倫理的生活が基礎づけられるべきだとされました。この原理はときに次のようなスローガンとなりました。最大多数のための最大善。ここで「善」とは幸せのことですし、幸せとは快楽であり苦痛のないことを指します。

倫理学の理論としての功利主義の強みや弱みについて議論していると、本題からずっと離れてしまいそうですが、功利主義的思考が今日の社会政策に大きな影響を及ぼしていることを理解するのは簡単です。なぜ、法的に定められた最低賃金が生活費になってしまっている、とわたしたちは主張しないのでしょうか。なぜなら、経済的な功利論を通じて、そのような賃金がたくさんの職を消滅させる効果を発揮し、多くの人々に対して悲惨な状態をつくりだしてしまうということが、論じられているからです。このことはたぶん間違っていると思いますが、しかし、考えていること、つまり最大多数のために最大善をつくりだすように行動せよという考えは明解です。少数にとっての悲惨は、多数にとってのそれよりはましであるということです。

もしミルに従って、最大善としての幸せ（快楽）を素直に受け容れるとするなら、わたしたちはアリストテレスが強調した幸せと知的生活から完全には逃れられないのです。というのもミルは、よく発達した人間に特徴的な快楽について入念に説明しているからです。ここでミルは、いくつかの快楽をこれら以外のものよりもすぐれたものとして評価しますが、快楽を称賛することで、アリストテレス以外のギリシア人や快楽主義者のいうことを繰り返しています。ミルは、人間の快楽は豚のそれとは違う、と述べています。

というのは、快楽の源泉が人間も豚も全く同じというのなら、一方にとって十分善である生活規則は、他方にとっても十分善だと思われるからだ。……人間は、動物的欲求を超える高い能力をもつ。そして、一度その能力を意識化すれば、それらを満足させないものは何ら幸せとは見なされなくなる。[19]

こうしてミルはアリストテレスと全く同様に、単なる感覚的快楽を超えた知的快楽を評価したのでした。そして彼は、これを一度経験したことがある者は、愚かな快楽を優先したり、この知的快楽なしで済ましたりすることはない、と指摘しています。だが、少なくともミルは、ギリシア人の感情、想像力、そして道徳感覚について厳密に熟考することをつけ加えています。こうしてわたしたちは、幸せに寄与する人間の特別な能力について、より広く考えるように誘われるのです。

デイヴィッド・ヒュームは、ミル以前に、社会生活と倫理生活の両方で快楽が重要であると主張していました。「幸せ、よろこび、繁栄の様子はまさに快楽を与えてくれるが、痛み、苦しみ、悲痛な様子は不安を伝達する……」[20]。ヒュームは、道徳的な生活にさいして、感じのよい人柄、社交的な楽しみ、愉快な集まり、楽しい風俗がもつ効果を尊重するように、と力説したのでした。意地悪な人々や悲惨な状況に直面しているときよりも、親しみある人々と一緒で心地よい状況にあるときのほうが、ずっと容易に道徳的な行動をとることができます。このことは、わたしたちも生活し教育する条件に細心の注意を払うと主張したことです。[21]

しかし、ヒュームはまた、誘惑に屈して将来の幸せが犠牲になるような場合に、賢明な人々は「その場の安易さや快楽の誘惑に抵抗する」ことが可能だと、気づかせてくれます。ヒュームは、賢明な人々によって求められる広く多様な徳について記していますが、これらの徳を獲得しようとして彼がした説明は、さらに厳格で超自然へと方向づけられた哲学によってではありません。徳は、それが役立つか快いか、あるいはその両方だから身につけられるべきなのです。徳は、人間のもつ神聖な機能を満足させる、神がそれを定めている、天国での場所を確保しておいてくれる、といった理由で義務的に求められるものではありません。徳は、効用もしくは快楽を与えてくれるのであり、双方ともある程度、特定の社会からの要求と習慣に影響されます。

ヒュームの分析は、才能、身体的魅力、謙遜、機知を称賛するといった、自己にかかわる徳を称賛します。というのも、これらは、その持ち主とともにこれを見ている者をもよろこばせるからです。反対に、ある伝統のなかでは徳として称賛されてきたこれら以外の特性に対して、ヒュームは冷たい態度をとります。

独身、断食、禁欲、自己否定、卑下、沈黙、孤独など一連の修道士特有の徳全体が、良識ある人々によってどこでも拒否されているのは、それらが少しも役に立たないからだ。すなわち、その人のこの世の富を増進するわけでも、彼を社会のより価値あるメンバーにするわけでもなく、また来客をもてなすのに必要な資質を彼に与えるわけでも、独力で楽しむ能力を強めるわけでもないとしたら、どのような理由によるというのか。[22]

ヒュームは幸せの定義のなかに、ユーモア、レクリエーション、愉快、楽しみを含めることで、わたしたちを心地よくしてくれます。快楽はヒュームにとって最高の地位を占めるものでしたが、彼が称賛したのは、自己中心的あるいは自分勝手な快楽ではありませんでした。あらゆる行為、すべての徳は、それが自己に対してあるいはコミュニティに対して、快楽もしくは効用をもたらすかどうかという基準で判定されねばなりませんでした。ここで再びヒュームの立場が有する倫理学上の含意について十分に探求することはできません。確かに、個人のもつ快楽／効用の相互作用、社会がもつ快楽／効用の相互作用が、正しくより善くなるように働くと想定するのは楽観的過ぎるかもしれない、という問題もあります。彼は、個人や文化のもつ邪悪さについてはほとんど語っていないのです。しかし、彼の快楽に関する見解は、今日の多くの者には魅力的ですし、たとえ幸せと快楽とを同じものにしたくないとしても、快楽が幸せのなかで重要な役割を果たすのを否定する者は、少ないでしょう。

主観的幸福感　Subjective Well-Being

わたしたちがこれまで議論してきたややこしい問題があることをすべて認めたうえで、今日の社会科学者は、幸せの定義として、しばしば主観的幸福感（SWB）を用います。[23]この定義で身を固めて、彼らは、人々にどの程度の楽しみをもっていますか、将来は希望に満ちているように思われますか、と質問していきます。[24]こうした類の質問に対する答えは、すぐに次のような率直な問いへの答えと互いに関連します。全体的にこの頃、どんな様子ですか、あなたは幸せですか、まあまあ幸せですか、あるいはあまり幸せではないですか、おっしゃってください[25]。もちろん、これは本人の気分の問題ではないのかと、このようなアプローチに伴う難しさをすぐに見つけだすことができます。おそらく、この問題点についてはいろいろ間隔をおいて同じような質問を繰り返したり、サンプルを大きくしたりすることによって対処できるでしょう。そのような対処法によって、不快さの推定者割合を減らすことができるからです。しかし、これは子どもにも用いることができるアプローチでしょうか。人々は（子どもだけではありません）何が自分たちを幸せにしているか、本当に知っているのでしょうか。これは、より深くてとても難しい問いです。

さらにややこしい問題としては、ロバート・レーンが記していることがあります。西洋社会では「収入、教育、健康、そして知性（!）は第二次世界大戦以降みな増大し続けてきたが、それらはわたしたちをますます幸せにはしてこなかった[26]」。富の増大が貧困から人々を立ち直らせ、わたしたちをさらに幸せにすることは真実です。そして明らかに、痛みや慢性的な病いからの解放が幸せを増大させる（あるいは少なくとも不幸せを減少させる）ことも。しかし、貧困が過ぎ去ってしまえば、増大した富が増大する幸せをもたらさなくなることもしばしばあります。すると、身体的に健康な多くの人々も不幸せになることがあります。では、何が幸せをもたらすのでしょうか。ここでたったひとりの決められた寄稿者に話を聞くのは注意を要しますが、レーンは幸せの主たる源泉としての親密な交わりに対して、経験に裏づけられた証拠を提供しています[27]。もし彼が正しいのなら、これは教育において何を意味するのでしょうか。この問いに戻ってみたいと思います。

幸せを主観的幸福感と同一のものととらえてしまうと、おそらくわたしたちは全く間違った考え方にたどり着いてしまうでしょう。わたしたちはみな、遺憾に思う方法で全く幸せに生きているように見える人々を、つまりミルのいう愚か者あるいは豚のような人々を知っています。汚らしくビールをがぶがぶ飲んでいるような怠け者が、どうして幸せになれるでしょうか。アリストテレスもミルも、そうした考えにはあきれることでしょう。ただ、少なくともミルは同じく、何が彼らを幸せにすべきかを大人たちに教えるということにもびっくりするでしょうが、このことはリベラルな民主主義のパラドックスをあらわしています。この社会において選択を大事にすることは、選択が他者に危害を及ぼさない限りにおいて、その大人の生活に何も干渉しないことを意味します。けれども、選択というシステムの下で、豊富につくりだされる生活の仕方に対して、真の敬意を抱くようにはなれません。唯一の選択肢は、知的できめ細やかな教育を行うことしかないようです。

以上、見てきましたように幸せの定義には規範的な側面があります。主観的幸福感がこの話のすべてとはなりません。というのも、さまざまなやっかいな問題があるなかで、ある人々が選択するかもしれない快楽追求の多くの形態を、社会はそのまま是認したりはしないからです。加えて、社会の不賛同は個人の主観的幸福感にも影響を及ぼします。もちろん、社会的なプレッシャーは善いようにも悪いようにも作用しますが、自分のまわりから賛同をえていないと感じると、それでも自分は幸せだと感じることなどできません。こうしたプレッシャーが、結局のところ、人々をより大きな幸せを生みだすような行動や態度へと駆り立てていくのです。たとえば教育者としてわたしたちは、善い性格が幸せと関係があると信じています。そのため人格教育の効果的な方法を見いだそうといつも挑戦しています。しかし、社会的プレッシャーは、妬み、罪悪感、自己否定、放縦、貪欲、そのほかたくさんの害悪を引き起こすことで、一時的でもあり永続的でもあるような不幸せの原因をもつくりだします。内的そして外的な葛藤の結果、多くの人々は何が自分たちを幸せにするのか、あるいはなぜ自分たちは不幸せなのか、わからなくなります。するとなかには、あまりにも強い良心や、宗教や、家族から苦しめられて、自分たちには幸せになるための権利はないのだ、と信じる者もでてきます。

これら以外にもまだやっかいなのは、わたしたちは生活のある部分（領域）では幸せになることができますが、また別のところでは不幸せにもなりうるということです。ある人の人生において、仕事では幸せだが、家庭では不幸せかもしれませんし、またその逆もあります。幸せ全般に対して内実を伴った影響をもつには、評価される領域がその人の人生のなかで重要なものと判断されなければなりません。たとえば、ジョンは運動上の能力についてはいささか不幸せかもしれませんが、彼の人生のなかで運動という領域は重要なものとは見なされていません。彼はすぐれた肉体的能力に欠けていることを気にもせずに無視できますし、そう認識しているあいだは、そうした欠如が彼の幸せのすべてに対して影響を及ぼすことはありません。しかし、家族からものすごいプレッシャーがジョンに降りかかった場合の影響について考えてみましょう。もしジョンが親しくしている仲間のあいだで、運動にすぐれた能力をもつ者に報酬が与えられるとすれば（そして、ジョンには不器用者というレッテルが貼られるとすれば）、きっとジョンが感じる不満足の度合いは増大するでしょう。

では、知的（アカデミック）にすぐれた能力がすべてに勝って評価されるということを子どもたちが発見するとき、それが彼らにとって何を意味するかを考えてみてください。もっともすぐれた人間にはとても「及ばない」ことを早くから学ぶのは、悲しいことに違いありません。愛する家族の存在は、このショックを和らげるのに役立ちます。敏感な教師は援助するでしょう。しかし、たくさんの若い人々が他の領域、たとえば運動競技に向かうのは、それほど大きな驚きではありません。そこで彼らはある称賛をえることができるのですから。ギャングになる者もいますし、アルコールや薬物に逃避する者もいます。道理をわきまえた人々は、こうした二者択一を嘆きます（たとえ生徒がアカデミックな勉学を無視して運動のようなものに向かうとしても）。しかし、わたしたちはその評価にバランスをもたらすことに対して、本気で問いかけているわけではありません。社会的な価値がどれほど主観的幸福感に影響を及ぼしているかを生徒に理解させるための手助けを、ほとんどしていないのです。

主観的、客観的影響と規範からの影響
Subjective, Objective, and Normative Influences

幸せかどうかは、明らかに、自分は幸せだといったり幸せではないといったりする人自身が判断するのがもっとも適しているようです。わたしたちは、傍観者として「うん、彼女は幸せなはずよ！」ということができます。しかし、もし彼女自身が自分は幸せではないという場合に、その人は幸せであるとわたしたちがいいはっても、説得力がありません。このように、主観的幸福感やそれに似たものは、幸せについて調べようとする者には欠かせないものです。

しかし、幸せには客観的特徴もありますし、これは長いあいだ認められてきました。アリストテレスでさえ、健康、富、名声、友人をもち、心配や恐怖から自由であること、そして多少の感覚的快楽が、幸せのなかで一定の役割を果たすことを認めていました。極端に貧しい人や、重い病をわずらっている人はおそらく、自分が幸せであるとは主張しないでしょう。ところがある研究調査は、貧困から解放

された後に、増大した富がそれとともにより大きな幸せをもたらすことはほとんどない、ということを繰り返し示してきました。政策立案者は、ときに「お金がすべてではない」といいます。そして、貧困についてはとくに何もする必要がないということを決定するために、こうした調査結果が用いられるのです。しかし、必需品や少しの贅沢品を買うための十分なお金は、いい換えれば、財的な不安から解放されたことを意味する潤沢な金銭は重要です。生活費、医療保険、安全な住居、社会的な希望をもつのに十分な資産すべてが、幸せのためにはきわめて本質的で、なくてはならないものなのです。冷淡な社会は、もっぱら強い意志によって自らの悲惨さから這いあがれ、と貧しい人々に要求してきたのです。

今日の学校では、逆の間違いを犯しています。わたしたちは幸せと金銭上の成功をしばしば同一視します。そうなると教育者としての主要な責務とは、「いい」仕事を獲得するのに必要な手段をすべての子どもたちに提供することだ、と思うようになります。しかし、たくさんの必要不可欠な仕事は、それらは実際とても少ない賃金なのですが、やらなければなりません。たとえ、全部の一般市民が満足するような教育を受けるべきだ、としてもです。そういうわけで、貧困に対する教育上の特定の表現のなかでは完全に明文化されて答えられないのです。貧困は社会問題であって、単に教育だけの問題ではないのです。

さらに、幸せをもっぱらお金のうえでの成功という点から定義するなら、生徒（そして社会）に重大な害を及ぼすことになります。善い社会であるなら、そこに生きる人々の客観的な幸せを構成する資産が不足して苦しまないように手段を講ずるでしょう。善い社会の教育システムは、幸せを前進させるためにすべての領域にわたる可能性を探求し認識するように人々を勇気づけるでしょう。教育とは、まさにその本質において、最良の自己を発達させるように人々を助けるべきものだからです。つまり、好感のもてる人材、有用かつ満足のいく仕事、自己理解、健全な性格、多くの感謝、継続的な学習に向けて参加できるよう、人々を援助すべきなのです。教育者としての義務の大部分は、生徒が幸せの不思議さと複雑さとを理解するように助けること、それについての問いかけを生みだすこと、そして、責任をもって前途有望な可能性を探求することにあります。それゆえ、本書の大半は教育と幸せとのつながりの探求に費やされるべきなのです。この点において、わたしは、これまでの分析に基づきながら、教育と幸せとのつながりが経済的機会という言葉によって十分に記述されるのだ、という考えには異議を唱えます。

ある肯定的な充足感が幸せにとって必要なのは明らかです。「アリスは幸せだけど、それを知らない」というのは矛盾ですが、人々は「わたしはあのときいかに幸せであったか知らなかった」というような延長線上で、懐古的なコメントをします。このことは、わたしたちが一般に幸せというものを、あるいは自分の幸／不幸の状態についてさえ、あまりよく理解していないことを示唆しています。それゆえ、主観的幸福感の研究は、幸せをめぐる知識にとって必要かつ本質的なものです。しかし、主観的幸福感における肯定的な回答が幸せについての最終的な言葉とはなりません。ましてや主観的幸福感の回答では、幸せがどのようにして達成されるか、あるいはどのような状況下でそれは長く続くのかといったことは、わからないのです。わたしたちは幸せを追い求めるべきなのか、それともそれがあらわれてくるのを願うだけなのか。ジョージ・オーウェルは、かつてこう述べました。「人は人生の目的が幸せにあると思わないときだけ、幸せである[28]」と。もしオーウェルが正しいとするなら、ティリッヒのいう究極的関心〔すべての意味に意味を与えるもうひとつの意味〕は、幸せの直接的追求というよりも、ひとつのより確かな幸せの根拠となります。

ところで、ただ自然なままで幸せな人などいるのでしょうか。エレナ・ポーターが描いた、とても楽観的なポリアンナがその典型です。際限のない幸せのなかにいて、現実に多くの人々がポリアンナのようになるということはありませんが、社会科学者は幸せに傾斜しやすいパーソナリティのタイプについて報告してきました[29]。心理学ではありがちなことですが、いくつかの思想的に競合する学派が、次のような現象の理由を説明するために前進してきました。すなわち、ほぼ同じような状況にあるにもかかわらず、状況のいい側面、幸せな側面に目を向ける人と、悪い側面、悲しい側面に目を向ける人がいる、という現象についてです。ウィリアム・ジェームズは幸せへと進もうとする性向を健全な心と述べ、健全な心をもった人の二つのあり様を明らかにしました。ひとつは無意図的なままで、ある人がただ幸せである状態です。それは彼もしくは彼女が、ごく自然にものごとの明るい側面を見て取る状態です。こうした人々の生涯を調べたならば、おそらく、彼らの幸福感のすべてにわたって寄与しているような、いくらかの客観的要因を見つけだすことができたでしょう。これらの人々の多くは、たとえ困難なときであっても楽観的なままであり続けます。彼らは社会科学者がいうところの幸せなパーソナリティをもった人に属しています。そうした人々のことをジェームズは健全な心をもった人と名づけたわけですが、この名称はいささか奇異です。なぜなら、そうした説明が続いていきますと、彼にとっては健全な心をもった者に対してよりも、むしろ「病める魂」に対する関心のほうが、より大きいように思えてしまうからです。

　ジェームズは、意志的に健全な心をもつ人々の分析にかなりの紙幅を割いています。ジェームズがいうには、このタイプの心は組織的なものとなって、信じる者にすべての害悪のサインを遮断し、もみ消してしまうよう要求するのです。

> しかし、そればかりではない。つまり、悪をもみ消すということが、全く率直で誠実な心をもった人の場合には、用心深い宗教政策、あるいは偏見にまで伸展するのである[30]。

　そうすると、それは楽観主義の哲学となります。ジェームズがこれを称賛していないことは明らかですが、とはいえ、ジェームズはいつものように正直に、次のことを認めてもいます。すなわち、現実はとても耐え難いものであるので、「わたしたちはみな、そうした楽観主義という人生観を多かれ少なかれ育んでもっている」ということを。幸せが哲学のテーマになるとき、それは義務になります。不幸せは、そのとき「痛々しいばかりでなく、卑しくもあり、醜くもある[31]」ものとなります。それは忘恩のあらわれであって、他者に対する思いやりに欠けていることになります。というのも、これは悪い状況をさらに悪化させるからです。わたしたちは幸せな前途へ向けて自分たちを訓練していかなければなりません。

> しかし、同時に、ものごとの客観的な領域の明るい面を強調し、その暗い面を弱めるように努めなければ、ものごとの主観的な領域でこのように訓練することも不可能である。かくして、悲惨に陥るまいとする決意は、わたしたち自身の内部の比較的些細なことから始まり、その要求にかなうだけの楽観的な体系的概念の下で、現実の全枠組みを明らかにするまで、その歩みを止めないであろう[32]。

それゆえ、主観的なものが客観的なものを取り込むときに、「最高に可能な世界」と肉体的なものの不必要性について話を進めることができるのです。わたしたちはデューイが危惧したように、静寂主義と「この世界のことは神に任せておけ」の状態に陥るかもしれません。まわりの窮状はまるで見えず、それを救済するための義務などないかのように。

それから――これが不満の源泉なのですが――、幸せの主観的および客観的な記述の双方に伴う難しさがあります。わたしたちは幸せの客観的記述に対して完全に満足することはできません。というのも、それは魂を欠いたもののように見えるからです。それは概念の核心において生き生きとした何かを失っています。確かに、主観的なものもその概念には組み込まれています。しかし、それがもし極端なところまでいけば、主観的なものは毎日の生活のなかであらわれてくる現実との接触を失うことになります。

さらにややこしいことがらは、人間が客観的あるいは主観的諸要因に対して、これを完璧にコントロールできないのは明らかだということです。人々は客観的要因をコントロールする力が相対的にはないことを、いつも認めてきました。わたしたちは自分が生まれてくる状況を選択しているわけではありませんし、ありとあらゆる種類の偶然性が人生を悩ませます。実際、偶然性の認識とこれに対する嫌悪が、宗教や理性や、魔術のなかに確実性を求めさせるのです。また、すでに見ましたように、主観的な確実性の方向へ移動することによる悲しむべき結果もあります。宗教的なエクスタシーのために必要な訓練に服従したい者はほとんどいません。その可能性については、次節で議論します。たとえそうしたいような気になったとしても、わたしたちは人間の苦しみがもつ現実に対して不適切な感覚をもたらすような道を拒否することでしょう。我慢ならないひとりよがりやだれかの悲劇に応えるさいに、その彼を絶対に慰めようとはせず、「間違いなくそれは神の意志だ」というような者もいるのです。

わたしたちが幸せの主観的要因をコントロールできないのは、意志の弱さや他者の苦しみへの共感からだけではありません。それはまた、社会におけるさまざまな規範的要因が、わたしたちのものの見方に影響を及ぼすからです。すでに指摘しましたように、ある一定の能力を前提して社会的な価値観から影響されないようにするのは困難です。わたしたちが自分の感情を表現すると、教師や親が「あなたはそんなふうに感じるべきではありません」といい、それによってさらに混乱していくかもしれません。わたしたちはどういうわけか不幸せなときに、「あなたの恵まれている点を数えなさい」といわれます。わたしたちは、邪悪な意志は永遠に栄えずそれらは幸せに値しないのだ、と確信しています。そこで自然な問いがでてきます。わたしには幸せになる価値があるのだろうか、と。若者は、逆説的に、自分たちが幸せに値しないという感じと幸せになる責務があるという感じとのあいだで、明らかに引き裂かれているようです。

今日、わたしたちは歴史上かつてなかったほど客観的要因に対する強いコントロールを（豊かな社会のなかにあって）所持し、自分たちのすべてを客観的なものに投じてしまいがちです。学校教育は、経済的成功を生みだすという教育者の役割を強調することで、この誘惑に勢いをつけます。しかし、社会科学者たちはわたしたちが富とコントロールを増した結果、さらに幸せになることはないと報告しています。(33) こうした現象に対するおそらく適切な回答は、あなたはそう感じるべきではない！　あるいは、あなたの恵まれた点を数えなさい！　あるいは、しっかりやりなさい！　といったものでしょう。これらに代わって、わたしたちの回答は、もっと共感的で知的なものかもしれません。幸せであることが何を意味するかについて、さらにもっと深く探ってみることにしましょう。

エクスタシーの幸せ　Ecstatic Happiness

さらに深く探求しようとするなら、エクスタシー、つまり忘我による幸せについて論じるべきでしょうか。はじめに述べましたが、教育に影響を及ぼしてきた（あるいは及ぼすべき）見解だけを取り扱うことにしましょう。エクスタシーの幸せに直接に向かおうとする教育の明確な形態を見つけだすのは難しいでしょう。あったとしても、そのとき、教育がそうしたものそのものに直接的に向かうべきだ、とわたしは思っているのでしょうか。正確には、そうは思いません。わたしは子どもたちがエクスタシーの幸せに関するさまざまな見解を、とりわけ、いわゆる至高経験についての見解を知っているべきだと思います。そうした知識は、彼らがこれから自らそのような経験をする可能性を大きくしていきます。子どもたちはこれらの経験について聞き、それをどう評価するかを学ぶべきです。

まず、人生のなかであらわれてくる子どもたちの形態を考えてみてください。恋に落ちるとき、ニール・ウィリアムズは、スティーヴンという、エクスタシーの幸せには全く不向きな若者に起こったことを描写しています。そのフィクションのなかで、この感覚をとらえています。本質的には、彼はどちらかといえばジェームズのいう病める魂をもったひとりです。でも、ガブリエラと恋に落ちてしまうのです。

今日は幸せが訪れた日だった。われを忘れるほどのよろこびの至福の瞬間が訪れてきた日だった。スティーヴン・グリフィンはテーブルについている短いあいだに、これこそがよろこびであり、豊かさであり、不可能なことが現実になるという溢れるばかりの感覚なのだ、とわかって満足していた。ハリウッド映画のなかであれば、スティーヴンはテーブルのまわりをダンスして、（宿の主人）メアリー・ホワイトを腕に抱え、陽気に円を描いて回っていたことだろう。フォックストロットで踊ったり、チャチャチャを踊ったりしながら、フレンチドアを通り抜けて、庭へと踊り続けたことだろう……。

彼女がスティーヴンに話しかけてくれたのだ。あのガブリエラ・カストルディがスティーヴンに……。(34)

こうしたことが現実の人々に起こるのでしょうか。もちろんです。彼らは単にのぼせあがっているのではないのでしょうか。たいていはそうです。しかし、ときどきこれが生涯にわたる献身のスタートとなります。若者は両方の可能性について耳を傾けることが望ましいのです。不可能なことが実現することほど素晴らしいことが、ほかにあるでしょうか。人はどのようにして、このリアリティを保つのでしょうか。

エクスタシーによる幸せのもうひとつ別のかたちは宗教史によく記録されています。神秘主義に関する章のなかでジェームズは、カトリックとプロテスタントの二つのキリスト教、ヒンズー教、そしてスーフィズムからえられた神秘的経験について記しました。源泉は何であれ、これらの経験は筆舌に尽くしがたく、純粋思惟の質をそなえた、つかのまの受動的なものと特徴づけられています。この経験はしばしば詩的言語の連発をうながしますが、その著者／話者は、言葉では不十分だといいます。この経験は言葉ではいいあらわせないものでありながらも、ある種の確実さを伴っているのだとされます。それは単なるフィーリングではありません。これを経験する者は、永遠だと見なされるような知識で満たされます。その知識は確実なものですが、しかし、経験とそれに伴う情動的なものは一瞬です。エクスタシーの瞬間はすぐに過ぎ去ります。最終的には、感受性に富んだ精神に起こる何かがあります。ただし、それを経験している者のある部分では、活動的創造という感覚はありません。

神秘的経験は受動的なものとして記されますが、たいてい宗教上の規律がそれを可能にしているようです。瞑想、祈り、音楽、そして典礼儀式は神秘的経験のための場を設定することはできますが、経験そのものを強制することはできません。ときに警告なしに突然それは起こりますし、一見したところ、準備なしに起こります。しかし、神秘的経験の啓発的特徴は、知的分野における活発な準備に続く、まさに「閃光」であり、それは「孵化」という受け身の時期に連続しています。[35]閃光（あるいは啓発）が起こるとき、それは自発的なものに見えます。宗教的なエクスタシーの瞬間は、それを受け取る者がそのための準備を認めるか認めないかにかかわらず、かなり準備できるというのが、わたしの推測です。

生徒たちはこうした経験のいくつかに対して、しっかり耳を傾けるべきです。ジェームズが述べている経験は、心を深く動かすものとなっていきます。ずっと以前のことですが、わたしが高校で数学を教えていたとき、いつも生徒に、準備、孵化、そして閃光の体験談をしていました。予想通り、多くの者は準備段階を通り越してすぐに閃光段階に至ることを望んでいました。そして、何もしていなかった時間が孵化の時期として働いてくれることを願っていました。わたしたちはこれを笑いました。準備段階はスキップできないのですが、それではこの時期にはいったい何をする必要があるのでしょうか。人はいつ、数学から「しばらくのあいだ」手を引いて、事態を神に、数学の神様の恩寵に任せてしまうべきなのでしょうか。

厳密な準備を避けるこれ以外の方法では、望み通りの効果を生みだしそうなものを用います。今日の学校では、薬物教育／薬物予防の延長線上で何かをすることはふつうになっています。残念なことに、そうした薬物教育のメッセージはいつも、ドラッグ薬物の使用に対するさまざまな警告で一杯になってしまっています。つまり、薬物に対する恐怖を感じるようにさせることで、薬物を用いないように自制させることを意図したものとなっています。もちろん、わたしはドラッグ使用を認めようと主張しているのではありません。しかし、薬物に対するきちんとした教育プログラムならば、今日の子どもたちに対して、意識が変わる状態を求めるのは何もあなたたちが世界で最初の人間ではない、ということを知らせるべきだと思います。人間は長いあいだ、生の延長、性的快楽の増大、永遠なるものと結びつく超越意識の生起、創造性の向上をもたらす物質や、混乱した精神に平和をもたらす物質を探し続けてきました。さらに歴史は、さまざまなドラッグに対して、社会的な熱狂、寛容、そして断罪が繰り返されることを明らかにしています。たとえばフロイトは、初期のコカイン狂でした。社会が最悪の状態にあるとき、薬物使用は、人種的あるいは民族的固定観念に結びつけられてきました。たとえば、中国人とアヘン、黒人とコカイン、メキシコ人とマリファナといった具合に。[36] こうした歴史的事実こそを、生徒たちは知る必要があるのです。

ドラッグやアルコール、あるいは宗教的な超越意識の陶酔に身を任せるとき、わたしたちは何を求めているのでしょうか。求めているものにはさまざまなものがあります。先に述べたような状態になることに加えて、ただ集団のなかにいることを望んでいる者も多くいます。みんながやっているのだから、自分も、というわけです。ある者は、ほんのつかのまであっても現実から必死に逃れようとします。わずかな賃金のために過酷な仕事をしても改善の余地が見えてこない男たち。学校で一定の基準に達することのできない子どもたち。自分の人生と、そのようになってしまったわが身に不満な女たち。彼らは、化学による逃避というかたちに向かうかもしれません。酒を飲んだり、タバコを吸ったり、ほかにも別の方法で陶酔状態を手に入れようとする者すべてが、どうしようもないというわけではありません。〔酒やタバコに〕思いのままにふける人々の話が、常に意志力の怠慢を物語っているとは限りません。パウロ・フレイレの研究によれば、貧しい労働者たちに何人かの人物の絵を見せたところ、労働者たちは大酒飲みの人の絵をもっとも頼りになる人物に選びだしたそうです。彼らはいいます。

> 生産的で国に役立つのは酒浸りのやつだけだ。彼は一日中低賃金で働いてから家に帰る。いつも家族のことで気をもんでいる。家族のほしがるものをそろえてやれないからだ。彼らだけが労働者なのだ。われわれと同じく彼はまともな労働者でもあり酒飲みなのだ。[37]

こうした労働者の話を聞くと、意志力に訴えて、「ただノーといおう」と助言するようなひとりよがりなやり方ではいけないことが、よくわかるかと思います。鮮やかにも、幸せの客観的要因が重要性を帯びてきます。生徒たちは耽溺による恐ろしい結末を理解するだけでなく、人々がなぜ化学的手段を通じて逃避の道を求めたのかを理解する必要があります。与えられるべきは（薬物中毒にならないように！といった）個人的メッセージだけでなく、社会的メッセージです。人々が逃避の必要をほとんど感じることのないような社会を築きあげるように、みんなが手助けするべきです。

最後に、後の章で述べることにかかわるのですが、教育は、ささやかなエクスタシーをもたらすことができるようなさまざまな活動において、生徒が聞いたり、実際に参加してみたりする機会をできる限りたくさん提供するべきです。そうした活動としては、たとえば、ガーデニングや荒野のハイキング、赤ちゃんを抱っこすること、朝日や夕陽を見ること、おいしい料理をつくること、家族と親しく交わるために家に帰ること、好きな音楽を聴くこと、海でサーフィンすること、室内の植木に花を咲かせること、詩を読むこと、年寄りのおばあちゃんとお茶とクッキーを楽しむことなど、数多くあげることができるでしょう。

幸せの領域　Domains of Happiness

幸せを見つけたり見失ったりする領域の議論の前に、人生におけるさまざまな段階と幸せとの関係について、少し述べておいたほうがいいでしょう。教育においてはとりわけ子ども期に関心が向けられますが、幸せな時期についての書物の多くに、子ども期がとくによくあらわれていることとも確かです。子ども期はあまりにもロマンティックに語られ過ぎますが、純粋無垢で生のままの幸せの時期としばしば同一視されています。ロマンティックな詩が、こうした見方を助長してきました。しかし、子ども期をロマン化するのは誤りであると思っている人々でさえ、不幸せな子ども期というものには何か強く心を打たれ、倫理上何らかの問題があると感じるものです。わたしたちは子ども時代が幸せであってほしいと願いますが、子どもの未来の幸せを犠牲にしてまで、いまその子に幸せになってもらいたいわけではありません。これもまた後の議論のために念頭に置いておかなければならないことです。ここでは、わたしたちが幸せを求めて活動する領域に考えを集中させたいと思います。

最初の課題は、分析の妨げとならない一連のカテゴリーを選ぶことです。知的なものと肉体的なもの、認識によるものとよらないもの、スピリチュアルなものとありきたりなもの、というようにカテゴリー分けしてしまうようなことは避けたいと思います。わたしたちの普段の生活はどのように組み立てられているのでしょうか。ほとんどの人々は（少なくとも時間として）賃金をもらって働いているときと、個人の生活をしているときとを分けて考えることができます。そこで、賃金労働と個人の生活の二つの領域を重要なカテゴリーに選定しましょう。三つ目の領域は、市民の、あるいはコミュニティの生活と分類されるでしょう。子どもの生活では、これら三つの領域は、家庭、学校、そして街路地もしくは遊び場に割り当てられるでしょう。わたしたちは多くの研究から、子どもがこれらの領域をきちんと区別されたものとして経験しているのを知っています。幸せと教育について考えながら、子どもが現在の経験のなかでどこに幸せを見いだし、そこから未来の幸せに向かってどのように最善のかたちで準備させたらよいのかを調べる必要があります。

はじめに、リベラルな民主主義のなかで、公立学校が、個人の生活の準備のためにほとんど注目していないことに正しく注意を向けてみましょう。わたしたちの注目のほとんどは、より高度の教育形態への準備に向かっています。つまり、賃金労働世界への準備に向かっているのです。わたしたちは市民生活のためにと口ではいいますが、この領域で注目される大半は、国家の歴史、投票権などに向けられています。それは、大規模な市民生活のためであって、いわば隣人との生活のためではありません。学校で解釈されている市民生活は、わたしたちの多くが幸せを追求するところではありません。幸せはもっと家庭に近いところにあります。子どものいる街路地（ストリート）とか遊び場に比べて、コミュニティの領域は、ほとんど全く個人の生活のカテゴリーに吸収されるのです。ほとんどの者にとって、個人の生活は、最大の可能性をもつ領域なのです。では、そこから出発することにしましょう。

すべての大人が直面する主要な課題――家庭を築くこと――を考えてみましょう。歴史家のセオドア・ゼルディンは述べています。

> もしそれ［家庭を築くこと］が、すべての人間がそれぞれの生涯をかけてつくりあげ、壊すまいと努力してきた、個人的で集合的な芸術作品のひとつだとしたら、単に家

を建てるのとは違って、家庭を築くというわざはいまだ長い発展途上にあり、そしていまなお魔術の領域にとどまっている。本能や模倣という建材だけでは家庭を築くのに十分ではないのだ[38]。

　家庭を築くことが「本能と模倣」に依存したままであるひとつの理由は、単純にいって、わたしたちがこの大いなるわざのために真摯に準備をしないところにあります。一時はまじめに受け取られたりしますが、それは女性だけです。ともかく女性たちが十八世紀か十九世紀に教育されていたなら、そのほとんどは主婦になるように教育されます。しかし、もちろんこの教育形態は、男性に提供される教育よりも知的に劣ったものと考えられました。重要なのは、あらゆる教育コースや教育プログラムが、人々を公的な世界のために準備するのであり、決して私的な世界のためではないということです。この遺産は今日にも影響を及ぼしています。家庭をつくったり子どもを育てたりするコース（こういうのがあること自体きわめてまれです）が、大学入学への履修単位として受け容れられることはめったになく、これらは広くアカデミックな資格を全くもたない者のためのコースと見なされています。

　裁縫やそれ以外の料理についての学期を設けるよう主張しているのではありません。これでもわたしは深い哲学的な問いを提起しているのです。家庭を築くには何が必要なのか。わたしはこれを幸せに関する問いとの関連において尋ねています。もし、個人の生活領域が——とくに家庭生活——幸せを見つける大きな舞台のひとつなら、どうして学校がこれに対してもっと注意を払わないのでしょうか。ひとつの理由についてはすでに示唆しましたが、それは家庭を築くことが「女性の領域」だと考えられてきたことにあります。娘を母にするための徒弟的訓練がただあるだけで、だれも特別な準備を求めなかったのです。今日、娘たちが公的な世界での場所を正当に要求するとすれば、彼女たちにも息子たちと全く同様の教育が必要となります（あるいは少なくとも求められてくるでしょう）。そのとき、もし家庭を築くことが本能と模倣を超えて発展するなら、息子も娘もこの大いなるわざのために特別な準備を必要とするでしょう。なぜなら、彼らは家庭を築くという実践を分かち合うよう期待されるでしょうから。

　もうひとつの理由——複雑な理由——は、まさに議論の下での不一致にあり、それはリベラルな民主主義理論のなかで解釈されてきたことに由来します。リベラルな民主主義において、大人は彼らが選んだものがどのようなものであれ、自らの私的な生活を自由に追求できると信じ、その選択が他者による類似の選択を不可能にしないと規定しました。家庭と家族のプライバシーを強力に保護するのは、分離という民主主義の遺産の一部なのです。学校は公的な生活のための準備を気にかけるべきである。家庭は（そして宗教的な制度は、もし家族の長がそれに属することを選んだのなら）生活のための準備を整え、これを導いていくべきである。こうした考えは、もちろんはじめから偽善的なものでした。なぜなら、すべての女子校は女の子に家庭生活のために準備を施しましたが、これらの学校の活動は、男性の世帯主によって大事にされてきたプライバシーや自律性を、決して脅かしはしませんでしたから。

しかし、このトピックが人間の繁栄にとってまず重要であることをわたしたちは一度了解したのですから、その知的深遠さについての探求も開始できるわけです。すると、この企てはトピックのもつ単純さを失わせます。それは人としての平等を約束します。学校カリキュラムのすべての現状と学校という組織にとっては、かなり脅威となるかもしれません。ここでわたしは二つの考え方をもっていることを告白します。一方では、わたしは家庭を築くことにかかわる問題は、深く哲学的で厳密な知的研究に値するものであると論じたいのです。が、もう一方では、このトピックが学問的に扱われることにより、つまらなく、そして大袈裟で形式ばった性格のものにさせられてしまうのを見るのは嫌なのです。学校がその活動すべてにおいて子どもの好奇心と創造性を殺しているとは思いませんが、それに近いものがあるのも事実です。その結果に対抗する安全装置については他章のトッピクとなっていますが、この章の結論部へと進むために安全装置の問題に触れておきましょう。いまのところ、もしわたしたちが家庭を築くことを教えようとするなら、これは十分できるものと考えたいと思います。

ガストン・バシュラールは、家庭と家庭を築くことについての現象学的研究にとって、興味深い出発点を提供しています。家について彼は、こう書いています。

それというのも、家は世界のなかのわたしたちの片隅だから。それはしばしばいわれてきたように、わたしたちの最初の宇宙である。それは世界のあらゆる意味において、本当のコスモスである。(39)

バシュラールは家について分析しながら、じつは家庭についていて語っており、明らかに、その要素のひとつであるただの避難所についてではないのです。彼はいいます。

もし家のもっとも貴重な恩恵は何かと尋ねられたなら、家が夢想をかくまい、夢見る人を保護し、わたしたちに安らかに夢を見させてくれることだと、わたしはいうだろう。人間的価値を確証するものは経験と思想だけではないのだ。夢想には人間の深部を指示する価値がある。[40]……夢想は自分の存在を直接的に楽しませてくれるのだ。

それゆえ、家は単に身体を守るだけのものではありません。それは夢想の所産でもあるのです。生家は「わたしたちの身体に刻みつけられている」とバシュラールは書いています。「それは身体的習慣の一群である」[41]と。これは現実、想像、憧れ、実際的で創造的な記憶によって色づけされています。文学、芸術、さらに歌は、こうしたものの表現や熱望に満ちています。家が誘うメタファーは何たるものなのでしょう！　扉、窓、部屋の隅、きしむ階段、地下室、屋根裏部屋、箱、引き出し、磨かれたテーブル、そして錠前。バシュラールは、これらのすべての現実的で隠喩的な意味を論じています。彼は、わたしたち自身の「青ひげ」の部屋と地下室の恐怖について思いをめぐらせるように誘います。

彼は家や部屋の読書について話します。そして、この言葉遣いが、わたしたちをほかの似たような考えに導いていきます。たとえば、ジョン・エルダーは「故郷の山々を読むこと」や「詩をハイキングすること」[42]について語ります。エドワード・カゼイは、身体の延長として部屋（そして家）について考えるよう求めます。[43]これらすべてを読んでいると、郷土というものがわたしたちの生活にとってどれほど重要なものかということに気づかされます。ちょっとのあいだでもいいのです。どのようにして「部屋を読む」ことができるのか考えてみましょう。刑事ならどのように？　芸術家なら？　子どもなら？　犬なら？　泥棒なら？　吸血鬼なら？

夢想を通じて、全くもって実践的なものからイメージがわき起こってきます。そして、そのイメージは（分析されるものではないとバシュラールは注意します）新しい存在を生みだします。「この新しい存在、それは幸せな人間である」[44]。彼は、幸せになるために詩人にならなければいけないとか、詩人は常に幸せであるとか、そのようなことをいおうとしているわけではありません。しかし、イメージのなかには人間の幸せに計り知れない貢献をするような何かがあり、これには学問など必要としないのです。「イメージは素朴な意識の財」、とバシュラール[45]は書いています。「イメージは表現において若い言葉である」と。これが畏敬と驚嘆の念の両方を抱いて家庭に迫る最大の理由なのです。ここで幸せという概念につけ加えるものを明らかにしました。それはあからさまな快楽でも哲学的な観想でもなく、地球に根を張り天国に枝を伸ばすものです。それは先に触れた「繊細なエクスタシー」を含んでいます。

わたしたちがハーディやフロスト、ディキンソン、ホイットマン、あるいはヒーニーの詩を読むと、そこには日常のもの（もちろん古典的な参照文献もあります）が満ちていることがわかります。リンゴ、子牛、野バラ、門扉、飼い葉、釣りのスプーン、物乞い、磨かれたリノリウムの床、そして毎日の活動――ジャガイモの皮むき、修理中の壁、遊び用ボール、小道のハイキング、さらに日常の仕事、事務をとること、魚釣り、農作業、レンガを積むこと、牧場の排水、トラックの運転、金物売り、子どもを教えること……。ウォルト・ホイットマンに祝福された自らの仕事を見て、だれがこれを軽蔑できるでしょうか。ここには教育において考慮されねばならないもうひとつの予備的考察があります。わたしたちがすべての子どもたちに学びの機会を与え、その結果、アリストテレスの（あるいはあなたの？　そしてわたしの？）考えるように彼らが幸せになれるとしても、彼らは、その両親が送ってきた生活あるいはその多くが送るような生活についてよく考えるように気をつけるべきです。ホイットマンが述べているように、わたしたちもまた子どもたちにいわなければなりません。「ところで君は君自身をどんなふうに思ってきたの？／それで自分を劣っていると思ったのは君なの？[46]」と。

家、そして家の日常的なことがらや活動を超えて、地域というものがあります。そして再び、わたしたちは、郷土愛が芸術で称賛され、子どもと大人の両方の幸せにおいてしばしば重要な要因であるということが学校でないがしろにされていることを奇異に思うのです。アメリカでの教育の重点はグローバル経済に置かれています。それは、立派なことに（そして愚かなことに）郷土を超えた場所に向けて企てられた教育なのです。わたしは最近ある教室を訪ねました。そこで教師はやってきた親たちに、こう話していました。「ここは生物学のクラスです。ここでは生き物について勉強しています」と。〔壁に〕囲われた人間以外には、その教室に生き物は（見える限りでは）いませんでした。生き物の写真すらなかったのです！　この学校が太平洋に歩いていけるほどの距離にあって、パインバレーンと呼ばれる松の木の茂った、素晴らしい砂地の自然地域からそれほど遠くないところにあるということは、生物学の授業の見かけや授業の主題からは決してだれもわからないのです。この地域はとてもおもしろいので、随筆家のジョン・マクフィーは一冊の本すべてをそれに費やすほどでした。[47] 今日の学校はそれを無視していますが、郷土というものは個人の幸せにとってきわめて重要な役割を担い、創造的な仕事にとって郷土はその中心なのです。偉大なアイルランドの詩人、ウィリアム・バトラー・イエイツはいっています。「創造的な仕事には祖国が必要である」と。わたしとしては「母国」のほうが好みですが、その情感を分かち合いたいと思います。

家、そして家を超えて存在するものには、しばしば幸せを見いだす確かな郷土があります。しかし家庭には人々がいます。そして、もし今日の社会科学者が正しいならば、親密な交わりは主観的幸福感を生みだすたったひとつの最大の要因です。わたしたちは子どもたちを、どのようにして親密な交わりへとうまく準備すればいいのでしょうか。もしわたしたちが、レーンや他の社会科学者から与えられた数字を信じるなら、その答えは「あまりうまくはいかない」とならざるをえません。なぜなら、教育の時代は幸せと大きくかかわっていたわけではありませんし、おそらく親密な交わりを通じてえられる満足とも関係がなかったからです。

今日の学校では、すべての子どもたちに代数や地理を学ぶことを強います。しかし、実際、相対的に彼らがここで学んだことを後の人生で使うことはほとんどないでしょう。実際に何年か前に、コメディアンのフラン・ライボウィッツは高校生に「わたしは自信をもっていいます。代数のクラスでは無意識状態のままでいなさい」と強調しました。彼女は「現実の人生では代数のようなものはない」といいます。もちろん、彼女は少し誇張しています。代数や数学以外の形式は、ある目的および人々にとっては大変重要です。しかし、大多数はアカデミックな数学のなかのほんの二、三のトピックについての知識があれば、人生を上手にやり遂げることができるでしょう。比べて見れば、わたしたちはみな家庭をつくったり親密な交わりを見いだしたりする課題に直面し、そのほとんどが親となります。こうした大きな諸課題が、少なくも学校で取り扱われるとき、それらは十代の妊娠のように社会的な緊急問題の議論のために計画された「周辺的なもの」なのです。そして、それらは伝統的な規律訓練に与えられるような立派な社会的に認知されたものには決してならないのです。

　個人の生活のための準備について考えるとき、そこで幸せを見いだす（あるいはそれに失敗する）であろう人格の発達についてもわたしたちは考えます。ここで再び、主観的幸福感という唯一の概念を超えて進んでみましょう。人間個人についての考察は、人生のスピリチュアルな特徴、倫理的な特徴、パーソナリティの特徴に対して注目するようにうながします。学校はたいてい道徳教育の線に沿って何かをしています。（今日よく使われるアプローチである）人格教育は、しばしば社会化とコントロールに専念しています。たとえば、一般にアメリカでされているプログラムは伝統的な道徳上の徳を教え込むことを強調しますが、デイヴィッド・ヒュームによって認められた社会的な徳の類をしばしば無視しています。ヒュームは「行儀作法、優雅、落ち着き、上品……がわたしたちの感情をとらえる」[48]ということを思い起こさせます。彼は、こうした性質が人間の幸せに寄与するので、倫理ともきちんとした関係をもつのだと主張しています。

　今日のケア理論家たち（道徳理論のなかでケアリング関係を基本と見なす道徳家）はヒュームに同意します。そして、彼らは第二のメンバー――ケアされる側――に対して、ケアリング関係のなかで、ある道徳的称賛を与えます。他者がわたしたちをどのように扱うかに関して、少なくともある部分では、わたしたちがいかにうまくやれるかにそれは依存します。親にとっては気難しい引っ込み思案な子どもよりも、明るくて機敏な子どものほうが楽ですし、教師にとっては反抗的な生徒よりも、賛同的で熱心な生徒を教えるほうが楽です。また、医師や看護師にとっては諦めてしまって指示に従わない患者よりも、希望をもって協力的な患者のほうが楽にかかわれます。

　ものごとを徹底して関係的にとらえる見方は、道徳の英雄的行為を強調せず、むしろ道徳が相互に依存していることに力点を置きます。関係的な見方は、幸せの基本的な場である人間相互のかかわり合いという領域を認めながら、相互に支え合う仕方で人々が他者と作用しやすいような状態をつくりだそうと、力を注ぎます。ある心地よい資質がこの状態に寄与する場合に限って、わたしたちはそれらに価値を認めます。それらとは、丁寧さ、機知、洗練された趣味、ゆったりとした落ち着き、耳を傾ける才能、もてなしの心です。すると、わたしたちは応答能力、つまり積極的に他者に応答する能力として、さらに割り当てられた義務をただやるだけではない能力として、責任というものを再定義しようとします。幸せと教育について真剣に考えるとき、発達させようと努める資質の幅を広げているのです。

以上において提案されてきたテーマは、学校で何がなされるかを考えるさいに拡大されていくでしょう。しかし、その予備的考察として、ある者が幸せを見つけるもうひとつの大きな領域――職業生活――について少し語っておきたいと思います。今日の教育において職業（経済）生活は、関心の的になっています。わたしたちはどの子どもにも成功を収めてほしいと願いますが、このことはいつしか、どの子どもも大学や大学教育を必要とするような仕事のために準備されるべきだということを意味するようになってしまいました。バスやトラックの運転手、小売販売店員、器具修理者、建設作業員、資材取扱業者、重機作業者、鉄道運転士や車掌、家の塗装工、配管工、パン屋、農場労働者、美容師、郵便業者、料理人、ウエイター、ホテル業者、家庭や会社の清掃業者、自動機械とそのセールス業、犬や馬の飼育者、電話／電子ラインでの労働者、監守、病院の付添い人、用地管理人、メンテナンス業者、コインランドリー店やドライクリーニング店の経営者、住居侵入警報機の取付業者、カーペット業者、窓の清掃業者、製鋼工、漁師、船乗り、料理サービス業者、レジ係、煙突掃除夫、屋根職人、陶磁器やガラス製品の職人、装飾人、音楽家、フロリスト、芸人、引越し業者など。もしもこうした仕事をしようとする者がだれもいなかったら、わたしたちの社会には何が起こるでしょうか。これらの人々の存在は、学校教育の失敗をあらわしているでしょうか。あるいは、経済的な成功だけが成功なのだと信じるように子どもたちを導くとすれば、わたしたちは彼らを見捨てたことになってしまうのでしょうか。

おそらくどの子どもたちも、ウォルト・ホイットマンの愛すべき「仕事を賛える歌」を聞いて、彼あるいは彼女自身がいまいる場所で、今日という日のために新しい歌をつくるように誘われているはずです。もし彼や彼女にその気があるのなら、大学に関連した勉強を選択する機会を、そうしたすべての子どもに対して与えるのはもちろん立派なことです。しかし、本当に価値のある仕事につけない者のためだけに他の種類の仕事があるのだ、というように子どもに感じさせてはなりません。これはデリケートで難しい問題ですが、このことを終始注意深く考える教師なら、スタンダードなカリキュラムを広げていって、ほんの少数の子どもの興味や才能だけではなく、すべての子どもたちの興味や才能を包み込んでそれを始めることができるでしょう。

主観的幸福感より、さらに深く　Deeper Than SWB

　あらゆる試みのなかでも教育は、わたしが先に幸せの規範的側面と呼んだものを無視することはできません。アリストテレスは（前後に生きたもっとも思慮深い教師たちと同様に）、人間の繁栄に関する彼の二つの概念のより善いほうにおいて、徳の実践から生じてくる幸せの構成要素に、大きな力点を置きました。この見方に従えば、人々は健全な性格をそなえて、そのような性格の特徴となる徳を実践しない限り、本当には幸せになれないことになります。もし、主観的幸福感を幸せの定義として用いる人々の見解を採用するのなら、アリストテレスの主張は疑わしいものとなります。しかし、わたしたちのほとんどは、教育のなかで、そうしたアリストテレス的なものをまだ信じています。わたしたちは子どもたちが正しいことをすることにより、また彼らの魂が要求することを満たすことにより、そこから何らかの幸せをえるのを学んでほしいと願います。まわりに悲惨な人々がいても幸せで、不安を感じない人々にはたじろいでしまいます。痛みや悲惨さの最中にあっても、わたしたちはものごとを改善しようとできることをしたのだと自分で理解するとき、じわじわと広がる幸せというものがあるのです。それゆえ、幸せを求める教育は不幸せのための教育も同様に含み込まなければなりません。これについては第2章で中心的に扱われるでしょう。子どもたちは（多くの者はほとんど本能的に知っているようですが）他者の不幸せを分かち合うことを学ぶべきであり、逆説的ですが、そのことによってひとつの幸せのかたちがもたらされるのです。これがケア理論家たちの到達した主な結論です。わたしたちがその一部であるような関係をよりよくしていくためにすることは、他者の利益のためにも、またわたしたちの利益のためにも、同じように機能する、と彼らは主張します。

　最後に、教育者として推し進めていくことが当然だと思われ、しばしば称賛され過ぎる精神の快楽について少し述べておきたいと思います。これには二つの種類があります。まず、すべての教師にとってなじみのあるものですが、知的作業をする身体は、精神を活気づかせると考えられているものです。わたしたちの望みは、子どもたちがこの教材を見つけだそうとすることにあります。なぜなら、それが快楽のあるかたちを約束するからです。次のものは（注8で触れましたが）心理学的な見解といえるでしょう。この見解からすると、精神の快楽とは、日常の出来事にさらに快楽を追加していくような記憶、予測、連想、そして想像による色づけのことになります。両タイプともさらなる議論を必要としますが、ここでは最初の（あるいは学校教師の）タイプに関して少し思うことを紹介するだけにしておきます。わたしにとってはこうした快楽は現実のものです。しかし、ホイットマンと同様に、わたしも他者に快楽を与えるものを軽蔑したりしませんし、わたしに快楽を与えるものから他者も快楽をえなければならないと主張することもありません。しかし、わたしはいつも学ぶこと、読書すること、考えること、教えること、そして議論することを愛してきましたので、子どもたちにもこうした快楽を分ち合える機会をもってほしいのです。どうすれば、こうした機会を提供することができるでしょう。

たとえば、学校で子どもたちを詩の世界へと誘うべきでしょうか。詩は生活のなかのさまざまな領域とわたしたちがつながるのを手助けします。それは大きなよろこびを与えてくれます。詩は不幸せのなかでちょっとした幸せを、つかのまの幸せのなかで不幸せの核心を見いだすのを助けてくれます。詩はそうした力強いもの――イメージ――によって、現在の、そして未来の幸せに寄与します。わたしはいままでに、いわば七歳以下で詩を愛さない子どもに出会ったことは一度もありません。しかし詩が好きな十三歳から十九歳までのティーンエージャーに会うこともほとんどありません。学校は何をしてしまったのでしょうか。わたしたちは詩の経験を台無しにしてしまったのです。詩は生涯にわたるよろこびを与えるから、これを教えるのです。そういいつつも、何かを毒してしまったのです。最高の詩はわたしたちを毎日の生活とつなげてくれるのに対して、学校で教えられる詩はそれからさらに分け隔てさえするのです。子どもが韻律の強弱弱の六歩格と弱強の五歩格の違いを本当に知る必要があるのでしょうか（わたしたち教師はそうした違いを子どもたちから聞くのを好むかもしれませんが）。あらゆるフレーズや隠喩をばらばらに分解する必要があるでしょうか。詩に関してテストする必要があるのでしょうか。子どもたちの生涯にわたる幸せを増していくはずのものとして何かを提供しているのだというとき、かえってその可能性を破壊してしまうことのないように注意しなければならないのです。学校においてさえ、ある何かが贈り物として――付帯条件や試験と関係なく――提供されるべきなのです。

わたし自身の数学教育において、そして、大学院生を基本的な論理へと手ほどきする今日でさえ、『不思議の国のアリス』を論理と非論理に関する素晴らしい例として、しばしば用いていています。でも、それについてテストしたりはしません！　これは自由な贈り物なのであって、偶発的な学習による快楽と可能性を増すために提供されるものなのです。G・K・チェスタートンは『不思議の国のアリス』に関するコメントのなかで、大きなよろこびが分かち合われるべきときに、それを教師が打ち壊してしまう傾向について一言しています。彼はこう書いています。

> かわいそうな、なんてかわいそうな、いたいけなアリス！　彼女は一度たりとも教訓をえたことがなく、授業も受けたことがない。アリスは自分以外の他の人に授業の苦しみを与えるように強いられてきただけだ。彼女はいまでは女生徒ではなく女教師だ。休日は終わり、またもやドジスンが校長だ。そこにはものすごい枚数の試験用紙が、次のような質問つきでおいてあるだろう。(1)悲嘆、ギンブル、鱈の目、糖蜜の壁、素晴らしいスープについて、あなたが分かることは何か答えよ。(2)『鏡の国で』のなかのチェスゲームすべての動きを記録し図表にあらわしなさい。(3)ホワイト・ナイトがわずかな緑地の社会問題を取り扱うための、実際的な政策アウトラインをつくりなさい。(4)トゥイードルダムとトゥイードルディーを区別しなさい。[49]

すべてが偶然によって学ばれるわけではありませんが、多くのことはそこから学ばれます。たいていの価値はロバート・フロストがいったように、野原を歩いているときに〔石うすに用いるケイ酸質の岩石〕「ブーアストーンのように」突き刺さってくるのです。教育のなかにはたくさんの自由な贈り物があるはずです。学びの領域には目的はないのですが、よろこびにあふれた散策があるはずです。幸せは主観的幸福感につきるものではないということに同意しますが、ときどきちょっと立ち止まって、子どもたちとわたしたち自身に、次のように尋ねるのも悪くありません。いまを楽しんでいる？

この章でわたしたちは幸せに関するいくつかの見解、そして幸せの追求について議論してきました。これは毎日の生活のなかの異なる領域で起こってくるように見えます。つまり、わたしはあるところでは幸せなのですが、ほかのところでは不幸せだというように。幸せには規範的な側面とスピリチュアルな側面があります。わたしはコミュニティがわたしに期待しているものから影響を受けていますし、そしてこれらとのスピリチュアルなつながりやその欠如からも深く影響されます。それはパーソナリティからの影響です。幸せは一時的に生じてくるもののように見えますが、わたしたちは人生全体にわたる幸せを求めています。幸せには快楽が含まれますが、それにもたくさんの種類の快楽があります。ほかのものに比べて、長期にわたる幸せにとってあまり影響力のないものもなかには見受けられます。しかし、快楽であれよろこびであれ、それが害悪でなければ自由に享受されるべきです。見てきたところ、幸せはニーズや欲求を満たすこと、とくに苦しみから解き放たれたいという欲望としばしば同一視されています。もし、わたしたちが幸せに達することに確信がもてないのなら、苦しみや不幸せを避けるように実際に働くことなどできるのでしょうか。次に、この問題を取りあげましょう。

第2章　苦しみと不幸せ　Suffering and Unhappiness

ミルは快楽としての幸せや、痛みがない状態としての幸せについて語りました。もし「わたしたちの人生が幸せに向かう運動である」と信じるなら、痛みを小さくする方法について考えてみなければなりません。純粋なアプローチにおいては、このことは正しいように思われます。また、人間の生活において痛みや苦しみに特権的地位を与えようとする議論を検討し批判した後ならば、単純な意味だけでなく十分な根拠を伴って正しいように思われるでしょう。痛みや苦しみは、人間の幸せにとって積極的な役割を果たすと主張する人々がいます。こうした議論が教育や子どもの養育にももち込まれてきています。「痛みなくしてえるものなし」というスローガンは、人間が真剣に努力するどの領域からも聞こえてきます。わたしたちはこれをよしとすべきでしょうか。

この章（そしてこの本全体）を通じて、わたしはある特定の立場をとるかとらないかを決定するために実際的な検証（プラグマティック・テスト）をしたいと思います。つまり、Xを採用することによる効果はいったい何なのでしょうか。その効果の分析はケア理論に導かれるでしょう。ですから、考えられるXの効果のなかで、ケアリング関係、とくにケアをする人々にとっての効果に関心を向けていきましょう。

苦しみと意味　Suffering and Meaning

苦しみに意味はあるのでしょうか。いくつかの宗教的伝統では、苦しみの意味に肯定的に答えることが当然のこととされています。苦しみと意味とのあいだの結びつきに最大の影響力をもつ思想潮流は、おそらくソウル・メイキング〔魂の形成〕という考えと関係しています。この重要な考えについては、後節で詳しく見ていきます。さしあたり、この問いそのものがわたしたちを誤った方向に導くかもしれないということに注意してください。わたしたちははっきりノーと、つまり苦しみに意味はない、と返答しづらいのですが、それでも多くの者は苦しみのなかにもそれなりの意味があるという提案、すなわち意味は苦しみのなかに見いだされるべく植え込まれているという提案を避けたがっています。これから見ていきますように、そうした仮定は、痛みのなかに埋め込まれた何か価値あるものを学ぶために痛みが与えられているのだということを暗示しています。もし、これが冒頭の問いの意味するものなら、わたしはきっぱりノーと答えるつもりです。痛みが人間の繁栄にとって必要な何らかの意味を含んでいるとする考えを受け容れると、その結果は、ケアする者やケアリング関係の両方にとって有害であるかのようになるのです。

しかし、人々が苦しみのなかにしばしば意味を見いだすのを完全に否定することはできないでしょう。苦しみのなかに意味が内在しているという考えを拒否する場合でも、苦しみから何か意味をつくりだすことができるかという問いについて、まだ考えることができます。人間性の歴史はわたしたちに、イエスと答えるよう強います。しかし、苦しみから意味をつくりだすという課題は、強制的ではないでしょうか。たとえ、それを本当にしようと決心しても、わたしたちがしなければならず、かつできることは、そういったことなのでしょうか。たとえばある実存主義者たちは、何が起ころうとも、また苦しみそのものから逃れられないとしても、わたしたちは――本質的に自由な存在として――苦しみに対する態度を常に選択できると提唱します。このいい方はギリシア思想、とくにストア派の思想を想起させます。

有名な実存主義者で精神科医のヴィクトール・フランクルは、この延長線上において議論を進めています。彼は強制収容所に入れられた人々が示した数々の注目すべき行動を証拠として用いました。ある者はあきらめて死に、ある者は卑劣で自己防衛的でした。それでもなお彼ら以外の者たちは、自らの利他主義のなかでほとんど聖人のようだったのです。このことはフランクルにとって示唆的でした。人間は大きな苦しみの状況に直面しても、自らの態度を自由に選択するのだということを教えられたからです。わたしは、苦しみに対するさまざまの否定できないそうした答えが、自由な選択を証明するわけではないと主張します。なぜなら、わたしたちは一人ひとりユニークで異なった存在であり、異なった過去や不安を抱えているからです。外側からはいくら同じように見えたとしても、置かれた状況は決して同じではありません。大きなストレス状況のなかでは、わたしたちの選択は完全に自由ではないのです。それは常に、少なくとも部分的には、わたしたちの過去の経験に条件づけられています。

フランクルは、こうまでいっています。

実存分析は苦しみの意味を認め、苦しみを人生の名誉の座につける。苦しみと困難は運命や死と同様に、人生に属している。人生の意義を損なわずに、苦しみと困難のいずれも人生から取り除くことはできない。……苦しみという極度の緊張の下でのみ、人生はふさわしいかたちと形態をとるのだ。[1]

フランクルは、苦しみを受動的に受け容れることをすぐに選んではならない、と警告しています。苦しみとは本当に不可避のものにちがいありません。そうだから、痛みは耐えられるものとなり、「気高い」ものとなるのでしょう。戦わずにあきらめてしまい、無用に苦しむのは「愚かな」苦しみです。しかし、客観的に見てある人が限界にいるとき、だれがその人に話かけられるでしょうか。別の人が人間の弱さからくるさまざまな兆候を示していても、ある人は、Xという治療の下では、気高く苦しんでいるかもしれません。が、治療をYに変えれば、反応は逆転するかもしれないのです。

ここで、オーウェルの『一九八四年』に出てくるウィンストン・スミスが思いだされます。[2] ウィンストンは悪魔オブライアンが計画的に加えてくる最大の恐怖に直面し、その恋人ジューリアと彼が人間のもっとも基本的な能力だと思っているもの——選択能力——との両方を裏切ってしまいます。その結果、彼は完全に立ち直れなくなります。別の状況では、つまり、わたしたち以外の者にとってはさらにすさまじく見えるような状況でも、ウィンストンは気高く苦しんだに違いないでしょう。フランクルは、非常に多くのことを問いかけています。

概念的難しさの原因は、フランクルの基本的な仮説にあります。彼は「三つの要因が、つまり人間のスピリチュアリティ、自由、責任というものが、人間の存在を特徴づける」[3]と述べています。これらの特質は、どこに由来するのでしょうか。「人間的」特質は、真に、動物としての人間と人間以外のすべての動物との差異にある、とする長い伝統にフランクルは引きずられています。しかし、どうしてでしょう。たとえ本質的にあるいはある程度、人間に属する特質をとくに定めることができたとしても、ただ根本的に、なぜわたしたちは動物界で人間以外の動物と共生する動物ではないのでしょうか。なぜ、苦しみの感受性、母なる愛、自己防衛のための本能、社会的な相互作用の必要性、そして身近なあらゆる身体的要求といったものをあげないのでしょうか。さらに、本質的自由という概念（行動主義者はこれを完全に否定しましたが[4]）は、当然ながら疑問視されてもいいように思われます。ちなみに今日のケア理論家は、責任とは応答する能力であると定義しています。この能力は本質的でも生得的なものでもなく、現実の生活や他の存在と交わるなかで学習されて発達していくようです。後者の見通しからすれば、わたしたちには制限された自由があるだけで、応答する能力は大部分（完全にすべてではありませんが）その人が他者からどのように扱われてきたかによるのです[5]。

苦しみのない人生など、想像できるでしょうか。喪失や死という現実に目を向けるとき、苦しみは自然の生の一部分だとフランクルがいうのはまさに正しいのです。しかし、その苦しみに「名誉の座」が与えられるべきなのでしょうか。あるいは、わたしたちはできるだけ多くの苦しみを取り除こうと身を捧げるべきなのでしょうか。誤っているのは、苦しみを称えるという、まさにこの点にあります。わたしたちは苦しみをいとも簡単に互いに押しつけあい、困っている最中に手助けするのを怠ってしまいがちです。その苦痛は受ける値打ちがあるとする者もいますし（これについては次に議論します）、苦痛のなかに意味を求めなければならないという者もいます。このなかには、苦しみから人々を救いだす答えをつくりあげる者もいますが、それ以外の人々は、これまで自分たちには幸せなど一度もなかったとばかりに、苦悩のなかへと沈み込んでいきます。

何人かの偉大な思想家が語る互いに矛盾した話を聞いて、ここから何をつくりあげたらいいのでしょうか。フランクルは賛意をもってゲーテを引用しています。ゲーテはいいました。「なすことによっても、また耐えることによっても、気高くできないような苦境はない[6]」と。しかし、同じくゲーテは――しばしば楽天主義者と見なされていますが――、こういうこともいっているのです。

わたしは自分のたどってきた人生の過程に、いささかも不服を唱えようと思わない。しかし、結局わたしの生活は苦痛と重荷に過ぎず、七十五年の全生涯において真に幸せであったのは四週間もなかった、とすら断言できる。わたしの生涯は、絶えず転がり落ちていくので、ずっともちあげねばならない岩のようなものでしかなかった。[7]

このようないい方は、ゲーテの作品とも、また彼がまさに老年時代に残したほかのコメントとも完全に反対になっているので、ゲーテのような人でさえ、気分とか、最近の失望とか、小さな失敗とかにいかに大きく影響されるかを知って驚かされます。「苦痛と重荷」としてのゲーテの人生の彼自身による憂うつな記述、これを称賛的な批評家の記述の傍に置いてみましょう。

平和の復興、国家の偉大なる新しい時代への希望が、彼の若かりしときのあのすべてのよろこびと精力とを七十代の人々にもたらす。……彼という全存在は輝かしく見え、その視界に入ってくるものは何でも照らしてしまうようだ。……これが存在するよろこびのなかで、自らの人生のまさしく終末に乾杯している男なのだ。彼のなかで、日没、雲、風、美しい目のきらめき、やさしい声の響きが、深奥の力強いメロディーを呼び起こす。[8]

明らかに、ゲーテは精神の快楽を啓発しました。それは、学ぶ快楽、考える快楽、表現する快楽だけでなく、感謝する態度、記憶力、よろこばしい関係による身体感覚を増大させる快楽でした。しかし、後者の方法で解釈された精神の快楽には何か不吉なものがある、ということにいまはっきりと気づかされます。もし、感謝とよろこばしい関係が、ある出来事の快楽を顕著に増やすことができるのなら、嫌悪、恐怖、そして居心地悪い関係は、異なった心地よい経験を不幸せな経験に変えてしまうかもしれません。こうしてわたしたちは、精神の痛みとも呼ばれうるものに直面することになります。ただ精神の快楽が必ずしもすべて精神のなかで起こらないのと同様に、そのような痛みもすべて精神のなかで起こるわけではありません。快楽も痛みも両方とも気質からきているのと同様に、過去の経験に由来しています。ゲーテは典型的な歓喜型の芸術家ですが、精神の痛みに苦しみました。彼がそうなら、普通の人々には何を要求することができるでしょうか。わたしたちは自分のパーソナリティと精神が向かう傾向を、どれくらいコントロールすることができるのでしょうか。

ジェームズが指摘するように、「たわごとはよしなさい、戸外へでてみよう！」とか、「元気だせよ、ねえ君、すべてうまくいくさ」[9]とかといって、憂うつに打ちのめされた者をそこから抜けださせることはできません。「わたしたちの悩みは、事実、そんな治療で癒されるにはあまりにも根が深い。……わたしたちは死と無関係の生を求め、病気にかからない健康を求め、そして、実際に自然的な善を超越した善、いわば滅びないような種類の善を求める」[10]のです。これはすでに見たように、ギリシア人が追求していたものです。また大いなる宗教が求めてきた善でもあります。わたしはこうしたアプローチを（ジェームズがしたように）却下しました。そして、憂うつな状態の魂は完全に非現実的なものではなく、「人生の普通の過程」[11]のなかで不可避的に起こるものであり、単にそのことによって深く影響されるのだ、とするジェームズに同意します。

　メランコリーからの脱出は、たいてい生活の一部でもあるよろこびを思いだそうとする意図的努力を伴うようです。では、結局フランクルは正しいのでしょうか。気高い態度を選択するのはわたしたちの責任なのでしょうか。よろこびとともに痛みをも思いだしながら世の中や自分自身の生活を公平に見てみると、それは正しいことのように思われます。しかし、フランクルは行き過ぎです。わたしたちはいつも態度を自由に選択できるわけではありません。つまり、周囲の事情や悪意ある人が、わたしたちがもっていたかもしれない自由を邪魔するかもしれません。身体的な病いあるいは感情的な病いが、よろこびを感じることから遠ざけてしまうかもしれません。もともと幸せを感じる気質をもっていないかもしれませんし、失望から立ち直るための時間を必要としているだけかもしれません。もし苦しみに「名誉の座」を与えるのなら、苦しみが生じることとそれが続くことに、結局、加担することになってしまいます。

　若者は、他者が苦しみをどのように眺めてきたかというなかで、その苦しみ方について学ぶべきです。苦しみに対する英雄的な話も聞くべきですが、救いようのない苦しみについても話を聞いて深く同情すべきです。小さなよろこびをつかまえる方法、これからの幸せの可能性を傷つけることなくメランコリーから脱けだす方法、そして一方で完全な幸せを追求し、他方で苦しみを讃美するような両極端を避ける方法について、耳を傾けるべきです。苦しみを和らげるための、ある社会的責任の感受を学ぶべきです。これが、おそらくもっとも重要なことなのです。

　フランクルは苦しみを称えました。それなしには人生が意味を失ってしまうかもしれないと信じていたからです。狂信家は、より大きな幸せが、不当な苦しみを耐えていく者の最後の報酬に何とか転じるだろうと信じるので、これを美化します。哲学者ニーチェは、より強く、さらにパワフルになるための方法として、苦しみを讃美しました。彼が弟子に何を望んだかに注目しましょう。

わたしと何らかのかかわりをもつ人間たちには、彼らが苦しみを受け、見捨てられ、病気となり、虐待され、辱められることを希望する——望むところは、彼らも深い自己軽蔑を、自分に対する不信の苦悶を、超克された者の悲惨を知らずに済ますことのないようにということだ。彼らに何ら同情することはない。というのは、彼らに望むのは、果たしてその人が価値をもっているか否かを今日証明できるかどうか、ただそれだけにあるからだ——耐えられるかということが、それなのだ。(12)

ニーチェは教育に関する二つの節とともに、この恐ろしい一節を綴っていきます。彼は厳しい学校と厳しい規律を主張し、その学校は、次のようにデザインされています。

多くのことが要求される。しかも厳しく要求される。例外的なことさえも、善が、普通のこととして要求される。また、称賛はまれで免罪はなく、叱責は、才能や素性を考慮に入れず、実質的かつ客観的に厳しくされる。(13)

ニーチェは、軍人も学者もこの厳しい規律によって最高によくかたちづくられる、と主張し続けます。彼は間違っていますし、彼が間違っているということを示すたくさんの人生物語も見てきました。しかも、軍人は主に外的規律によって形成されますし、真の学者は、しばしば愛とやさしさによって生じる内的規律によって形成されるのです。

奇妙なことですが、ニーチェの厳格な学校という発言を少し変えてみれば、今日の教育提言にもよく似た発言を見つけることができます。ニーチェと現代の何人かの政策立案者は、ともに明らかな事実を見逃しています。その事実とは、例外的な基準をつくることは、何が例外的であるかという定義を単に変えるだけで、劣等感を感じるはるかに多くの生徒たちをそのままにしてしまう、ということです。かつての劣等者はいまも劣等者のままです。有益な改革は、特異な行為や特別の領域——生徒の選択した領域——において、ときおり好んで用いられる「ひときわすぐれた」という言葉を、いかなる個人的用法ででも使わないことを要求します。しかも、学校教育の目的は、すべての子どもたちを軍人にすることでも学者にすることでもないのです。(14)それに、絶対に、すべての子どもたちが「服従と命令」を学ぶことが、わたしたちの望みではないのです。

ニーチェは苦しみを讃美しました。というのも、人生の意味は力への意志のなかで最高のかたちとしていいあらわすことができると信じたからです。フランクルはしばしば好んでニーチェを引用しました。というのも、人生の目的は本質的な自由――自分自身に及ぼす一種の力――を鍛錬することだと信じていたからです。しかし、フランクルはニーチェがしたように、苦しみを故意に加えるのを勧めはしませんでした。ただ他人の手のなかでひどい苦しみにあっているときに、彼はその苦しみのなかに意味を探しだそうとしたのです。フランクルは、もし何らかの方法で苦しみのほとんどから抜けだせるのなら、人生の一定の苦しみが必然であることには意味がない、と誤って考えてしまったのです。もしニーチェとフランクル両方の見解を退けるなら、意味に迫るほかのいくつかのアプローチを見つけださなければなりません。わたしはすでに、ティリッヒの究極的関心という重要な考察について触れました。しかし、これによって何が意味されるのか、まだ十分な探求をしてきませんでした。探求を続けていくにつれて、究極的関心は多くの形態をとり、またそれはある種の総合的な形態をとるということがわかるでしょう。つまり、究極的関心は一連の小さな関心がよせ集まって構成されているものとして描出されるでしょう。このことの可能性は、深い宗教的専心や実存的に高潔な人格者だけではなく、すべての子どもたちの手と精神に究極的関心という考えを置くのに役立つでしょう。

苦しみから何かしら意味をつくりだすことができるという思考を、わたしは完全に却下したわけではありません。新しい意味をつくりだすことがよりよい幸せな人生に寄与するなら、それは確かにやってみる価値があります。しかし、これができるとき、それはある意味がすでに存在し、そのなかで奉仕のために苦しみを用いるのを可能にするからなのです。わたしは、苦しみは悪しきことがら――避けられるべきもの、取り除かれるべきもの、決して故意に他人に加えられるべきものではないもの――だと主張したいのです。次節では健全な罪意識という苦しみの形態があることについて論じようと思います。この形態はわたしたちのなかで受け容れられ、内部で陶冶されさえするものですが、わたしたちはそれをもたらさない仕方でふるまうことにより、なおその形態を避けたいのです。苦しみは人生の意味にとって本質的なものではありませんし、もし苦しみを最小限に減らしたとしても、わたしたちの本質的な人間性が危険にさらされるということなど、決してないのです。

当然の苦しみ　Merited Suffering

　ここでわたしはある大胆な立場をとり、これを擁護したいと思います。それは他人から故意に痛みや苦しみを加えられるのに値する者など、だれひとりとしていないということです。もちろん、わたしはそうしたことを主張する第一人者ではありませんが、今日では五十年前に比べて、こうしたことを聞くことが少なくなってきたようです[15]。適切な状況の下で罪の苦しみを自分に課すことは勧められるべきですし、これについては後でさらに論じるつもりです。しかし、間違いを犯した人々に故意に痛みを加えることは、実際的な検証としては用いられません。このようなことをしても、その結果は全体として有害なものになるでしょうし、ケアと信頼の関係を樹立するのにも、絶対に役立ちません。

　たとえば、死刑のような罰が殺人防止になるということを納得させるような証拠はありません。しかも死刑は、これを受ける者と加えなければならない者の両者に対して相当の苦しみを与えます[16]。同様に、身体的な罰が、共同体においてもまた個人の魂においても秩序維持に役立つ、という証拠はほとんどありません。ほとんどではないかもしれませんが、多くのアメリカの学校は罰なしに秩序を保っていますし、専門家の意見でも、親が体罰をすることは強く反対されています。他人に危害を与えるのが明らかな場合には、その人物は刑務所に入れられるか、監禁されねばなりません。けれども、その場合でさえも、復讐以上に、彼らから長いあいだ、太陽、新鮮な空気、人との親密な交わりを奪う根拠はどこにもありません。投獄による苦しみが、*苦しみ*として計画的に加えられるべきではありませんが、社会自身を守るという社会の必要性からすれば無効とはいえない副次的効果はあるかもしれません。苦しみは受けるに値するのだという考えを却下するなら、社会を守るためにいまとっている方法よりも、もっと開放的なやり方を見つけだすことができるかもしれませんし、規範から外れたこれらの人々を互いに役立つ市民との仲間づきあいへと連れ戻すことができるかもしれません[17]。

　いくつかの共同体では、身体的な苦しみに加えて、悪事を働く者に対して恥というかたちの心理的苦しみを計画的に与えています。実際、若者を社会化するのに、恥の使用をますます増やしたいとする人々が今日ではいます。しかし、経験を積んだ精神科医は、違反した者たちに恥を加えることについて論じています。たとえばジェームズ・ギリガンは、恥は自己を傷つけ暴力を生じさせるという説得力あふれる証拠を示しています。[18]同様に、哲学者バーナード・ウィリアムズは、恥は人をナルシスティックにする傾向をもつと論じています。つまり、恥は自分の状態を恥じるように注意を向けさせてしまい、犠牲者の状態から目をそらす、と論じています。[19]これと対照的に、罪は、傷つけられてしまった者に焦点を当て続け、そして損害賠償を請け負うのです。

健全な罪意識と不健全な罪意識を区別しておくと便利です。健全な罪意識は、わたしたちが他人を本当に傷つけてしまったとか悪いことをしてしまったという感覚のなかで引き受けるものであり、可能な損害賠償が何であれ、これを真摯に実行しようとします。さらに、できることがあります。つまり、わたしたちには助けがあります。不健全な罪意識は、客観的に、第三者から罪に当たる理由が見当たらないときでも続きます。あるいは、何ら損害賠償の対象にならず、だれも何もしないときですら持続するものです。後の事例では、不健全な罪意識はその効果の点において恥と似ています。被害を受けた者を助けず悪い特定の人々に焦点が当てられ、彼ら自身の不幸せを膨らませてしまうのです。もし他人に故意に痛みを加えることを正当化する考えを放棄するなら、健全な罪意識を養い育てていくことが必要になるでしょう。わたしたちは、できるだけ罪に値することをしないように生きるべきですし、罪に値するときには、償いをしようとするべきです。

わたしは先に（外側から加えられる）当然の苦しみという考えが実際的な検証には用いられないといいました。どうしてそうなるのでしょうか。第一に、罰として痛みを脅しのように用いることは効果がありません。そうした罰に苦しむ人々はしばしばもっと怒りっぽくなり、結果として危険になっていきます。脅しが若者に向けられる場合、それは芝居がかった無駄に終わります。なぜなら、部分的には、若者は自らを誤って弱みがないと見なすからです。そしてさらにもっと重要なのは、大人たちが抑止として罰という脅しを用いるのだという精神の反省的特性を、多くの若者は発達させていないからです。成人として審理されたり、あるいはいやしくも捕らえられて審理されたりするという考えは、彼らにはあらわれてきません。

第二に、当然の苦しみを与えるという考えは、広範囲にわたる不安へとわたしたちを導いていきます。（自分からも他人からも）慰めと助けに値する苦しみをもっているたくさんの人たちが、自らに問い始めます。このようなことに値する何をしたのだろうか、と。苦しみが、苦しんでいる者のどのような行いとも明確につながっていないとき、この問いとそれに伴う心理的苦悩は、助けになるどころか害悪となります。苦しみとかつての行いとのあいだにつながりが見いだせると、反省によって将来に起こりそうなことを防止しようと助けることができます。ときどきわたしたちは不注意によって不快なものを自分自身にもたらし、アドバイスを拒否し、あるいは分別や徳を失ってしまうものです。たとえそうでも、いかなる現実的な苦しみにも値するわけではありませんが、そういったことに陥るなかで自分の役割というものを認識しなければなりません。わたしたちはそうした経験から、より賢くなって立ちあがるべきなのです。自分に対する悪は、嘆きとともに、より力ある分別を訓練しようという感情を呼び起こしますが、いつも罪意識をつくりだすわけではありません。しかし、自分たちの堕落によって他人が傷つけられた場合には、罪を感じ、この罪意識に伴われた当然の苦しみを認識します。このとき、罪意識としての痛みを受け容れることにも、償いに向けて具体的に動きだすことにも、意味が生まれます。罪の許しはありません。それに、償いから勘弁してくれるような、約束されたかたちの許しもありません。徳のよい部分は自分を守ることにあります。わたしたちは罪意識という当然の苦しみも歓迎しないのです。

課題は、適切な秩序のなかの因果関係を習得することなのです。わたしたちが他人を傷つけたり、中傷したりするようなことをしてしまったとき、わたしたちは罪の痛みの報いを受けるに値します。不注意なことや愚かなことをしてしまったとき、自分自身に歓迎したくない結果を招くかもしれませんが、結果として痛みという報いを受けるに値しません。しかし、苦しみという出来事を経験するとき、わたしたちがその苦しみに値する何か、それをわが身に招く何かをしてしまったからだ、というのは必要な（まさにふつうの）事実ではありません。[20] それには何か価値があり（彼に価値の可能性を自己正当化的に助言したジョブの「友だち」を思いだしてください）、意味あるメッセージが含まれ、その経験は苦しむ者をより強くするだろう、といった助言によってその他のよき人々が苦しみを大きくすべきではないのです。苦しむ人たちが必要としているのは、慰めであり安らぎなのです。

宗教的伝統――ここで三大一神教に触れます――は、

苦しみを永続させる点で無害とはいえません。確かに、それら宗教が慰めを差しだし、慈悲心や同情を力説しますが、ユダヤ教的改悛の伝統やキリスト教的原罪の教説は両方とも、人類に罪というたいへんな重荷を課しています。ポール・リクールは、こう述べています。

これまで魂に加えられてきた危害を充分に語り尽くすことは決してできないだろう。キリスト教が支配してきた何世紀ものあいだに、まず、アダムの物語の文字どおりの解釈によって魂に危害が加えられた。次に、この神話を歴史として扱い、そしてこれを原罪に関する主にアウグスティヌス主義者による後の時代の思索と混同することによって、魂に危害が加えられた[21]。

この遺産は、苦しみに値するという観念を却下する、もうひとつの力強い根拠を与えてくれます。わたしたちは生まれつき罪深く、あらゆる苦しみの出来事をいずれにせよ受けるに値するのだ、という信念はだんだんと衰退していますす。それはまた、他人に苦しみを加えるときに、自分たちを神に似た者と感じさせることにもなります。わたしたちは、力強く、そして正しいのだ、と感じるのです。

健全な罪意識と不健全な罪意識とのあいだに引かれた区別は基本的には正しいもののように見えますが、少し深く掘り下げていくと、さらに複雑な状況が見えてきます。ときに不健全な罪意識は避け難いものです。それは自分たちの罪なのですが（罪と見なされる何かを自分がしてしまったのです）、それにもかかわらず、これは外的な力によって科せられたものなのです。アンソニー・カニンガムは、トニ・モリスンの『ビラヴドー愛されし者』にでてくるセスの事例について論じています[22]。セスは奴隷であることの痛みや恥に子どもたちを従わせるよりも、むしろ彼らを殺してしまうことを絶望のなかで決意したのでした。そして『愛されし者』、つまり赤ちゃんを殺してしまったのでした。その後もずっと、彼女は罪の意識に苦しみます。そして、その苦しみは年を経ても減ることはありませんでした。自分の人生をうまくやっていくために罪を振り落としなさい、と彼女にいっても何の役にもたちません。カニンガムがその状況をうまく分析しているように、どのような決断をしたとしてもセスは罪の意識に苦しめられたでしょう。カント主義者は、道徳の担い手はいつでも道徳律に従って選択をすることができ、自らの道徳的統制を超えた結果については、「自分には何の関係もない」と無視できると主張しましたが、これと対照的に、人間——善き人間——は、そのようにはつくられていません。[23] セスはすべての善き親たちのように、自分の子どもを守るという責任を受け容れ、これができなくなったときに、慰められない悲嘆と罪の意識に苦しんだのでした。

罪の意識は不健全だったのでしょうか。もちろんです。これは何もなし遂げませんでしたし、多くのものごとをより悪くしていきました。しかし、こうした罪意識のために彼女を傷つきやすくさせているのは、セスの内面にある本質的な善だったということを知らねばなりません。[24] あまり世話をしない親なら、彼女の行為を正当化し、そのようにし続けていたかもしれません。

ほかにもウィリアム・スタイロンの『ソフィーの選択』[25] にでてくる苦しむ母、ソフィーのことを考えてみてください。この物語では、残酷なナチス将校がソフィーにわが子のどちらかを選択するよう強制します。つまり、ひとりを連れ添って自由になり、もうひとりは置き去りにして強制収容所で死なせるように、と。カント主義者なら、ソフィーはそのような選択を拒否すべきだったというかもしれません。その場合、子どもは両方とも死ぬでしょうが、ソフィーには道徳上全く責めるべきところはないのです。確かに道徳の担い手として、そのとき彼女ができる唯一のこととは、ナチスの命令に従うのを拒否して道徳的選択をすることです。しかし、こうしたやり方でその後ソフィーは罪の意識から逃れられたでしょうか。そうしたひどい状況に追い込まれたなかで、ソフィーは自分の罪意識のことではなく、子どもに対する愛と、これを失うことについてだけ考えていました。罪の意識は避け難い派生的結果です。この種の悲劇では、犠牲者は道徳の担い手としての自分を固持しようなどとはしません。彼女は自分の愛する者を守ろうとするだけです。愛される者と愛してくれる道徳の担い手が、一撃の下に消滅させられてしまうことにかかわるほど、大きな悪はないでしょう。

以上の見方は、わたしのオリジナルで大胆な主張に対して説明を求めます。わたしは、故意に加えられた痛みを受けるに足る者はだれもいない、と本当に信じているのでしょうか。基本的正義は、残酷なことをする者に対して彼が他人に与えたのと同じ苦しみを味わえと叫ばないのでしょうか。わたしの主張を再確認したいと思います。まずわたしたちがきちんとした人間であるなら、このナチスのような道徳的怪物が加えてくるような苦しみへとさらに近づき、これを加えるなどということはありえません。わたしたちはそうした苦しみを故意に加えることに伴う「汚れたイメージの重荷」を抱えることはできないでしょう[26]。実際の行動は、まだ実用的検証がなされていないのです。これではものごとはよくなりません。実際に、精神病質者はときどき残酷な罰を歓迎します。それは彼らが罪を感じるからではなく、他人（ちゃんとした一般大衆）が自分たちとそれほど違わないことを何らかのかたちで証明してくれるからです。

わたしたちが代わりにしなければならないことは、ケアするための能力と、ケアする者への責任が果たせなかったときに健全な罪意識をもつ能力の、二つの能力をすべての子どもたちに発達させるよう手助けすることです。それ以上に――おそらく基礎としてそれを下敷きに――子どもたちが本当に幸せになれるような状況をわたしたちは準備しなければなりません。幸せな人は残酷でも乱暴でもありません。というのも、幸せな人は他人とともに本当に苦しむことができるからです。幸せな人は、そうした苦しみを避けようと、あるいは和らげようと行動するのです。

ソウル・メイキング　Soul-Making

では、先ほど退けた、苦しみには何らかの意味が内在しているという考えに少し立ち返ってみましょう。これを否定する難しさは、ほとんどすべての宗教形態が中心としている前提を否定しなければならないところにあります。すなわち、宇宙には目的があり、この目的はいずれにせよ善に向けられていなければならないというものです。もちろん、宇宙に目的が存在する可能性を受け容れたうえで、なおもその目的が（どんなものであれ）とにかく人間の幸福感に関係している、という考えを否定することもできます。あるいは、この目的は人間の善などには向けられておらず、むしろ人間の悲惨さに向けられていると論じることもできます。論理的に、宇宙に目的があると肯定することも、そんなものはないと否定することも、わたしたちにはできません。宇宙の秩序は、ただ目的があるかもしれないと示唆するだけです。しかし、この宇宙の目的が（もしあるとすれば）人間とかかわることができるとは、いったいどのようなことなのでしょうか。これこそが大いなる宗教がいままで答えようとしてきた問題であり、懐疑家によっては、そんなものはない！　と答えられてきた問題です。そして、わたしたちは自らを助けるために団結するほうがよいのです！[27]

ヒンズー教と仏教では苦しみはときおり幻影と見なされています。つまり、わたしたちがものごとを正しく悟れば、苦しみはなくなるだろうというのです。このことは、もし苦しむ者が適切な知識をえるために苦労すれば、彼らは痛みを――ただ「慰める」だけで――乗り超えることができると助言するような、残酷な態度となりうるのです。しかし、同情する側面もあります。たとえ苦しみが実際は幻影であるとしても、苦しんでいる一人ひとりの人間にとっては現実的なものとして認識されています。善意のある人々ならその苦しみを和らげようとするでしょう。それでもやはり、苦しみに張りついてなかなか消えない傷痕があります。苦しむ者は（過去の違犯への）痛みを受けるに値する者か、あるいは知識と規律の欠如を通じて痛みをわが身にもたらします。苦しむこれらの人々には、少なくとも無知という罪が帰せられるのです。

苦しみはどの宗教にとっても主要なトピックです。キリスト教では悪の問題を説明するために、神義論が発達してきました。その基本的な問いは、わたしたちのまわりを悪や苦しみが取り巻いているときに、完全に善なる、全知、全能の神がいかにして存在しうるかというものです。この問題にどっぷりつかっていると、本題を離れてはるか遠くに連れて行かれそうですが[28]、ひとつの解決法が、考えなければならない幸せと苦しみの問いのなかに埋め込まれています。それは、人生の目的がソウル・メイキングにあり、この目的のためには、ともかく苦しみが必要であるという考え方です。

そのもっとも純真な表現が、ガンの激しい痛みのなかで死にそうになっている妻へのＣ・Ｓ・ルイスの返答に見て取ることができます。

けれども、こんなにひどい拷問がわたしたちに必要だなんて信じられるだろうか。必要か否か、さあ、自分で決めたらいい。拷問はふりかかってくる。不必要なら、神はいないか、悪しき神がいるかだ。善なる神がいるなら、こうした拷問は必要なのだ。なぜなら、必要でないのなら、いやしくも善である以上のいかなる存在も、およそそのような拷問を与えたり、あるいは赦したりするということはありえないのだから。[29]

ルイスはいくつかの可能性を見過ごしています。わたしたち個々人に何の関係もない（スピノザやアインシュタインによって議論されたような）創造主としての神はいるかもしれません。宇宙には苦しみの原因となる強力で闘争的な悪の力があるかもしれません（マニ教徒による解決）。つまり、神は力強いけれども全能ではないかもしれないのです。二者択一的に、神は、必ずしも確実なものではないのか、より善い自己に向かってまだ格闘中なのか、ということになります。[30]彼（彼女、それ）は、人間に科される害悪にがっかりしているかもしれません。たくさんの神が存在しているのかもしれません。そのなかのいくつかだけが善を行おうとしているのかもしれません。いずれにせよ、なぜ、そうした極度の苦しみがある者には必要で、それ以外の者には必要でないのかという問いに、ルイスは答えませんでした。なぜ、わたしに？という問いが発せられるとき、あなたこそほかのだれよりも苦しみを必要としているのだ、という答えが聞こえてきそうです。そして、結局、苦しみを受けるに値するのだという畏敬の感情を抱いて、わたしたちは死へと旅立たされることになるのです。

ルイスの純真な応答には、ほかの点でも不適当なものがあります。彼は動物の痛みの問題を考慮していません。どういうわけでこれが必要なのでしょうか。確かにルイスは別の本でこの問題を扱っています。[31]罪なきものの無垢な苦しみに対して、他の多くの護教家と同様にルイスは、まず動物が苦しむのかどうかということや、どの程度動物が苦しむのか、と問います。動物の生活は殺されたりむさぼり食われたりといった恐怖によってすべて特徴づけられるものではない、と彼は指摘します。そして最終的に、完全に善なる神が、ほかの生き物を食べなければ生きていけないような生き物が住む世界をなぜ創ったのか、という問いをうまく避けつつ、サタンか別の堕落した天使がこうした悪の特徴を世界に招き入れ、「人間の」堕落が動物の王国での痛みを永続させている、と提唱します。

同じ問題と格闘するジョン・ヒックは、いったいなぜ下等な動物がつくられたのか、という問いの方がましだといいます。[32]こうした考えの延長線上で、創造はすべて人間の生活に向けられ、そして、動物の王国の苦しみは、人間に特別な座と義務とを教えるさいの道具的目的に役立つのです。

これらのどの答えも満足できるものではありません。動物がこうむる痛みの問題に加えて、幼い子どものもつ苦しみがさらに加わるとき、問題はどうしようもないものとなります。ドストエフスキーの『カラマーゾフの兄弟』では、完全に善なる神が世界をつくり見守っているという観念に対して、イワンは痛烈で（しかも反駁できないような）議論をしかけます。[33] 子ども時代のものすごい痛みの話を詳しく述べながら、イワンは兄弟に、もし自分に力があるならどのような状況の下にこうした痛みにあふれる世界を受け容れ、あるいは打ち立てたらいいのかと尋ねます。アリョーシャは答えられませんが、ともかく（キリストを通じて）すべては結局よくなるだろうと主張します。アリョーシャは信仰によって生きていますが、イワンは論理と証拠によって生きているのです。

イワンの議論のなかで唯一の弱点は、彼がもちだす例に、人間によって子どもに加えられた残酷行為が含まれていることです。これらは道徳上の悪に属する行為で、人間はこうしたことに対してすべての責任を負うのだ、と主張することができるでしょう。この主張をより強力にするために、自然悪——すべての病気、事故、誕生時の欠損、飢餓、子どもが苦しむ欠乏による痛み——について考えてみる必要があります。痛みに満ちた何かの病気で死にかけている三歳の子どもが、より価値ある魂を手に入れようとしているとはだれも主張できません。せいぜい、ソウル・メイキングを通じて何かを獲得する必要もなく、その子は天国に直接行ったのだろうといえるぐらいです。しかし、理屈をいう年齢に達する九歳の子どもだったらどうでしょうか。彼女は自分の苦しみの意味を求めて格闘しようと思うでしょうか。忍耐を受けることによって、頭に星の冠を抱くでしょうか。

自然な悪による苦しみと、道徳的な悪によって加えられる苦しみとのあいだにある関連についても見てみましょう。もし自然悪によって加えられる苦しみが正当化されるなら、そのときは人間によって計画的に加えられる苦しみもおそらく正当化されるでしょう。その犠牲となる者のふるまいによって完全に正当化されてしまうような痛みは、おそらく道徳的な悪とはなりません。おそらく、それはそうした痛みを加えるための道徳的な義務となります。このことはすでに退けた立場です。

宗教と苦しみについてのこうした議論のポイントは、若者に不可知論や無神論を教えることにはありません。たとえ善人たちの多くが論理的な理由のみならず、おそらくもっと重要ですが、倫理的な理由から宗教を拒否してきたということを若者が理解するようになることが大切であるといってもです。[34] 幸せに関する議論のポイントは、痛みを緩和する方法を見つけだすことにあります。ソウル・メイキングという目的のために苦しみが必要であると信じるとき、自分自身においても、他人においても、多くの苦しみを受け容れ過ぎてしまうことになりかねません。それよりも、自然の世界に起こる苦しみには目的も意味もないのだと信じるとき、幸せを探求する自由へと向かって動きだすのです。そして、人間が道徳的な悪によって他人に加える苦しみには、もっと不寛容になるべきです。故意に苦しみを加えることが正当化されるという考えを完全に退けるのです。

苦しみに対するわたしのこうした態度が、勇気と楽観とともに、避けがたい苦しみに耐えている人々への称賛の欠如を意味しないことは、はっきりさせておきたいと思います。こうした人々は、わたしたちみんなのために気高い実例を示してくれます。しかし、わたしたちを感動させるのは、どのような幸せを見いだせるかを探そうとする生命の力であって、さらなる痛みに耐える力ではありません。

苦しみのなかから意味を見つけだし、あるいはもっと適切ないい方をすれば「つくりあげる」人々もいるという明らかな真実を、退けようとしているわけでもありません。自分自身の痛みと苦しみを他人への奉仕のための水路に転換してしまう素晴らしい人々の実例は、数え切れないほどあります。しかし、こうした人々が自分の人生のなかですでに意味を見いだしていること——意味はたいていケアリング関係から生じてきます——、そしていまや、その苦しみの成果として意味に焦点が合わせられていると主張することはできます。意味をもっているのは、苦しみそのものではないのです。

不幸せと意味喪失　Unhappiness and the Loss of Meaning

第1章では、ますます豊かになって健康管理もよくなっているのに、市場民主主義のなかで生きる人々が何年か前よりもさらに不幸せになっている様子を見ました。この原因は何でしょうか。ポール・ティリッヒが二十世紀半ばで論じたように、わたしたちは意味を失う恐怖によって特徴づけられる時代に生き、そうした恐怖は神とのつながりがなくなったことにまで遡ることができるのだ、ということもできます。[35] しかし、レーンやそのほかの人々によって報告されたような喪失はつい最近のことです。[36] もし、問題がスピリチュアルな憧れにあるのなら、それは過去二十年のあいだに進行してきたものです。この可能性を無視するのは間違っているでしょう。スピリチュアルなものの再生については後の章で紙幅を割きたいと思います。

ここでは不幸せの原因となる、また別の一連の可能性について考えてみましょう。おそらく情報化時代は、わたしたちをまさに疲れ果てさせています。アラン・ライトマンの小説『診断』では、わたしたちが毎日経験していることが生き生きと想起されています[37]。人間的な触れ合いを欠いたテクニカルな医学、獲得したモノをため込もうとする不断の圧力、電子メール、伝言メール、小包、メッセージセンター、電話による呼びだし（電車のなかや遊歩道においてさえも）、時刻通りかのいつもの確認、交通渋滞、道路でのイライラ、機械の間違い、息苦しいスモッグ、飛行機の遅れ、自然をまねた人工音、薬物をめぐって民族が戦争をしている一方で、薬物の広告であふれかえるテレビ、セックス、暴力だらけのエンターテイメント、生活のなかでの子どものための短い「もっとも楽しく価値ある時間」、スケジュール過密の子どもたち、増大する肥満、ジャンクフードの時代に先鋭化する身体意識……。

これらは必ずや犠牲を強いることになります。新聞には国際的な関心や日常の人間の悲劇に加えて奇怪な物語に満ちあふれています。エルヴィスのような衣装を着た男がサンフランシスコ市長のウィリー・ブラウンをしつこく追い回したとか、「ヨー・ママの最後の晩餐」で十二人の黒人の弟子たちとともに前に座った裸の女性キリストとして、自分の写真をプロデュースした芸術家とか、ホワイトハウスのキーボードからすべてのWのキーを取り除いたクリントン政府時代の若い労働者とか、足をなでることができるよう女性をだまして靴を脱がせた（他人をわなにかける悪人！）件で訴えられた挙句、警察に連行された男とか。

ここには信頼全般の低下が存在しています。わたしたちは政治の代表者たちを信じてはいませんし、国家的ならびに国際的な出来事について聞かされている話も信じてはいません。学校では「説明責任」が求められます。なぜなら、先生についてわたしたちはもはや知らないからです。さらに、もっとよくあることですが、学校側が子どもたちについて知らないということも明らかです。わたしたちはゼロ・トレランス〔寛容度ゼロ〕というルールを認め、（それからやっかいで愚かだとわかるのですが）学校では金属探知機の使用や（それを強制しさえします）、ふいうちの薬物テストにロッカーチェック、廊下での武装あるいは非武装の警官、火災の場合には明らかに危険であることを示すロックされた扉、子どもたちを脅かし学習からよろこびを奪い去るような一発勝負のテスト、ときどき午前十時三十分と早くからスタートする奇妙な短い（二十分間）ランチの「時間」、一般的な礼儀をほぼ普遍的に受け容れることを示した規則と罰のリスト、「最優秀」校での病的レベルの競争、監視するためにすべての片隅を見えやすくした建物のデザイン（たとえばパノプティコン）、広告が表示される契約で寄贈されたビデオ機器、スポーツでの勝利の過度な強調と、大学志望と関係する出席、閉鎖されたキャンパス、駐車場での暴力を容認しているのです。

前の段落でリストアップしたことは、五十年前の学校ではどれひとつ普通にありませんでした。これらは、少なくとも過去の科学技術の変化にさいして特徴的な原因と結果とのあいだに広範囲に広がった病状のなかであげられるものです。もしこうした変化を反省するのに十分な時間をとって立ち止まるなら、ある学者――たとえば、デイヴィッド・メイヤーズ――の概括的な忠告は、適切なレベルでわたしたちの問題に向けられたものではないということがわかります。たとえば、わたしたちの文化は子どもを歓迎し、搾取的な強欲を助長することなく、イニシアチブに報いる自由のバランスを保ち、そして魂を世話すべきである、といえば簡単に賛同をえることができますが、あまり多くのことは達成されないのです。[38] わたしたちは選択の形態において、もっと特別な援助を必要としています。それは、この後の章で探求してみたいと思います。

フランスの社会／メディア批評家で記号学者のジャン・ボードリヤールは、わたしたちは客体的なモノと見世物（スペクタクル）によって支配された時代に生きているといいました。[39] 彼は、今日では記号的な意味での客体が支配していると主張しているのです。ほぼそれは、あたかも客体が計画と目的とをもち、これらの新しい主体―客体によって使用され、こき使われるような物体になってしまった様子をいっています。わたしたちはもはや主体ではないのです。確かに『診断』のビル・チャーマーズは不運にしてこのように感じていましたし、わたしたちのほとんどがときどきこのように感じます。たとえば、わたしの電子メールをだれが読もうと、わたしは本当のところ気になりません。どうしてだれかがそれを読みたいと思うのでしょうか。しかし、いまは大学側から、電子メールを保護するためパスワードの安全性をさらに高めるよう強いられています。強制されるのです。これをしなければ、自分自身のメールにアクセスすることすらできなくなるでしょう。もし、ハッカーがわたしのアカウントに侵入できたら、彼らはもっと簡単にほかのアカウントにも侵入できます。ですから、わたしは自らこうした強制に従うべきだといわれているのです。それは理解しています。これが、まさにボードリヤールのいおうとしていることではないでしょうか。わたしという実存的な価値からして一度限りで唯一の座を占める者は、いまやテクノロジーによって指図される客体的なモノなのです。それが主体なのです。わたしは、ただ従うしかないのでしょう。

彼の二番目の主張、つまりわたしたちは見世物によって奴隷にされた見物人だという考えについては、ほとんど議論の余地はありません。何人かの人が抗議したとしても、ほとんど大多数は（技術的に発達した国家内では）これに従っています。ボードリヤールは記しています。

この世でたったひとつのよろこびとは、いうまでもなくものごとがカタストロフに「変わる」のを見ることである。つまり、確定と不確定、必然と偶然から逃れ、何が起ころうとも理由もなく結末に結びついたり、原因を介さず直接結果に結びついたり、目もくらむばかりの連鎖の支配のなかに身を投ずることだ。機知に富むふるまいや誘惑に満ちたふるまいがそうであるように。あるいは意味の逸脱というプロセスを経ることなく、見かけだけの超特急路線というプロセスを経た、目もくらむばかりの連鎖の支配に身を投ずることである。[40]

ボードリヤールは正しいのでしょうか。わたしはほとんどテレビを見ません――およそ毎晩三十分ほどニュースを見るだけです。今夜は、ほぼ確実にイスラエルとパレスチナとのあいだの暴力や、アフガニスタンやギニアの難民の悲惨や、エル・サルバドルやインドでの地震による犠牲者のさらなる悲惨や、政治的なスキャンダルを一つか二つ目にすることになるでしょう。ショーを楽しみにして待つでしょうか。こうしたものを見ながら、コーヒーや何かの飲み物を少しずつ飲むつもりなのでしょうか。みなさんはどうでしょうか。わたしたちはあるかたちの快楽をえようとして、ますます不幸せになっているのではないでしょうか。これは重要な問いなのです。

ボードリヤールは、休暇でさえもしばしば不幸せをよりいっそう深めてしまうと指摘しています。

たとえば、人間はバカンスのあいだに日常よりはるかに深刻な退屈さを見いだしさえする――その退屈さは二倍である。なぜなら、それがすべて幸せと娯楽という要素でできあがっているからだ。重要な点、それはバカンスが退屈さに先行していること、そしてバカンスから逃れられないという苦く熱烈な予感が、なおあることである。二者択一を自らに招きつつ、人々が日常性を認めようとしないのをどのように理解したらよいのだろうか。彼らはそれを運命にしようとしている。つまり、二者択一性を正反対の見かけのなかでさらに強化し、そこでエクスタシーにまで陥り、その単調さをより大きな単調さで封印しようとしているのだ。[41]

　なんて憂うつな状況でしょう。こうしたことはいつも起こるわけではありません。なかには、少なくともときどきは、休暇を楽しんでリフレッシュして家に帰るという人もいます。しかし、ボードリヤールがいう点もよくわかります。毎日の生活を否定して幸せを見つけだそうと望むことは、どうやったらできるのでしょうか。幸せについての研究を進めながら、よろこびと満足との源泉である毎日の生活に、わたしたちはもっと注意を向けていきたいと思います。

　この章を復習して締め括りたいと思います。苦しみは讃美されるべきものではありません。「名誉の座」に任せられるべきものでもありません。苦しみは除かれ、弱められ、和らげられるべきものです。苦しむ人々は助けられ慰められるべきであって、疑いの目をもって尊敬されるべきではありません。自然悪による苦しみの背後には何の目的もありません。そして、計画的に痛みを加えることは、どのようにしても正当化できません。最近よく報告されているような幸せの減少は、おそらく実際の苦しみが増えているというよりも、むしろ技術的な変化の結果によります。幸せに向かって動きだしていけるような自由を求めながら、わたしたちは技術的な変化と実際の苦しみの増大との両者について、じっくり考えていかなければならないのです。

　なぜなら、ニーズの充足は痛みを和らげてほしいとする要求を含んでいますし、わたしたちの充足感にとって基本的なものだからです。また、こうした充足感が幸せと関係をもつことをわたしたちは認めたのですから。わたしたちは必要不可欠なものとしてのニーズについて論じなければなりません。ニーズを欲求や欲望と区別するものは何なのでしょうか。次に、このことを論じたいと思います。

第3章　ニーズと欲求　Needs and Wants

第1章では、幸せがしばしばニーズや欲求、あるいは欲望を満たすことと同じように見なされるということを確認しました。この章では、ニーズの本質と、それがどのようにして欲求から区別されるのかを探求しましょう。わたしは欲求と欲望とを区別せずに、同義語として使用しています[1]。また、これら以外にも関連する用語――衝動と本能――がでてくるでしょう。それらがニーズと欲求の網の目のなかで、どのように適合していくのか見ていきましょう。

　ニーズ、欲求、欲望、衝動、そして本能、これらはすべて主体の願望の表現――言語的であれ身体的であれ――と見なされるでしょう。しかし、ある生物学上のニーズ（そして、もし少しでも認められるならば、ある種の本能）は、客観的なものに分類されるのが一般的です。なぜなら、こうしたニーズはすべての人間に見られ、それらの充足が自らの生存にかかっているからです。食料、住まい、危害からの保護を求めるニーズを客観的と呼ぶのはもっともなことです。しかし、こうしたレッテルは、個人であるわたしの飢え、寒さ、そして恐れの激しさを見落としています。それはまた、公的配慮を受けるべきニーズと、私的領域において充足されるか否かの単なる欲求として残すことができるニーズとのあいだに、恣意的な境界線を引いてしまう原因になるかもしれません。

　ニーズは欲求よりもさらに根源的であると考えられています。少なくともわたしたちは、欲求がほとんどなく、欲望が精神のよろこびに限定され、熱望が理性的に抑制されたなかで分別をわきまえた幸せな生活を送っていることを、想像することができます。しかし、ある一定のニーズが満たされないと、幸せな生活を想像することはできません。こうしたなかに、すべての人間に共通する基本的ニーズがあります。これらについて分析をしていきましょう。

基本的ニーズ　Basic Needs

すべての人間には、一定の生物学的ニーズがそなわっています。デイヴィッド・ブレイブルークはそれらを人生全体にわたるニーズと呼びました[2]。そのなかには、食料、住まい、十分な衣服、危害から身を守るもの、愛情（少なくとも幼児においては）、また他の人間とのある協力形態あるいは連携があります。これらを、客観的ニーズ、つまり客観的に必要不可欠なものと呼びましょう。なぜなら、これらがどのようなものであるかは、だれかの感情に左右されることはなく、道理をわきまえた人なら、その現実を否定することはできないからです。しかし、これらのニーズでさえも解釈は自由であり、状況によってこれらのなかで何が優先されるかが変わってきます。さらに、こうしたニーズは――それが出現してくるときにはとても主観的で――かなり鋭く感じられるため、その要求を明確にもっている人に、それを提示する部外者はいません。それゆえ、それらを、表明的ニーズ――それを必要としている人のうちにわき起こるニーズ――と分類したほうがいいでしょう。そのようなニーズは、言葉で表現されるかもしれませんし、あるいはあいまいかもしれません。またはボディランゲージを通して表現されるかもしれません。

ただ、この方法で基本的かつ生物学的ニーズを分類することにより、わたしたちは分析を複雑にしてしまいます。なぜなら、それ以外の表明的ニーズが、生死の問題ではなくなるかもしれないからです。特定の概念のなかで基本的ニーズを維持しようとする誘惑、そして、おそらく社会の責任をこれらのニーズだけの充足に限定しようとする誘惑があります。しかし、ひとつの社会として、わたしたちはこれらのニーズの特定と最低限の充足ではもはや満足できない、ということを論じたいと思います。ニーズに関して、ナンシー・フレイザーは、その考えについての異なった解釈と社会思想におけるその位置とを相互に合体させる複数の言説がある、と説得的に論じ続けています[3]。ここで、わたしたちはニーズの充足が幸せにいかに寄与するか、ということに興味をもちます。それは、すでにわたしたちが、幸せの深い形態には他者のよろこびや苦しみに共感しながら応答することがあると認め、ニーズへの公的配慮を無視することができないからです。わたしたちは、もっと単純な分析によって避けられるはずの二つの複雑な問題に直面しています。一つ目は、わたしたちの幸せは他者の幸せと密接な関係にあるので、他者のニーズが明示されたときには、彼らに耳を傾けなければならないということです。わたしたちは、他者が必要としていることに優先順位をつけることはできないのです。二つ目に、自由経済のなかで生きている人々にとって、ニーズというものが一生分のニーズをかなり超えてしまうかもしれないということです。リベラルで民主的な人々がニーズについて思いめぐらすとき、ニーズは基本的かつ生物的必要性を超えていくに違いないのです。

やっかいなことですが、基本的ニーズとそれ以外の表明的ニーズとのあいだには、もはや明確な境界線がないということを理解するのは有益なことです。アリソン・ジャガーは、人々が「身体の維持に必要なものよりもより多くのものを欲しがり必要としている(4)」ことを認めていますが、彼女は、社会哲学というものは基本的、生物的必要性から出発しなければならないと考えています。これらのニーズを無視できないという点について彼女は確かに正しいのですが、しかし、より全体的な議論を始めたほうが好ましいのではないでしょうか。たとえば、最良の家庭では、ふつう、容易に決定される生物的ニーズを個別に分けて満たしたりしません。家庭で利用できるものを念頭に置き、そのときとその場所にいる家族のメンバーについて思いめぐらします。子どもたちは、その出発の時点からでてきたニーズと見極めたニーズの双方を、一定の実用性と可能性とで満たし始めます。善い親なら、子どもの生物的ニーズそれぞれを、家庭以外の場所で多様な人によって充足させたままにしておきたいと思わないでしょう。そのような計画の下では、満たされないままの何らかの全体的な必要性があるのです。

大人のホームレスの人たちのなかに、この要求をはっきりと見ることができます。彼らはある場所で朝食を受け取り、別の場所で夕食を受け取り、さらに別の場所で夜を過ごすための場所をもらいます。単に雨露をしのぐ場所と比べて、家庭は基本的かつ生物学的な必要性として、めったにリストにあがりませんが、家庭は統合的な役割を果たしているのです。つまり、ひとつ屋根の下にニーズを集め、家庭のメンバーに対して、彼らのアイデンティティにとってなくてはならないあるかたちを与えるのです(5)。十分な解釈を経た分析の下では、家庭はひとつの基本的必要物となるのです。

家庭のための必要性を基本的なものと査定するとき、基本的だと考えられるこれ以外にかかわる必要性についてもまた調べていきましょう。家庭は人間のアイデンティティの一部分を提供してくれます。あなたはどこに住んでいますか。あなたの住所はどこですか。こうした質問に対して答えのない状態とは、どういう状況なのでしょう。家庭は、わたしたちの所属感を保つ場所でもあります。そうした場所をあまりにも当然だと見なしているため、基本的必要性としての場所という考えは、なかなか思い浮かびません。家庭は私生活を提供するひとつの場所であり、また、お風呂に入ったり、身体の要求に応えたり、社会的に認められたセックスを営んだりする場所なのです。

ニーズを分析するさいに、ホームレス以外の恵まれない大人について考えることもまた有益です。刑務所に入れられている人々の状況は、わたしたちが見落としているかもしれないより多くのニーズについて教えてくれます。なぜなら、わたしたちはニーズが満たされることを当然視しているからです。もしかしたら、太陽の陽ざしや自然界とのつながりという、人間にとっての基本的な要求があるかもしれません。(6) もし、そのような要求が基本的であるということが真実なら、社会の刑務所政策は、その要求を考慮に入れたほうがいいのでしょうか。

もし、考察のはじめの段階からこの文脈に敏感であるなら、現代のリベラルな民主主義におけるニーズが、初期の社会のニーズや産業化以前の社会のニーズと異なっていることはわかります。自尊感情を基本的ニーズに含めるとき、わたしたちは即座に文化的文脈に敏感になります。今日のリベラルな民主主義社会のなかで、医療保険と収入の保証がないとすれば、人々が自尊感情を維持するのは困難です。では、これらは基本的ニーズなのでしょうか。それらは、そうした社会では確かに表明的ニーズですし、それなりに、それらの充足は幸せの獲得に役立つのです。

このような考え方への反発には長い歴史があります。社会理論家は伝統的にニーズを個人の領域に限定してきました。（リベラルな民主主義においては）公然と、わたしたちはニーズではなく、権利というものを主張します。しかし、それは権利が表明的ニーズから生まれたということを、歴史的に示すことでもあります。ニーズという概念は権利という概念に先行し、その基礎となっているのです。ニーズを強調することに反発する理由でもある、ひとつの大きな問題は、ニーズが文脈にかなり敏感である、ということです。発達した社会ではニーズは激増します。富者の特権やしるしのようなものは、多くの人々が表明した要求となるかもしれません。そして、もしその表明が十分な力と共感によって支持されるならば、それは権利にさえなるでしょう。言説のある形式は、この種の議論を推進するでしょうし、他の形式はこの種の議論を抑制しようとするでしょう。

表明的ニーズは、ときおり〔外部が推測した〕インフェアード・ニーズから発展します。後者は、外的に生じたニーズであり、そのうえ、必要性があるといわれる人々に強制されます。ワクチン接種、子どものしつけや学校教育、これらすべてはインフェアード・ニーズの実例です。多くの場合、インフェアード・ニーズが表明的ニーズになるということが、親や教育者にとっての大きな願いです。たとえば、わたしたちは、読んだり、礼儀正しくしたり、また他人を助けたりといった必要性を、子どもが感じ取るようになってほしいと望んでいます。

すぐ後で見ていきますが、あるインフェアード・ニーズは、欲求とニーズとのあいだに内的な葛藤を生みだします。子どもは、道徳的に善であるようなあるニーズと同様に、道徳的に悪であるようなニーズをも内面化することが可能です。彼らは、幸せのためのチャンスを強めずに、むしろこれを破壊してしまうかもしれない富や名誉の追求といった、インフェアード・ニーズを受け取ることもできるのです。

さまざまな人々が、自分の子どもや、隣の住民や、世界のはるか遠くにいる人々のためにさえ、異なったニーズを推測します。わたしたちはこれらのニーズについての議論と分析に、あまりにも短い時間しか割いていません。さらに悪いことに、ニーズは操作されてしまうものです。もし、わたしが広告で見たり聞いたりした全部を信じるなら、見聞きしなければ起こらないだろうニーズを表明することになるでしょう。これらは厳密にはニーズと呼ばれるのでしょうか。または、欲求と呼ぶべきでしょうか。その違いは何なのでしょう。とても多くのことを解決するために、ニーズの分析に戻ろうと思います。しかし、それができるようになるまでに、欲求について話しておかなければなりません。

欲求　Wants

広告によって生み出された多くの衝動を、欲求として分類することは正しいように思われます。それらは確かに生存のためのニーズではありませんし、それらの欲求を満たすことは、幸せにわずかしか寄与しないように思われます。

さらに、ニーズを公の説明にもちだそうとするなら、欲求とニーズの区別の仕方を見つけなければなりません。わたしたちは、欲求のあらゆる表現に積極的に反応するよう強制されている、と感じるような場所に社会を置くことはできないのです。

最良の家庭での生活は、必要とされるものを区別するさいに、何らかのヒントを与えてくれるかもしれません。よい家族は欲求（または欲望）を、いつニーズとして――それを欲している人以外が満たすべき欲求として――認めるのでしょうか。わたしは次のような基準を設けてみました。

1　欲求は、相当な期間にわたってかなり安定しており、しかも／あるいは、激しい。

2　欲求は、ある望ましい結果あるいは少なくとも害がない結果と明らかに結びついている。さらに、その結果は、欲求対象がないと達成できないか、困難である。

3　欲求は、それをかなえようと取り組む人々の（手段のなかの）力のうちにある。

4　欲している人は、その欲求を満たそうとし、またそれに貢献することができる。[7]

こうした状況の下で、わたしたちはいうのです。「ジャックは本当に（学校のオーケストラで演奏するための）新しいヴァイオリンを必要としています」とか、「パティは（チームに所属するために）新しいサッカースパイクが必要です」とか、また「母は（食事の準備の時間を節約するために）フードプロセッサーが必要です」などと。要求が認められたとき、よい家族はそれを満たすように働きかけます。認められた要求は、それを認めた人々に義務を課します。その義務は、家族成員の要求を満たす直接的責任者や、間接的責任者、いわばそれを表明したすべての人々の必要性の充足をうながす仕方で支持していく間接的責任者にあるはずなのです。

わたしたちの多くは、自身のニーズを判断するとき、先のリストに記載された基準を用います。わたしたちは、自らの欲求の確かさや激しさ、価値があると考えるものとの関係、満足できるかどうかの可能性、そして実現するための意欲を見きわめます。わたしたちが自力でそれを満たすことができるかどうかを考えるとき、わたしたちは、もちろん他者のニーズを含んでしまうような、競合する欲求についても考えるように求められます。

欲求は満たされる前に、必要性の段階にまで高められなければならないのでしょうか。温かい愛に満ちた家庭は、ニーズではない多くの欲求に対して寛大に応答します。実際、だれもが少なくともある欲求（ニーズではなく）を満たされる必要があります、とわたしたちはいうでしょう。もし、欲求のすべてが満たされる前に、必要性として認められなければならないとしたら、冷たい世界になるでしょう。現代西洋社会においては、ある欲求を満たすことそれ自体が基本的な要求である、ということが正しいと思われています。もし、わたしたちが自身の欲求を満たすことができる立場にいるなら、もちろん、わたしたちはニーズと欲求との区別をいつも気にすることはないのです。

ほとんどの者は、よい家庭ではある欲求充足が規則的にできている、ということに同意するでしょう。与える側と受け取る側の両方が、ときおりの欲求充足によってうれしくなるでしょう。そのような満足について公的なレベルで、何かいえることがあるでしょうか。社会は、ニーズとして承認されていないある欲求を満たそうと努めるべきでしょうか。もし、わたしたちの答えがイエスなら、積極的な対策によってすべての労働者とその家族の生活賃金を保証するべきでしょう。そうした基本的資源によって、人々は欲求充足についての選択を自由にするべきです。しかし、誠実な社会ならできるようなことがさらにあります。それは、人々のニーズと欲求についてより善い理解をもつよう、彼らを教育しようと努めることです。本書の主要な目的は、この実行可能性を議論することなのです。

人々に自らの欲求とニーズとを理解させるための教育には、驚くほど論争の余地があります。市場経済は、消費者の支出により発展しています。資本主義の政府は、多くの広告を認める政治的理由と同様に、経済的理由ももっています。言論の自由は広告を保護しますが、すぐれた経済感覚も保護するのです。欲求が消費者を浪費へと駆り立て、それによって経済促進がはかられます。しかし、もし欲求の劇的な増大が、部分的に幸せの低下に責任があると確信するのなら、これらの欲求を減じるために何かをすべきなのでしょうか。道理をわきまえた人なら、市場の倉庫を破壊しようとはしませんが、絶えず浴びせられ欲求を操作する広告に関しては、ほとんどの者が不快に思っています。検閲は考慮にすら入れるべきでないと同意するとしたら、ほかに何かできることがあるでしょうか。この問いは、教育についての多くの後の議論の中心となるでしょう。

今日のリベラルな民主主義は市場経済主義でもあります。わたしたちは、アイザイア・バーリンによってうまく叙述された状況にとらわれているということに気づかされるのです。バーリンが指摘したのは、わたしたちが評価したすべてのものを一度に、いわばパッケージのようにひとまとめにして獲得することは、疑いなくほぼ不可能だということです。実際、いかに素晴らしくプラスのものが二つあったとしても、それらがある特定の状況で対立することはありうるでしょう。バーリンは、次のようにいいました。「わたしたちの理想とするあるものを達成することが、原理的に別の理想の達成を不可能にする。これを認めるということは、全人類的達成という観念は形式的矛盾であり、一個の形而上学的妄想であるということである」[8]。

たとえば、わたしが徹底的にシンプルな生活を送ると決心した、と想像してください。わたしは土地に密着した生活や、自給自足の農業について書いたソロー、ニアリング、ウェンデル・ベリーなどの多くの本を読みます[9]。そして、これこそがわたしの生活であると確信するようになるでしょう。しかし、二十一世紀の西洋社会においては、相互依存的な現実から逃れることはできません。わたしは、依然としてあるモノを買い、ときには公道を利用し、医療的な助言を求め、おそらくは燃料や灯りのために資源を使用する、といったこともしなければなりません。さらに、すべての人がこのような仕方（もしくは望むような仕方）で生活できるわけではありませんので、学校がすべての子どもを極度にシンプルな生活に向けて教育するように、と自信をもって提案することはできません。しかし、シンプルな生活が可能性として提案されてはならない、という理由はありません。そして、もし生徒が消費者としての自らの欲求を修正したり、要求を減じたりするように勧められるなら、その可能性はほぼ確実に高くなるでしょう。ただ、そのような勧めは善いことなのでしょうか。ここには経済的繁栄を支持しているという問題が残ります。もしかすると、シンプルな生活を送ることと経済的繁栄の維持とは、同時には実現できない二つのものなのかもしれません。

欲求と欲望の管理のために別の極端な方法を考えてみましょう。人は（精神的に）すべての欲望に打ち勝ち、すべての欲求を否定することができます。バーリンはこの行動を内なる砦への退却と呼びました。彼は次のように述べています。

これは、禁欲主義者、静寂主義者、ストア派の哲人、仏教の賢人らの伝統的な自己解放のやり方であった。また、その他のさまざまな宗派の人々や宗教に属さなくても、この世のいかなる価値にも関心を奪われないこと、この世のいかなる武器をもってしてももはや傷つけられない、この世の果てに孤立的、独立的に安住することを可能ならしめる何らかの手続きや熟慮の末の自己変革によって、この世を逃れ、社会や世論のくびきから免れた人々のやり方であった。[10]

　ほとんどの人々が、欲望や欲求のすべてを放棄するという考えに魅力をもたないのは明らかです。これでは、願望からの自由を約束する代償があまりにも高すぎます。デイヴィッド・ヒュームによる、冷たく、禁欲的な徳に対しての非難（第1章）を思いだしてみましょう。ほとんどの者は、ヘアシャツを着た禁欲主義者よりもヒュームとつき合うのを好むでしょう。また、世間から表面的に逃れたいという人々の一部が、食べ物やこれ以外の基本的ニーズのためにいまだに他人に依存していることを見て、いらだたしいと思うでしょう。内なる砦への、永続的かつ普遍的な退却は、不可能なのです。

　しかし、わたしたちはみな、ときにはそのような脱却が必要であると感じるでしょうし、そのとき、そうした内的な拠り所が存在するのを望むでしょう。「わたしたちにとって世間があまりにも巨大過ぎる」とき、わたしたちは孤独や内的な源泉へと逃れようとします。そのことが常に認識されるというわけではありませんが、必要性が生じるから内側の自己を構築するためにいくらかの注意が注がれるべきなのです。内的な自己へと退却し、それが空であると気づくことは、どれだけ恐いことでしょう。この恐怖は、ひとつのポストモダンの弊害だと広く信じられていることがらを反映しています。

　もし、個人の（精神的な）完全退却という考えと、ソローによって描かれた全くシンプルな普通の生活との両方を拒絶するなら、何らかの受け容れ可能な妥協案が思いつくでしょうか。市場民主主義の市民であるとき、消費主義の問題を無視することはできません。消費は経済の発展と、経済の安定にも不可欠です。一九四〇年代初頭に、ヨーゼフ・シュンペーターは、「いまや残るところは、多くの経済学者にとって、それこそすぐれて戦後の問題だとされるもの、すなわちいかに適当な消費を確保するかという問題に注目することである[11]」と記しています。シュンペーターは、節約は投資とはどうしても相容れないという考えと、主要な問題は人々に自由な消費をさせることであるという考えとを批判し続けました。彼は説得力のある言葉でもって、たいてい人々は投資として（もしくは主要な支出として）精神に蓄えをする、と述べています。このことは、知的な蓄えと知的な消費が密接な関連をもっている、ということを示しています。それらは相対するものではないのです。

シュンペーターは、人々がときどき「投資への願望を伴わない貯蓄への願望――貯蔵願望――」をあらわすのを認めていますが、この欲望はいかなる心理学的法則に訴えることなく、「特別の理由によって説明されるべきである」と力説します。[12] たとえば、人々が厳しい経済不況の打撃と不安定のさなかにあるとき、彼らは自らがえるものはどのようなものでも貯蔵しようとする欲望によって反応するでしょう。恐怖とは、継続的で、あるいはますます必需品が欠乏していく状態のなかで、基本的ニーズさえも満たされないかもしれない、ということです。シュンペーターは、人々が蓄えたり投資したりするのはごく一般的なことであるが、貯蓄するのはそうではない、と論じています。したがって、ジョーンズさんは一定の消費によるクレジットカード負債はかかえていないかもしれませんが、にもかかわらず、入念な貯金による蓄えという主要な支出によって、経済に対して意義ある貢献をしているのかもしれません。

第1章で見たように、もし消費がそれ自体では幸せをもたらさず、もし賢い消費が市場経済にとって必ずしも破滅を意味しないとしたら、消費が個人の幸せとは反対に作用しないようにするためにどのように教育をしたらよいか、と問うとよくわかります。十分に考慮された通常の欲求は、経済を維持するように機能すべきです。消費文化への非難を強める代わりに、そのような文化に知的にかかわることによって、その意味を問うほうが、もっとよくわかります。どれだけ欲求するのが理にかなったことなのでしょうか。これに関して、わたしたちはホッブズの側に立つことができるでしょう。彼は、欲求はすべて前理性的であり、環境によって、それゆえ状況によって、事実上刺激されていると主張しました。またはカントにも同意できるでしょう。彼は、わたしたちの本当の自由が、前理性的な欲望を理性により検討するところにある、と主張しています。わたしたちは、ホッブズ主義者だといえるかもしれませんが、彼らは欲したものを獲得するときは自由となります。一方、カント主義者は、彼らの欲求が道徳的な理性と調和したときに自由となります。[13] これらの極端な立場はともに問題点をもっています。経験は、多くの欲求が非理性的である（必ずしも理性をもたないというわけではありません）と、かなりはっきりわたしたちに告げています。しかし、ある欲求は理性から生じているのです。理性から生じる類の欲求は、わたしたちがすべきことについて、または、状況を判断するさいにそれらが妥当であるということについて、少しのあいだ（ときにはしぶしぶ）考えているときにあらわれます。次節では、インフェアード・ニーズについて検討しようと思います。その分析のなかで、教育者の大きな望みのひとつは、若者のために推測したニーズを、ゆくゆくは彼ら自身が自分のためのニーズとするようになるということ、つまりインフェアード・ニーズが表明的ニーズになることにある、ということがわかるでしょう。同様に、それらの前理性的な欲求が、適切なときに理性的な分析を受けるようになるということも、わたしたちは望んでいます。「適切なときに」という限定詞が、非常に重要になるように思います。なぜなら、どのような分析も必要としない欲求もあるからです。人間の性格、献身、高潔な性向、非暴力にあふれていること、それら以外の多くの習慣や特質、そして慣習などはしばしば信頼されています。なぜなら、それは分析される必要がない欲求だからです。これらの欲求は分析されることでかえって損なわれてしまうものなのです。

欲求を理性によって分析することは、自由を考えるさいの土台となります。したいことをする自由には、バーリンが消極的自由と呼んで定義したような特徴があります[14]。この見方では、ある欲求の追求がほかの人の同じような欲求の追求を妨げないのであれば、その欲求を自由に追求することは妨げられるべきではありません。対照的に、積極的自由は、するべきことをする自由として描かれています。カント以来、これら二つの自由に関する見方は、かなりの緊張関係にあります。カントにとって自由は、理性がなすべきであると指示したことをなすことに存在します。これは後のリベラルな哲学者によって描かれた消極的自由でも、すべきことを共同体が命令するのを認めるような積極的自由でもありません。

自由主義における欲求選択と欲求充足に対する強調にもかかわらず、リベラルな哲学者のほとんどは、他人の自由と矛盾しないすべての欲求は自律のあらわれとして等しく尊重されるべきである、という考えを擁護しません[15]。このことを若者との関連において支持する人はほとんどいない、というのは明らかです。また、教育における実践のほとんどが、そのような仮定を否定するのも明らかです。ホッブズのいうモノを欲することには、外的な統制ではないまでも、少なくとも正しいものを欲するための教育の必要性が考えられているのです[16]。ジョン・スチュアート・ミルによって描かれた人物の特徴——責任ある理性の訓練、気高い感情を涵養すること、「より高い」快楽を優先的に選択すること——は容易にえられたり、維持できたりするものではありません[17]。ミルは、成熟した人々——理性的な能力を完全に所有している人々——は、彼らの正当な欲求を満たすことに関しては完全に自由であるべきだ、と主張します。だが、その主張はミルが、称賛に値する欲求、分別のない欲求、嘆かわしい欲求の区別をしていなかった、ということを意味するわけではありません。

　そうすると、どのようにして称賛に値する欲求をうながし、逆に、分別がなく嘆かわしい欲求を減じるようにすべきなのか、と問わなければなりません。その問いに答えることは、次章の主な課題となるでしょう。この節でのわたしの課題は、欲求に関する教育を、望ましく倫理的にふさわしいものにすることです。この段階では、次のことを信じるのが理にかなっていると思われます。それは、幸せになるためにいつ欲求が自由に満たされるのか、またいつそれが理性による分析に従うべきかを、わたしたちは知る必要があるということです。多くの場合知的に欲することは、個々人の幸せに寄与するでしょう。それはまた、持続可能な経済の維持によってだけでなく、他者の欲求充足の促進によっても、一般的で社会的な善に寄与するはずです。先の考察で、わたしたち自身の幸せは少なくとも他者の幸せの一部分に依存していることを認めたことが思いだされます。それゆえ、欲求充足への知的アプローチを探るとき、わたしたちは他者の欲求についても熟慮しなければならないのです。

　教育を施すと決めたことは何にせよ、明らかに、わたしたち（何らかの仕方で規定されるべきわたしたち）や、他者が、場合によってはすべての人々が、そのように教育される必要がある、と決めたものでしょう。ある人の欲求を教育する必要性は、言語的あるいは激しい身体的緊張の徴候のどちらか一方にあらわれるようなものではないようです。ただ後者は、極端な状況下でしか起こりませんが。すると、わたしたちがいま解明してきた必要性は、インフェアード・ニーズかもしれませんし、外的に決定されて、それをもつべきだといわれた人々に押しつけられたものかもしれません。

インフェアード・ニーズ Inferred Needs

学校教育やしつけ、緑黄色野菜の摂取や十分な睡眠時間など、子どもにとってのニーズについて話すとき、わたしたちはインフェアード・ニーズと称するものについて語っています。子どもはそのようなニーズをあらわすことはほとんどありませんが、大人なら、表明されたニーズか推測されたニーズかのどちらかを区別できるある身体的な徴候に気づくでしょう。ここで重要な点は、推測された必要性はそれをもつと想定される当人の意識としては認識していない、ということです。実際、インフェアード・ニーズと欲求とはたびたび衝突しますし、彼ら（大人）が推測したニーズが、本物のニーズであるということを子どもに確信させるために、子どもの欲求を否定しなければならないときもあります。

子どもはニーズと欲求とのあいだにある葛藤を経験するだけではありません。大人はたびたびそのような葛藤を経験しますが、ニーズと欲求の両方が自分のものであると感じることができます。そのような重要な意味において、ニーズは表明的ニーズなのです。スミスさんは、まだもっとやっていたいことがあるのに、出たくもない会議に参加しなければならない、という現実的な要求を感じるかもしれません。彼女に必要なことは、道徳的な人でいなければという、より深い必要性の一部分として生じるかもしれません。それは、約束を守ること、義務をまっとうすることなどです。もしくは、仕事を続けること、昇進すること、失敗しそうな計画が進んでいくのを防ぐこと、といった打算的必要性かもしれません。このような葛藤は大人の生活にはありきたりのことですが、大人は葛藤のほとんどに気づいています。そして、しばしば、その難点に目を向けることができる人間に反対する人間などめったにいません。もちろんある場合には、自分が自分の敵対者になることもあります。

対照的に、インフェアード・ニーズと子どもの欲求との葛藤は、感情の起源そして感情の源泉の差異によって特徴づけられています。必要性を決定しているのは大人であり、欲求をもっているのは子どもです。子どもは、大人を敵と見なすことによって、必要性と欲求とを分析する責任をたびたび無視することができます。もし、敵対者が、Xを本当に必要とするスミスさんの信念を打ち負かしたり甘えた言葉で取り込んだりできるなら、子どもはXと真剣に取り組むのを避けることができます。

インフェアード・ニーズを子ども（あるいはだれか）に押しつけるには、しばしば強制力を伴います。たとえば、大人は子どもが学校に通うこと、歯医者に行くこと、少なくとも適度な睡眠時間をとることを主張します。子どもはあるときは必要性を容易に理解したり、受け容れたりしますが、あるときは強固に抵抗します。いつ、どのようにしてわたしたちは強制力を用いるべきなのでしょうか。

ケア倫理の観点からすると、強制力の使用は問題を引き起こします。ケア理論家が、強制は常に間違っている、と信じているわけではありません。しかし、強制はケアリング関係を傷つけます。マルティン・ブーバーが学校での教師の勉強の示し方に関していったように、強制は「ケアされる人の魂を従順な部分と、反抗する部分とに分裂させる」[18]のです。もし、要求が強制なしに満たされるのであれば、強制を避けたほうが好ましいでしょう。もしそうでなかったなら、そのときには、説明や話し合い、そしておそらくは慰めによって、強制力を行使することが理解されなければなりません。子どもが自分の不幸や恐怖を表現することは認められるべきですし、大人は理解や共感をもって子どもに応答するべきです。

強制を避ける多くの状況があります。推測された必要性が放棄されることもときどきあります。それは、結局は本当に必要ではなかったからです。子どもが成長するにつれて、説得が効果的になることがあります。けれども、強制の使用に先んじるために説得の使用を試みるべきではありません。もし、息子のジミーが学校を休み家にいることを母親自身がはじめから認めないだろうとわかっているなら、まず母親はこの事態を認め、それから説明を加えるほうが好ましいでしょう。説得には対話に参加している両者の側がオープンであることが求められています。大人は推測された必要性を子どもが受け容れるようになることを望みますが、その必要性は重要ではなく誤りであるかもしれない、と子どもが大人を説得する機会もオープンにしておかなければなりません。大人が子どもとインフェアード・ニーズについて対話するとき、その結果は純粋に不確かなものであるべきです。そうでなければ、子どもは取り扱われ、操られているように感じるでしょうし、その結果、ケアリング関係は再び傷つけられてしまうでしょう。そのようなことが起こると、幸せの重要な源泉が弱められてしまいます。

もし、強制が必要不可欠であると考えられるなら、それは説明や話し合い、共感によって和らげられることができます。ジョーンズさんが彼の十代の息子ダンに、エリート大学へ進学する準備に受験用の第三学年の数学が必要だ、と主張するのを想像してみましょう。ダンは数学を嫌っていますし、実際に彼がエリート大学への進学を希望しているかということさえ不確かです。しかし、彼は自信がありません。つまり、彼は——広い視点でさえ——職業としてやりたいことがまだ定まっていません。もし、ダンに貿易や芸術といった将来について情熱的に語る準備ができているなら、ジョーンズさんは数学の勉強をするよう説得するのを止めるかもしれません。が、ダンの不安定さに気づいたなら、ジョーンズさんは穏やかに、数学の準備をするよう勧めるでしょう。彼は援助と、また愛情による支援も約束します。「おまえのお母さんとわたしは、おまえがAの成績をとれなかったとしても、文句をいわないよ。やってごらん」。そして、息子の表情に明らかな苦悩の徴候が見えると、彼は次のようにつけ加えていいます。「こちらを見てごらん。すまないが、おまえ。わたしには、おそらく文学か歴史学かのどちらかを学ぶ者に、なぜ第三学年の代数が必要なのかわからないんだよ。おまえの気持ちは、これからもずっとわかるつもりだからな」と。

大人によるインフェアード・ニーズと子ども自身の欲求とのあいだの葛藤にまさる苦痛を表現するのを子どもに許すことは、感情の健康のために重要です。アリス・ミラーは、「彼ら自身にとって善かれと思って」という名目で、子どもが嫌がっていることを強要させられたり、苦痛をあらわさずに罰を受け容れるように強要させられたりするときに、たびたび生じる性格の歪みについて、巧みに描いています。[19] 嫌がられている行いや罰が、じつは、子どもにとってもっとも重要であるという大人の主張によって強制が支持されるとき、傷はいっそう大きくなります。外的な反対者ではなくて、子どもは内的な反対者に、いま直面しています。彼は彼自身との争いの内にあり、最大の関心事の内の残酷さは犠牲にあるという主張により、残酷さは本当に正当化される、と信じるようになるかもしれません。ミラーはナチスの高官メンバーの過去を振り返る分析のなかで、彼らはみな、子ども時代に厳しく道徳的なしつけを受けていたということを明らかにしました。結果として、彼らは権力者によって押しつけられたニーズと自らの欲求とを区別することができなくなっているようでした。フロイトもまた、文明化（信頼に値する社会からの要求）と本能または欲求とのあいだの衝突に起因する心的激動について指摘しています。[20] そのようなある葛藤は良心を教え込むために不可欠ですが、あまりにも多い葛藤は不必要であり、また逆に不幸せの源泉となってしまいます。

フロイトは、文明化と本能との葛藤の考察のなかでこの葛藤の産物は罪であると述べました。フロイトによる罪の強調は、彼の「罪責感が文化発展のもっとも重要な問題であることを指摘し、文化の進歩という成果を手にするには罪責感の増進による幸福感の減退という犠牲を払わなければならないことを明らかにしようとする意図」(21)を反映したものでした。

しかし、わたしは第2章で、ケアリング関係の維持に役立つような健全な罪の形式を描きました。また、もし他者を傷つけ、まだ償いをしていないのなら、そこでわたしたちは罪意識を感じるべきだ、とも述べました。不健全な罪意識とは、できることが何もないときや逃げ込む場所がないときにも、なお主張される罪のことです。後者がフロイトによって論じられた種類の罪です。それは、自我（エゴ）（しばしば自己（イド）を防衛しているもの）と超自我との戦いから起こり、この戦いを継続します。それは他人に害を及ぼすだけではなく、ある損失を自分にもたらします。幸せを探し求めるのであれば、これらの罪を最小限にすることができるかどうかを問わなければなりません。

子どもの欲求がインフェアード・ニーズと対立するときには、親や教師がその子どもの欲求を尊重し、これに共感することによって、このかたちの罪意識をかなり低下させることができます。少年が数学の勉強をしたがらないとか、決められた日に登校しないとか、詩を分析しようとしないとか、大学へ行きたがらないという理由で、彼が罪意識を感じなければならないという道理はありません。逆に、彼の表明した欲求が、その必要性を推測する大人が熟慮していくきっかけとなるべきです。たぶん少年が今日家にいることは認めたほうがいいようですし、もしかしたら彼は大学に行く必要さえないかもしれません。しかし、よく調べた結果、もし推測された必要性が確認されたなら、大人の仕事は、援助と慰めを提供することにあります。

インフェアード・ニーズと欲求との葛藤に関する考察は、じっくり考えなければならないまた別の問いを提起します。それは、わたしたちが何を欲しているかをわたしたちは果たして知っているか、という問いです。子どもは自らが何を必要としているのかを知らず、それゆえ大人が子どもにインフェアード・ニーズを強要する十分な理由がある、と大人たちはみな同じことをいいます。ときどきわたしたちは、他者が何を欲しているかをその人自身が知らずにいる、とさえ主張することがあります。ときには不安になって、自分でも何を欲しているかをわからない、とさえいいます。もし、わたしたちがかなり賢明に自己自身を理解しているとしたら、「わたしは何が欲しいのかわからない。ただただ気分が悪い。放っておいてください」というように人のことだから、と答えるかもしれません。そのような瞬間は気分の一部として生じているので、ときどきあらわれるそうしたものを心配する必要はありません。より深い問いは、さらに一般的です。それは、漠然とした幸せの探求を超えて、わたしたちが何を欲しているか、わたしたちは知っているのか、ということなのです。

自分の欲求を理解すること
Understanding our Wants

　子ども時代から自分自身の感情や意見を表現する自由を奪われた人は、自分が欲しているものもはっきりわからないでしょう。これはよく理解できることです。そのような人々は、欲求を自分自身であらわすことさえできません。彼らはたびたび、「人生は真剣なもので、この人生が現実だ」という態度をとりますし、彼らが義務と見なすことだけをしようとします。幸せは実現不可能な目標であるとして否定されます。実際、このような人々は、まるですべての幸せは快楽の内の自己中心的なわがままであるかのように、幸せを追求する人たちをたびたび非難します。

　現代のアメリカ合衆国においては、子ども時代のもっとも厳しい道徳的なしつけの形式を逃れた人々でさえ、たいていわずかながら非常に厳格な伝統は受け継いでいます。あまりに多くの笑いや賑やかさは——「今日は人の身、明日はわが身」として——避けるように、と注意されてきましたし、あたかも嫉妬の神がわたしたちからそれを奪うかのように、大きなよろこびの表出を慎むのです。これらの場合、わたしたちは何を欲しているのかを知っていますが、それをあらわすことを恐れています。

　ある活動からまた別の活動へと軽はずみに移ることは、その人が自分自身で何を欲しているかを知っていない、ということのしるしでもあります。ジョン・デューイは、大人が子どもの衝動を勝手に切り落とすとき大人は間違いを犯すけれども、大人が方向づけることなく衝動から生じる活動を子どもに許してしまうときにも大人は間違いを起こす、と忠告しました。デューイは「衝動は不可欠の源泉、解放の源泉である。しかし、習慣に適切さと新鮮さを与えるかたちで解放が用いられたときのみ、衝動は力を解放する」[22]と記しています。同じページの注釈で、デューイは「本能と衝動という二つの言葉を実際に同義のものとして」意図的に使用した、と述べています。このように使用することで彼は、本能は確定されないし数のうえでも限度がない、ということを示そうとしました。むしろ、それらは「役に立つ」活動へと向けられるような原始的欲求をあらわしています。これらの衝動や本能は、適切に方向づけることによってニーズとより安定した欲求との両方を満たすよう、作用することができるのです。

フロイトは似たような指摘をしています。

実際には、現実原則による快楽原則の置き代えといっても、快楽原則の廃止を意味するのではなく、むしろその確保を意味する。一時的な、その結果の確かでない快楽は捨てられるが、それは、後でえられる確実な快感を新しい方法でものにするためである。[23]

子どもは、衝動（あるいは本能）の扱い方を学ばなければなりませんし、その先にあるよろこびが大きな満足を生みだすだろうということを、確信させられなければなりません。この過程には、指導の下での実験、省察、そして惜しみない援助があります。あなたは何を本当に欲しているのでしょうか。試練というものは、ある人が欲していると思っていることをどれだけ強く行おうとしているか、ということですが、最初に欲したことにもはや興味がなくなったとして決着をつけることは、決して不名誉ではありません。このことも重要な学習です。どれだけのあいだ試みるべきなのか、続けるためにどれだけ激励すればよいのか、外的な褒美が与えられるべきかどうか、といったことはすべて、紋切り型の答えのない困難な問題です。エマソンに賛同しながら、これは難しい課題である、とデューイは述べています。エマソンは次のようにいいました。それを行うことは、「教師の生涯に多大の時間と思慮とを要する。それは時間と、熟練と、洞察と、経験と、神より来るすべての偉大な教訓と助力とを必要とする。そして、ただそれを実行しようと考えることさえも性格の高貴さと深慮とを必要とする」[24]と。

子どもの衝動を尊重することと指導することという両方の方法を用いることは、多くの大人が発達させていないような技能を必要とします。子どもが自らの欲求を吟味し、自らの衝動のうちに潜在的にある力を高めることを手助けするために、わたしたちは自らの衝動を管理できるべきですし、自らの欲求を理解すべきです。

わたしたちの多くは——不健全な子育てによって自己理解がゆがんでいない人々でさえ——、自分が何を欲しているかということやその欲求をどう判断するかに関して、しっかりとした確信がもてません。わたしたちは幸せが、快楽の長く続くようなある種の状態であろうという、誤った推測をしているのです。この誤りを犯す人々は「恍惚感」を絶えず追求します。フロイトは、快楽と解釈される幸せは必然的に一時的なものであり、永続的な恍惚感などないということを思い起こすよう、わたしたちに助言しています。他方、不幸せは多かれ少なかれ永続的でありうるとも述べています。彼は続けて、もちろん一時的かもしれませんが、それはまた精神の状態である、ともいっています。じつにフロイトは——ジェームズのいう病める魂のように——、人生というものが基本的に不幸せであるということを、事実として受け容れることは理にかなっている、と思っているようです。もし、わたしたちが幸運で賢明なら、わたしたちは足ることを知る満足としての幸せを目指すでしょう。そうした満足はある快楽を与えますが、しかし、不幸せが不可避であるということも受け容れます。また一方で、この満足は静寂主義へと至らせたり、あるいは自らの能力の発達を安易に回避させてしまったりするので、わたしたちは満足に対して疑いの目を向けるのです。

自分が欲していることに不確かである人々は、ときどき魔術や占星術や、幸運を伝える何かの儀礼や儀式などに救いを求めます。スタインベックのある著作の主人公は、最近読んだタロットカードの解釈について考えながら、星をじっと見つめていました。

> あのことわざは何というものだったか、「星は傾くが、意のままに動かしはしない」というのだったか？……カードも傾くが、意のままに動かしはしないのだろうか？ カードが……わたしが嫌悪している問題を、わたしが望んでいる以上に、もっと考えるように仕向けた……わたしは望みもしないものを望む気になりうるだろうか？[25]

話し手であるイーサン・ホーリーは、彼の家族が幸せになるよう望んでいました。そしてそのことが、そうでなければ関心をもたないであろう目標を彼に考えるようにさせていました。彼にとっては相容れない欲求を強いられ、ひどく嫌っていたことを彼はします。後に彼はそのことを後悔しました。彼のこのすべての思いに対して、彼は自分自身や己れの欲望を本当に理解していなかった、と主張する人もいるかもしれません。

民衆の全集団が不安に苦しんでいるときにもまた、民衆は欲しているものあるいは社会が幸せだと評価している生活に満足しないのはなぜか、ということに気づかない時代が存在します。ベティ・フリーダンは、伝統的な役割における女性の不幸せの由来と広がりとを暴き、アメリカ社会に衝撃を与えました(26)。それ以来、女性にとって職業に従事する生活を選ぶことは、確かに以前よりも容易になりました。また、多くの女性は家庭にいるほうが、より幸せかもしれません。彼女たちは、こうした生活を選んだことを承知しているのです。少なくともいまでは、社会が彼女たちのためと説明していた欲求とは異なった、彼女たち自身の何らかの欲求を個々の女性が欲している、ということが認められています。

わたしたちは、わたしたちが欲していることについて誤ったり、迷ったりしますが、欲求がいかに変動するかということについての認識をほとんどの者がもっています。たとえば、今日アイスクリームを食べたいと欲したとしても、毎日それが与えられると、その欲求は減少するだろうということを知っています。同様に、塩漬けの豚肉とサヤエンドウ（十七世紀海兵隊員の食料）を嫌っていたとしても、いつかそれに慣れれば、もしかしてそうした食事を進んでとるようになるかもしれないということもわかっています。社会科学者は、欲求のこれらの変化の程度を判断するのにそれほど正確ではないということを明らかにしましたが、少なくともわたしたちはたいてい正しい方向をとります(27)。現在の欲求を判断して、以前に提示された基準にこの欲求を当てはめるという訓練は、わたしたちを節度、そしてまさによろこびへと導くに違いありません。

いまやわたしたちは、幸せのためにどのような教育を行うのが善いのか、という考察へと向かう準備ができました。わたしは、幸せが現代の生活のさまざまな領域で見つけられる、ということを主張してきましたし、こうしたことに目を閉じてはなりません。幸せは規範的側面をもっています。つまり、幸せはわたしたちを導くことによって規範と結びつくのです。それはニーズや欲求の満足によって影響されますが、わたしたちは自分が欲していることに対してコントロールができますし、節度や満足に役立つような欲求を理解しています。それは、パーソナリティとも関係があります。この領域についてはほとんどコントロールできませんが、理解することが手助けとなります。幸せは苦しみから自由であることに大きく依存しています。しかし、苦しみを称えたり、意図的に苦痛を与えたりすることが適切だと考えるのは間違いである、とわたしは主張してきました。おそらくいちばん重要なのは、幸せは他者との愛のかかわりやつながり――幾人かとの親密な関係や、わたしたちがふだん出会っている多くの人々との心からの協働関係――のなかにあるのかもしれません。

　表明的ニーズ（そして／または欲求）とインフェアード・ニーズとの緊張関係は、常に注意深く扱われるべきです、とわたしは論じてきました。自己理解は役に立ちますが、しかし、親や教育者は子どものために推測したニーズについて、絶えず省察しなければなりません。強制は問いを引き起こし、その問いに答えることは、わたしたちに最高レベルの思考を要求します。

　最後に、もっとも根底にある一般的な問いは、果たしてどのような教育が幸せに寄与するか、ということです。わたしたちは、そのことを直接的に目指すことはできるのでしょうか。どのような目的が幸せと関係するのでしょう。

そこで次に、教育を計画するさいに、目的が果たす役割について考えてみましょう。

第4章　教育の目的

The Aims of Education

人々は幸せでありたいと望んでいますし、この願いはほとんど万人に共通のものです。ですから、教育の目的に幸せが含まれているということを見つけだしたい、と期待するのです。通常いわれてきた教育目的にあらわれるような失敗は、西洋社会がまだピューリタニズムの形態にはまり込んでいることのしるしかもしれません。あるいはオーウェルが述べたように、教育目的へと直接的に目指しても幸せには到達できないと、多くの者が一般的に信じているのかもしれません。もし、後者の見方どおりだとすれば、より幸せになるために、わたしたちは何を目指すべきなのでしょうか。

かなり最近まで、目的をめぐる議論は教育理論に堂々と登場していましたし、たいていの教育システムは、その目的が述べられたカリキュラムに関する文章で始まっていました。目的をめぐる議論によってどのような作用がもたらされるのでしょうか。目的をめぐる議論にかかわることをやめることによって、わたしたちは何を（もしあるとすれば）失ったのでしょうか。何が目的をめぐる議論に取って代わったのでしょうか。

目的について語る必要性を示すことから本章を始めたいと思います。そして、目的をめぐる議論について語り、またそれがこれまでの教育思想に与えてきた効用を確認することによって、目的について語ることが必要とされる論拠をより完全なものにしたいと思います。現代の教育政策の決定を眺めれば、教育論議において間違った次元で目的論が考えられているということがわかるでしょう。最後に、教育が幸せの追求を積極的に支援できる方法を探求するため、かなり徹底的に目的について議論することで、その足場となる土台をつくりたいと考えています。

目的をめぐる議論とその意図

Aims-Talk and Its Purposes

代数学の授業が行われているクラスを訪れ、三項式の因数分解の授業を参観すると仮定してみましょう。学習のめあてははっきりしています。教師が見慣れた三項式の型をいくつか提示したうえで、生徒たちはそれらを確認し、因数分解をやっていきます。もしわたしたちが、Aさん（教師）になぜこのトピックを教えているのですかと問うてみれば、おそらく、次のトピックでは代数の混じった分数を組み合わせていきますし、因数分解の知識がなければ容易に適切な公分母を見つけだすことができないからです、と答えるでしょう。ところで、もちろん単純に分母を増やすことによって先に進むことはできるでしょうが、その数式はすぐに扱いにくいものとなりますし、求められている解答をえるためには、結局は因数分解をしなければならないでしょう。もし、(1)生徒たちに代数学を教えるもっともな理由がすでにわかっており、(2)代数学がある連続するトピックから構成されていると納得しているのであれば、Aさんの答えはまったく的確なのです。教師が授業のめあてについて尋ねられた場合、彼女あるいは彼は、ほとんどいつも、この学習のめあてがその前後に来るほかの学習めあてとどのように適合しているかを説明して答えに代えます。いまの数学の教科書は、多くがこの方法で編成されています。

なぜ、あなたはこのトピックにそんなに多くの時間をかけているのですか、という質問に対して、観察者はAさんから何か少し核心に近い返答がえられるかもしれません。この質問に対してAさんは、彼女の教育課程（あるいは教科書）が方程式を解くことを強調しているからです、と答えるかもしれません。つまり、これら方程式の多くが簡略化――さらに因数分解を行うこと――を必要とする有理数の式を含んでいますし、それゆえ、このトピックが多くの注意を必要とするのです。この答えは明らかにどうどうめぐりという点で不十分ですが、この答えが指摘しているのはより大きい意味での目標であって、習得されるべき次の技能（スキル）ではないということです。

はっきりとした境界線を引くことなく、わたしは授業とめあてを結びつけたり、目標を教育課程やその課程の結果と結びつけたりしようとするでしょう。[1]わたしたちの「なぜ」という問いのほとんどが、あらかじめ決められたシステムの内側で答えられています。つまり、わたしたちはあることをなぜ行っているのか、その理由をあるシステムの内側のほかのめあてから、またときには諸目標の点から見て示しているのです。

そのような答えは、先に記したように、わたしたちがこの特定の生徒たちに対して代数学を教えるもっともな理由をもっており、代数学として示している教育課程が、数学教育者によって評価され承認されることを当然のこととしています。この二番目の基準は、すでにある教育課程が代数学として適切かどうかについていえる立場にある専門家集団に尋ねてみることで容易にわかります。もちろん、その課程が、才能に恵まれた学習者に適切か、平均的な学習者に適切か、ゆっくりとした学習者に適切かについて専門家たちの見解は異なるかもしれませんが、しかし、その分析は、第一の問い、つまりこれらの生徒たちに代数学を教えるよき理由をもっていますか、という問いにまで、わたしたちを連れ戻してくれます。

目的についての議論は、めあてと目標に関する議論とは対照的に、教育におけるもっとも核心に迫る問いです。代数学を教えることによって、わたしたちは何をなし遂げようとしているのでしょうか。それはだれのためになるのでしょうか。わたしたちの努力は、社会（あるいは国家）を強化するように計画されるべきでしょうか。あるいは、それらは個人の利益へと向けられるべきでしょうか。わたしたちが自己実現のようなものに関心があるとすれば、このことは何を意味するのでしょうか。人間本性に関して何かをいわなければならないのでしょうか。国家の繁栄に関心があるとしたら、そのなかで教育し、そしてそのために教育するような国家といったものについて記さなければならないのでしょうか。個人と社会とのあいだに固有の葛藤はあるのでしょうか。これらは、わたしたちが目的をめぐる議論にと取りかかるさいに考えなければならない問いのほんの一例です。

目的をめぐる議論に時間を費やすのに異議を唱える人もいます。こうしたことはみなずっと昔に終わらなかったのでしょうか。人々はプラトンの時代から、教育の目的に関する問題について論争してきました。しかし、わたしたちの時代では（一世紀そこそこで）、目的についての話は、学校教育を劇的に変化させなかったのです。そのような役に立たない話はやめて、子どもの教育に実際に役立つことを進めようではありませんか。教師でさえこのように話していますし、明日の授業に結果的に役立たないようなおしゃべりには、ほとんど我慢がならないようです。

そうしたことを受けて、教育に対する目的をめぐる議論の関係は、民主主義に対する自由の関係と同じである、と人は論じるかもしれません。自由がなければ民主主義は、リベラルな民主主義とはかなり異なったかたちに堕落してしまいます。同様に、目的に関して継続的で反省的な議論がなければ、教育はそのもっとも素晴らしい未来像の貧弱な代用品になってしまうかもしれません。さらに、時代が変わるにつれてより新しくより豊かな意味を自由が担うのと同じように、教育の目的も変化しなければなりません。教育の目的が一定の普遍的な言葉で述べられるとしても、そうした一定の語句の意味は、状況が変化するにつれて新たな色調を帯びてくるでしょう。たとえば、いまの時代に読み書きできるということは、カール大帝（彼自身、読むことはできても書くことはできませんでしたが）の時代や、現代メディアから求められるビジュアル・リテラシーの諸形式を人々が必要としていなかったアメリカ植民地時代において、読み書きができるということとは違います。

その時代ごとの文化に照らして教育の目的を批判することが、常に教育哲学者のひとつの役割でした。また、教育の未来像に関して社会を批判することが、教育哲学者のもうひとつの役割でした。教育に対する提言を理想あるいは現実の国家から引きだし、それらの記述から始める哲学者もいることが次節ではわかるでしょう。個々人の教育に対する未来像から始める哲学者もいるでしょうし、彼らはどんな種類の国家がその未来像を支えるのかと問いかけてきました。現状の国家やシステムを鵜呑みにするのは（国家は単に認められた機能をさらに勢いよく実行するよう強いているだけですが）危険な（そして怠惰な）戦略です。わたしは、これが過去二十年間にわたって、わたしたちが従ってきた政策であるということを議論することになるでしょう。そして、その政策が破滅をもたらすということをたぶん証明するでしょう。

目的をめぐる議論へのもうひとつの異論は、学校に対してあまりにも多くのことが求められるなかでしばしば最高潮に達します。[2] これは、一九一八年に出されたあの有名な『中等教育の主要原理』という報告書のなかで、クラレンス・キングスレイによって示された目的に対して起こされた異論です。[3] ヘルベルト・クリーバードは次のようにコメントしています。

三十二ページの報告書のなかでとくにすぐれた部分は、

カリキュラムを導く七つの目的に関して述べられた箇所であった。つまり、「一、健全さ、二、基礎的手順の習得、三、立派な家族意識、四、職業、五、市民性、六、余暇の有効活用、七、倫理的性格」[4]である。

奇しくも、デイヴィッド・スネッデンのようなより革新的な教育者が、この報告書をまだアカデミック過ぎると考えた一方で、その後の批評家たちは、生活適応教育の基礎を築いたり、学校のできないことを問いただしたり、学校での学業をさらに困難にしている責任がこの報告書にあると非難したのです。後者の人々は、アカデミックな学習に対する学校の責任を軽くしようとしました。それほど広範囲にわたって配列された責任を担えるような機関はどこにも存在しない、と彼らは主張したのです。

学校の課業（タスク）が可能かどうかは、この課業がいかに理解されているかにかかっています。そして、それについてよく考え、有益な理解へと至るようにするのが、目的をめぐる議論のひとつの働きです。わたしは『中等教育の主要原理』がかなりよいものであるとずっと思っていました。実際に、少なくともこれらの目的に関心を向けないで、いかに学校が教育機関として効果的に機能していけるのか、わたしにはわかりません。そこで、もちろんわたしは、別のもの――幸せ――をここにつけ加えたいと思います。すべては次の段階にかかっています。その段階とは、カリキュラム構成において、学校建築のデザインにおいて、教室での教授において、管理と規律において、そして共同体でのかかわりにおいて、わたしたちのすることを導くこれらの目的をいかに用いたらいいか、ということです。

科学的カリキュラムの作成者（たとえば、フランクリン・ボビット[5]）によって唱導された方法で進めたなら、その課業は実際に不可能だったでしょう。というのも、わたしたちの次の段階は、目的から客観的対象を取りだすことになるからです。これらの大きな目的のそれぞれに対してそれぞれの学習のめあてを設定することが求められる、そうした作業を想像してみてください！　どこにそれらのめあてが置かれ、それをだれが教えるのでしょうか。しかし、このやり方で進める必要はありません。そうすることが誤りであると主張してもいいくらいです。教師や生徒が相互にかかわり始める前に、対象としての完全なカリキュラムを明示することは、自分自身の学習のめあてを組み立てることに参加する生徒の自由を妨げてしまうのです。

目的をめぐる議論を進めるにつれて、わたしたちはめあて一般の果たす役割を問題にする機会に接するようになります。わたしたちが目指している目的は、すべての授業がある規定のめあてをもつべきだと提案しているのでしょうか。もしそうなら、そのめあてはどんなかたちをとるべきでしょうか。それぞれの授業は、ひとつの特定の学習のめあてをもたなければならないのでしょうか。あるいは、教師が実施する予定のことをときどき記述し、生徒が学ぶと思われることを書かないでおくのがいいのでしょうか。[6]目的をめぐる議論の最中には、いったん立ち止まり、ある対象がうまくあらかじめ特定されていることに留意することもあるでしょう。このことはいつなされるべきでしょうか。だれによってなされるべきなのでしょうか。

幸せはそれを直接に追い求めることではえられない、とオーウェルやそのほかの人々がいう場合、それは正しいのかもしれない、と先の章で提言しました。同じことは、『中等教育の主要原理』のなかにある、いくつかのほかの目的の場合にもいえます。しかし、こうしたことは、それらが目的として全く機能することができないということを意味しているのではありません。むしろ、わたしたちのめあてと手順が、わたしたちの目的に適合しているかどうかを確かめるために、わたしたちがしていることを絶えず反省し、議論し、評価しなければならない、ということを意味しています。

わたしは、少し後で、教育目的に関する活発な議論に立ち入らないことが、スタンダードに向けた運動や一発勝負のテストを奨励する動きにつながっているということを示したいと思います。この議論のなかで、わたしはこうした運動の推進者が何をしようとしているのか、そして彼らの推奨している制度や手順が、彼らの暗黙の目的を支えたり崩したりするかどうかを問うてみたいと思います。しかし、まずは目的をめぐる議論が最近の考え方にどれほど与しているかをよりよく理解するために、目的をめぐる議論が過去にどのように機能してきたのかを簡単に見ておきましょう。

これまでの教育思想における目的
Aims in Earlier Educational Thought

教育に関するプラトンの議論は、正義の国家について分析するなかにきちんと組み込まれています。ソクラテスと彼の友人たちは、その対話において、正義の国家構想を進めていくにつれて教育に関することがらに不可避的に直面せざるをえなくなります。プラトンは個人から出発しません。すなわち、正義という用語の意味にかかわる可能性はあまりに難し過ぎて、対話のなかでは早々と放棄されてしまいます。正義の人民から正義の国家へと議論はシフトします。[7] それゆえ、教育が分析の話題にされると、国家によるニーズが最上位に来るのです。議論する者たちが国家のニーズと、そこに集まる人民のことを考えるにつれて、人民の種類は三つのカテゴリーに分類される必要がある、と決定されます。つまり、支配者、守護者（補助者または兵士）、職人（商人とそのほかの労働者）です。

プラトンは個々人をないがしろにはしませんが、彼らをその本性に応じて組織される階級の代表者として扱います。子どもたちは、自分たちの才能や興味を特定するために観察されテストされることになります。そして、表示された本性と矛盾しない教育を受けることになるのです。正義の国家において、地位は生まれつきのものではありません。それらは、識別診断と教育という手順を通じて分配されます。職人階級出身の貧しい子どもたちが、支配者に求められる「金色の」属性を示し、支配者の子どもたちが、職人特有の「青銅色の」素質を示すかもしれません。

ソクラテスは、国家のニーズと個人のニーズとをひとつに結びつけています。個人のニーズとは、人々が自らの愛するものを保護するという何でもないことです。ソクラテスは、そうした個人のニーズに着目したのです。それゆえ、もし国家が自分たちの仕事をよくやってくれる人々を必要とすれば、人それぞれにうまく合った職業のなかで彼らが効果的に訓練されるということは、確実にあるに違いありません。ある形態の仕事を愛する人々は、その仕事に関してしっかり努力するでしょうし、その仕事に関して有能になるでしょう。さらにソクラテスは、好事家や何でも屋を軽蔑します。正義の国家ではすべての者が、ひとつの必要不可欠な仕事を遂行し、しかもそれを専門的に遂行するのです。

ジョン・デューイは、プラトン的教育事業計画についてコメントするなかで、異なる興味をもつ子どもたちに、異なるかたちの教育を提供することを勧めています。

プラトンは、各個人がそれぞれ生まれつきもっている能力に合った活動に従事しているとき、個人は、幸せであり、社会もしっかりと組織されているのだ、と確信している。また、この天賦の能力をその所有者に発見してやり、彼を訓練して、それを効果的に用いることができるようにしてやることこそ、教育の第一の任務なのだ、と確信している。これらの確信は、改善の余地なく正しいことである。[8]

しかし、デューイは、人間を三つの階級に分けるプラトンの人間組織化論からは後退しています。デューイにとっては「各個人が彼ひとりで独自の階級をなす」[9]わけであり、教育の過程はダイナミックで柔軟でなければならないのです。プラトンが変わることのない階級によって組織された、完全な（全体主義的という人もいますが）国家を目指すのに対して、デューイの教育に関する議論は、民主的な国家／共同体の議論のなかに組み込まれています。

プラトンは、教育システムのための二つの大きな目的を考えていました。プラトンは、第一に、国家の利益のために彼が特定した大きな三つの階級の者を教育し、おのおのが最高段階にまで訓練された集団となるよう望んだのです。第二に、個人の利益のために、教育が魂の改善を目指すべきだと主張しました。そして、魂という言葉によって、本能的欲求（衝動あるいは欲望）、理性、精神（エネルギー）という、三つの部分の調和のとれた発達を明らかにするつもりでした。[10]正義の国家の住民を構成する三つの階級への対応は素晴らしいものです。その個人のなかでも、三つの部分は階級的に適切に組織されています。正義の魂は、支配者の役割には理性を、補助者の役割には精神性を、職人――全体にとって必要であるが賢明な支配者（理性）によってコントロールされなければならない――の役割には嗜好性を位置づけるのです。

わたしたちはプラトンの教育目的と合衆国における今日の改革論者の目的とのあいだに、限定つきですが対応するものを描きだすことができます。第一に、スタンダードテストをめぐる運動は、主として国家の繁栄に言及するための目的に駆り立てられています。ここで、この類似性は明らかです。どちらかといえば、合衆国におけるいまのめあては、それがもっぱら国の経済的地位ばかりに集中しているために、プラトンのものよりもさらに狭量です。第二に、わたしたちはプラトンの計画のなかに、現在わたしたちが能力主義と呼んでいるものの要素を見いだします。職務や職業は資格を与えられた人々によって果たされるべきであって、相続財産や政治的特権によってではありません。こうしたならわしは、（常に立法化されていなくても）現代の民主主義にも支持されています。

しかし、個々人に関係するとき目的は分かれていきます。プラトンは、各個人の三つの階級を評価する方法では明快です。そして、彼が支配者に置いた高い価値は、彼が下敷きにしている哲学から直接えられたものでした。形相に関する理論は、理性や理論を行為や実践よりもすぐれたものとしました。頭を使って仕事をする人々は、身体を使って仕事をする人々よりもすぐれていると考えられています。民主的な社会とは相容れないという理由で、わたしたち自身の社会はこの順序づけを拒絶するといい張っていますが、実際の社会による順序づけは、こうしたことがらについて支離滅裂ではないにしても、かなりの程度の偽善を暗示しています。プラトンの遺産は、議論上おもてだってでてこなくとも、いまだに強い影響力をもっているのです。わたしたちは、正当な貢献、つまり必要とされる貢献であればすべて平等に評価しますといっておきながら、必要不可欠な肉体労働に従事している人々が貧困な暮らしをしたり、貧困に近い暮らしをしたりするのを、そのままにしています。そのうえで、そのような仕事に就く必要がないよう、すべての子どもたちに準備させるようなことを教育目的として採用しています。わたしたちは本質的な問いかけを怠っているのです。もしこうした努力がうまくいったとしても、今日、とても必要なことなのに、まだかなり軽蔑されている仕事を、いったいだれがするというのでしょうか。

わたしたちは、子どもたちの生まれながらの素質と合致する線上で彼らを教育することに失敗しているだけでなく、生まれながらの違いはとても小さいもので、子どもたちはみな、かつては少数の者のための教育から利益をえることができる、とまで主張しています。プラトンと違って、わたしたちはその教育がだれに適しているのかと尋ねることすらしませんし、ましてやすべての人に対してその教育が適しているのか、と尋ねたりもしません。民主的な言葉を用いるということは、実際に民主的でも効果的でもないとしても、すべての者への同じ教育は、高貴で適度に民主的なはかりであるということを示しています。人々が自分たちの愛する仕事に気を配り、（そして、その仕事をうまくやる）とプラトンが述べたとき、彼が正しいとすれば、すべての人に対する同じ教育はムダなことになります。多くの者は、自分たちが嫌う学習活動を強いられ、自分たちが好きになれる学習活動を奪われるので、学校では失敗するでしょう。

目的をめぐる議論は、『国家』における教育についてのプラトンの議論全体に広がっています。ソクラテスと対話者たちは、ついに伝統的カリキュラムの幅広い構成要素――音楽（それから文学のあらゆる形式を含んだもの）と体育――を受け容れます。が、そこに重要な修正を加えていないわけではありません。彼らは、単に伝統的カリキュラムの詳細を音楽と体育の専門家に委ねているのではないのです。むしろ、彼らはこれらの教科がなぜ教えられるべきであるのかを問いかけているのです。つまり、彼らは絶えず第一の目的――魂の改善と国家の利益――に立ち戻っています。対話のなかのプラトンの代弁者ソクラテスは、支配者と守護者が、ひたすら体育に集中することで筋肉質のアスリートになるのを望んではいませんし、やたらと音楽に専念することで（プラトンの不適当なレッテルですが）女々しくなるのを望んでもいません。魂の改善は、自己の三つの局面の調和を求めているのです。

正義の国家の建設とその維持に向けられた目的に言及しながらソクラテスは、物語と詩を子どもたちに、かなり強制的に聞かせることを勧めました。検閲制度に対するプラトンの計画に関する議論は、わたしたちを本題から遠ざけてしまいそうです。ここでの論争点にとって重要なのは、プラトンが目的に対して絶えず注意を払っているということです。何が教えられるべきかという問いには、なぜという対話者の問いについての徹底した探求を抜きには、決して明確に答えられないのです。

プラトンはまた、幸せをもたらす私的生活の要素に目を向けています。つまり、プラトンはわたしたちがどのように生きるべきかに関心をもっていました――つまり、どのような徳が涵養されるべきか、どのような好みが開発されるべきか、についてです。今日の改革論者は、国の経済状態だけでなく個人の経済状態にも照準を当てないような個人の充足形態については、ほとんど何もいいません。少なくともプラトンは、その人が選んだ仕事をうまくこなすなかで生じる幸せの形態に賛同する議論をしていましたし、デューイもまた、幸せのこの局面に気づいていました。しかし、プラトンであれデューイであれ、家庭をつくること、親業、個人の生活での重要な毎日のたくさんの仕事については、ほとんど語りませんでした。もし、わたしたちが個々人の幸せに関心があるのなら、教育目的に関するわたしたちの議論のなかにこれらのことが含まれなければならない、ということをわたしは主張したいのです。

プラトンにおける目的の簡単な説明を終える前に、再度、次のことを強調したいと思います。わたしは特定のアカデミックな基準に照らして子どもを階級的に分類することを、擁護しているのではありません。そうではなく、異なる興味や才能をもった子どもたちのための、異なるかたちをとった教育というものを、強く擁護したいと思います。民主主義社会がプラトンによって示されたエリート主義的事業計画を拒むことは全く正しいように思われますが、しかし、この拒絶は偽りなく、しかも注意深く議論されたものでなければなりません。(事実上)ひとたび、わたしたちが最善のものとして格づけされた概念へと子どもたちを準備させようと決心するとき、プラトンの秩序づけを本当に却下したことになるのでしょうか。こうしたカリキュラムを最善のものとして明示することによって、わたしたちは、伝統的でアカデミックな準備を必要としない興味や能力を軽視することを、どんどん進めてきたのかもしれません。そのもっとも尊大なところで、この態度は他者に向かってこういいます。「さあ、これであなたはちょうどわたしのようになるチャンスをえたことになります。そうすれば、あなたは価値あるものになるのよ」と。

教育の目的に対する別のアプローチは、ルソーの著作のなかにも見いだされます。わたしの主なポイントは、ルソーの目的に対するアプローチをプラトンのものと対比すること、そして、十全に成熟した教育理論において、目的をめぐる議論が中心にあることをもう一度強調するところにあります。それゆえ、ルソーの教育哲学の議論には思い切った制限を加えることになるでしょう。

プラトンとは対照的に、ルソーは彼の『エミール』を国家からではなく個人から始めます。[11] その教育の目的は、もし人間による教育と事物による教育が自然から提供された教育とうまく調和されるなら、子どもは善性の下に生まれ(自然が意図するままに)最善のかたちで発達していく、という基本前提から導きだされます。この基本目的——可能な限り最善な「(自然)人」をつくりだすこと——によって、人と事物による教育(少しは抑制することのできる教育)がいかに調整されるかをルソーは描こうと企てたのです。エミールの教育のために提案されたすべてのことが、この目的に照らして検討されるのです。

ルソーは、国家や社会のニーズを無視しません。エミールは他者とのつながりのなかで生きなければならないということを知っているので、ルソーは、エミールを市民と人間の両者としていかに準備したらいいか、その最善の方法を問います。市民エミールは、できるだけ自然人とは違わないものとして存在したいと思うでしょう。ルソーは自然人について非常に多くの仮説を設けながら、自分で考えようとし、市民的徳の模範となり、正義を理解して実行し、たいていなれるし、またなろうとする何にでもなってしまうような人々をつくりだそうと計画します。

ルソーが強く依拠する概念である自然は、彼が説明するように、あいまいで悪名高くて問題を含むものです。男と女は生まれつき「自然に」異なっています。こうルソーは言明します。それゆえ、その教育は異なるべきだ、と。エミールの相方の女性ソフィーは、従順で、気立てがよく、そして有能でなければなりません。彼女は自分で考えるべきではなく、適切な男性や社会の承認を常に求めなければなりません。[12]『エミール』第5巻はフェミニストにとって悪夢です。自然に関するルソーの解釈は問題を含むもので、つじつまの合わないものですが、彼は首尾一貫して自然を含んだ目的について言及し続けています。わたしたちは「なぜ」という問いに対するルソーの答えに不満で、異議があると感じているので、いまではルソーに対してきちんと理知的に挑戦することができます。たとえルソーが、ある種のフェミニストの顕現を経験したり、ソクラテスがしたように、市民性に関する限り男女のあいだには直接的に関連するような知的差異はないと結論を下したりするようになるとしても、わたしたちはなお、彼が採用した基本目的——自然の男（あるいは女）——に関して、彼を批判することができるでしょう。

ジョン・デューイが教育における目的を議論したとき、彼は教育について次のように解説を加えました。つまり、「教育の目的は人々が自分たちの教育を続けていくことができるようにするところにある——換言すれば、学習のめあてと成果は成長の可能性の持続である——ということを前提にしている」[13]と。そこでデューイは、そうした教育観が意味あるものであり、民主主義社会においてのみ実行できる、と主張し続けました。この主張を擁護したり、この主張が実際にはどのように見えるのかを明らかにしようとしたりすれば、一冊の本ほどの議論になってしまいます。しかし、デューイは議論の後半で、社会のニーズや信念とともに変化する目的の多様性について、注意深く主張しています。これらの目的は、首尾一貫性を保つために一緒に考えられねばならないだけでなく、当然のことと決め込んでいるのですが、もっとも重要な目的に照らし合わせて、それぞれが判断されねばなりません。目的Xを採用することで、さらに成長がうながされたり、妨げられたりしますか、どのような条件の下だとそうなるのですか、と。

アルフレッド・ノース・ホワイトヘッドは、抽象的レベルでは似ていますが、教育の目的が「教養と特殊領域の専門知識を兼備した[14]人間をつくりだすことにあるべきだと述べています。その少し後で「教育のためには、ただひとつの科目しかありえない。それは千差万別のあらわれ方があるとしても、人生(ライフ)という科目である[15]」と記しています。再び、こうした発言には十分で長い議論を必要としますが、それらはわたしたちが絶えず立ち戻る出発点を与えてくれます。

わたしは幸せを教育の目的として昇格させようと試みてきましたので、幸せについて説得力のある説明を提示しなければなりません。幸せは人間のニーズとどう結びついているのか、わたしたちの住む社会でいかなる意味をもつのか、その社会をどうやって善いものに変えていくのか、幸せという教育目的以外の多くの正当な目的といかに合うのか、といったことに対する説明です。デューイの成長論やホワイトヘッドの人生論のように、わたしにとっては幸福論が、それによってほかの目的や目的をめぐる議論の価値を判定する基準としてどのように用いられるのかを、わたしは示さなければならないのです。実際、目的がもつ重要な機能とは目的をめぐる議論を活気づけることにあり、それは教育の思考と人類の知恵の両方を豊かにしてくれます。わたしたちは絶えず問い続けています。もしあなたがXを目指すのであれば、なぜYを行うのですか。YはXとどのように合うのですか、と。

いま見失っている次元　The Missing Dimension Today

二十一世紀のはじめ、教育の議論はスタンダードに関する話題で支配され、これを強調するために与えられる根拠は、ほとんどいつも経済的なものでした。この根底にある目的は、(1) 合衆国を経済的に強力な状態に保つこと、そして (2) 財政的にうまく進められる機会をすべての子どもに与えること、にあるように思われます。もし実際に、この両者がスタンダード運動を駆り立てる目的ならば、この両方の目的に関して気にかかることがあります。まず、学校がわたしたちの経済を競争的なものにする役割を担うという考えは、この課題の達成に失敗する学校を非難する節度のない言葉に陥ります。いったいなぜ学校が、比類なき繁栄の時代にアメリカ経済の土台を崩している、と咎められなければならないのでしょう。わたしたちの経済を強力に保ち続けるという目的は理にかなっているように思えますが、そうしたときに説明責任やスタンダードに対する要求は、奇妙なほど場違いに見えます。そうした要求は、わたしたちに、他の何かが作用しているのではないかという疑念を抱かせます。次に、すべての子どもたちに同一のカリキュラムやスタンダードを強制することで、経済的な格差の解消が実現されるという提案に、わたしたちは深く悩まされるはずです。公平によって何が意味されるのかという問いは、まったく正当性なく性急に答えられてしまいます。最後に、もちろん、こうした（ディベートなき）目的は狭すぎます。経済的に優位に立つよりも、個々人の生活や国家の生活のためにより多くの目的があるのです。

　スタンダード運動は、事実上、一九八三年に『危機に立つ国家』が発表されて始まりました[16]。深刻な景気後退の終息を目指して出版されたため、この報告書は、おそらく失敗している学校システムによって引き起こされた大きな危険に対してアメリカ国民の目を覚まさせようとして、人騒がせな言葉を用いたのでしょう。それは「凡庸主義という激しい波」について語っており、「今日アメリカに見られる二流の教育が、非友好的な他国によってしむけられたものであれば、わたしたちはそれを宣戦布告としてとらえるに違いない」とまで語りました[17]。この警告に対する反応は全国的なものとなり、二〇〇〇年までにひとつの州（アイオワ）を除くすべての州が、初等中等教育のあらゆる段階で学校に通う子どもたちの学業成績に対して、新しい（おそらくより高度な）スタンダードを打ち立てました。

　合衆国が学業成績に関するほとんどのスタンダードテストで、得点内の明確な変化がないのに空前の繁栄の時代へと素早く移ったことに注目するのは、興味深いことです。しかも、実際にひどい学校がおそらくあるにもかかわらずです。実際、慎重なあるアナリストたちは『危機に立つ国家』の主張に挑戦状を叩きつけたりしましたが[18]、彼らのいい分に説得力があるかを議論することがここでのわたしの目的ではありません。むしろわたしが示したいのは、目的についての議論に立ち入らなかったことで、何が見失われたのかということです。

　人騒がせな人々による顕著な主張のひとつは、学業成績の得点が一九六〇年代後半以降に急激に低下したということでした。これは心配に値することかもしれません。そこで、この報告書の批評家は、この落ち込みに対して説明を見つけ始めました。たとえば、いまではより多くの生徒が学力標準テストＳＡＴ（学力測定のひとつ）を受験しており、それは実質的に異なる母集団となっているので、わたしたちはそれに従って調整して算出された得点とその平均を別に求めるべきだと議論しました。これは統計的観点から見ても、きわめて合理的です。

この論争はもっと思慮深いものになり続けたのでした。得点が下がるあいだに、わたしたちの目的は変化したでしょうか。明らかに、わたしたちはより多くの生徒を大学に向けて準備しようと試みていました。なぜわたしたちはそのようなことを行っていたのでしょうか。社会が大学教育を受けた人材をより多く必要としたのでしょうか。伝統的な大学教育を受けた人材をより多く必要としたのでしょうか。もっともよく示される理由は、リベラルな民主主義においては全員がその社会的な財にありつく機会をもつべきだというものでした。それは正しいように思われます。しかし、そのような約束は、そうした財への接近方法が、伝統的な学校教育のなかでうまく競争を勝ち抜くことによってもたらされるにちがいない、という意味を含んでいるのではないでしょうか。そうすると、いま公平の名の下に利用している学校教育という唯一のかたちのなかで、うまくいかない人には何が起こるでしょうか。その代わりに、選択可能な実り豊かなカリキュラムをつくり、そのカリキュラムを歓迎し、これで成功する生徒たちへの指導を準備してみてはどうでしょうか。このような問いは、わたしたちが民主主義と民主的な学校教育に関して信じていることの、まさに根本につながっています。

これらの問いを無視するとき、狭い教育的焦点が助長され、学校によっては解決不可能な社会問題から注意をそらしてしまいます。たとえば、人はみな、適切な医療保険、住みよく手ごろな住居、安全な隣人、正当な仕事に対する過不足ない賃金を必要としています。よりよい教育を通じて、すべての人がこれらの問題から逃れられると仮定するのは、近視眼的で傲慢でさえあります。とくに、そうした教育が彼らに特定のアカデミックな才能や力量の栄を与えるのであればです。今日、安い賃金しか払わない仕事は、これからもまだ続けられなければならないでしょうし、学校での成功を競争によってはかる限りでは、負け組がなお残るでしょう。

ここに目的をめぐる議論の価値をはっきりと見いだすことができます。すべての者が得をするという同一形式のスタンダードを提唱する者がいたとしても、合理的な疑念がでてきます。これまで見てきたように、社会が自らを組織する既存のルールに挑戦することが、目的をめぐる議論のひとつの役割です。貧困は、よい教育が欠けているところにでてくると跡づけることができるのでしょうか。あるいはその因果関係は逆になるのでしょうか。正当な仕事についてフルタイムで働く人が、なぜ貧しさのなかで生活しなくてはならないのでしょうか。もしすべての人々が大学教育を受けるとすれば、いま貧困レベルにある人々が行っている仕事をだれがするのでしょう。これらの問いを投げかけるとき、わたしたちは、同一形式のスタンダードを提唱する者が示した主要な論拠を疑い始めます。こうした人々は、いっそう問いかけるようにさえなるかもしれません。こう問いかけたい本当は何を目指しているのか、と。

その目的――すべての生徒に彼らのニーズにかなった教育を提供すること――は正しいとしても、それを解決するには、学校が提供するものでかなりバラエティに富んだものを必要としそうですし、公的な生活のみならず個人の生活にも役立つような教材もありそうです。多種多様なカリキュラムを提供するということは、簡単、平均、難解と分類された一連の教育課程を設置することを意味しませんし、それに難解が最善と同等であることも意味しません。それは、生徒たちの興味と才能に集中した、精密で興味深い教育課程を協力して組み立てることを意味します。それは、大学を終えてお金をたくさん稼ぐような人々ではなく、民主主義はすべての誠実な労働者こそを尊敬するといった社会を学校が示すべきである、ということを意味しています。

ジョン・デューイは、しばしば誤用される箇所でこう述べています。「もっともすぐれた、もっとも賢明な親が自分自身の子どもに対して期待すること、そのことこそ、コミュニティは子どもたちすべてに期待しなければならない。わたしたちの学校のためには、ほかのどんな理想も、狭く、そして好ましいものではない。もし、そんな理想に基づいて行えば、それこそわたしたちの民主主義を台無しにしてしまう」[19]と。しかしデューイは、コミュニティがすべての子どもに厳密に同じ学習プログラムを与えるべきである、といおうとしているのではありません。それどころかデューイは、かなりしばしば、しかもしつこく、教育の内容とカリキュラムの選択が同一で単調になることに反対していましたので、どうしてそのようにデューイが解釈されてしまったのか理解に苦しみます。もっともすぐれた、もっとも賢明な親は、個々の子どもそれぞれにとって最良の教育を求めようとします。そう、デューイは信じていました。デューイの願いとは正反対に、スタンダード運動はすべての者に対して同一の教育を強要し続けたのです。

同時に、鋭敏な教育者たちは、学校のなかで長いあいだ実施され続けてきた能力別クラス編成システムを攻撃してきました。自分たちに認められたアカデミックな能力に応じて、能力別コースに子どもたちを位置づけるこのシステムは、有害な結果をもたらしてきました。この結果を否定できるまともな人はいないでしょう[20]。しかし、問題は、能力別クラス編成そのものにあるのではなく、むしろこれにわたしたちが置いている階級的な価値にあるのかもしれません。商業あるいは工業の能力別コースにいる生徒たちがホワイトヘッドの助言した、「教養と特殊領域における専門知識」を発達させることができない明確な理由などありません。ひどく単調な差別は、ある能力別コースをもうひとつの別のコースよりもよいと見なしたときに生じるもので、アカデミックな情報と技能という重荷を背負ったものを最高位に置くことから生じます。最高位の能力別コースにいる生徒たちを「いい子たち」と呼ぶとき、よくない状況はさらに悪化します。しかも、教師たちはこうしたことをしばしばやってしまいます。「より下の」能力別コースにいる生徒とかかわる仕事を最低の能力しかない教師に割り当てるとき、わたしたちは彼らを踏んだり蹴ったりにしているのです。

学校がアカデミックな（学校における標準的な科目での成功として狭く定義された）学業成績だけを評価し続ける限り、この問題は手に負えないものとなるでしょう。下位のほうの能力別コースにいる生徒たちの苦しみをよく見て、能力別クラス編成を完全にやめてしまおうと勧める人たちに、わたしはかなり共感を覚えます。しかし、もしわたしたちの目的が、彼や彼女といった生徒自身の能力や意図に矛盾しないスタンダードに向けておのおのを教育していくところにあるとすれば、これは確実な解答になりません。標準的でアカデミックな教材とは全く異なった知識と技能を必要とする職業を求める生徒にとっては、アカデミックな教育課程を実際に求める生徒と一緒に単純にこのなかに置かれることでは、公平な機会が与えられたことにはならないのです。生徒自身の真の興味を無視し、強要された範囲内だけに興味をもつような生徒たちとの競争へと彼らを強制することが、どれほど公平だといえるでしょうか。この問題は、民主的な教育のまさに核心につながります。これについては後の章でかなり紙幅を割くことになるでしょう。ここで尋ねられたこの問いは、スタンダードを設けるという解決法へと猛進していくなかで、簡単に見落とされてしまいます。

全国数学教師協議会（NCTM）が『スタンダード二〇

〇〇』の草稿を始めた様子を見てみましょう。[21] ソクラテスのような人物は、「では、わたしたちが数学を教えるのでしょうか」とはだれも尋ねません。たとえその答えが「もちろん、ソクラテスですよ」とあらかじめ決められているとしても、その問いを尋ねることがほかの多くの問いを生じさせるのです。だれに数学を教えるのか、どんな最終目的のためにか、どんな種類の数学か、生徒の表明的ニーズとはどう関係しているか、わたしたちの第一の目的とはどう関係しているか、ではその目的とは何か、といった具合にです。

「異常に加速度的な変化の時代[22]」と、テクノロジーの広範囲にわたる使用について簡単に述べた後、その文書は話を転じて「諸原理」に取りかかっています。まず「公平の原理」がきます。この原理のある程度の細かい吟味はやりがいがあります。それは「すべての生徒が数学的に考えることを学ぶことができる」ということを基本的な仮説にしています。[23] しかし、この主張に対して、説得力のある論拠を提示しようと試みることさえしません。このことが何を意味しているのか、あるいは生徒がなぜそうすべきなのか、ということをわたしたちに教えてもくれません。その代わりに、こういうのです。

> 「すべての人のための数学」を強調することは、学校数学が教育上の不公平という点で歴史的に演じ担ってきた役割であるがゆえに、重要である。生徒の数学的進歩は、さらなる学校教育や仕事の機会を見通して生徒が決定を下すという決断のための基盤として、よく用いられる。さらに数学は、「能力別コース編成」としばしば結びついた科目のひとつであった。こうしたなかで、生徒たちは、しばしば自らにとって不公平な機会と結果になってしまうような、異なる教授上の配列に分類されている。[24]

それゆえ、全員が数学に熟達しなければなりません、という論理になるのです。もっと議論をしなければ、これが論理的に矛盾する言説であるとわからないかもしれません。この報告書の著者は、歴史的に数学と結びついている不公平を緩和するような方法がほかにももっとたくさんあるにもかかわらず、ちょっと立ち止まって吟味してみようとはしないのです。たとえば、大学を目指すすべての生徒が自分たちの興味や能力に無頓着なまま、数学のアカデミックな単位証明を提出するという要件がなぜなくならないのでしょうか。実際に必要とされる数学が大学では用意されていないような大学レベルに水準が達していない教育課程のなかで、数学が微に入り細に入り実践的に教えられるような課程の改善の方法をなぜよく考えないのでしょうか。公平さにつながる道はすべての者を数学に習熟するよう強制することで確立されると、なぜ結論づけるのでしょうか。目的に関して徹底した議論をすれば、違った方向に導いてくれたに違いないのです。

公平さによって何が意味されるのかという注意深い分析が必要です。そして、二つの方向へと進む教育目的に関する議論が必要です。つまり、リベラルな民主主義を保持する目的への方向と、教室でわたしたちが提供するような実際の活動における目的への方向です。教育目的は、常にその政治的な社会のなかで教育目的が展開していくその社会の目的を――明示的にも暗黙にも――反映しています。全体主義国家は、何よりもまず国家に利する教育目的を生みだすでしょう。リベラルな民主主義は、個々人のニーズにより焦点を合わせた教育目的を生むはずです。実際、リベラルな民主主義はこうした教育目的をつくりださなければなりません。なぜなら、それを自由に支持し維持するその市民の合法性に、リベラルな民主主義はかかっているからです。では、そのような能力はどのようにして発達するのでしょうか。確実に、少なくとも部分的には、その能力は十分な情報をえた上での選択において導かれた実践から育ちます。それゆえ、最初から強制権に反対する重要な理由があるわけです。

強制に反対するもうひとつの理由は、強制が人々の抵抗や不幸せを生むということです。もし本気になって幸せを推し進めていけば、強制にかかわるすべての行為が問題を生じさせるということを、わたしたちは知っています。出現した問いについてよく考えた後にも、なお強制を用いなければならないときがありますが、考えることを止めてしまったために、強制しようと計画していた目的を説得したり、それを放棄したりさえするような場合も、たくさんあります。強制するかしないかをよく考えようとすると、わたしたちの討議は、いつもニーズの分析と交渉への参加を必然的に含むことになります。

目的をめぐる議論の復活　Reviving Aims-Talk

目的は、目標、めあて、科目内容に関する選択の判定基準を与えてくれるので、これについて話し合う必要がある、とわたしは論じてきました。さらに目的をめぐる議論は、より大きな社会とその政策にも向けられます。両方の働きが、ともに重要です。

二十世紀のあいだ、学校を人間らしくすることは、かなり進歩してきました。体罰がひどい仕打ちだとされ（多くの州では違法）、より多くの生徒が高校に行って大学を卒業するようになり、女子も数学や理科の課程をとるように勧められ、障害をもっている子どもたちのためのプログラムが組まれ、貧しい子どもたちにも食事が提供されるようになりました。

アメリカの教育は、当然のことですが、これらを達成したことを誇りにできます。依然として、こうした熱望してきたことの基盤となる目的を分析することによって、そうしたものの目標やそれ以外のものに到達するさいに、よりよく行動することもできるでしょう。たとえば、なぜ、若い女性に数学と理科を勉強するのを勧めると決めてしまったのでしょうか。まあ、それがフェアなことだからするのですって！　公平さは、それを必要としているようです。しかし、もし公平という目的があるとすれば、ほんの少数の若い男性しか看護師、小学校教師、ソーシャル・ワーカー、幼稚園教師、専業主夫にならないということに、なぜ関心を向けないのでしょうか。公平さは、公平な財務上の機会と関連している、というのがその答えです。すると伝統的に女性にぴったりの職業は、あまりもうからないものということになります。しかし、これらの仕事は重要なのではありませんか。ええ、もちろん。それなら、なぜ彼女たちに適切な賃金を払わないのでしょうか。そして、公平さのバランスあるかたちにしようと努力しないのでしょうか。

目的をめぐって、さらに核心に迫る問い――なぜわたしたちはXをするのか――を尋ねるとき、新たな問題と本来の問題の解決のための新たな可能性が見いだされます。ここで考慮中の事例では、わたしたちは若い女性に数学や理科を必要とする職業を選択するよう勧めるのに気を遣います。もし彼女たちがこれらの分野を勉強したいのなら、わたしたちの励ましは親切な援助に支えられるべきです。しかし、とても聡明な若い女性は、ときどき、ほかのどの選択も自分には利益がないということを信じるように仕向けられているのです。たとえば、小学校で教えることに関心をもった女子のなかには、「あなたはその仕事にとてもぴったり合っているわよ！」といわれて続けてきた者もいます。彼女たちの自己価値は、伝統的な女性の役割を退けるのに左右されるようになります。インフェアード・ニーズと内的欲求はこのとき葛藤に陥り、全霊を傾けて何かをするよろこびは失われてしまうかもしれません。

次に、最小限しかその到達点と矛盾しない環境のなかで、すべての子どもに自由で、ふさわしい教育を提供するという到達点についてよく考えてみてください[25]。この到達点に達しようとすれば、莫大なお金がかかることがわかってきましたし、そのことがまた、サービスの蔓延とサービスへの要求を導いています。現在、とても多くの子どもたちに、学習障害というレッテルが貼られていませんか。なぜ、わたしたちはそのような到達点を設けるのでしょうか。その答えは、再び、公平性にあるようです。しかし、この領域では、公平性によって何が意味されるのでしょうか。

こうした問いかけをしない限り、わたしたちは愚かで有害な実践にかかわりかねません。たとえば、いくつかの州では現在、学習障害というレッテルを貼られた子どもたち（特別学級に在籍する子どもさえ）も、普通学級に在籍する生徒に求められるスタンダードテストを受けなければなりません。これらの生徒の進歩を測定し、わたしたちが彼らと一緒に可能な限り最善を尽くしてやっていけるかどうかを続けて問うことは、確かに意味があります。しかし、わたしたちはレッテルを貼るなかで過ちを犯していませんか。力のある生徒を特別教育から抜けださせようと――そうしたレッテルに張りついたあらゆる恥を軽くするように――、しっかりわたしたちは働いているでしょうか[26]。すべての子どもたちは何かを学んでいるのでしょうか。これらの問いに誠実に答えられるべきであると仮定するなら、すべての子どもたちにこれらのテストを無理に受けさせることは、逆効果のように思われます。おそらく、いいことだけを並べ立てられて、そのテストを受験するよううながされる人もいるでしょう。しかし、特別学級に在籍するすべての子どもたちにこうしたテストを強制するのは、とんでもないことです。国中から、胃が痛くなったとか、怒りに手が震えたとか、お漏らししてしまったとかいう話を耳にします。もし公平性がすべての子どもにとってふさわしい教育を提供することを意味するのであれば、それぞれの子どもたちから同じ成果を期待することは、完全に間違っています。目的を忘れてしまうと、まるですべての子どもたちが学問的に平等で、同じスタンダードが適用できるかのように行動してしまうのです。

根底にある目的という展望から、称賛すべきものとしてあげたそれぞれの到達点を分析することができますし、そうすることは有用でしょう。ときとして、到達点そのものが（二つのケースでまさに議論されたように）分析を必要とします。これら以外のケースにおいても、この到達点と結びついた結果を見てみなければなりませんし、そのさい、どこで間違ってしまったのかを理解するために、本来の目的に立ち返らなければなりません。たとえば、学校で体罰やセクシャル・ハラスメントを禁止することは全く正しいように思われますが、それは教師が生徒に決して触れるべきではない、ということを意味するのでしょうか。適切な抱擁(ハグ)さえ許されないのでしょうか。どんな小さな過失も見逃さないというゼロ・トレランスのルールが広く用いられるなかで、よき判断がしばしば犠牲にされ、本来の目的が忘れ去られています。

　お腹を空かせた子どもに食べ物を与えることにおいてさえ、あまりにもしばしば目的を見失います。「お腹を空かせた子どもは学べない」という理由で、多くの人々は子どもたちに食べ物を与えることを要求します。よりよい答えは、子どもたちがお腹を空かせているのだから彼らに食べ物を与えるのだ、ということでしょう。この答えはわたしたちの注意を、教室を超えて社会問題へと向けさせるのに役立ちます。十分に食べ物が与えられた後で、もしわたしたちがそうすべきだと考えている程度まで子どもたちが勉強しない場合、お腹を空かせた子どもに食べ物を与えるのをやめるべきでしょうか。

　では、教育の目的に関する問いが引き起こす実践の吟味に、いまから取りかかりたいと思います。利口で思いやりのある来訪者の目を通して、ありふれた場面を確かめてみることは、しばしば助けになります。[27] そこで、よその世界から来たひとりの来訪者がわたしたちの学校を訪ね、わたしたちとともに彼や彼女を観察するのに参加してみましょう。この来訪者が教育者の代表・エドと話をします。

来訪者　あなたのところの人々は、家庭をつくること、親業、それにレクリエーションに自分の時間の多くを費やしますが、これらのトピックにあなたの学校ではまれにしか取り組まれていないことが、わたしには奇妙に思えるのですが。

エド　それはつまり、わたしたちが学校を、ある程度、専門機関として見なしているからです。その仕事は学問――家庭では簡単には教えられない題材――を教えることです。家庭をつくること、親業、レクリエーションの価値ある形態は、家で教わることです。実際、ほとんどの者は、そうしたトピックを学校で教えることを、家庭生活への不適切な干渉、と思っています。

来訪者　なるほど、わかりました。このことは、あなたの自由な遺産の一部ですね、違いますか。しかし、こうしたことがらを十分に教えられていない家庭からやって来る子どもたちには、何がなされるのですか。わたしが見てきたところでは、そうした子どもたちがたくさんいますよ。

エド　あなたがおっしゃっていることは正しいと思いますし、わたしたちもこのことに頭を悩ませています。しかし、基本的な処理法をうまく使いこなせる力を完全に身につけてさえいれば、人々は、自分たちの力で、それ以外のことも学習できる、とわたしたちは考えています。彼らもそうした技能を身につけていると思います。そうであれば、彼らはよい仕事にありつく資質があるでしょうし、よい家庭に特徴的な物的資源も与えられるようになるでしょう。

来訪者　うーん。ええ、もちろん、そうしたこともあるでしょう。しかし、もし貧しい家庭の子どもたちが（おわかりのように、必ずしも金銭的な意味で貧しいことを意味しません）学ぶことに多くの困難を抱えているとしたら、社会があらゆるレベルの問題に取り組むべきだと思われるのですが。それは、貧困をなくし、家庭づくりや親業に大人が関心を示すよううながし、これらのことを学校で教えるために、何かをするといったことです。

エド　しかし親は、わたしたちがこうしたことをするのを求めていませんよ！　彼らは、学校が親業の方法を指図したり、よりいい家庭づくりの方法を公言したりするのを、求めていません。わたしたちの学校では、いかなる種類の価値を教えるにせよ、しっかり時間をとっているのです。

来訪者　わたしが思うに、あなたは教え込みたくないのでしょう。しかし、これらのトピックは、教条的に提示される必要はありません。英語の時間に、高校生が児童文学を読んで議論することはできるでしょう。社会科の時間に、家庭の成り立ちや住居のさまざまな形態を勉強することはできるでしょう。芸術の時間に、家庭づくりの美意識を勉強するかもしれません。理科の時間には、子どもの発達について勉強し、外国語の時間には、もてなしの様式を勉強するかもしれません。数学の時間には、社会経済的な地位と学校の学業成績との相関性の高さを示す統計研究を目にするかもしれません。もちろん、これらは単なる例にしか過ぎませんが。

エド　それは、とても素晴らしい例ですね！　でも、わたしたちのスケジュールはすでに一杯で、これらのことすべてを組み入れるだけの余地をどのようにしてつくったらいいのか、わからないのです。

来訪者　わたしがいったことをあなたが受け容れるというのなら、あなたは、おそらく、自分がしようとしていることについて十分深く考えていなかったことになりますね。

エド　子どもたちが社会で成功するために必要なことを学ぶ機会を、すべての子どもに与えることをわたしたちは求めているのです。すべての子どもたちに！

来訪者　それは立派なことですし、とても素晴らしいことです。しかし、あなたは、成功をどのように定義するのですか。もし自動車整備工になりたいという子どもがいるとしたら、学校はその子どもに落第点をつけるのですか。学校は、美容師になりたいという女の子を手助けするでしょうか。

エド　学校を終了してからそうした選択をすべきだ、とわたしたちは思います。まず、健全な教育、基礎的な教育を受けなさい、ということなのです。

来訪者　たくさんのクラスを参観し、多くの生徒たちと話すと――自分たちの興味と才能が学校で無視されているために――多くの若者が、これらの職業を誇りをもって選択しているのではなく、むしろただ分類されているように思えるのです。彼らは、自分たちがより魅力のある仕事につくほど十分に価値がある人間だとは感じていないのです。彼らには背負わされた傷がありますね。

エド　ここでの主題から外れていますよ。そのことと、家庭づくりやそうしたことを教えることとはどのような関係があるのでしょうか。

来訪者　それは幸せと関係があるのです。そして、まずそのことがこれらのトピックをもちだしたわたしの理由だったのです。もし幸せが給料を受けとる仕事以外の領域で見つけられるのであれば、そうしたほかの領域も、教育において取り扱われるべきではないでしょうか。人の職業は幸せにも影響するわけですし、そうしたことも教育に含まれるべきなのです。でも、それはわたしもちょうど取りかかり始めたばかりのところでして……。

エド　わたしも質問することをためらってしまいます。

来訪者　あなたがたの社会は、とにかくあなたがたの政府は、薬物に関しては負けいくさをしてきたようですね。

エド　いまやっと、あなたのいいたいことがわかりました。わたしたちは、薬物濫用の危険について教えるのですね。

来訪者　そう、そうです。しかし、テレビコマーシャルは、ドラッグの広告でいっぱいです。そのうちのいくつかは、かなり危険なものです。彼らがいかに巧みに操られているか、それを生徒たちにわからせるよう、あなたは手助けをしますか。

エド　ええ、非合法ドラッグについては、わたしたちもいちばん頭を悩ませています。

来訪者　社会経済的に低い階層のティーンエージャーの多くが、高価な有名ブランドの衣服を身につけていることを、あなたは知っていますか。彼らは、もっと少ないお金で着飾ることができるでしょうし、そうすれば、おそらく勉強から自分たちを妨げてしまうパートタイムの仕事をするのを避けられるでしょうに。

エド　そうすると、家庭づくりや親業と同じように、わたしたちが消費者教育にもたずさわることを、あなたは求めているのですか。すると、まだあなたはやり終わっていないわけですね。

来訪者　おそらく、当分のあいだは、なるようにしておかなければならないでしょう。みなが幸せを追い求めたとしても、学校は幸せを推し進めていくのにほんの少しのことしかしていないことが、とても悲しく見えてくるだけです。

エド　ええ、わたしはそれについてもっと考えることを約束します。(頭を振りながら) わたしたちにできることは何なのか、わたしには全くわかりません。

この章でわたしは、目的をめぐる議論が、緻密で今日的な教育プログラムを支えるためにも重要な役割を果たすことを示してきました。そして、目的をめぐる議論が、いかにして過去にこれを行ってきたのかを明らかにしようとしてきました。今日では、社会思想における近頃の変化や、テクノロジーのものすごい変化とともに、なぜ学校教育のなかである特定の到達点を押し進めるのか、そして、なぜ個人の生活における幸せのための教育と職業における幸せのための教育を怠り続けるのか、このことについてよく考えることがいままで以上に重要なのです。

第Ⅱ部　個人の生活のために教育すること

Educating for Personal Life

第4章の終わりで教育者・エドは、来訪者の述べたことについて考えると約束しました。いまからそれをしようと思います。幸せになるための最大の機会は個人の生活にある、という主張に異を唱える人はほとんどいないでしょう。では、個人の生活の向上のために、果たして教育は何をすることができるでしょうか。すべての人にとってもっとも重要な仕事のひとつは家庭（ホーム）をつくることですし、子どもの運命のほとんどは彼や彼女がどんな家庭に生まれるかにかかっています。よその世界からやってきた来訪者は、わたしたちの教育が家庭を築くことを軽く取り扱っているのを見て戸惑います。生活の中心となるべきものが、学校ではいつも無視されてきたということ、これはいったいどうしてでしょうか。カリキュラムを再編するとしたら、家庭を築くことについての何を取り入れるといいのでしょうか。

家庭を築くことに加えて、わたしたちの大半が親になるということを忘れてはなりません。親になるという課業（タスク）は学校でないがしろにされているもうひとつのものです。学校での成功や失敗を見通すさいに、家庭と親のあり様が生活の他のいかなる局面よりも重要だというのなら、より多くの子どもたちがよりよい生活をはじめるように学校が親業について教えないのは不思議なことです。今日では、すべての子どもたちが経済的な成功のために十分なことがらを学校で学べるように手助けすべきだ、という態度がとられています。そうすれば、自分たちの子どもたちによりよい家庭を与えてやれるだろうと考えるからです。しかし、経済的向上だけがよりよい家庭を保証するとは限りません。それに貧しい家庭の子どもたちはいまや学校で学ぶことすら難しく、彼らの経済状態の改善や将来の家庭生活の向上のどちらにおいても、不利益をこうむっているのです。

また、わたしたちの多くは郷土とその自然の美しさからいつも深いよろこびをえています。しかし、それにもかかわらず、自然誌の学習は欠落していますし、それは生物学、物理学、化学のような専門科学の系統学習に取って代わられています。また、郷土愛についての教育の代わりに、世界経済を教えているのです。

そしてまた、幸せを手に入れるのに重要だと第1章で確認した精神や性格の問題がありますが、正規のカリキュラムのなかにこれらを組み込むことさえ困難な状況です。今日、人格教育という考えが復活してきていますが、その提唱者は、徳を直接ひとつずつ教えることによって性格が陶冶できる、という間違った考えをしています。事実、性格の発達は、幸せをえることそれ自体に大変よく似ています。それは間接的にしか目指されないことだからです。

最後に、一定の社会的徳や感じのよい人柄を身につけた人たちは、そのような資質に欠けた者よりも幸せになれる、ということをわたしたちは知っています。そのとき、これらの徳が教育によって育成されるのかどうかは熟考する必要があります。これらが第Ⅱ部のトピックです。

第5章　家庭を築くこと

Making a Home

家庭生活は、ほとんどの人にとって幸せを生みだす第一の源泉となっています。しかし、第1章で見てきたように、これまで、家庭を築くことが西洋社会の普通教育に明確に取り入れられたことはありませんでした。というのも、その教育プログラムは男性によって構想されていたため、社会の公人としての生活、つまり男性中心の生活への準備と直結していたからです。家庭を築くことは家庭で教えられ、また、ある学校ではもっぱら女性に対してだけ教えられていました。家庭を築くことは女性の仕事である。この広く受け容れられた信念は、なぜ家庭を築くことが公教育で無視されてきたのかを説明するのに役立ちます。また、家庭を築くことが少女たちに教え続けられたさいに、なぜその科目が表面的かつ技術的に取り扱われてきたのかということも説き明かしてくれます。ただ、いままでこのもっとも深遠な哲学的問いに取り組まれた形跡はありませんが。

家庭を築くこととはいったい何を意味するのでしょうか。家庭をもつということは何を意味しているのでしょうか。ウォレス・ステグナーは、彼の作品の登場人物のひとりが、「みんなの炉辺になっていたフランクリンストーブ」を見つめながら、やがてしなければならない転居について思いめぐらすところを描いています。その彼女は「地球上の無数の家庭のなかで、新しい所帯がそれにふさわしい場所を見つけるときがくるなら、それはどんなに幸運なことでしょう。それはどんなに幸せな日になるでしょう[1]」と歌っています。その数行後の文で、語り手ステグナーは「家庭というものは、家庭をもたない市民だけに十分わかる観念であり、根っこを失った者だけが理解できる観念[2]」という考察を加えています。家庭は、まさに研究に値するトピックなのです。

基本的ニーズとしての家庭 Home as a basic Need

居住者として暮らすにせよ、放浪者として暮らすにせよ[3]、人は家庭と呼ばれる何らかの物理的、社会的な属性をもって生きています。遊牧民は、ある場所から他の場所へ移動するさいに自分の家庭を運んでいきます。そこでは、住民、動物、道具、テント、習慣、そして旅の通常ルートなどが、家庭の意味を明らかにするものとなります。西洋社会ではふつうに多くの人々が引っ越しをしますが、ホームレスの人たちを除いて、どんな人もいわゆる家庭という物理的な場所をもっています。ひとつの場所に決して定住することのない遊牧民と比べて、西洋社会では、どこかに一時的に住む人が家庭を意識することはほとんどありません。こうして見ていきますと、わたしたちにとって家庭を築くとはいかなることなのか、といろいろ考えさせられます。

家庭は基本的ニーズのリストにめったに入れられないのですが、わたしは家庭をこのリストにあげなければならないと主張しました（第1章）。家庭はこれ以外の基本的ニーズがひとつ屋根の下に集められる場所です。しかもたくさんの欲求が満たされる場所です。もちろん、基本的ニーズのすべてが家庭で完全に充足されるわけではありません。わたしたちは医療や、食料や、衣服の購入のためには外へ行かねばなりません。必要なものは、家庭のなかで、また家庭のために必要だと確認され、それらの購入が計画されます。約束事がつくられ、買い物リストができ、広告の内容が吟味され、欲しいものが評価されて定められ、そして夢が共有されます。家庭はニーズがひとつにまとめられるところなのです。家庭がなければ、人は基本的ニーズを満たすために、別の拠りどころを一人ひとり個別に求めなければならなくなります。

こうした統合の機能は、生のための基本的ニーズとして家庭を分類するのに、必要かつ十分な理由を与えているでしょうか。確かに、家庭がなくても、必要なときに食料、水、医療、そして避難所さえ与えられれば、人は生き残ることができます。しかし、家庭はわたしたちの所有するものを蓄えるために安全な場所を与えてくれます。ホームレスのなかには、公的な避難所を断固拒否する人がいます。それは、まさに彼らの所有物がこうした場所では安全でないからです。わたしたちはときどき、ホームレスの人たちが家庭を実際には欲していない、と思い違いをすることがあります。彼らは街路に住むことを好んでいるように見えます。しかし、もっと近づいてよく聞いてみると、ほとんどのホームレスの人たちは実際には家庭を欲している、ということがわかります。そして、彼らが自分とその所有物にとって安全な場所を家庭と結びつけて考えている、ということがはっきりわかるでしょう。ロバート・コーテスが指摘したように「街路は家庭ではない」[4]のですが、しかし、街路はホームレスの人たちにとって避難所よりも安全基準をよりよく満たしているのかもしれません。

家庭は必要なものを統合する機能に加えて、ある安定性をもっています。人は所有するものを蓄えるための場所をもつだけでなく、長い期間、何かを蓄えるために同一の場所をもちます。さらに、その人の家の入口や出口がどこかと、見知らぬ人に尋ねられることなどありません。家族のメンバーやその家庭のスペースを分かち合っている他の者たちが何か聞くかもしれませんが、そのような質問は、通常、わたしたちに向けられた興味や、わたしたち自身の不注意によって誘発されます。わたしたちは自分がどこにいるか、どのように帰り着くか、あるいはどれぐらいの時間で帰宅することができるか、といったことさえ気になりません。家庭の安定は、そこに住む人の責任ある行動によってある部分は維持されます。たとえば、所有物のための場所をもつことは、そこにそれらを保管し家中にそれらを放りだしておかないという発想からきています。それはまた、他人の所有しているものを尊重すること、彼らのスペースには立ち入らないことをわたしたちに求めます。

多くの人々にとって家庭がもつ重要な特徴に、プライバシーの提供があげられます。外の世界を遮断し、安堵のため息とともにわたしたちは家庭に帰ってきます。これは家庭の比較的新しい特徴なのです。ひとつの大きなベッドを共有し、麦わらマットのうえに、さまざまな人に取り囲まれて寝ている四組の中世の夫婦の物語を読むと、わたしたちはショックを受けます[5]。この物語とはきわめて対照的ですが、ヴィクトリア時代に、プライバシーは道徳性（モラリティ）と同等に扱われるようになり、共用の部屋は（普通ひとつの全フロアで）寝室や他のプライベートなスペースからはっきりと分けられたのです。ラリー・フォードは、次のように述べています。

> ヴィクトリア時代の家屋建築は、固有のスペースと固有の行動の関係を強調していた。望ましい中産階級の行動様式と作法を奨励するため、応接間、音楽室、居間、そして子どもの遊び場が、ヴィクトリア時代の家屋にはあ

った。他方、フランスのアパートは、不道徳ではないが、しかし節度が保てないと批判されたのである。なぜなら、廊下がなく、一般に、共用の部屋と同じフロアに寝室があったからだ。[6]

もちろんプライバシーがないことが不道徳であることを意味するわけではありません。しかし、この話はおそらくすべての生徒が家庭や他の文化のあり方について学ぶべきひとつの教訓です。今日、多くの移民家庭は、必要上、わたしたち他者を不快にするような仕方でスペースを共用しています。

もし、プライバシーに対する願望が文化的に定まってきたものであるのなら、わたしたちはプライバシーを普遍的要求、あるいは基本的ニーズと見なすことはできません。しかし、人間は、決して普遍的な社会環境のなかで生きているわけではありません。つまり、わたしたちはいつも特定の時代や特定の場所のなかで生きているのです。今日のリベラルな民主主義においては、子どもたちでさえある程度のプライバシーが必要だと主張しますし、家族がこの要求を満たしてあげようと努めることもあるでしょう。

もしかすると、家庭のもっとも重要な特徴は——現代の西洋社会において家庭を基本的ニーズとする特徴は——、家庭が住所と、その住所があるがゆえのアイデンティティをわたしたちに与えていることにある、といえるかもしれません。家庭は人々が自分自身を見いだすところであり、他の人たちとコミュニケーションをとるために接触しようと彼らが手を伸ばす場所です。もし人が住所をもっていなければ、仕事、食料クーポン、通信販売カタログ、予約など、どんなものを申し込むのも難しい、ということがわかるでしょう。わたしたちの社会では、住所は、安定性やプライバシーよりもずっと重要になります。プライバシーなしに、人はこれまで議論してきたような望ましいその他の特徴をもつ場所をえることはできません。家庭というものは、どんなにみすぼらしく込み入って不安定であっても、わたしたちにアイデンティティを与えてくれるのです。アイデンティティの必要性とアイデンティティを住所から切り離すことができないということ、このことだけで十分、家庭をひとつの基本的ニーズとして分類することができます。

家庭と個人のアイデンティティについて考えることは、自己の拡張としての物理的家庭（もしくは家（ハウス））についての議論へとわたしたちを導いてくれます。しかし、これらのトピックについて議論する前に、これまで議論してきた題材が教育と幸せに何らかの関係をもつ、ということを明らかにせねばなりません。基本的ニーズが満たされていなければ、幸せを感じることはできません。それはほぼ明らかです。しかし、まわりの人々が基本的ニーズを満たされていなければ、その人は完全には幸せになれない、ということもすでに示してきました。ですから、この点に関して、教育の根本的目的は、社会的あるいは市民的な目的になるのです。つまり、基本的ニーズが一部の文化によってどのように決められるかを理解すること、そして、社会の他のメンバーが苦しんでいるときに、そのことを不快に感じるよう生徒を導くことです。

自己の拡張としての家庭
The Home as Extension of the Self

しっかりと築かれた家庭は、わたしたちの身体の拡張と見なすことができるでしょう。そして、わたしたちを取り巻くものは自己の一部だといえます。(7) とても貧しい家庭でさえ、窓辺にゼラニウムが咲いているでしょうし、それを見るとそこに住む女性の内面の美しさが表現されていることがわかります。貧しい田園地域を旅しますと、緑の生い茂った状態や古いブリキの缶のなかに生えている花のついた植物を見かけることがあります。(8) ある場所では、これらの植裁は、とりわけ美しく、まるで本物の自然であるかのような印象を与えます。しかし、別の場所では、不自然に見えるものもあります。その違いは何から生じているのでしょうか。その答えは、前者では、植裁は本当の自分を拡張したものであり、後者では、それは貧弱な物まねであるということになりそうです。そこで、さらに話を進めてより深くこれを探求していきましょう。

中産階級が実体として誕生する頃から、作家たちはブルジョア階級を嘲笑し続けてきました。これらの人々は、おそらく（そして、事実しばしば）財産的価値やしきたり、さらには自分たち自身の世間的名声に関心をもっています。もし、わたしたちが真の自己というものの存在を信じるなら、ブルジョア階級は立派だが偽りの自己のために真の自己を犠牲にしてきた、といえるかもしれません。しかし、このように考えることは間違いだと思います。すべての自己は、真のあるいは現実の自己です。(9) どこかに隠れているような真の自己というものはありません。問題はどんな種類の自己が形成されつつあるか、ということです。ヘルマン・ヘッセは「ブルジョアは……生まれつき弱い本能の生き物で、不安で自分をさらすことを恐れており、統治しやすい」[10]といいました。これは重要な批判ですし、教育論議においては、いつの時代にも価値をもつ批判ですが、これがこの話のすべてではありません。

共産主義者の思想は、ブルジョア階級を攻撃する点において冷酷でした。ひとつの階級としてのブルジョア階級の告発は、労働者階級の欲望と上流階級へのゴマすりを通じて、プロレタリアート（労働者階級）の搾取に貢献する、という攻撃でした。この批判には何らかの真実が存在する、ということを理解するために共産主義を取り入れる人などいません。ジョン・ケネス・ガルブレイスは、広範な経済的繁栄によって特徴づけられた社会は、悲惨な貧困層から不幸せを取り除くための法律などできるはずがない、ということを雄弁に論じ続けてきました。[11]さらに、いつまでも残り続ける多くの物質的商品への飽くなき欲望と結びついた満足感だけでは、重要な社会改革を推し進めるための望みある基本原理は生まれません。こうしたことがらは、歴史的、政治的、そして経済的な展望からの広範囲にわたる研究に値するものです。

ここで、家庭と自己のあいだの関係に関心を向けていきましょう。社会と社会的階級を研究することも重要ですが、一人ひとりの人間と彼らの違いを見ることも重要だからです。ヘッセの『荒野のおおかみ』の主人公、ハリー・ハラーはブルジョアの生活を嫌いますが、しかし、その生活にとらわれています。彼は、整頓された居心地のよい、清潔で新鮮な香りのする家に住みたがります。そして、彼はそんな家屋の部屋を借ります。しかし、彼自身の部屋は本や紙類で散らかり、ワインの瓶がいたるところにころがっています。わたしたちにそう思い込ませるような乱雑さは、ハリーがおおかみであるひとつのしるしです。それは野性的で寂しく、その家の他の部分や近隣の人たちの部屋とは異なるものです。とりわけハリーの乱雑さを示すものは――本や紙類――、孤独なおおかみの知的で特別なすがたをあらわしています。

ハリーは、彼が二つの対立する自己、すなわち互いに傷つけあって消耗する自己を内に抱えていることを認めています。それらを和解させるのは不可能だとわかり、彼は自殺を考えるところまで追いやられます。その小説のなかの他の登場人物は、いかなる人間も矛盾のかたまりであり、実際に彼が葛藤する二つの自己よりもはるかに多くの自己を内に抱えていることを彼に教えようとします。というのも、彼の憎しみにもかかわらず、彼はブルジョアの生活に、とりわけブルジョアの知的生活（もうひとつの恐るべき矛盾）として通用するものに固執しているため、出口を見いだせないでいるからです。彼は自分が欲する来訪者とそうでない来訪者の両方に気遣ってしまうので、平均的な生活様式や人々が何を選んでいるかということで、いつも考え込んでしまうのです。

本当は何もしたくないのに、彼らはやってきて机の前や事務椅子のそばで時間が過ぎるまで話し続けている。それはまったく強制的で機械的で、不本意なことだ。それは機械がやっても同じだし、やらなくても同じだ。そして、実際、これは決して止まらない機械装置なのだ。彼ら自身の存在を批判し……自らの生活を批判すること、そして、愚かさと浅薄さ、望みのない悲しさと無駄な生活を認識し、そのすべてにへらへらしている著しいあいまいさを理解すること、これらを妨げている機械装置なのだ。[12]

ハリーの状態は、ライトマンの『診断』のなかのビル・チャーマーズの状態ととてもよく似ています。ビルの身体は意識的な反省からではなく、いくぶん自殺を決意しているのですが、ハリーは望みがないのに、評論家的な自立にこだわっているのです。彼は、欺瞞をもたずに幸せをもたらすような方法で自らの状況を分析するということもできません。ここにはすぐれた能力を育む教育機会が見られます。それはビルとハリーが強く敬遠したあの分析をうながします。ハリーは、ブルジョアの欺瞞に対する糾弾では、彼自身の欺瞞を実際に無視しています。ある中産階級の快適さに依存して、ハリーはそれを提供する人々に軽蔑心を抱きます。時間を取られる掃除、買い物、一定の労働時間のような平凡なことから逃れたいという欲求が彼にあります。このことは、平凡なことすべてをだれかがしなければならないと彼が理解していることとのあいだに緊張をもたらしています。おおかみにとっての避難所である並木道は、やめられない薬物のような世界です。そして、これはまた十代の人々の議論にとって重要です。生徒は葛藤を克服する別の方法を見いだすことができるでしょうか。なぜ、彼らは自分の家庭から逃げだしたがるのでしょうか。もし、彼らが家庭から逃げだしたというのなら、何をとらえ損なったのでしょうか。

共産主義の思想家、ヘッセや社会評論家は、一般に、大きな社会的場面にしばしば洞察をもたらしますが、彼らは日常生活の細部に隠されたよろこびやよさに気づきません。もし、一方で、典型的なブルジョアが統治されやすく、退屈な生活を送っているということが真実なら、他方で、ハリー・ハラーがとても称賛した新鮮な香りのする家をきりもりする女性が、しばしば自分自身のことを省みずに子どもたちを愛し、誠実に夫の世話をし、部屋を美しくするために植栽を置き、年老いた親を介護し、彼女がいなければ朽ち果てるだろう教会を支える、ということも真実なのです。彼女を悩ます夫もときには大切な仕事をなし遂げて、満足して家に帰ってくる夜もあります。子どもたちの成長を見守ること、庭の手入れをすること、季節の移り変わりに気づくこと、近所の人たちや職場の同僚を助けること、こうしたことにもよろこびがあるのです。

もちろんブルジョア階級のすべての人々が、同じであるというわけではありません。たとえ有無をいわさぬ批判家の力に押し込められ、ねじ曲げられているとしても、それぞれの人には、個人の生活や性格があります。ヘッセによって強く非難されたブルジョア生活の日常性――厳しさの喪失――は、ある人々にとっては歓迎されるべき生活様式です。清潔なカーテン、ラベンダーのシーツ、キッチン、いい香りのするこうしたブルジョア家庭は、愛しい記憶と空想的なあこがれを生みだします。フィクション、詩、そして伝記文学は、社会評論家によってひどく安直に酷評された生活のイメージに満ち溢れています。また、その生活はわかりやすい生活様式ではありません。不潔な家庭や清潔な家庭があったり、やさしい父親たちや冷酷な父親たちがいたり、有能な母親たちや愚かで怠け者の母親たちがいたり、記憶に残る食事や餓死を防ぐだけの味気ない食べ物があったり、永久に記憶に残り続ける家や、引っ越しをする余力ができるとすぐに住人が逃げだしてしまう家があったりします。

家庭生活に向けて教育していく仕事は、きわめて複雑です。そのための教材は入手しやすく、多大な文献、おびただしい数の宣伝の浪費、タブロイド版にでてくる話など、わたしたちのまわりのものすべてのなかにあります。ただ問題はどこから始めていかに進めるかであり、それを考えると、ことごとく困難に直面します。たとえば、女性教師のA先生がプルーストの『失われし時を求めて』の数ページを読み始めることから家庭や家庭を築く単元（それは、単元でなければならないのでしょうか）を始めようとした、と想定してみましょう。彼女が選択すると思われるものは、プルーストを追憶する引き金となるお茶やマドレーヌが書かれている数ページ、つまり思い出を呼び起こすための感覚能力を示す不思議なエピソードが書かれている数ページでしょう[13]。それを読んだ後では、個人的な経験や思い出話にあるよく似た出来事についての議論が容易に進んでいくでしょう。しかし、ここでのすべてのものがわたしたちの考えに反しています。

今日の学校では、実際的な疑問についての討論を進めるときに文献をめったに用いません。また、学校という制度においては、ひとつの作品は完全に読まれねばならない（そして、しばしば徹底的に分析されねばならない）とか、内容に対して全く時間を割くことなく、その作家とひとつの作品がすぐに組み合わせられねばならないと主張されます。この後者の課題に成功すると、それはときには文化リテラシーの証明として示されます。最初の方法、すなわち徹底した読書は、しばしば限りなく劣悪なものになります。それほど昔ではないのですが、わたしは一学期中『緋文字』を学んで苦労している十代の生徒の授業を参観しました。その学期の終わりまでに、彼らはその本や教師、そしてふつうの読書を嫌いになってしまいました。それゆえ、ここですぐに疑問がでてきます。「現在の教育制度の下では、果たしてA先生がプルーストの作品を数ページでも読み、その作品についてもう少し多くのことを語り、そして議論へと誘うことができるのだろうか」と。

もうひとつの難しさは、自らの経験を話すように生徒たちをうながすときに、個人を傷つけるかもしれないという現実的な可能性です。よその世界からの来訪者の目を通して学校の授業現場を見るとき、本物の教育が個人的経験を軽視するとは思われませんし、今日その重要性を主張する教育理論家はたぶん多いことでしょう[14]。個人的経験は、その中心にあって重要なものですが、それが学校で軽視されているのは、愚かだからという単純な理由からではありません。生徒たちが彼らの暮らしている家庭や彼らの夢見ている家庭について議論し始めるときには、話すことが強制されないという保証が必要ですし、あることについては話さなくてもいいという選択ができるという保証さえも彼らには必要です。そのような議論がうながされるときに何が起こるのかとか、後になって話したことを生徒がどれだけ深く後悔するかということが、わたしたちにはわかりません。このような議論を効果的に指導するには、感受性や教授上の技能が、どうしても必要なのです[15]。

ただ、階級、人種、性別といったトピックについて議論するさいにも、これと同じ注意が必要です。評論家に対する重大な懸念は——いまよりもずっと多くの注意が払われるべき心配は——、評論家的な教育者の努力が、知恵や実践的な行動ではなく、怒りや疎外感、絶望を誘発するかもしれないということです。「議論」が感情の発散や非難に貶められて集団間の分裂を増すこともありうるのです[16]。わたしがここで用いている視点からすると、もっとも大きな心配はおそらく個人的経験が現実には消されるだろうということです。もしアイデンティティが、階級、人種、性別、民族性だけで決定されるのなら、各人の個人的経験は失われてしまいます。記憶は階級好みの描写にかなうようにゆがめられるだけでなく、望ましい未来の計画書も同様にゆがめられます。それでも、評論家が階級、人種、性別の議論を教室に取り込みたいと思うのは、基本的には正しいのです。けれども、わたしたちは抑圧状態を分析するのと同様に、個人的経験を大切にする方法を見つけなければなりませんし、さらに、これらのことをより緻密かつ繊細に行う方法を学ばなければなりません。

またさらに、個人的経験は認めねばなりませんが、それを教育評価の標準形態に従わせることはできません。ですから、もしその授業の出発点で文献を使ったとすれば、おそらく自分でつくり話を創作するような文献的経験にとどまる状態を、生徒たちは快適だと思うでしょう。生徒たちの語る話が自伝的なものかフィクションかを述べるよう強制されることはない、と彼らに告げられねばなりません。これによって不安がいくらかは取り除かれるでしょう。

わたしたちが直面する難しさを認めたうえで、今度は身体の拡張としての家庭についての研究に含まれるものを考えてみましょう。登場人物の部屋と所有物についての研究から、さまざまな文学作品の登場人物の何を学ぶことができるか、と問うことから始めるとよいでしょう。ハリー・ハラーについてはどのようにいえるでしょうか。プルーストについてはどうでしょうか。ビル・チャーマーズについてはどうでしょうか。ほぼすべて十分に詳述された書物から登場人物を拾いあげ、建てられた場所や所有物に向かって彼らが身体を押し広げていくあり様を通して、彼らについて多くのことを推測することができます。その過程のどこであっても、生徒たちは次の問いを探求するように求められるべきです。「あなたの部屋と所有物は、あなたについて何を語りますか」と。

ディヴィッド・マッガロフのジョン・アダムズ伝を読んだ人は、アダムズやトマス・ジェファーソンの家や所有物についての記述が著しく対照的であることに気づくでしょう。アダムズは、常にマサチューセッツ湖畔の祖先たちとほぼ同じくらいに平穏で質素な生活をしていました。ジェファーソンは自由にお金を使い、借金まみれになって生涯を終えました。ただ、ジェファーソンは、財産や、いまなお旅行者や建築学の学生たちが訪れる地所を残しています。彼の財産は彼の審美眼を明瞭に示していましたが、彼の所有物を吟味することにより、彼は質素でもなく倹約もしなかったことがわかります。アダムズの所有物は、家庭という場所と徳への彼の愛情が、ニューイングランドとしばしば結びついていたことを示しています[17]。

この種の探求は、個人的経験についての研究や階級に関する詳細な研究をもたらしますし、その研究を個人に役立つものにします。もちろん階級について触れるのを避けることはできるでしょう。でも、生徒がそれについて述べたらどうなるでしょうか。労働者階級の一員であることを誇りに思うべきでしょうか、あるいは恥じるべきでしょうか。ブルジョア階級についてはどうでしょうか。上流階級についてはどうでしょうか。さらに手元にある多くの物語をひもといてみると有益でしょう。『アリーおばさん』（燐光の肖像[18]）を読むと、生徒たちは貧困が生活の尺度ではないと思うかも知れません。彼女の物語のなかで、わたしたちは古いスズの缶に植えられた花や手づくりの菜園、森林、手厚いもてなしに出会い、そして知恵と迷信が驚くほど溶け合っていることに出会うのです。ここでは精神の貧しさは皆無です。正直にいって、アリーおばさんの生活には、原始的でロマンティックな雰囲気と魅力がありますが、わたしたちのなかでどれだけの者がそれを復元するだけの精神と気力をそなえているでしょうか。アメリカの郊外での、物質的貧しさと豊かな精神の物語を見つけることができるでしょうか。

中産階級に属していても、あるいは単にそうでありたいと願うだけであっても、生徒たちは、ヘッセが明らかにした弱点を知る必要があるのです。また、彼らは個人的な記憶があらゆる階級を横断していることを知る必要があります。子ども時代の家庭や祖母の台所、祖父の納屋についての詳細な記述や研究は、文学作品のなかに十分あります。貧しい小さな家から立派な祖父の家まで、ロバート・グレーヴズ[19]によって記されたラッフゾーンの家は、わたしたちの記憶のなかに埋め込まれています。

わたしたちは家だけでなく、その人の持ち物もそれを身につける人自身と同じように見てしまいます。ティーンエージャーがとても有名なブランドの服を着ていることに、どんな意味があるのでしょうか。なぜ人々はさかんに宣伝された服にお金を使うのでしょうか。あなたの部屋と所持品を見て、人々はあなたから何を学ぶでしょうか。あなたは彼らにどのように考えてほしいと思うのでしょうか。将来の家や所有物についてのあなたの夢は何なのでしょうか。

　ブルジョア家庭に対する愛着が発生する以前から、生活する場所（粗末な避難所や小屋ではない生活場所）が建設され、それはその所有者の富を誇示していました。わたしたちが今日、快適さ[20]と呼んでいるものには、ほとんど配慮されず、家が与える印象のほうがその住人の快適さよりも重要でした。他人に好印象を与えるという目的で家を建てて飾りつける傾向がわたしたちにはまだありますし、ヘッセのような作家たちは、この傾向をブルジョアの快適願望に特有なものとして批判するでしょう。逆説的ですが、その願望はすでに認知されたものを単なる模範例としているため、しばしば目立ちたいという願望を伴っています。生徒たちが所有し誇示しているものの多くのものが、この逆説的な方法で説明できるでしょう。

　他人への印象づけのために建てられ、飾りつけられた住まいに入ると、わたしたちはしばしば、そこには人が住んでいないようだとか、そこでは快適な気分にはなれない、といいます。どんな種類の人が、家族よりも宣伝モデルのほうを考慮している家に住みたいと思うのでしょうか。カゼイは次のように述べています。「わたしたちが住まいのなかでより「くつろいでいる（アットホーム）」と感じるとき、それはわたしたち自身の身体のイメージのなかにつくりだされる場所になる」[21]と。おそらくモデル住宅に住む人は、本当のくつろぎを感じることは決してないでしょう。おそらくまた、彼らはかたちづくり続けている自己をまだ認めていないでしょう。このことは、すべての階級の人々に突きつけられていることです。つまり、わたしはただ自分の階級の薄っぺらな象徴——ある種の紙人形——なのか、それとも紛れもなく、そして興味深い自己の象徴なのかと。たぶん、ある階級からの称賛に値する特質を受容することも、また、疑いない自己を構築するときの真の努力も、幸せの特別なかたちを提供することでしょう。

快適さ　Comfort

　家庭での幸せを考えるとき、わたしたちは、一般に、暖かく愛情のこもった人間関係を思い浮かべます。もちろんこれらは、わたしたちが自ら選んでひとりで暮らしていない限り、幸せの土台をなすものです。しかし、ひとりで暮らしていても人と一緒に暮らしていても、みな快適さを望みます。快適さは家庭の幸せと密接に関係しています。

今日わたしたちが考えるような快適さは、比較的新しい概念です。ヴィートルト・リブチンスキーは、快適さというものはブルジョア家庭にその起源があると述べています。[22]それ以前には、快適さはなぐさめとなるもののことを指していました。少し後になると、快適であるということは物質的資源が十分な水準に達しているということをあらわしました。快適さという考えは、昔の人々にとってはなじみのないものでした。たとえば、中世の住居は立派なものだったかもしれませんが、わたしたちのほとんどはそれを快適だとは思わないでしょう。囲いのない炉火のそばでは暑すぎますし、その他の場所はどこも冷たく、城や邸宅でさえも換気が悪く、光の量は乏しく、ネズミやノミがうろついていました。家具は快適なものではなく、大きなひとつのベッドで眠ることが多くの人々の習慣でした。ベッドに寝られない人々は、わらのふとんで眠ったのです。

今日でも、快適さという言葉が何を意味するかについて、人々の意見が完全に一致することはありません。東洋人はしゃがんだり、床のうえに座ったりすることをしばしば好むのに対して、西洋人は椅子のうえに座ることを好む、とリブチンスキーは指摘しました。お互いにもう一方の生活スタイルを取り入れることがそれぞれに強制されたら、不快になります。しかし、こうした人々のあいだの違いにもかかわらず、快適さについて話すときには、明らかに身体としての自己がかかわっています。わたしたちは身体的な不快を、まず避けたがるのです。

他人に印象を残したいという願いは、快適でありたいという望みとしばしば相反します。快適さの歴史は、裕福な地主たちがしばしば快適な家の住人であるかのような体裁をつくってきた、ということを明らかにしています。もちろん何世紀ものあいだ、光や温度の快適さをえる適切な方法はありませんでしたが、家具や衣類のデザインにさいして、なぜ人々が快適さを求めなかったのか、ということは理解に苦しみます。ひどく中傷されたブルジョア階級は、非常に現実的な意味で快適さについて考え始めました。効率性と快適さの関係に注意を払ったのは中産階級の女性たちでした。[23]

快適さという言葉が何を意味するかについて、たとえわたしたちの意見がぴったり合わなくても、それに関連する要因については、ほぼ合意がえられるようです。温度はおそらくそのひとつでしょう。ある者は暑いのを好み、ある者は寒いのを好むということになると、それは家人には耐え難いことです。前に記したように、バシュラールは次のように見ています。「生家は思い出を超えて、わたしたちの身体に刻みつけられている。それは一群の身体的習慣である」[24]と。異なる親のもとで異なる家から出発しているため、わたしたちは互いに異なる身体的習慣を発達させます。そして、ともに家を守るという冒険を始めるすべての夫婦にとって、その最大の問題は、固有の習慣の違いといかに折り合いをつけるかということです。温度の快適さをえるために互いに助け合うことは、そのような問題のひとつなのです。

もうひとつの問題は光です。吸血鬼のように薄明かりのなかでずっと生活することを好む人もいれば、多くの窓からの日光浴を楽しんで、色あせていくじゅうたんや室内装飾を気にしない人もいます。夕闇が降りるとすぐに、日除けやブラインドを引く人もいれば、暗闇に明るい光を灯そうとする人もいます。家庭の装飾においては、灯火や照明器具が重要になってきていますので、裸の光電球ほどはっきりわかる貧しい特徴はありません。確かに、適度な照明は職場での快適さのためにも必要です。ろうそくの光で読んだり書いたり、と悪戦苦闘するのを想像することは、まずできないでしょう。しかし、他方では、夕食の食卓のうえのろうそくの光に快適さを見いだす人もいます。

職場での快適感を能率性と切り離すことはできません。そして、この点で女性の家政学者たちは重要な貢献をしました。平均的な女性にとって適切な高さで取りつけられた仕事用カウンターがあること、ストーブ、冷蔵庫にカウンターが近いこと、適切な換気と家庭用具を能率的に使用すること、これらは家庭工学の分野で発展しているプログラムの一部として、すべて女性によって推進されました[25]。今日では、机やコンピュータに向かって仕事をするときの快適さに、女性も男性も関心をもっています。そして、コンピュータに長いあいだ向かうときに要求されるような、反復動作にかかわる不快さをいかに避けるかについての多くの議論もあります。

身体的快適さは確かに家庭での幸せの重要な要因ですが、心理的快適さも重要です。身体を拡張する方向へと居住空間をつくるのは当然のことですから、心理的快適さのために、ある種の住環境を必要とします。多くの作家が彼らの仕事部屋の特徴を描いてきましたが、快適な環境を要求するのは作家だけに限ったことではありません。わたしたちは作家の好みについてより多くのことを知っています。なぜなら、彼らは著作のなかでそのことについて語っているからです。パール・バックは机のうえには新鮮な花がなければならないと述べました。ロバート・フロストは著作のために田園の環境を好みました。また、サルトルは緑を嫌って都会で仕事をすることを好みました。

芸術家や彼ら以外で創造的な仕事をしている人々（そしてわたしたちのすべて）は、心理的快適さを増すような日課をもちます。デカルトは朝ベッドに横になって思索し最善の仕事をしました。ウィストン・チャーチルは朝風呂のなかで公式声明を読み、風呂の湯のうえの動くトレイのなかに覚書きを置き、それに署名しました。パブロ・カザルスはバッハのフーガを奏でることから毎日を始めました。また、いかなる状況の下でも仕事ができる大芸術家も少しはいたようです。たとえば、アレクサンダー・ボロディンは混沌に近い状態で音楽か化学かのどちらかの仕事に結果をだしました。[26] 重要なのは、日課が自分のものでなければならないこと、すなわち、日課が心理的快適さを与えるものでなければならないということです。他力本願だけで彼らの日課をまねてもうまくいきません。ジェームズ・R・ニューマンは数学における創造性を論じるさいに、こう述べました。「ああ、著名な人たちの習慣は弟子たちにはめったに有益でない。若い哲学徒たちがカントのように時間厳守であることからえられる利益はほとんどないのだ。生物学者がダーウィンの胃弱を奨励してみても、劇作家がショーの野菜を食べてみてもだ」[27] と。しかし、もしこのような習慣が妨げられていたなら、こうした趣向をもっている人たちは快適にはなれなかったでしょう。ダーウィンの胃弱でさえも、じつは不快な対面を避ける口実を彼に与えたので、快適さのための手段となっていたのです。

教育においては、ここで議論した多くのことがあると有益になるに違いありません。生徒たちは何が彼らを快適にし、何が他人を快適にするかについて啓発されるといいでしょう。彼らが学ぶのに役立つものは何でしょうか。将来の家庭の展望とはどのようなものでしょうか。これらは重要な問いですが、家庭と快適さの歴史を学ぶことも価値あることです。人間の歴史のこの大切な部分は、なぜしばしば無視されてしまうのでしょうか。

家政学 Domestic Science

家を守ること（ハウスキーピング）は……、女性たちの現実生活や家族とのかかわりで生じるものと比べると、ひとつの成果を示すものである。つまり、その他のあらゆるものは取るに足らないものなのである。家を守るという営みには、きちんと秩序立てられた、家庭を築くのに役立つすべてのことが含まれており、そのような家庭では、生活するうえでもっとも心地よい関係がしっかりした基礎的能力のうえにもたらされる……。それは、少女の代数、音楽、絵画のなかでえられた平易な授業に吸収されるべきである[28]。

この引用は、家を守るための実際に関する一八九一年の本からのものですが、家を守ることが女性たちの仕事だと見なされていたということを明らかにしています。今日、あらゆる種類の道具や器具のおかげで、また安価な既製服が入手できることから、家を守る雑用はずっと楽になっています。西洋では、月曜日の一日を洗濯とアイロンがけに、ほかの日をパンづくりに、そして、余ったすべての時間を縫い物に費やす女性は多くありません。わたしたちのなかには、自家製の野菜や果物を缶詰にしたり冷凍したりする者もまだいますが、必要上というよりはむしろ楽しみのためにそうしています。過去一世紀にわたって起きた大きな変化を思い浮かべれば、かつて少女たちに勧められたような準備を今日も必要とする人がいるかどうかは、本当に疑問です。

家庭を築くすべての者が知らねばならないこと、これを見つけだすひとつの方法は、家庭を築くことに成功した人たちを調べたり、そのような人による研究大会を開いたりすることです。彼女たちはみな何を知っているのでしょうか。確かに、これは学校で教えられる家政学の一部分です。しかし、この方法では重要な知識に気づかず、教師たちは家庭を築くすぐれた人たちを単に再生産するだけになってしまう可能性が高いのです。それゆえ、その分野の専門家たちからの批判とさらなる勧告を求めることが、合理的だといえるでしょう。

まず専門家について話しましょう。それは*他の*教科でもしばしば犯しがちな間違いについてです。すべての人々が全教科で学ぶ教育内容については専門家が定める、ということをわたしたちは認めています。しかし、それは間違いです。なぜなら、教科にかかわる専門家は自らの熱い思いをコントロールできないからです。たとえ彼らが十分に理性的に取りかかったとしても、彼らは生徒たちの必要性を考えるのではなく、すぐに自分自身の興味を追い求めた勧告に移っていくでしょう。家庭を築いている幸せで有能な人々に理解され用いられていることと、改善の余地を求める専門家たちに示唆されたこととを組み合わせて、カリキュラムの土台をつくるべきです。すべての人々が一連のトピックを学ぶべきだと主張されるときはいつでも、このアプローチが用いられるべきです。それは専門家たちの行き過ぎた熱情に歯止めをかけ、また実践者たちの最新の知識を上回る余地をも与えます。それは数学のカリキュラムを構築するさいに用いるべき方法である、とわたしはしばしば論じてきました。

すべての学生のための家政学カリキュラムに幅広いトピックが含まれることは確かでしょう。栄養学（食事計画、食物の価値と味を保持する基礎的料理法、生鮮食品を確かめ、選ぶこと）、安全性（配線の点検、煙探知機、子どもに安全なコンセント、危険物の貯蔵、すなわち鉛、アスベスト、かび、ラドンについての知識）、ペットの世話、清潔と整頓、予算と買い物、光と換気、ちょっとした電気製品の修理を含む家庭での基礎的修理法、衣服とリネンなど。

この節の最初の引用のところで「代数、音楽、絵画の授業のなかで」家を守るための授業を青年期の人たちが早い時期に受けることが勧められていました。学校でわたしたちが家事のトピックについて教えるとき、各項目が特定の科目と学年に割り当てられ、試験に合格するように長いあいだ学習されたとしても、すぐに忘れ去られてしまうという心配があります。秩序ある家計を維持している家庭で学んでいれば、授業はその継続的な実践によってしっかりと習得されるでしょう。学校では、もっとも重要な考えを繰り返し深めるよう設計されているスパイラル・カリキュラムについて真剣に考えねばならないでしょう。そして、教師たちは、家庭を築くことに含まれる技能や概念に適した能力に対して、全課程の科目がいかに役立つかを考えるよう求められるべきでしょう。そこに含まれるべきトピックは、家政学の専門家たちに指導され（そして、おそらく議論され）た、家庭を築くことに成功した幸せな人たちの蓄積経験に根ざすべきです。すでにわたしはこのことを提案しました。ですから、カリキュラムそのものの構築にさいしては、ジェローム・ブルーナーの重要な示唆に留意するといいように思います。

初等学校で教えられる科目のひとつの基準として、また十分に成長したときを想定して、その教育内容が大人にとって知る価値があるものか、またひとりの子どもとしてそれを知ることがひとりの人間をよりよい大人にするかどうか、とわたしたちは問わねばならない。両方の問いに対する答えが否定的か不明瞭なら、その後、その教材はカリキュラムを混乱させていく。(29)

ただ、そのような基準には注意しなければなりません。実際のところ、これはカリキュラム作成について熟考するための手引き、ととらえるとよいでしょう。そうした手引きとして、この基準はカリキュラム活動の全段階で用いられるべきです。あるトピックXに関して、Xは何らかのかたちですべての大人に必要不可欠である、ということは事実ではないでしょう。それでも、Xはある大人の成長のためには有意義な貢献をするかも知れません。そのときにXは提供されるでしょうし、関心を示す学生たちは、それをより完全に追求するでしょう。他の学生たちは別のトピックに進んでいくことになるでしょう。

この考察は、わたしたちの選ぶトピックと同様に、わたしたちの用いる方法もブルーナーのいう基準に従うべきである、ということを示唆しています。リベラルな民主主義の生活にとって、見聞を広げて選択していく能力はもっとも重要なものです。この能力を伸ばすことは子ども時代に始められ、成人期にかけて続けられねばなりません。それゆえ、一定の必然的帰結をブルーナーの基準につけ加えねばならないでしょう。カリキュラム全体を眺めたとき、生徒にとって有意義な選択はあるでしょうか、もしないようなら、そのカリキュラムは修正されるべきです、と。

もうひとつの問いは、ブルーナーの基準とかかわって問われるべきものです。たとえ大人にとって興味がなく有用でなくても、子どもにとっては適切な、おそらくは必要不可欠でさえあるトピックや活動があります。子ども期には成人期への準備以上のものが確実にあります。ここでわたしたちは、メタレベルとでも呼べるものを少し考えねばなりません。特定のトピックや活動は、大人ではなく子どもにとっては、固有の興味や価値をもつものかも知れませんが、それに伴う精神あるいはすべての活動群に対する態度は、大人にとっても非常に価値がありますし、ブルーナーもこれを認めています。子ども期の活動は、それ自体、成人期に関連するものではありませんが、より十全な（あるいはより幸せな）成人期を可能にするでしょう。

ブルーナーの基準があまり使いやすいものではなく、トピックもうまく選別できないのではないか、ということをここで見ていくことにしましょう。目的の分析において見たように、ブルーナーの基準を使うことによって誘発される議論の本質とわたしの示唆した推論は、とても意味のあるものです。そこで次のような問いを導きだしたいと思います。このトピックや活動はすべての人々にとって必要不可欠なのでしょうか。もし答えがイエスならば（そして、その答えは厳密に裏づけられなければならないのですが）、そのトピックは必要なものとなります。そうでなければ、これらは何人かの人々には価値のあるものだろうか、となお自問しましょう。学生たちがこのトピックや他のトピックに関して選択できるように、どうすれば不適切な強制をせずにそれらに接する機会を与えてやれるのでしょうか。子ども期特有の活動によって、最終的にどのような永続的な教育目的が達成されるのでしょうか。

カリキュラム論へのこの簡潔な推察に対する理由づけは明瞭であるべきです。家庭を築く教育について真剣に考えるのならば、わたしたちが探し求めている最終目的と両立できるカリキュラム構成法を採用しなければなりません。これは要求度の高いわくわくする仕事です。わたしは第七学年の家政学の第一セメスター課程ではなく、むしろカレッジ入学前の学年での知識と実践の継続的発展を提供するための十分なカリキュラムを提案したいと思います。

議論のこの部分について、必要だと思われる考えについて事例を用いてまとめてみます。アメリカの教育では、予算を立てること、電気メータを読むこと、小切手を書くことなど、特定の大人の技能が若者たちに教えられている時期がありました[30]。これらの大部分は無駄な練習でした。中等学校期の子どもたちはめったに小切手を書きませんし、広範な予算を立てることもありません。そして、数年間は、電気メータのことで悩むこともないでしょう。考えねばならないのは、特定の大人のレベルに必要とされる技能ではありません。大切なのは、基本的原理および基本的態度です。

大量宣伝の時代には、子どもたちは、自分たちがどのようにして絶えず操作されているかについて理解するよう手助けされるべきです。ある欲求が自然に生じていない、ということは幼い子どもたちでさえ理解できますし、彼らを、貧しい生活をする子どもたちに共感するよう導くこともできます。子どもたちは成長するにつれて、宣伝や映画・テレビ、同調性への圧力の効果を、もっと正式なかたちで学ぶことができます。結局、彼らは先述したような議論に巻き込まれていきます。資本主義経済のなかで、消費者たちの消費がいかに重要であるか、浪費と資本主義全体の悪行とをともに避ける暮らし方は存在するか、そのような生活を進展させるためには、どのような技能と徳が必要か、と。

　賢明な消費のための、そして販売への抵抗のための教育は、伝統的な家政学から少し隔たりがあるように思われるかもしれませんが、今日では中心的なものとなっています。わたしがいまこれを書いているときのニュースの主要項目は消費者の負債です。今日、アメリカはいまだかつてないほどの負債を抱えていますが、最近の連邦政府の代表者は、人々が受け取った税の払い戻しを消費に使うように誘導しています。わたしたちは、この状況からシュンペーターが懸命に払いのけようと努めた懸念がなおもついてまわっていることを思いだします。一方で、もし消費者が思い切って消費するのをやめてしまったら、もうすでにぐらついている経済はどうなるのだろうかと考えると恐ろしくなります。また他方で、家計と個人がいまの消費様式を続けるなら、消費者はどのようなことをこうむるのだろうか、と考えるとさらに不安になります。これらの問題を真剣に考えることは、すべての人生の段階で重要なことですし、それはまた、家政学と経済学における多くの伝統的トピックをより深く学ぶことにつながります。

　このような家政学の議論のなかで、わたしたちは効率性を考慮することに立ち戻らねばなりません。多くの教育者は、どのような効率性の話も工場や組み立てラインと短絡的に同一視してしまいます。わたしは教育のいわゆる工場モデルを確実に促進したいわけではありません。しかし、効率性自体は悪いことではありません。少し前の節で、とても創造的な仕事をした人々の闊達な日課について論じました。子どもたちに効率性に関して教えることは、効率的方法を採用して彼らに教えることとは全く違います。少し気をつけてこの言葉を用いたいと思います。すなわち、わたしたちは効率性を追求するなかで生徒たちの反省的思考、探求、芸術を犠牲にしてほしくないのです。むしろ、効率性はこうした上位の目的に資すべきなのです。決まりきった仕事が効率的になされるように生活を組み立てるならば、高く評価している活動やよく吟味したいと思っている活動に、より多くの時間を割くことができるでしょう。

　家政学者たちは、効率化運動に貢献しました。リリアン・ギルブレスは、夫のために使う時間と動線の研究を家事分析にまで広げ、エレン・リチャーズは家の便利さとその整理を強調しました。[31] 闊達さとしての効率性、つまりより高度な活動ができるように日課を処理する方法としての効率性と、効率性のための効率性との違いは、男性建築家のル・コルビジェの姿勢とは対照的に、ギルブレスやリチャーズの姿勢のなかに例証されています。[32] コルビジェがそれ自体で効率性を表現している標準的様式を提唱したのに対して、どちらの女性も様式は効率性とは全く別のものであり、女性たちやその家族は自由に自らの様式を選ぶべきだと考えていました。家政学の歴史のなかでの教訓は、この点でとても有用です。それは、手段と目的の適度な調整という教訓を含んでいます。ひとつの実用的練習は、不動産に対する広告の検証と議論です。非常に多くの新築の家が、なぜ同じように見えるのでしょうか。建築業者はどんな印象をわたしたちに与えようとしているのでしょうか。

今日、少年少女たちも家庭を築き営むことに関心をもっているに違いありません。ですから、効率性はだれにとってもとても興味のあることです。時間管理についての注意深い研究は一般教育論の一部となるべきです。すなわち、それは学生生活を含む、人々の生活のすべての部分で役立つひとつのトピックです。決まりきった仕事を効率的にする人々がロボットのようである必要はありません。実際、彼らは組織立てて行う人々よりもくつろいでいますし、融通がききますし、内省的であるといえましょう。なぜなら、彼らは終っていない仕事に悩まされたことがなかったからです。わたしは、なすべき仕事のリストを更新し、わたしを待っている多くの仕事のそれぞれに、おおよその時間が割り当てられているのを知って、しばしばホッとします。わたしの自由時間は、うれしいことに自由なのです――なくなってなんかいませんし、罪悪感でいっぱいにもなっていないのです。

しかし、女性たちは効率性に関しては必ずしも「正しい」側にはいませんでした。ローラ・シャピロは多くの女性家政学者が効率性と標準化の考えに夢中になったと強く論じています。そして、彼女たちは、さらにアメリカの料理はその結果として悲しむべき敗北をこうむったと主張しています。[33] これらの女性たちが提案した食事が――口よりもむしろ目に訴えていて――しばしばまずいだけでなく、それを食べてもほとんど何の楽しみもえられない女性もいました。彼女たちの料理法と見た目に対する関心は、かなり矛盾していました。そのような実践の下では、食物を用意して食べるということが、あまり幸せをもたらさなかったのです。また、美という女性の理想を追い求め、そのために自ら絶食しようという気になったのはいまの若い女性たちが最初ではない、ということを学ぶことも有益でしょう。

よりすぐれた技能と効率性、より内省的な思考、倹約や節制のような徳、これらの発展は、最近の家政学ではすべて議論されています。苦痛の回避への手助けという点から、これらは幸せを追求する一部分となっています。しかし、家庭を築くことは、単に効率性の問題や矛盾の回避だけではないのです。それは、よろこびをもたらす場でもあるからです。そこで次に、その可能性についての議論へと進んでいきましょう。

家庭を築くよろこび　Pleasure in Homemaking

『料理の楽しみ』といったタイトルの本を読むと、家庭を築くことがよろこびをもたらしうるということを思いださせます。[34] 家庭を築くことが一連の退屈な仕事だというわけではないのです。料理、園芸、客のもてなし、装飾を好む人々にとって、家庭を築くことは、仕事と遊びのあいだの境界線があいまいなひとつの企画といえます。今日、自分用の野菜を栽培したり、トマトの缶詰をつくったり、スープを原材料からつくったり、パンを焼いたりする必要はありませんが、多くの男女は、これらのことをすることに多くの満足をえています。さらに、食物と場所、食物と芸術、食物と季節の関係は、すべて探求する価値があるものです。わたしは、料理、芸術、地理、歴史、数学、生物学、宗教、伝記、化学を含む植物についての学際的単元を提供する学校を想像しています。どの教室にも、議論し楽しむために、地図と、少なくとも数冊の料理の本が置かれるとよいでしょう。

わたしが収集している料理の本を見わたしてみますと、『モネの食卓』という本が目に入ってきます。[35] 子どもたちはそのような本を用いて試験をされるのです。モネとはだれでしたか。彼はいつのころに生きた人でしたか。彼は絵画のどんな流派を最高の地位へと導きましたか。ジヴェルニーはどこにありますか。彼の傑作である絵の名をいくつかあげなさい。そうした試験のなかで、子どもたちは多くの標準的な問いに直面するでしょう。しかし、標準的な問いよりも、もっとよく考えられた素晴らしい見方があります。モネは「時間厳守の鬼」でした。[36] そして、彼は定められた時刻に昼食がだされるということだけでなく、自分が食べる野菜がちょうど旬のときに摘まれることを要求しました。彼は早起きで、自分が絵を描くのに欠かせない光を最大限に利用していました。時間厳守と効率性に偏った彼の性向は、芸術家としてはまれでしょうか、それとも効率性と創造性とがなぜか対立しあうというのは神話なのでしょうか。その問いに答えるために生徒たちは他の伝記を（いくつかは前に述べましたが）研究するように勧められるべきです。教師と生徒の関心によって、非常に多様な問題を議論することができるでしょう。モネは、あぶったりとろ火で煮たりした、シカの肉、ヤマウズラ、ハト、ウサギの肉を好みました。狩猟は倫理的に受け容れられるのでしょうか。果たして、わたしたちは肉を食べるべきなのでしょうか。生徒は二頁にわたって載っているゆでた丸ごとのカワカマスの写真を魅力的だと思うでしょうか。それともゾッとするでしょうか。なぜそう感じるのでしょうか。

『モネの食卓』が誘うもうひとつのトピックは、人をもてなすことです。もてなしの慣習はかなり異なっていますが、わたしたちはだれも見知らぬ人へのもてなしを義務づけられていると思ってはいません。しかし、かつては、そうすることが――ほとんどどこでも――慣習だったのです。セオドア・ゼルディンはこう書いています。「この種のもてなし（見知らぬ人に家を公開すること）は、過去に存在したほとんどあらゆる文明のなかで称賛され、実践されてきた。まるでそれが、人間の基本的ニーズを満たすものであるかのように[37]」と。おそらく、数世紀前には、もてなしが人間の基本的ニーズを満たしていたのでしょう。もてなしたりもてなされたりすることは、楽しみを著しく増すことですが、今日では、それはもはや基本的ニーズではないのです。

ゼルディンが記したもてなしの略史は興味深く、また教育的です。かつて旅行はとても困難でした。旅行者たちは非常にまれでしたから、見知らぬ人々は熱狂的に歓迎されました。しかし十二世紀までには、もてなしは知人だけか、知人に対してのみなされるようになっていました。ゼルディンは次のように論評しています。

かつての植民地時代のヴァージニアのように、来訪者が果樹園の実をとってもよいような場所は、もはや世界中を探しても見つからないだろう。当時のヴァージニアでそういう習慣があったのは、人に何かをあげるのは名誉であり、新しい人と出会うのはよろこびだと考えられていたからであった。見慣れない品々を売り歩く行商人や血沸き肉踊る話を聞かせてくれる放浪者、興味深いニュースを届けてくれる異邦人は、その当時こそ各地で珍重されたが、テレビやスーパーマーケットが当たり前にある時代には、もはや無用の長物と化してしまったのだ。[38]

しかし、ゼルディンは、移動とコミュニケーションが迅速になってくるにつれて、新しくより深いもてなしの形態が生じたと指摘しています。いまではもてなしは、人の心に「新しい考えや感情を受け容れること」[39]をもたらしました。いうまでもなく、わたしたちはまだこのより深い意味をもったもてなしの形態を習得していません。また、さまざまなより個人的な形態がもっている古い多くの特徴を失ってしまっています。個人の家庭での物質的なもてなしは、もはや基本的ニーズではありませんし、ゼルディンが述べた理性的なもてなしは、差し迫って必要なもの、とはまず思われません。今日、家庭は定住者たちのプライベートな場所ですし、選ばれた来訪者にときおり開かれる場所に過ぎないのです。

家計維持のすべての仕事が、もてなしをするなかで楽しみを与えてくれるわけではありません。わたしたちの多くは料理やもてなしを楽しみますが、風呂場の掃除や掃除機がけを楽しいとは思わないかもしれません。それ自体は確かに単調な骨折りの仕事だとしばしば思われますが、それでも、この大変な仕事の成果を受け取るときに、ささやかなよろこびが生じるかも知れません。ほのかに光る電灯設備、折りたたんだばかりの洗濯物の糊の香り、光っているカウンターの表面や清潔な部屋は、どれもみな心地よい満足感を与えてくれます。もちろん、わたしたちは――ヘッセのハリー・ハラーのように――自分で仕事をせずに、こうした仕事を重要だと思う人々を軽蔑するときでさえ、そうしたよろこびを経験するかもしれません。荒野のおおかみのような葛藤を経験する人もいます。ですから、己れを知ることに、より重点をおく教育形態が彼らには必要なのです。

家庭を築いていくときの大きなよろこびのひとつは、美の創造です。わたしたちの大半は、効率性だけの環境のなかで暮らすことに満足していません。家庭、部屋、部屋の隅々が魅力的であることをわたしたちは望んでいます。[40]先述したように、家屋は想像のための空間でもあります。それは空想にふけり、その発言に責任をもたなくてもよい会話をし、趣味を追求し、自分で見きわめた活動のなかで豊かな技能を高める場所です。最良の美は写真や青写真からではなく、愛するものから創造されます。書物や植物、子どもたち、ペットを愛する人々には、素晴らしい家庭を創造することができますし、彼らの家庭は、人が住んでいない模型のようには見えないでしょう。学校のどこで、このような質問をすることができるでしょうか。わたしたちの環境が美しいのか汚いのかということは重要でしょうか。あなたは自分の住みたい部屋をどのように描写するでしょうか。家庭を魅力的にするものは何なのでしょうか。

仕事やもてなし、美の創造のなかで経験する現実のよろこびに加えて、幸せは、しばしば私的な生活や、家庭での形式ばらないくつろぎと同じものとされます。世間の生活騒音や争いからの逃げ道としての、また安全で確かな逃げ道としての家庭では、平和と静けさとが求められます。物質的な快適さがその役割を果たし、形式ばらないことがその役割を増大させるというのは確かでしょう。家具は心地よく置かれるべきです。それに、靴を脱ぎ、堅苦しい衣服をハンガーにつるして腕まくりし、ネクタイや化粧もすべて取り除かれるのです。家庭ではリラックスできます。そして、熱い浴槽につかり、足をあげ、からだ全体でよろこびを味わうのです。

しかし、すべての家庭に騒音や争いがないわけではありません。穏やかな家庭を保つことは、長いあいだ女性の特別の仕事であると考えられていましたし、夫や子どもたちが倒れたときには主婦が非難されました。今日では、家庭内でうまくいかないすべてのことに対して女性が性急に非難されることはありません。しかし、少年少女が、協働関係や友好関係を保つのに必要な方法で教育されることはほとんどないのです。これは後の章のトピックになるでしょう。

わたしは、この章で家庭を築くことについての詳細で整合的なカリキュラム開発には着手しませんでした。むしろわたしの意図は、まず、一連の学校設計のなかで論じることができる重要なトピックと問題を確認することでした。たとえば、家庭を基本的ニーズとしてとらえるなかでは公民科の授業があり、現代西洋の家庭の発達を跡づけるなかでは歴史の授業があります。わたしたちの身体と自己の拡張としての家庭の議論には、階級と差異、個人の好みと正当性、自己の知識と葛藤を検証する余地がたくさんあります。今日、高く評価されている快適さの感覚にさえ歴史があり、それはまた自己分析の可能性をもった概念でもあります。効率性と闊達な日課を送ることが、とても有用な勉強のトピックとして提案されました。そして、それらのトピックは、歴史や伝記のなかで探求することができる思想でもあります。本章を通じて、カリキュラムづくりと教えること双方のさまざまな問題が考察されました。それはともに関連があったからです。そして最後に、家庭を築くよろこびが論じられ、その原因のいくつかが確認されました。けれども、家庭生活での幸せと密接にかかわるいくつかのトピックをより詳細に論じるための門戸は、まだ開かれています。これらのトピックは、ケアリング関係の確立が中心になっているのですが、後の章でこれに焦点を合わせましょう。

では、それらのトピックに戻る前に、幸せのもうひとつの大きな源泉、つまり郷土愛について考察しましょう。わたしたちが個人として住まう居住地は、わたしたちが一体感を抱く、より大きなコミュニティや地域にあります。ちょうどわたしたちの家が自己の拡張となるように、わたしたちの自己はわたしたちの住む地域をかたちづくり、また自己はそれらによってかたちづくられるのです。では、郷土はわたしたちの幸せにとって、どれぐらい重要なのでしょうか。

第6章　郷土と自然　Places and Nature

二十一世紀のはじめになって、政策立案者はグローバル化と強力なグローバル経済を推進しています。学校は「世界的階級」標準にかなうように、また経済的リーダーとしての米国の地位を保っていく卒業生を育てるように駆り立てられています。郷土愛（ラブ・オブ・プレイス）は、こうした状況のどこに位置づけられるのでしょうか。学校は、郷土の理解と愛に向かうように教えていくべきなのでしょうか。それとも、いまや学校は、郷土を超えた他の場所を想定して構想したカリキュラムを提供すべきなのでしょうか。あるいは、これらの問いに組み込まれている二分法を避ける方法はあるのでしょうか。

この章では、郷土への愛と、この愛が人間の幸せにどれほど貢献してきたかを簡単に論じることから始めましょう。その後で、より一般的な次元に移り、人間の自然に対する関係を探求しようと思います。最後に、学校は二つの課題、つまり生徒をグローバル経済に対して準備させるという課題と、人間の繁栄にとても重要な役割を果たす郷土愛と郷土への配慮をうながすという課題とを、いかにバランスよく取り扱うべきかについて考察していきましょう。

郷土愛　Love of Place

多くの人々は、家庭を家屋よりもむしろ地理上の境界あるいはコミュニティと関連づけて考えます。郷土愛は、小説、詩、伝記に一貫して流れているテーマです。たとえば、ジョン・アダムズは、自分が生まれたブレインツリーやマサチューセッツの沿岸地方を生涯にわたり愛していました。彼の伝記を書いたディヴィッド・マッガロフは、こう書いています。

アダムズは後になって子ども時代を思いだし、故郷の広々とした野原や森林地帯を探検し、浜辺を歩いてまわる比類のない至福のときを書き記した。……人生の最初の十五年は「おとぎ話のように過ぎ去った」と、彼は述べたのだ[1]。

彼は、数年後にロンドンをでて、へとへとに疲れさせられる外交官の職務を離れて帰郷することをしきりに想像していました。

アダムズが故郷を離れていたあいだに考えたことを記録していたことはあまり知られていないが、若い頃にはこのように述べていた。自分の最大の願いは、「ブレインツリーの町をしっかりとつかまえ、それを両腕でもって全力で抱きしめることだ。そこで暮らし、そこで死に、そこで自分の屍を埋葬するだろう。そこで息子たちの一人を父親と同様に法律職と農業に就かせるだろう」と[2]。

郷土愛は日常生活のよろこびを増やし、精神のよろこびにも寄与します。最愛の場所と関係しているものは、すべて特別なよろこびを生みだします。ですから、フランスとイギリスで暮らしていた時期に、ジョン・アダムズとアビゲイル・アダムズは、家庭を思いださせる森、野原、庭園を美しいと思ったのです。同様に、パール・バックは、宣教師の妻であった彼女の母親が、どのようにしてアメリカ式の庭園を中国につくったかを詳しく語っています[3]。アダムズ夫妻とバックの母親がそのような庭園を愛したのは、国家的な愛国主義ではなく（彼らのなかにそれは多少あったのですが）、永続的な郷土愛でした。

ステグナーの語り手は、そこにでてくる祖母を巣をつくる人――家庭を築き、そこでじっと過ごしている人、として語っています。「おばあさんは自分がそうであったように、息子に、最後のマーモットの穴に至るまで、くまなく愛した郷土のことを理解して成長してほしかったのだ」[4]と。少し後になって彼は、こういっています。「アメリカ人は、故郷に戻ったときのあの経験を再び味わうことができるだろうか、とわたしは思う。その故郷は、よく理解され、深遠に感じられ、深く愛され、絶対的に受容される場所である。あなた方が再び家に帰れないということはないでしょう。わたしも故郷に戻ったことがあるからです。……しかし、それはますます困難になりつつある」[5]と。

学校が郷土を超えた場所に向けて教えることを主張すると、故郷に戻るという経験はいっそう難しくなります。この教育観はそれ自体悪くはないのですが、それは先進世界の至るところでの経済生活を生徒たちに準備させることを意味します。わたしたちはバーモント州やウェスト・ヴァージニア州での生活だけのために生徒を教育することはできません。なぜなら、彼らはおそらくこれらの郷土を去り、どこかほかのところに職を求めるからです。しかし、経済的成功が人生のすべてではありません。そのうえ、職業生活への準備がなされるまさにその場所で、楽しむことを尊重しそれを認めて教育することと職業生活への準備が対立するはずである、ということについての正当な理由はないようです。生徒たちが育っていく地域を愛することを強調する必要はありませんので、その可能性を認め、楽しみある生涯を彼らにもたらす識別能力を彼らが伸ばしていくように、手助けする必要があるのです。

　多くの偉大な文芸作品は特定の郷土を映しだし、そこに結びつけられています。ロビンソン・ジェファーズの詩の書評のなかで、ブレッド・リースオーサーは、こう書いています。「彼ほどカリフォルニアの沿岸地方に結びつけられ、決まった風景に強く結びつけられるアメリカの詩人はいないようだ。……彼の生涯と関連づけてとらえられる土地から切り離された彼の生涯なんて、想像することはできないのだ」[6]と。さらにまた、ロバート・フロストやエミリー・ディキンソンをニューイングランドから切り離すのも、また、ジェイムズ・ディッキーを南部辺境の森林地から切り離すのも困難ですし、大半の詩人は、特定の場所で少なくとも部分的には鼓舞されているのです。そして、同じことが小説家にも当てはまります。

　特定の郷土に対する広範囲にわたる愛情を映しだしているのは、偉大な文芸作品だけではありません。料理の本や園芸の本もそうです。多くの素晴らしい料理の本は地域的なものですし、そこには物語や絵、民間伝承がレシピとともに載せられています。園芸によろこびを見つける人々は、普通、種子のカタログを見るときにもよろこびを感じます。それを読むことや注文書をつくることではなく、絵入りの種子のカタログを見るなかに精神のよろこびがあるので、わたしは見ることといいたいのです。同様に、上手な挿絵を入れた料理の本を見るのも楽しく、物語を載せた料理の本を読むことも楽しいことです。ですから、実際にレシピを使う人も、またそうでない人も読者のなかにはいることでしょう。

　郷土愛は、しばしば幸せな子ども時代をかたちづくります。バシュラールは、巣を見つけたときの子どもたちの驚きを記述しています。

この驚きは持続する。ひとつの巣を発見すること、これはわたしたちを自分の子ども時代そのものへ、あるいはむしろひとつの子ども時代へと送り返す。いいかえれば、わたしたちが経験したはずの子ども時代へと。宇宙の意味を生によって豊かに賦与されているものなんて、多くはないのだ。[7]

この宇宙的意味とは何なのでしょうか。宇宙以外のもの、つまり巣は避難所をあらわしています。バシュラールは画家のブラマンクの言葉から引用しています。

「外は嵐で荒れ狂っているのに、暖炉の前に座ってわたしは幸福感を感じている。このわたしは全くの動物だ。穴のなかのネズミ、巣のなかのウサギ、牧舎のなかの牛はすべて、わたしが感じるのと同じ安らぎをきっと感じている」。このように、幸福感はわたしたちを再び避難所の原始性へと連れ戻すのだ。[8]

巣を見つけたり巣のことを考えたりすると、わたしたちは、子ども時代のもっとも安全な場所に連れ戻されます。その場所はときには現実のものであり、ときには想像上のものですが、それらは常に安心感と充足感に満ちています。巣を見つけるにはウロウロと歩く必要がありますが、見つけること自体が、自らの巣づくりの場所を、またわたしたちが絶えず夢のなかで戻っていく場所を、人がもっているということを思いださせます。そして、わたしたちを力づけてくれます。おそらく料理の本や庭園の花の目録にわたしたちが魅了されることも、同じように役立つのでしょう。それは現実の食事や種まきに対する関心の反映でもあり、夢に見た台所や庭園に対するあこがれでもあります。

空想によって、全く現実的なものからイメージが生まれ、そのイメージが新たな存在を生みだす、とバシュラールはいいます。第1章で述べたように、バシュラールは「この新しい存在は幸せな人間である」といいました。[9] 人間の繁栄に限りなく寄与する想像性のなかには何かがあります。それは深い学識を必要としません。バシュラールの主張をさらに思い起こしてみましょう。「イメージは素朴な意識の財である。表現上、イメージは若い言語である」[10]。ここでわたしたちは幸せの観念を増やしていくものを発見しました。それは、目の前にあるものをよく見て、想像を超えて思考を働かせ、そこで深化させた理解を伴って、日常へ戻るように誘うものです。

子どもたちが自らの愛する場所で自然に見つけだすよろこびを、学校はどのようにして保ち増やしてやれるのでしょうか。明らかに、このよろこびを認めて共有することがその出発点になります。わたしたちは、教育目的としての幸せを取り入れなければなりませんし、そのよろこびの主な源泉すべてをよく認識し、それらと調和する目的を定めなければなりません。もしわたしたちが、今日、子どもたちに幸せになり、郷土愛から幸せを引きだし続けてほしいと思うのなら、カリキュラムには必ずこの目的を定めなければなりません。

よい親をもつことと同様に、わたしたちは、郷土にかかわるよろこびや知識を増やしていく詩、小説、音楽、美術や伝記を分かち合うことができます。しかし、今日の学校では、知識やよろこびを分かち合うことは容易ではなく、強く反対されることすらあるでしょう。教師と生徒の活動は、すべて特定の学習のめあてに目的づけられていると推察されています。その考え方は親がするときとは違います。わたしたちが教えた結果、子どもたちがあることをするとします。君の楽しめそうなものが必ずあるよ。これについて考えていることを思い浮かべてごらん。一緒に聞いて楽しもうよ。このように親がより緩やかにアプローチするときに生じるような余地は、実際、ここにはあまりありません。教師がすることはすべて何らかの事実や試験にでてくる技能を目指さなければなりませんし、教えることにおいてもっとも優位な目標は、テストのより高い得点に置かれてしまっています[11]。こうした教授上のめあてが置かれる理由は、非常に広くなってしまった教育目的——経済的成功——の承認にあります[12]。

しかし、もしわたしたちが幸せというアイデアを教育目的としてまじめに取りあげるなら、かなり異なる教授指針を定めることになるでしょう。すなわち、偶発的学習や個別学習を尊重するということです。教師たちは、非常に多様な成果が期待できるだろうということを理解し、生徒たちに物語や詩を読むことを勧めるでしょう。率直に詩を愛するようになる生徒もいれば（しかし、彼らがそうならなければならないという強制はありません）、語彙を増やす生徒もいるでしょう。自らの詩や物語を書くように励まされる生徒もいれば、絵を描きたいと思う生徒もいるでしょう。作家についてもっと学びたいと思う生徒もいれば、関連する音楽を見つけてそれを共有する生徒もでてくるでしょう。また、共同制作のなかで描かれた最愛の郷土に匹敵する場所を探し求める生徒もいるでしょう。自分たちを世話してくれる教師がいるということを「単に」感じるだけの生徒もいるかもしれません。

わたしは、すべての教育がインフォーマルに行われるべきだとか、全面的に偶発的学習に依存できると指摘しているのではありません。数十年間にわたって教育理論をむしばんできた問題は、すべてのことがらに適用できる最良のひとつの方法を探求してきたということです。それゆえ、わたしたちは、算数におけるドリルの使用、読書におけるフォニックス、多肢選択式テスト、能力別コース分け、同質集団分け、スタンダードテスト、協同学習、生徒中心学習、報償の使用、プロジェクトに基づいた学習、学際的学習、社会的発展、そして他の多くの一連のトピックなどに関して、分極化した見解（こうしなければならない、こうしてはならない）をもってきました。わたしたちが生徒たちにしたほうがよいといっていること、すなわち慎重に問題を考え抜き、合理的に手段を目的に合わせることを、わたしたちはしてきていないのです。

算数、綴り方、文法において、わたしたちはドリルを用いるべきでしょうか。もちろん、これらの科目のかけがえのないものとしてではなく！ ドリルは深い思慮をもって用いられるべきです。つまり、重要な概念の学習をより平易に楽しくする技能が、機械的に使えるようになるために用いられるべきです。先に効率性に関して論じたような原則は、ドリルを教授方法の道具として用いるときの指針にされるべきです。あるトピックや方法を選ぶときにはいつでも、わたしたちがしようとしていることは何か、いかなる点でその選択がその目的を促進させるかを考慮すべきです。

教えるということには、目的としての幸せのほかに、束縛のない贈り物が多く含まれるといえましょう。わたしたちは詩の経験を――それは楽しみと知恵をもたらしてくれるのですが――、生徒たちに記憶するように強いたり、詩を過度に分析したり、すべての子どもたちに韻律様式の名称や隠喩、明喩、類推の正確な意味を学ぶべきだと主張したりすることによって、詩の授業を台無しにする必要はありません。わたしたちは郷土の民族性を共有し、物語を語り、生徒たちにお気に入りの郷土を描く機会を与えたいのです。そして、神聖なものの感覚を教えることを教育内容に復活させたいのです。神聖なという言葉は生涯の幸せに貢献し、したがって、それは保護され奨励されるに値するすべてのものを含意しています。この意味において、郷土愛は神聖です。また、大人たちが子どもたちと彼らの幸せを気にかけてくれるだろうという子どもたちの期待は、よりいっそう神聖です。

わたしたちは、郷土愛を育むために教育していくということをあまり深く考えませんが、生態学や環境の繊細さを教えることについてはある程度考えています。そのように教えていく目的とは、果たして何なのでしょうか。それは地球を守ることでしょうか。それとも子どもたちのなかの先天的なものを満たすことなのでしょうか。また両方でしょうか。

自然とのつながり　The Nature Connection

人と自然とのつながりは、食物の必要の観点以上に生得的なものだということを根拠づける事例があります。人間のバイオフィリア〔生物愛好〕仮説は、人間には自然に親しもうとする要求が遺伝子に基づいてあると考えます[13]。ほかの生命体、水、石や潮の干潮、日の出のような地球の物理的現象に強い親しみを感じる人にとって、バイオフィリア仮説は正しいようです。しかし、わたしたちは、自然とのつながりの必要性を感じません。また、自然からできるだけ遠く離れて暮らすことを好む人々が徐々に増えてきていることを認めねばなりません[14]。非常に多くの人々が自然との必要性をまさに感じていること、適切な教育機会が与えられると他の人もそうなるだろうということ、これらのことは、どのように教育が人間と自然との関係にアプローチすべきかという探求のための十分な理由づけになります。

わたしは、地球について記録する必要性や地球に振りかかった脅威を減らしていく責任から話し始めるよりも、むしろ人間の要求やわたしたちの多くが自然の世界との交わりのなかで経験するよろこびから始めようと思います。環境運動はとても大切ですが、この運動から考え始める代わりに、わたしたち自身の要求や自然との健全な関係のなかで経験する幸せなことがらから議論を始めたいと思います。なぜなら、そのことによって、より多くのことがらが達成できるだろうと考えるからです。

自然学習を環境問題と責任論から始めるひとつの難しさは、そのアプローチが非常に速く、容易に標準的な授業に取り入れられてしまい、その結果、大半の子どもたちが授業を嫌がるということです。ホワイトヘッドは、直接的な学習は空想〔ロマンス〕で始められるべきだと助言しました。空想は、さらなる学習へと推し進めていく本質的動機づけを与えるよろこびと探求においてあるのです。この段階で、楽しむことや質問することに魅了されるでしょう。ホワイトヘッドはこういいます。

この漠然とした過程には、自然のままの興味と没頭していく興味の両方がある。八歳から十三歳くらいの子どもが、その過程でとても夢中になっていることに気づくことがある。それは驚きに支配されている。だから、これを台無しにするような愚か者は嫌がられるのだ。[15]

空想段階の後に、厳密化の段階――明快さの必要性――がある、とホワイトヘッドはいいます。最初の段階で発せられた質問には、注意深い計画と調査による答えが与えられなければなりません。そのとき、ある意味では、最初の段階でできたよろこびは、第二のより系統的な学習段階への動機づけの手段となります。これはオープン教育の推進者とその後継者によって有効に用いられてきた洞察です。[16]確かに、デューイはこの点についてはホワイトヘッドに同意しましたが、彼は「悩みながらやること」が当人にとっていつ本当の関心になるか、わたしたちには容易にわからないことや、第二の系統的な学習段階が、常に自然に第一の段階から導かれるとは考えられないということを指摘しました。生徒たちの興味の結果として生じる第二の段階にいつ彼らを導くべきかを知るには、かなりの時間と努力が共有される必要があります。

そのようなわけで、多くの性急な教育者はそれらの学習段階の議論を単純にやめてしまい、厳密化の段階と似た、強制的な一連の授業へとまっすぐに進んでいきます。厳密化の段階であらわれる事実、技能、習慣を生徒に教えるだけの授業へと！　ここでの問題は、もっとも重要な知的習慣――好奇心、驚き、問題発見、仮説検証、評価――がおそらく失われるだろうということです。さらに、現実的なことが教育者自身のなかでは目的となりますので、彼らはカリキュラムを混乱させて取り扱い始めます。

思慮深いカリキュラム作成者や教師たちは状況を分析し、目的、トピック、方法を合致させようと努めます。なぜこれをしているのかと尋ねると、おそらく複数の答えが返ってくるでしょう。確かに、わたしたちは自分たちが暮らす郷土と地球そのものを愛する若い市民たちをつくりたいと思っています。郷土や地球にはグローバル化と環境保全主義とを取り巻く問題や論争があることを知り、地球とそこに生きる有機体の学習に入っている科学的原理を生徒に理解してほしいと思っています。しかし、さらにつけ加えるならば、多くの生徒が自然とのつながりのなかで経験する生涯の幸せのために貢献したいと願っています。極めて直接的な幸せと関係している場合には、子どもたちが自然界で見いだすよろこびを認め高めるような経験から学習を始めるのと有意義でしょう。

わたしたちは、理想的には、生徒とともに一日の何時間かを外で探検して過ごしたいのですが、それはいつでもできることではありません。今日のような訴訟好きの時代には、時間を見つけることだけが、わたしたちを引き止めるものではないのです。わたしたちはいつもアレルギー、怪我、性犯罪者の脅威のことを心配しています。実際に外へでられないときには、自然をなかにもち込むことができます。本当にいい映画を見せたり、採集物を見つけて展示したり、小さな丸太、枝、葉、石、土の標本、貝、種子をもち込んだりすることができます。『ナショナル・ジオグラフィック』、『ドルフィン・ログ』、『ナチュラル・ヒストリー』、『ランガー・リック』などの雑誌を与えることもできます。もちろん、そのときには子どもたちにこれらの書物を読む時間を与えてやらねばなりません。また、わたしたちは子どもたちを自然誌のトピックに焦点を合わせた図書館へと連れて行き、教室にそのような本を展示することができます。

さらに、継続的な観察と研究が勧められるべきでしょう。驚きとよろこびを保つことは大切ですが、だらだらせずに生徒たちを導くことも大切です。わたしはつい先日、第九学年の生徒に観察について教え始めた理科教師の話を読みました。彼女は六つの観察小屋を建て（それぞれには生きた生物がいます）、三ないし四人の生徒集団がそれぞれのなかで五分間過ごし、観察したことを書きあげるように指示しました。読書し、さらに観察し、さらに追求させる計画はありませんでした。この教師は何を考えていたのでしょう。彼女は科学者が物事を観察しているように、生徒にわかったものを書きとどめるよう助言していたようです。教室は、そのようなせわしない活動でごった返しています。それゆえ、この種の乱雑さは一掃されるべきだとブルーナーが助言したのは正しかったのです。この場合、観察活動は乱雑さよりも悪いといえましょう。なぜなら、それは理科の仕事について誤った印象を与えてしまうからです。

その教師は、代わりに何をすることができたでしょうか。観察されるべき生物のひとつに、ゴキブリがあります。四人ぐらい（たぶん少し多かったでしょう）の集団がゴキブリについてもっと学ぼうと決めたと考えてみてください。

彼らは決める前に展示されている六つの生物のうちのひとつを選ぶようにいわれていたでしょう。「どれを学びたいの?」(A・S・ニイルを除いて)進歩的な教育者たちは、教師は子どもたちを放っておくべきだ、とは決していいませんでした。反対に、彼らは教師の指導について、つまり、いつ背中を押してやるべきかを決めるタイミングの敏感さや、指示を与えたり控えたりするときの注意の必要性について細かく論じました。そうしてわたしたちは少しばかり生徒の背中を押すのです。どれを学びたいの、と。

ゴキブリを選んだ生徒は、ゴキブリの進化の成功について何かを学ぶことが期待されています。ゴキブリを絶滅させようとする人間の努力にもかかわらず、他の多くの生物がすがたを消していくあいだに彼らは生き延びていたのです。ゴキブリはどのくらい生きるのでしょうか。彼らはどのようにして増殖するのでしょうか。彼らは何を食べるのでしょうか。彼らは人間を咬むのでしょうか。彼らは汚いのでしょうか。ポットを濡れたままにしておくとゴキブリが「捕獲できる」というのは本当でしょうか。なぜわたしたちは彼らを絶滅させることに、これほど熱心なのでしょうか。

選択した生物がゴキブリであれテントウムシであれ、すべての生徒たちに対して、わたしたちは偉大な博物学者の伝記や自然に関する随筆を読むように勧めます。わたしたちは、またいかなる生物も故意に殺すのを禁じる宗教的信念にも耳を傾けてほしいと思います。アルベルト・シュヴァイツァーの「生命への畏敬」の考察によって生じてくる、生き生きとした議論のことを考えてみてください。シュヴァイツァーは、他の生物を救うためにある生物を殺す必要性を否定しませんでしたが、それを悔やんでもいました。真剣に生命の畏敬を考える人は「決して無思慮ゆえではなく、避けられないような必要性がある場合にだけ生物を傷つけ殺す」[17]のです。そのような人は悲観的な人生観をもつようになりますが、その認識は、逆説的に、自然とかかわるときに見つけられる幸せを深めていくことでしょう。

では、自然学習には実際の研究があるという主張において、子どもと自然の関係を純粋な空想だととらえるグループを、わたしは切り捨ててしまったのでしょうか。ええ、そうなのです。思慮深い教師にとって、純粋な関係、純粋な段階あるいは純粋な生命というものはありません。それは子ども時代の空想を無視することを意味しているのではありません。わたしはいかなる懐古的なロマン主義の作品にも劣らないほど、空想が書かれている逸話に魅了されます。わたしはロバート・ポール・スミスの子ども時代の自由と儀式についての話が好きです。事実を子どもたちに詰め込むことの愚かさを、スミスは次のように書いています。

彼らは科学の研究をしたいわけではない。彼らは魔法を欲しがっている。彼らは仮説を欲しがっているのではなく、変らぬ真理を欲しがっている。ジャングルの開拓地で自分のからだに青ペンキを塗ったり、ヘビをたたいたりガラガラを揺らして、焚き火のまわりで踊ったり火を雨にしたり、こうしたことを彼らはしたいと思い、そしてそのようにしているのだ。[18]

しかし、青ペンキに鉛が含まれていないこと、焚き火が大き過ぎない（あるいは有毒なツタでいっぱいになっていない）こと、ヘビが有毒ではないことを、だれかが確かめなければなりません。そして、踊りが終わる頃に幸せになった子どもたちはジャングルをでて帰宅し、おいしい食事や風呂にありつき、家庭はジャングルではないと確信するでしょう。このことは、比喩的にですが、正確に教えるときに求められる微妙なバランスの本質を示しています。わたしたちは驚きを大事にしますが、それを知識と思慮深い理解へと間違いなく導いていくのです。

とはいえ、スミスは根本的には正しいのです。子どもたちには自然のままの郷土、あるいは彼らには少なくとも自然のままだと思われる郷土が必要なようです。[19] わたしは、子どもの頃に野球のボールを取り戻すために大きなブラックベリーの茂みの下を這ったときのことを思いだしています。そこに入っていくのは、執拗に続く拷問のようなものでしたが、いったんなかに入るとそこは洞窟のようでした。わたしは外にでたくありませんでした。手に入れるものはほかに何もないという感じもしました。そのような場所は、数世代のあいだ、子どもたちにとって自然のままの郷土として提供されてきたのです。

庭園がそれほど形式ばったものではなく、退屈な仕事をあまり長くさせられることがなければ、多くの子どもたちは庭園を好みます。すべての子どもは、種子をまいて植物が育つのを見る機会をもつべきです。ルーマ・ゴッデンの小説のひとつに、たくましい少女ラヴジョイが本物の家庭と自分を世話してくれる人を探す話があります。彼女は空襲後のロンドンの貧しい地区で暮らし、そこで庭園をつくるために隠れた場所を探しだします。彼女の興味がはっきりでてくると、彼女は花のポットとボックスを至るところで目にし始めます。ある家の近くで「茂っている野菜畑が丸ごとボックスのなかにあった[20]」のです。ラヴジョイは自分のことはほとんどかまわずに、彼女の美へのあこがれに応えてくれるものを世話しようと決心しました。

親と教師は、よろこびよりも先に植物と畑に対して責任を課すという間違いをしばしば犯します。非常に多くの教育でこのようになってしまうのですが。「それを植えたら、その面倒をみなければならない」という考えは、親として常に思っておく戒めです。確かに、苗木が生長するように、だれかがそれを世話しなければなりませんが、しかし、これは分担できる務めなのです。子どもたちは庭園を歩き回って植物の名を覚えるのが好きです。彼らはしばしば大人より先に植物の新しい生長に気づき、昆虫を見つけ、庭園の観察仲間となります。

この庭園を「歩き回る」ことは、さまざまな昆虫を確認する方法を学び、クモとその巣に感心し、蜂の恐怖を克服し、それらのあいだで静かに作業するのを学ぶのにいい時間となります。ケシの花びらがすべすべしていることや、カボチャの蔓のねばつく茎や、クロタネソウの朔のふくらみを感じる時間となります。さらに、歩き始める前に一連の学習のめあてを明確にすることはありませんし、何がわたしたちの注意を引くかもはっきりさせられませんが、これらの「教わらずに会得した教訓」は、生涯にわたって持続するかもしれないのです[21]。

同じアプローチはペットに対しても用いられるべきでしょう。それは、よろこびから始めて責任へと移るというアプローチです。親は子どもたちに「ブーツは空腹だ」とか、「ラッキーは散歩に行く必要がある」ということを気づかせねばならないでしょう。しかし、病気の動物は決してそのままにしておけませんし、賢明な親は「その動物を処分するよ」と脅かしたりしません。自分たちの世話とよろこびによって、人間とペットの関係が生涯にわたって幸せの源泉になっていくことを、わたしたちは子どもたちに示すのです。なお次節では、環境保全主義におけるこのような関係についてより詳細に述べることにしましょう。

また、自然にかかわる経験は、しばしば家庭という場と密接に結びついています。花、木、猫、イバラは、思い出の家庭とともに欠くことができないその全体を構成しています。わたしたちがちょうどこの家庭という場を記憶にとどめておきたいと思うように、自分や他の人が愛する実際の場を守るために行動することが、地球愛を約束します。ここに教育の希望があります。

自然界との親密な交わりは多くの人々にとって幸せの永続的な源泉であり、すでに指摘したように、わたしたちは遺伝的にこの交わりを必要とする傾向にありました。これはバイオフィリア仮説ですが、これが正しいということもできます。しかし、自然界がすべて楽しくよろこぶべきものである、というわけではありません。そこには不安や苦痛、恐怖も詰め込まれています。ウィリアム・ジェームズはこう書いています。

精神病者の見る恐怖の幻影は、すべて日常の事実を題材にしてつくられている。わたしたちの文明は流血の修羅場のうえに築かれており、個々人の生存は孤独な断末魔の苦悶のなかへと消えていく。……ワニもガラガラ蛇もニシキ蛇も、現にわたしたちと同じような真実の生命の器なのだ。……そして、彼らやその他の獣たちが生きた餌食をつかむたびに、その事態に反応して、興奮した躁うつ症患者の感じるあの死のような恐怖と同じような、文字通り当然の反応が示される。(22)

わたしは自然の恐ろしさを子どもたちに押しつけるつもりはありませんが、彼らが成長するにつれて、野生の動物を取り扱う苦労だけでなく、最終的には、悲観主義や禁欲主義となる哲学的見解も彼らに理解させたいと思います。幼い子どもたちに自然の恐ろしい側面を強調するつもりはありませんが、否定もしません。子どもたちが自然の惨禍を目にするとき、わたしたちは正直にそれを論じるべきなのです。これを書いているときに、猫から赤ちゃんネズミを救ったばかりの孫に中断させられました。猫というのは生物のうちでもっともおとなしく、人間やカーテンさえも決してひっかくことのない愛好動物です。しかし、きっと猫は小さなネズミを殺していたでしょうし、そのネズミは死んでいたでしょう。いまそのネズミは、蒸し器の下の湿った草のベッドに横たわっています。餌をやるときに使うために用意された点眼器がその隣に置いてあります。もし、そのネズミが一時間でも生きていられればの話ですが（そのネズミは三十六時間も生きようとしたのです。このことを子どもたちにどう説明したらよいのでしょうか）。

これは、わたしたちと自然とのあいだの関係に横たわっている、ある逆説と葛藤を子どもたちが学んでいく出来事です。わたしたちは家のなかや堆肥置き場の裏にあるブラシの山のなかに（この小さなネズミがとらえられたのはここでした）さえ、ネズミがいることを好みません。ときには、ネズミを絶滅しなければなりません。でも、小さな心臓を脈打たせて無力に横たわっている一匹の赤ちゃんネズミは、わたしたちにケアという責任をはっきりと喚起させます。子どもが見ていて、「そのネズミ、助けられるよね」とささやくとき、それ以外のどんな応答ができるでしょうか。

　子どもたちとこれら自然とのつながりを研究するとき、わたしたちは自ら実用的な問いを問わなければなりません。たとえば、子ネズミを助けるために、わたしたちが考えている見解を用いることに何の利益があるのか。苦しみの存在はわたしたちの幸せを台無しにするのか。それとも、わたしたちにそのもろさをより敏感に悟らせるのか、と。

　スミスが子どもたちについて述べたように、彼らは、偽ものではなく絶対的なものを欲しがる傾向にあります。思春期へと成長していくにつれて、多くの子どもは、偉大な根拠をもっている関心ばかりが気になって、極端な状態になります。子どもたちは自分の好きな樹木のことだけを考え、生活様式も経済的苦労も平気で無視したまま、一人前に材木切りだし業団体について議論します。動物飼育において餌の苦労だけで判断すると、これらの生物は餌に代わる別のものではまったく生きられない、ということを子どもたちは見落とします。教育にとっての主要問題は、それが包含するすべてのものに配慮しつつ人間の幸せを保ち高めていく環境保全主義、この慎重に取り扱う環境保全主義についての教育方法をどうするかということです。ただ、アイザイヤ・バーリンが警告したように、わたしたちが大切にしている価値のすべてを、ただちに理解するのは不可能かもしれませんが。

責任と幸せ　Responsibility and Happiness

ウェンデル・ベリーは、かの評判の『アメリカの人騒がせ』のあとがきで、土地を愛しそれを守りたいと思う人々は、上級の政策立案者たちとは異なる考えをすると語っています。

> 動機が異なるから、彼らの考え方は異なるのだとわたしは思う。彼らの思考は、あらかじめ決まっている一連の考え方からではなく、むしろ特別な郷土、民衆、要求、欲求から始まっている。この本に親しむ友や同士らは、彼らの目指す出世や仕えるべきイデオロギーからではなく、郷土、民衆、可能性、そして破壊を無関心にとらえ

ない方途を彼らが愛していたからこそ、考え始めたのであった。[23]

ベリーは動機のことを話していますが、彼の議論のスタイルは教育の目的をめぐる話を強調する点で、わたしのそれにとても似ています。二つの集団が同じ目的――この場合は空腹を満たすこと――を述べていますので、彼らは、他のどんな目的を探求しているかを述べるように導かれるべきです。そして、次の段階は、諸目的間の適合性について吟味することです。その後で、わたしたちは説明された目的に関して、どのような手段を選択するかを言明しなければなりません。もし、主要な目的が巨額の利益をえることであれば、卑俗な手段の合理化を警戒するべきです。

ただ、自らが勧める方法の実行可能性を主張する点で、ベリーは誤っているかもしれません。しかし、その目的と現代の農事産業への彼の批評が正しいのであれば、彼の方法を試みる価値はあります。ジャガイモの栽培者が自分の畑から掘りだしたばかりのジャガイモを食べず、化学薬品を使わない狭いところに家族用のジャガイモを植えている、と認めているのを聞くと恐ろしい気がします。[24] 商売用に栽培されたジャガイモは有害物質に浸され、それが栽培された土は、わたしたちが一般に土と連想する肥沃なロームではなく、灰色がかった粉なのです。

とはいえ、わたしたちの目的からすれば、ベリーのひとつの忠告はとくに興味深いものがあります。彼はこう書いています。

> 今日、最良の教育を受けた人々や大半の有能な人々が、権力、産業、文化の中枢に集中しているのは深刻な間違いだ、とわたしは思う。……最良の知性と才能の持ち主は、国中の至るところで仕事をしたり、家で働いたりするべきである。そして、それゆえにわたしたちの学校に対する願いは、現代の政党の願いや現代の教育と文化についての政治学の願いとは正反対である。ヴェス・ジャクソンは、わたしたちの学校は――現在の単純に上昇移動を求める専攻につり合わせる、あるいは取って代わるために――家庭に帰っていくような専攻科目を設けるべきだと論じてきた。わたしも同感である。[25]

それゆえ、わたしはジャクソンとベリーに賛成したいと思います。わたしたちは郷土愛のために教育しなければなりませんし、そのときには愛する郷土を守るために必要な知識を集めて普及させなければなりません。だが、愛だけでは十分ではありません。なぜなら、わたしたちは無知ゆえに、故意ではなく、愛するものを壊してしまうことがありうるからです。教育の基本目的としての幸せとともに、郷土愛のためにも知識のためにも教えていくもうひとつの強い動機を、わたしたちはもっています。

郊外の学校で教えることは大変興味深く有益なことです。そのひとつは、サラ・スタインの言葉によると「自分の家の裏庭の生態を復元すること」[26]です。広大で使いようがない芝生は、ガソリンを大量に使う芝刈り機や雑草から芝生を守る有害物質を必要としますが、少なくとも部分的には、樹木や低木の雑木林、野菜庭園、野生の花に代えることができるでしょう。そして、これらを植えることは、鳥や他の野生動物に家を与えることといえるでしょう。それはまた、子どもたちにとても好かれ、今日の郊外の風景では目にすることができない、自然のままの郷土を広く与えることにもなるでしょう。

子どもたちが自然に接して生きるとき、彼らは、生物と環境の関係が著しく複雑であることを徐々に知るようになります。おとなしくてとても愛らしい猫でも、ネズミが現れると突然に殺し屋となります。たとえわたしたちが無視していなくても、成長しそこなう苗木もあります。他のある植物が生えていると、うまく育たない植物もあるでしょう。こうした一連の害を及ぼすものを殺してしまうと、有益な昆虫やクモから食物を奪うことになるかもしれませんし、まだらになった醜い植物は、美しいチョウの幼虫の主食になるかもしれません。単純な問題はめったにないのです。わたしたちは守りたいと思う環境のなかで注意深く、かつ思慮深く研究しなければならないのです。

複雑さを理解し、美と恐怖の混合状態を観察し、自然との交わりによって生じる幸せと悲しみの感情を受け容れるなら、無関心にも狂信にも陥りにくくなるでしょう。幸せを深めるためには、それが完全でないにせよ、わたしたちが拒みさえしなければ大きなよろこびのときをもたらします。そのような状況と関係を享受しなければなりません。何かに傾倒することによって、不満家や乱暴な抗議者、熱狂的な改宗者になってはなりません。たとえば、水を守ることに熱心な若い女性が、シャワーは少しだけにすべきだと主張するかもしれません。しかし、彼女は自分の徳と他者の悪徳をくどくどと述べることによって、ほかのだれかをみじめな思いにさせるに違いありません。熱いシャワーを使うのは、享受されてしかるべき気持ちのよい贅沢なのです。過度の使用を避ければ、使用し<ruby>て<rt>、</rt></ruby><ruby>い<rt>、</rt></ruby><ruby>る<rt>、</rt></ruby>ものを楽しむことはできます。同様に、ときどきする失敗について激しい罪悪感に陥ることなく、リサイクルに専心することもできるのです。

よろこびをえられない活動家もいます。このことから、わたしたちはアウグスティヌスの性交に関する宣言——本来の目的を心にとどめ、それを過度に楽しまない限り、その行為は容認できる——を思いだします。アウグスティヌスの遺産として、そのような考えは、責任を果たそうとする今日の人々の努力に影響を与えています。これは責任を強調していますが、幸せについては相変わらず懐疑的です。この本のメッセージは、やりがいのある理由で改宗者を引きつけた厳格な責任の自己満足よりも幸せの可能性の方があるようだ、ということです。親業に関する次の章では、これに対する証拠を示しましょう。

今日の若者は、数年前まではめったに論じられなかった環境問題に直面しています（もちろん、もしそれが議論され、有効に処理されていれば、今日の問題はこれほど深刻になっていないでしょう）。その頃は、猫が何かを殺すこともよろこばれていたことでしょう。

今日の諸問題が、部分的には繁栄と余暇の産物であるとしても、全体としてそうであるわけではありません。たとえば、今日わたしたちには動物たちの生命について理解したり、よく考えたりする時間がありますが、彼らのもっている苦難は常に自然状態の一部です。わたしたちと人間以外の動物との関係は、教育にとってもはや避けることのできないひとつのトピックになっていますが、それはものごとの均衡の追求へと導かれるべきです。激し過ぎる感情は、それがものごとの「正しい」側にあっても、何かに害を及ぼす危険性があり、そしてそれを納得させるよりも多くの争いを生むかもしれないのです。

倫理的に生きようとする人々は、人間以外の動物とどのような関係をもつとよいのでしょうか。今日、多くの若者が菜食主義の運動を推進しています。これは保護され、また甘やかされている生活の産物なのでしょうか。それとも、それは人間と人間以外の動物とのより啓発された関係ができる前兆なのでしょうか。学校では、このトピックはどのようにアプローチされるべきなのでしょうか。

ここでわたしたちの多くを菜食主義に改宗させそうな恐ろしい話から始めることもできるでしょう。また、恐怖の検証を後回しにして、人間と人間以外の動物の相互作用の複雑さを確認する慎重な分析から始めることもできるでしょう。ジョージ・アダムソンの引用から始めて、これらのことを考えてみましょう。

ライオンは、自由に食べ、眠り、交尾できるだけでは、ライオンとはいえない。ライオンは、当然、自由に狩りをして自分たちの獲物を選び、仲間を捜しだし、自分の縄張りのために戦い、それを守るべきである。また、生まれたところで、つまり荒野で死んでゆくべきである。わたしたちがもっているのと同じ権利を、ライオンももつべきである。(27)

最後の文で、筆者は何をいおうとしているのでしょうか。確かに、言論の自由や参政権のような意味のない権利をライオンたちに認めることはできません。それでは、彼らはどんな権利をもつべきなのでしょうか。有機体〔生物〕がもっていない能力を要求するいかなる権利も、その有機体にとって無意味だということに同意できるでしょうか。非常に感情的で情緒的なこの冒頭部を拒否すると、ライオンと人間とが共有する特性にたどりつきます。どちらも痛みを感じ、可能なときにはいつでもそれを避けることができます。どちらも生きようとする意志を示しています。どちらも子どもの世話をします。どちらも食物、休息、性交を維持するだけではなく、よろこびも追い求めます。どちらも家庭という場所を必要としており、おそらくそれはひとつの理想的な型として、基本的ニーズや、ある種の固有の成長を支える場所です。

能力の分析は、権利論のなかで今日よく耳にする感情論や権利の過大視の多くのことよりも、優先しなければなりません。実際、生徒たちは自然権という曖昧な考えを捨て去り、権利は必然性と能力から生じるという理解から出発しがちです。(28)それでもこの冒頭部は、感覚をもつ有機体に不必要な苦痛を与えることは間違っているとか、小さく不自然な住まいに閉じこめることは間違っているとか、母親と赤ん坊を成熟前に分離するのは間違っている、と唱道する人々でも賛同したくなるような気持ちにさせます。

現代農法の慎重な研究によって、多くの悪い弊害が明らかにされつつありますが、事態は複雑です。もしわたしたち全員が菜食主義者になるならば、農場の動物は――少数の見本を除いて――死に絶えることは明らかなようです。人々がこれらの動物を飼育するのをやめれば、ほぼ確実に彼らの自然繁殖は著しく減るでしょう。また、多くの被害が除かれるでしょうが、これらの動物の自然な生とともにある幸せも同様に減っていくことでしょう。そして、人間もほぼ同じように苦しみを避けることが、つまり、生きようという意志を故意に拒み、子を産むことを拒むことができるのです[29]。しかし、そのように決心できる人たちも、生への拒否の決定が彼らに対してなされると抗議するでしょうし、わたしたちの大半は人生を生きる価値があるものと思っています。動物がそのような選択ができるとすれば、彼らも同じように感じるのではないでしょうか。たとえ動物の究極の宿命がいまと同じように、人間とそれ以外の動物に食物を与えることにあったとしても、もし工場的な家畜飼育の恐怖が避けられるなら、果たして彼らは生きて子を産むことを選択するでしょうか。

生徒たちは、自然の生息地の問題も考えるべきでしょう。シカの群れが増殖して彼らの生息地が過密になると、わたしたちは（より多くのシカのためだといって）彼らの一部を殺します。わたしたちは、彼らの縄張りを広げることをめったに考えません。対照的に、人間が増えると自分たちの縄張りを広げる必要性があるだけでなく、それは正しいのだと考えます。もっとも不道徳な人間嫌いの人を除いて、だれも人間の群れの「淘汰」を考えはしないでしょう。もちろん、出生の制限による人口制限を唱導する人もいますが、よく似た方法が人間以外の動物に用いられる可能性はあります。しかし、その決定は必然的に彼らのものではなく、わたしたちのものであることに気づいてください。

生徒たちが人種差別、階級差別、性差別と真剣に取り組まなければならないのと全く同じように、彼らは少なくとも種差別という言葉が意味するものを探求しなければなりません。ピーター・シンガーは次のように述べています。

> 種差別……は、人類の構成員の利益になり、他の種の構成員の不利益になるような偏った見解あるいは態度である[30]。

このような声明はよく考えられることなく、とても安直に用いられがちです。残酷さは非難されるべきであり、動物たちは人間のささいな興味のために苦しめられるべきではないというシンガー、そのシンガーに心から同意する人々でさえも、彼の定義については慎重な分析を進めたほうがいいのです。種差別を人種差別、性差別、階級差別と関連づけるのはひとつの効果のある情緒的手法ですが、そこには区分についての誤りがあります。少なくとも原則として重要な人間の「主義」のそれぞれは、関係するすべての存在、つまり人間すべてに当てはまります。わたしたちは、普通、人種差別を白人による黒人抑圧と関係づけて考えますが、もし力関係が逆転すれば、明らかに黒人による白人抑圧も、やはり人種差別といえるでしょう。同じことが性差別や階級差別にもいえます。しかし、そのような逆転は、種に関しては無意味です。すべての種は自らの種に特別の配慮を与えます。また、わたしたちは人間以外の動物をこのような優先性ゆえに批判することなど考えないでしょうし、彼らを種優先主義だと非難することも無意味でしょう。彼らはそのような差別をすることができないのですから。

動物の権利の唱道者たちの思いやりある信念は、わたしたちが人間以外の動物をどんなに丁寧にやさしく扱っても、わたしたち人間には依然として罪があるのだという真理に対して、彼らを盲目にするかもしれません。どの時点で彼ら動物の数が多すぎるととらえるか、ということを決めるのは彼らではなくわたしたちですし、また彼らの繁殖を制限することを決めるのもわたしたちなのです。自分以外の人々の劣性を暴力的に唱道している人間は、人権を侵害していると非難されます。そして、弾圧された犠牲者が人間以外の動物と同じように理性的選択ができないときでさえ、このことは真実なのです。生徒たちは、この議論がいろいろな結論へと進められることに気づくべきです。(1)増殖権は、おそらく、すべての動物に与えられるべきです、(2)増殖の「権利」というものはおそらく存在せず、理性的で有能な人間は、(彼らが関心を抱く)人間以外の動物だけでなく、感情的で無能な人間の増殖も制御すべきです、(3)種をまたぐ道徳的問題に関しては、おそらく、妥協できない見解の相違があり、それゆえ、人間は人間以外の動物とは異なる扱いをされねばなりません。

人間以外の動物とわたしたちの関係は、現代の道徳生活（モラルライフ）においてもっとも複雑で重要な問題のひとつです。おそらく、いまから数世紀後の人々は、驚くほど道徳的に鈍感な時代としてわたしたちの時代を振り返るでしょう。あるいは、おそらく人々は、肉体が殺されて食われる生物の苦しみにほとんどもしくは全く関心を払わず、依然としてのんきに肉を消費しているでしょう。ただ、生徒たちを菜食主義者に改宗させることは、良心的な教師の仕事とはいえません。むしろ、問題の複雑さと意義に十分な注意を払って、それらを提示することが教師の仕事なのです。スミスが述べたように、子どもたちが絶対的なものを欲しがるのなら、教養ある大人たちは、解決不可能なあいまいさに対する寛容さや、何が正しくて何が最良であるかということは必ずしもいつも確信がもてるわけではない、という悲しい分別を発達させてくるべきだったのです。希望を与えてくれるのは、ピーター・シンガーやトム・レーガンに生徒たちは同意するだろうということです。すなわち、動物たちの利害は冷淡に無視されるべきではなく、少なくとも動物の生命はみじめなものにされるべきではなく、彼らの生きたいという欲求は化粧品の改良のような人間のささいな興味よりも重大である、という彼らに生徒たちは同意するだろうということです。[31]

ファクトリー・ファーミングと大規模な農事産業は、水を汚染し、わたしたちすべてが依存している土壌を台無しにし、わたしたちの多くが一体感を抱く場所をめちゃくちゃにしているということ、このことへの日々増しつつある事実についても、生徒たちは考慮すべきです。郷土愛はそれ自体ではこの趨勢に打ち勝てませんが、それは真剣な学習と責任ある行動のために動機を与えることができます。幸せへのわたしたち自身の関心は、自然界への責任を受け容れることをわたしたちに要求しています。

この章を終える前に、最初の問いに戻りましょう。学校は郷土愛を教えるべきでしょうか。あるいは、いまや学校は郷土を超えた他の場所を想定したカリキュラムを提供すべきでしょうか。わたしの答えは、二分法を拒み、「あるいは」という言葉どおりの包括的意味合いを取り入れるものになります。その最初の問いには、わたしは心からそうですと答えます。わたしたちは郷土愛とそれに伴う幸せのために、熱心に教えるべきだからです。第二の問いは、部分的にはこれよりも難しく、わたしの答えは慎重なイエスですが……生徒たちの多くはグローバルな環境で暮らし働くでしょう。そして、学校は、彼らにそのような生活の準備をさせなければなりません。特別な場所のための適切な教育は、グローバル化についての考えを修正する際に重要な役割を果たすでしょう。そのことは、わたしたちの経済活動がほかの環境や人々にどのような影響を及ぼすか、ということについてより敏感にさせるでしょう。

生徒たちは、自由市場とグローバル化について、増大しつつある論争のなかから何を学ぶべきでしょうか。富める国々の政府は、どんな利益があると主張するでしょうか。これらの主張は正しいのでしょうか。抗議する人たちは、どんな主張をするのでしょうか。彼らの異議のどれがもっとも正当で適切だと思われるでしょうか。論争を解決し、地域の完全なすがたを守り、経済的利益を分かち合う非暴力の方法は見つけられるのでしょうか。また、何が邪魔しているのでしょうか。

チャールズ・ライクの一九七〇年の『緑色革命』を先日再読しました。わたしは少し落胆しています。そのときから何も進歩していないというのは間違いでしょう。アメリカ合衆国の大西洋沿岸ははるかにきれいになり、多くの州が懸命に大気汚染を削減しようと努めてきました。より多くの若者が中等教育以後の教育機関に入学していますし、過去の憎しみを改めるための積極的な活動では、立派に努力されてきました。しかし、この努力はいまや攻撃を受けています。より大きな構想が、より幸せな構想をもたらすわけではないのです。ライクらによって、個人を認容し、その卓越性を祝福すると証明された第三の意識が発達せずに終わっただけでなく、その本質をなす考え方――一般的な基準で人を評価し、……彼らを分類もしくは分析するのを拒むこと、コミュニティのなかの「風変わりな友人たち」を受け容れること[32]――は、すべて拒絶されてきました。団結した国家に代わって、団結した世界がでてきています。いまやそこでは、子どもたちは世界階級基準で判定されますし、多くの人々は疎外感を強く覚えています。それゆえ、有力な手段として暴力を選ぶのです。

ライクは第三意識への賛歌を次のように締めくくっています。

わたしたちはみな、巨大な諸組織が必要だと確信してきた。しかし、その［第三意識の］なかでは、これらが不条理なものであるということがわかる。……わたしたちは、成功のエスカレーターを昇るために冒険と空想の夢をみな捨てるようにと説得されてきた。しかし、第三意識はそのエスカレーターが偽りであり、夢が本物である……という。醜いものや邪悪なものを受け容れる必要があるとか、夢を制御する人間になる必要があるといったことをほぼ信じてきた人には、第三意識は泣いたり笑ったりすることを誘う。世界は回復不能なくらい、金属やプラスティック、無味乾燥な石で包まれていると考えていた人にとって、第三意識はアメリカの紛れもない緑化なのだろう[33]。

世界貿易に抗議する人たちが取り戻そうとしているのは、おそらくこの失われた洞察なのでしょう。ジェノバでの惨憺たる会合（二〇〇一年）で、フランスのシラク大統領は十五万人の抗議者の存在は重要なことを意味しているに違いないと述べた、と報じられました。おそらく多くの人々もこれを聞いていたことでしょう。

この章で、わたしは、人間の繁栄における郷土と自然の役割を考察してきました。料理の本や庭園のカタログの魅力、子どもたちが明らかに自然のままの郷土を必要としていること、どんなことがあっても自然と親しむようにあらかじめ遺伝的に仕向けられている可能性、これらを探求してきました。教育に関して、よろこびは通常、責任に優先すべきであり、偶発的学習と子どもたちが世界を探求するときの選択性をもっと信頼すべきである、ということを提案しました。人間以外の動物はわたしたちに幸せをもたらしますし、人間の残酷さゆえの動物の犠牲は、責任感を生じさせるものですので、彼らとの関係にかなりの紙幅を割きました。そして最後に、グローバル化へと向かう現代の傾向を論じ、その傾向が人間の幸せに対する真の脅威になるかもしれない、ということを示唆しました。

第7章 親業 Parenting

おそらく親業（ペアレンティング）という課題ほど要求度が高くてやりがいがあり、人間にとって普遍的な課題はないでしょう。にもかかわらず、学校はどうやら代数やシェイクスピアのほうがもっと重要だと考えているようです。親業は家庭で教えられるものと考えられていますが、〔第4章で登場した〕来訪者が指摘したように、もしこの務めが親にとってたいへん苦手なものだとしたら、彼らはそのことをどのようにして子どもたちに教えるのでしょうか。親業は、どうやって改善されるのでしょうか。

本章では、親業と幸せにかかわる三つの大きなトピックについて考えます。まず、誕生と親の愛の不思議さについて見てみましょう。次に、成長する子どもと彼あるいは彼女らの親との関係について考えてみましょう。最後に、教育者としての親について議論しましょう。

出産 Birthing

恋（ロマンス）と愛（ラブ）は、少なくとも今日の西洋世界では、妊娠と出産に先立つのがふつうですが、何世紀もの長いあいだ、愛は結婚とほとんど関係がありませんでした。しかも、女性としての人生における最初の大いなる愛は、自分の子どものためのものでした。このような態度の名残が今日でもまだあります。人工授精を通して子どもを授かる女性の数が増えていますし、多くの若者が、自分たちのパートナーの愛を求めるためではなく、愛する赤ちゃんを待ち望む気持ちからセックスをすると自認しています。恋愛（ロマンティック・ラブ）については第9章で見る予定ですが、それは男女の恋愛が過去のものになったということを示唆しているのではありません。男女の関係が変化してきたこと、しかも相変らず変化し続けていることを示唆しているのです。本章では、子どもに対する母親の特別な愛に焦点を合わせることにします。

批評家は、性教育において倫理や価値に十分な注意が払われていないことに不平不満を述べていますが、セックスと妊娠に関する生物学的なしくみについては、今日、学校でかなりよく教えられています。ただ、出産というならわしの歴史、および出産に対する宗教と政治の影響が、そこでは無視されていることをつけ加えたいと思います。とはいえ、ティーンエージャーの出産数が急速に減少し始め、出生前後のケアが向上してきているというデータがでてきているのは、うれしいことです。出生前後のケアへの道のりは長く、多くの若い女性は、未だに医療保険に入っていません。不適切なケアを受けているわけです。

そもそも子どもを生むことが女性にとっては共通の経験であり、生まれることが全人類にとっても共通の経験であると考えると、学校がこれにほんの少ししか注意を払っていないというのは、奇妙に（よその世界からやってきた来訪者を驚かせ戸惑わせるように）思われます。出産は魅力的な歴史をもっており、少なくとも有名な会戦や王位継承の歴史と同じくらい興味深いものです。

ケアという見方や、苦しみをより小さくすることを幸せだととらえようとする見方からすれば、出産を手助けする者が、女性つき添い婦（助産婦）から男性医師へとシフトしていることには、とくに興味をそそられます。十七世紀以前では、お産（チャイルド・バース）の最中の女性の多くが、この助産という奉仕活動をしている女性から定期的にケアをされていました。男性医師がこの分野に押し寄せ始めたとき、事実、産褥熱が大流行しました。この破壊的な疾病は、子どもを取りあげた医師の不衛生な手によって母親に移されたのです。男性の手が、明らかに女性の手よりも汚れていたというのではなく、医師がほかの患者のさまざまな伝染病を治療した後で、すぐに出産に取りかかっていたからです。彼らの手は疫学的意味で汚れていたのです。さらに彼らは、素早くひとりの患者からまた別の患者へと動きまわり、働けば働くほど病原菌をばらまいたのでした。この話をすると、アドリエンヌ・リッチは、助産婦が文字通り「女性とともにいること」を意味する、と教えてくれました[1]。

この歴史は、今日の医療従事者にとっては重要なメッセージです。もはや医師は出産の場に汚れた手でやってくるだけでなく、しばしば急がされて人間味のない態度に陥っているのです。これに比べて、看護従事者はいっそう自分たちの患者のことを知るようになりますし、患者に寄り添っていきます。さらに看護師は、よろこんで自分たちの患者を力づけたり、患者のこれまでの人生の話に耳を傾けたりしているようです[2]。医療従事者と患者との関係をきちんと築くことは、不幸せな患者にもたらされる医療ミス訴訟の数を減らすことになるでしょう。というのも、好意をもたれた相手や信頼された者を訴えようとはだれも思わないからです。もし何かがうまくいかなければ、悲劇的な結末によって、母親と医療従事者の両方に悲しみがもたらされるのです。

医師とその汚れた手の話は、苦しみに満ちています。何千人もの女性が無駄に死んだだけでなく、この問題の原因を究明して同僚に知らせた医師が、逆に軽蔑と誹謗中傷に苦しみました。イグナーツ・フィリップ・ゼンメルワイスはこの問題について本を書いた後、ウィーンで職から追放されました。おそらく、ゼンメルワイスは自分の信念のなかで、あまりにも過敏に感情的になり過ぎたのでしょう。彼はウィーンの精神病院で亡くなりましたが、何年か後に彼の理論が正しいと証明されたとき、彼の名誉のために彼の彫像が建てられました[3]。

生徒はまた、お産の苦しみに加えて、宗教が果たす役割についても耳を傾けるべきです。麻酔がお産の痛みを軽減するために使われるようになったとき、宗教的指導者と医師の何人かは、お産の苦しみが聖書によって定められていることを根拠に、その使用に反対しました。こうした歴史とその分析は、注意深く扱われなければなりません。異を唱えた者が誤ったのであり、だれもそのような見解には賛成しない、というのはたやすいことですが、この問題はそれ以上に根の深いものなのです。聖書（創世記第3章16―19節）には、神が、お産の最中の女性には苦痛を増やし、男性には自らの食い口をえて家族を養っていくのに伴う永遠の苦労をいいわたす、とはっきり書いてあります。このことは、男性が農業や畜産をするさいに、強力なテクノロジーを用いるのを許されないといっていることなのでしょうか。聖書のこの節は、すべてにおいて善であり、あらゆることを知っている、と見なされている神についての重要な問いを引き起こします。不服従というひとつの行いに対して、善人である親が、彼や彼女の子どもに果たして永遠の苦痛を科すでしょうか。それともひとりの行いによる不服従によって、すべての子どもたちに永遠の苦痛を科すとでもいうのでしょうか。生徒たちは、原罪の教義が（聖書の中ではなく）アウグスティヌスによって考案されたことや、それがいいあらわせないほどひどい人間の苦しみを引き起こしていることを知っているでしょうか[4]。

アダムとイヴの物語を、効果的な神話として議論することができるようになるべきでしょう。(5) そのような議論は困難を伴ったものですが、そのための方法を見つけることは重要です。女性への非常に多くの抑圧がこの物語によって支えられてきましたので、これを分析して批判的に議論することが、自由で幸せな人々の教育にとっては必要不可欠なのです。聖書にでてくる記述を擁護するにせよ、これに反論するにせよ、「さあ、ここに真実があります」と教師たちがいう必要はありません。その代わりに、多くの立派な学者たちが何をいったかに触れ、結論は生徒たちの判断に開かれたままにすべきなのです。この豊かな葛藤の物語は、みんなの共通の知識となるべきです。

生活や人生の中心となる問題について批判的に思考することがたまにしか許されていないのに、批判的思考(クリティカル・シンキング)が学校で教えられているなどと、だれが思い切っていえるのでしょうか。あの来訪者がこう尋ねるのももっともなことです。ですから、アダムとイヴの物語の分析を通じてえられる最初のものは、実際に批判的思考に取り組んでみるという本物の訓練なのです。生徒たちは、伝統的な宗教のなかにあっても、この物語に神話的な位置づけを与え、それを受け容れているすぐれた思想家がいることを学ぶでしょう。彼らはまた、説得力のある神話としての有名な物語を受け容れる一方で、完全に宗教を拒絶している人たちのいうことにも耳を傾けるべきです。(6) すべてにおいて善である神の存在と、その同じ神が何世代にもわたって永遠の罰を与え、ある不幸せな魂に永遠の罰を与えるという決定とを、いったいだれが論理的に一致させることができるでしょうか。あるいは、人は宗教とともに(または宗教なしに)幸せに生きていくために、このような信念を超克しなければならないのでしょうか。

アダムとイヴの物語を批判的に研究することによってえられるもうひとつのことは、神話のより深い理解です。神話は偽りとして教えられるべきではなく、むしろ説得力のある象徴的解釈として自然現象を説明するために構想されるべきです。そしてそのためだけでなく、さらに重要なことですが、共同体の儀礼や儀式に人々をともに結びつけるために構想されるべきなのです。ここであらためて教師は、フレーザーの『金枝篇』から三・四ページ読む(またはそれについて実際に説明する)かもしれません。(7) 先入観のない聞き手なら、キリスト教が、それまであった数々の宗教と神話のとても長い伝統を共有している、ということを知らずにはいられません。若者は、そうした勉強の結果として「自分たちの信仰を失っていく」のでしょうか。なるほど失っていく者もいるかもしれませんが、代わりに自分たちよりも先に生きた多くの人間と自分たちとがつながっているということ、また、自分たち自身の宗教的信仰と自分たちとがつながっているということを知って、かえって信仰を深めていくかもしれません。批判的思考は、ある意味で、より理にかなった宗教生活の再生に寄与することができるのです。

わたしが明らかにしようとしているのは、人間の幸せに関する中心的なトピック――ここでは出産ですが――に取りかかろうとすると、じつは、自己の奥深くにある実存的なこだわりをもつものと他の多くのトピックとが、すぐに結びついてしまうということです。アダムとイヴの物語を研究するに従って、自然の秩序が劇的に転換していることを目の当たりにします。子を産むのは女性です。が、この物語のなかでは、女性は男性からつくられています（しかも男性は誕生のあいだ、からだが麻痺しているのです！）。すると、なぜこの創造の物語が、第一の物語（創世記第1章26―28節）よりも非常に幅広く受け容れられてきたのか、という疑問が生じてきます。この問いをエリザベス・ケディ・スタントンは提起し、精力的に答えたのでした。第二の物語――アダムとイヴの物語――は、女性の従属を維持したいと願う男性の政治的意図にとって、たいへん役立ちました。[8] 第一の物語は、神のイメージのなかに女性的要素があり、キリスト教神学の多くが政治的に構成され、非宗教的な目的のために利用されてきたことをはっきりと示しています。

男性の立場からの宗教の解釈や活用は、十戒のなかの驚くべき省略に見事に描かれています。「なんじ、強姦するなかれ」という戒めはないのです。[9] 姦淫を否定する戒めはレイプを禁じてはいません。その戒めのいちばんの目的は、男性の資産を保護し、父性という推測された本性を克服することにあるのです。歴史上では、女性は姦淫の罪で男性よりももっと厳しく処罰されてきましたし、強姦を実際に是認しているようにも見受けられる箇所が聖書のなかにはあります。若い男女はこうした歴史について知る必要があります。しかも、そのまっただなかで強姦とともに育まれてきた文化のことを知る必要があります。この文化は、強姦が女性と自然本性とをないがしろにし、たとえそれが堕落と破滅を意味するとしても、力ある者が自分の望むものを搾取することを容認してしまう文化です。[10] もしも人間の尊厳と安全とが危ぶまれるとしたら、人口の半分は、幸せに生きていくことができなくなります。あるいは、強姦をめぐる態度が自然界との関係を映しだしているとしたら、だれも幸せに生きていけません。

数千年間、女性の生活と身体は管理されてきたので、いま女性たちが自分自身の身体を自分で管理しようと決意していることは重要なのです。妊娠中絶は、実際的視座と歴史的視座の両方から議論されるべきです。近い将来に、この論争点に関するコンセンサスがえられることはないでしょう。それでも、わたしたちのなかで、胎児を中絶するか産むかの選択権を女性に与えることに賛成の人は、節制が教えられ認められることに、完全に同意できます。しかし、また若者には避妊の方法についても十分に知らされるべきでしょうし、かりにその方法が失敗しても、どこに向かって行けばよいのかについても十分に知らされるべきでしょう。また彼らは、諸国家が恥ずべきことに、自らの目的のために女性を利用してきた（そして、利用し続けている）――人口過剰の時代に子づくりを禁止する国家もあれば、より多くの兵士を必要とするときに絶えず妊娠することを強いる国家もあります――ことに気づくべきです。

医療、フェミニズム、宗教の歴史におけるトピックに加えて、生徒たちは、ジェンダーの心理学に興味をもつかもしれません。彼らは少なくとも、フロイト、ユング、エリクソンの基本的見解に耳を傾け、それについて議論すべきですし、彼らはフェミニスト心理学の手ほどきを受けるべきです。母親業（マザリング）は、女性にとって本能的反応といえるのでしょうか。女性の生活の主な目的は、子どもをつくることなのでしょうか。

確かに、母親時代は多くの女性の生活に大きなよろこびをもたらしてきましたし、出産がきわめて神秘的な経験であることに気づいていた人もいます。近年では女性の教育者が教育のなかで、出産、母親業、母の影響について語り始めています。[11] マドレーヌ・グルメは「この惑星上である瞬間を分かち合っている男と女として、わたしたちの生の根本は、わたしたち自身を再生産する過程だ」と述べています。[12] 彼女が語っているのは、多くの女性が出産時に経験する変容についてです。

「この子どもはわたしのものであり、この子どもはわたしである」というのは、関係性のひとつの指標をあらわしている。そして、それはそれぞれの語り手によって異なっている。自分のものであるということや、わたしであるということが何を意味しているのかは、それぞれの語り手が自分自身を知る方法によるのだ。母親の自我（エゴ）は、もうひとつの意識にまで手を伸ばそうとするし、……この他者、この子ども、「わたしの子ども」との同一化と差異化の過程のなかで自覚が生じる。子どもにとっての、そしてその子どもと一緒の世界を通じての思考過程は、母親が自分自身の子ども時代を回想したり、己れの自我の境界線を念入りに調べたりするように誘う。[13]

「子どもの世界を通じて思考する」という過程については、教育者としての親に関する節で、より多くのことをお話したいと思います。いまのところは、出産というテーマに寄り添いつつ、その経験が必ずしもよろこびにあふれたものではないことも認めなければなりません。グルメは、自らが子どものままで、未熟で世間知らずの母親のことを心配しています。リッチは、たいへん素晴らしい母親たちでさえ、ときには母親の愛に取って代わる暴力的な感情や行動があることを立証しています。そして、サラ・ルディックは、母親たちのあいだでの非暴力の伝統を記すさいに、個々の女性においても、またある女性が母親になるあいだにも、非常に多くの例外があることを認めています。[14]わたしも、子どもたちの要望や違反行動に応えようとする母親にのしかかる重い責任や欲求不満の影響について、論じたことがあります。[15]

ですから、出産と幼児のケアについて話す場合には、うっとりするような母親の完璧さを映すロマンティックな描写や、野蛮なものとしての妊娠の描写——そして、それは女性抑圧のまさに根源なのですが——のいずれも避けなければなりません。後者の見方はシュラミス・ファイアーストーンによって激しく表現されました。[16]自然な分娩（その方法は訓練と心理的補助に頼るもので、鎮痛剤はありません）を試みるよう説得されてきた女性もいますが、多くの女性はそれを拒絶してきました。ファイアーストーンは一言で「お産は苦痛だ」と述べています。[17]確かにその通りです。しかし、多くの女性は苦痛に見合うような結果——「わが子」——を手に入れるのです。

この点に関して、神がお産の痛みを定めたといわれている聖書の一節に、少し立ち戻ってみましょう。この物語は、恐ろしい自然現象を説明するために目論まれた神話としての、すべての特徴を具えています。神話のこうした機能は、ときに無害ですし魅力的な場合もあります。しかし、この場合、神話は、苦しみがわたしたち自身の罪によって常に跡づけられる——「この苦しみを受けるに値する何かをした」――という破滅的観念のための根拠を提供してきたのです。幸せのための教育は、この有害な観念を断固として却下しなければなりません。

もし「妊娠は無上のよろこび」、それに「妊娠は地獄」という両方の見方を拒絶するのであれば、多くの女性が妊娠しているあいだに素晴らしい充実感を経験し、またその大多数が少なからぬ痛みや不快を経験しているという、なるほどと思わせる証拠を見いだすことができます。この感情の起伏についてよく知らされていない若い女性は、至福の経験として宣伝されたものが妊娠の不快感によっておびやかされるとき、変に感じたり罪悪感を覚えたりしかねません。

妊娠と出産に関する教育では、出産後の抑うつ状態の危険に特別な注意を払うべきでしょう。母親になったばかりの人たちの多くは「落ち込む（フィーリング・ブルー）」時期を経験しますし、はっきりとした理由が何もないのに突然ワッと泣きだすことがあるかもしれません。それゆえ、こうしたことが起こったとき、母親になるという仕事に関して元気づける言葉と実際の援助の両方が、彼女たちには必要なのです。しかし、実際の抑うつ状態は深刻ですし、母親、赤ちゃん、母親以外の家族にとって悲惨な結果をもたらすかもしれません。最近、わたしたちの国ではアンドレア・イェーツ――浴槽に沈めて自分の子ども五人全員を殺してしまった若い母親――の事例が衝撃を与えました。リッチの『女から生まれる』を読み返してみると、一九七四年に同様の事例――ジョアン・ミチュルスキ――があったことを思いださせてくれます。ミチュルスキは八人の子どものうち、幼い順に二人を殺し、からだを細かく切り刻んで家の前の芝生に置いたのでした。

二つの事例に見られる類似点から、奮闘する母親に対する教育や適切な時期の援助の必要性に気づかされます。イェーツとミチュルスキは両者とも中産階級の女性であり、自分たちの子どもの身なりをこぎれいにし、彼らの安全を確保するよう努力するよき母として知られていたのです。また、見たところでは、身体的な懲罰を行っていたわけでもありません。しかし、二人とも、信じられないほど自宅は散らかっていて、冷蔵庫のなかに何が入っていたかもわからないほどで、実際に料理することをあきらめていたことや、何かに「取りかかる」ことすら不可能であることがわかります。また、二人とも「かなり自暴自棄な人物」と評されていました。分別と思いやりのある社会であれば、こうした女性の抑うつ状態が彼女たちへのよい対処法を不可能にしてしまっている、ということがすぐにわかるでしょう。対処を不可能にし、抑うつ状態に導いているものは、彼女たちのなかにある道徳的な弱さではないのです。

ミチュルスキからイェーツの事例までの三十年ものあいだ、わたしたちの社会が理解も思いやりも差しのべてこなかったことがわかるとがっかりします。ミチュルスキは自発的な殺人行為の罪で審理にかけられ、精神障害という理由で無罪放免とされ、精神病院に引きわたされました。テキサス州の検事たちは、イェーツに対して死刑を求刑するであろうと述べています。もちろん彼女は、いつか精神障害を根拠に無罪を勝ち取るかもしれませんし、彼女を死刑に処するような決定にもゾッとします。道徳的にきちんとした社会では、いかなる犯罪に対しても死刑は許されないでしょう[18]。というのは、明らかに絶望の所産である犯罪やその処罰の決定が、刑事上の正義体系の合理性に対する信頼を揺るがしてしまうからです。

こうしたひどく不幸せな女性でも、助けられる可能性はあります。それは、もしだれかから、あなた以外のたくさんの母親たちも精神的疲労を経験し、ときには自分の子どもに嫌悪感を抱くこともある、と教えられているならばです。憂うつな母親たちが、そうではない母親たちと全く違うというわけではありません。彼女たちには、心身の消耗に加わる強い自己嫌悪の苦しみが必要なのではなく、特別な援助が必要なのです。もし、若い女性たちが母親であることが幸せだという観念を否定するような感情にとらわれたとしても、それはだれもが経験するもので、もしかすると抑うつ状態の徴候かもしれないということを理解するようになれば、彼女たちは、本当に必要な援助を探し求めることに躊躇しないでしょう。

成長する子ども　The Growing Child

グルメが指摘するように、親であることはわたしたちが自身の幼年時代を再び訪れ、子どもたちと一緒の世界を通じて思考するように誘います。次節では、とくに教育者としての親の役割について話しますが、この節では、ティーンエージャーが子どもたちの成長に関して学ぶことは何か、さらに青年期の人間としての自分たち自身の発達に関して学ぶことは何かについて考えてみましょう。わたしはここで、子どもの発達について学び深めることが、ティーンエージャー自身が自らの生活とその充足感について考えるようになるための、きわめて効果的な方法になる、ということを提案したいと思います。

子どもが成長していくことを前提にカリキュラムを開発するさいに、青年前期にはまだ関係ないような特定の課題をあらかじめ習得するよう要求するといった、〔第4章で述べた〕ボビットのような愚かな失敗をしないように注意しなければなりません。これらは具体的状況のなかで、おそらく最良のかたちで学習されるでしょう。そうして、能力ある大人の監督下で、幼い子どもたちを直接に世話するための機会がティーンエージャーには与えられるべきなのです。

教室での経験はやや抽象的なレベルで組織されるべきです。サラ・ルディックがつくりだしたある種のカテゴリーは、議論のための可能性を秘めた素材に満ちていて、とくに役立つ貴重なものです。ルディックが示唆するには、母親の興味は、子どもからの大きなニーズ、つまり保護、成長、受容によって引き起こされます。[19] 親は、まず子どもの生命を保護しなければなりませんし、その身体的、心理的健康に気をつけなければなりません。次に、子どもの成長をうながし、最終的には受け容れ可能ないくつかの型によって、子どもの行動をかたちづくっていかなければなりません。この最後のものに対する（大人であれティーンエージャーであれ）リベラルな気質の人々の最初の反応は、そのような努力が子どもの自由を侵害するというものです。しかし、誠実な親は自分たちの子どもが良識ある人間になることを願っています。わたしたちのなかには、善の意味に関してその他の人よりも独特で厳格な人もいますが、しかし、わたしたちはすべて、心のなかに善についての何かしらの像(ヴィジョン)をもっています。

基本的ニーズは、生命を維持していくために満たされなければなりません。たとえば、子どもには食べ物が必要でしょう。奇妙なことに、この基本的ニーズを満たすこと――自分の子どもに食べ物を与えること――が、現代の両親にとってしばしば混乱のもととなっています。赤ちゃんは親のスケジュール通りにされなければならないのでしょうか。子どもたちはお皿のうえに置かれたものはすべて食べなければならないのでしょうか。もし、子どもが野菜をすべて拒絶するなら、栄養不足になるのでしょうか。どれくらいのお菓子であれば、子どもは食べることを許されるのでしょうか。

これは、授業上の基本原理を説明するには格好の場となります。その原理とは、実践のためによいこととして残されているある種の特定の情報を避けるという原理です。ここで欠けているものは、態度、あるいは基本的な見通しです。食物は、生涯にわたる快楽の根源であり、自由と自制の両方を要求します。わたしたちは、自分たちがおいしく味わえるものを食べようとしますが、自分たちのからだが強くて魅力的になることも願います。赤ちゃんがだす合図に従ってお乳をあげ始めるのは理にかなっているようにみえます。こうした行動は食べ物への強迫観念を避けるようにうながすだけではありません。それはまた、赤ちゃんが自分の周囲に対して何らかの支配力をもつといった感覚――つまり、自分が何かを必要としているときに自分を大切にしてくれる人を呼びだすことができる、という感覚――を強めることになるでしょう。

生徒は熟練者たちの勧めによって引き起こされる混乱にも耳を傾けねばなりません。わたしの母親がまだ若かった頃、彼らは赤ちゃんを食事の時間に従わせるよう勧めていました。それからしばらくして、泣いて欲しがるたびに授乳することが大流行しました。わたしが子育てをしているときには、スポック博士[20]が、多かれ少なかれその両方のやり方に反対していました。賢明な方法とは、彼がいうには、赤ちゃんがお腹を空かせたときに食べ物を与えることなのですが、同時に、決まった食事時間に合わせるよう働きかけることです。親は、食事にはまだ時間が早過ぎるのにもう泣いている赤ちゃんには、一緒に遊んだり歌いかけたりしてあげるといいでしょう。そうすれば親は、授乳されないことでおびえたり、そのせいで夜中に泣きわめいたりする赤ちゃんを、やさしく起こせるかもしれません。

教師はこの話や議論を奨励すべきですし、これは父親の役割を強調するのにも格好の場となります。たとえば、わたしの夫は、わたしが早く就寝できるよう、夜、赤ちゃんに最後に飲ませるミルクをいつも引き受けてくれました。彼は、できる限り遅くにミルクを与えるよう努力してくれました。それはだいたい午後十時頃までのことでしたが、わたしはいつも午前二時の授乳の求めに応じなければなりませんでした。が、こうしたことはそう長くは続きませんでした。赤ちゃんは生まれて三週か四週たっただけで、夜はまるまるぐっすりと眠っていてくれたのです。父親は遅くまで起きていて、母親は早起きしていたのですが、だれも真夜中に邪魔された者はいませんでした。いつでもそうなるかといえば、もちろんそうではありません。繰り返します。こうした話や議論の要点は、子どもやお互いのために相手を大切にする気遣いの態度を築くことであり、わたしたちを専門家への盲目的依存から救い、親であることが幸せの根源であるということを、お互いに思いださせるところにあるのです。

幼児に対する特別な形式や低年齢の子どもに対する正確な食事制限（ダイエット）について語る代わりに、みんなで賢く楽しく食べることについて語ることのほうが、たぶんいいでしょう。ティーンエージャーは、しばしばジャンクフードに耽り、その多くの者は、家族と食事をして、十分にバランスのとれた献立にありつく経験を少ししかしていません。たとえ説教をしたとしても、このトピックに関して実り多いことはないのですが、献立を決めるさいに料理本を調べてみたり、議論したり、実践してみたりすることは、現実の関心に寄与するかもしれません。ここに再び、基本的ニーズを満たすという、歴史的、地理的、経済的な側面について議論する機会がでてきます。[21] もし、ティーンエージャーが食物や食事時間を取り巻くさまざまな習慣に興味を示すようになるなら、責任を果たすときが彼らにくると、きっと必要とする具体的な情報を探しだすようになるでしょう。

責任についての議論のなかでは、アルコール飲料や人の心を変えてしまうアルコール以外の物質に対する、人間にとって広く行きわたった興味について調べてみるよう、うながしたいと思います。アルコールの摂取に見境なく反対したり、節制を要求したりすることを話す代わりに、アルコール摂取の歴史をまず勉強すべきです。中世では、たとえばミードと呼ばれるはちみつ酒が広く飲まれており、とくにブドウ栽培が難しいか不可能な地域ではそういう状況でした。[22] どのように、何から、ミードは混ぜ合わせてつくられているのでしょうか。発酵によってつくられている飲み物はほかに何があるでしょうか。どのようにして人々は蒸留液を発明したのでしょうか。何の果実から、アメリカ中西部の開拓者たちはアルコール飲料をつくりだしたのでしょうか。[23]

アメリカで成長しているリンゴの歴史は、とくに興味深いです。十九世紀の終わりまでには、リンゴは食べるものというよりも、しばしば飲まれるものになっていました。リンゴ酒は人気の飲み物となり、冷やすことなしに、形容詞の強いという言葉は意味をもたなくなりました。マイケル・ポーランが指摘したように「事実上リンゴ酒はすべて強い酒でした」[24] し、多くの人々――子どもでさえも――が、これを飲んでいました。プロテスタントでは（カトリックを連想させるために）しばしばワインの摂取が咎められるのですが、リンゴ酒は歓迎されますし、聖書ではリンゴについて何も悪いことは述べられていないとよく知られているので、より正しいと感じられています。ポーランは、次のように記しています。

リンゴが健全なものであるとの評判を獲得したのは、ようやく今世紀になってのことであった――「一日一個のリンゴが医者を遠ざける」とは、禁酒が売りあげに影響することを心配した生産者が案出した宣伝広告のスローガンだった。一九〇〇年には、園芸学者のリバティー・ハイド・ベイリーは、「リンゴを食べることは（これを飲むことよりも）当たり前になってきている……」と記している。[25]

しかし、リンゴへの初期の強い関心がリンゴ酒製造のリンゴの宣伝の利用からもたらされている、ということをだれもがわかっていました。

たとえば、エマソンが「もしその土地が、役に立つトウモロコシやジャガイモばかりを産出していれば、人はさらにひとりぼっちとなり、友人もいなくなり、支えられもしなくなっていたことだろう。（そして）飾りであり社会的でもあるこの果実は与えられなかったことだろう」と記している。読者は、彼が念頭に置いているものが、アルコールの擁護と、これがもつ社会性であるということを理解していたのだ。[26]

ジョン・アダムズはまじめで少し厳格な人物ですが、毎朝食前にアルコール度数の高いリンゴ酒一ジル（およそコップ半分）飲んでいたといわれています。この「健康的な」習慣は、彼のハーバード大学時代――そこでは、みんなが同じようにしていたように考えられるのですが――に始まったのです。人生の後半になって、やっと彼は良質のワインをたしなむ趣味をもちました。[27]

分別をそなえた教師ならだれも、生徒が蒸留器（スチル）を組み立てるために家に急いで帰ったり、アルコール度数の高いリンゴ酒を発酵させる過程に本当に手を染めさせようなどといいだしたりしません。なるほど、議論のある部分は、なぜ女性キリスト教禁酒同盟が創設されたのか、その理由に焦点づけられるべきです。これらの女性（とりわけキャリー・ネイション）は、道徳家風の淑女ぶった単なる偽善者だったのでしょうか。それとも、彼女たちは重要な議論や主張をしていたのでしょうか。アルコールの乱用は、社会が無秩序となる兆し、あるいは原因なのでしょうか。アルコール摂取にかかわる問題に、わたしたちはどうアプローチすべきでしょうか。同じ議論は、たとえばマリファナにも当てはまるでしょうか。

これは、わたしが繰り返し立ち戻るトピックを登場させるのに格好の場なのかもしれません。もしわたしたちが批判的思考に価値を置くなら、もしそれを推し進めていくことに積極的にかかわっていくなら、そのときは批判的思考が重大なことがら——つまり、生徒にとって敏感に興味をそそる問題——にも用いられることを認めなければなりません。間違いなく生徒たちは、アルコール、薬物、セックスに関して、これらを節制することの大切さに耳を傾けるべきです。しかし、彼らはまた、こうした営みに対する人間の興味という、長くて魅力的な歴史にも耳を傾けるべきなのです。[28] マリファナよりも危険な薬が医師によってしばしば処方されていますが、それらが危険な可能性を秘めているにもかかわらず、薬がただ医師によって処方されているという理由だけで、その薬がともかく安全であるというのは、決して正しくありません。わたしたちが、もし知識をもち批判的に思考することが、より充実した公的生活や私的生活を送るのに役立つと本当に信じているのなら、そのような重大で異論の多い問題に関しては、研究や議論を可能にしていかなければなりません。

また、その議論には、生徒が彼ら自身の子どものために何を望むかをよく考える、ということも含まれていなければなりません。彼らは自分たちの子どもに、批判的思考を通じて十分に知識が与えられることを願うでしょうか。また、子どもを恐がらせたり、正しくない方向に導いたりするような現実から保護されることを願うでしょうか。議論の最後のこの部分では、生徒たちは検閲に関するプラトンの勧告に耳を傾けてみるとよいでしょう。プラトンは正しいのでしょうか、それとも間違っているのでしょうか。学校後援者プログラムで「節制のみ」を主張する昨今の人々はどう思っているのでしょうか。この身体的な風紀検閲は生徒たちに必要とされているのでしょうか。生徒たちはその他のタイプの検閲を考えたいと思うかも知れません。学校図書館から『ハリー・ポッター』を片づけてしまう人たちは、どうなのでしょうか。

親業についての章で食べ物やアルコールに多くの時間が費やされているのを見て、少し奇妙に思われるかもしれません。しかし、二つとも人間が生きていくうえでの快楽の源泉ですし、これに関して十分な議論を重ねていくことは、ティーンエージャーの未来の生活だけでなく、現在の生活にも直接に関連するのです。二重の関連性ゆえに、このトピックは特別な重要性をもつのです。いつの日か親になることへと生徒を準備するなかで、いまの彼らにとって重要なトピックや自らの幸せのために役立つ持続的態度を発達させるようなトピックを通じて勉強することは、理にかなっているのです。

二重の関連性にまつわるもうひとつのトピックは、保護と成長とのあいだの葛藤です。善き親はすべて、子どもの成長を邪魔せずにいかにして子どもを守るかに頭を悩ませます。スージーが木登りをするのをいつ認めたらいいでしょうか。ジェイクがひとりで道路を横断するのを認めるのは、いつが安全でしょうか。どんな能力が成長のしるしとなるでしょうか。そのうえ、大人のみにかかわるどのような経験を避けるようにしたらいいでしょうか。

青年後期の男の子が多少の性的経験をすることは普通であるとかつては考えられていました。と同時に、そのような経験は、若い女性には禁じられていました。自分の経験を自慢する男の子は、事前に何らかの性的経験がある女の子との結婚を考えないでしょう。多くの若い男性にとって性的行為を披露するのは通過儀礼であり、成長過程の一部と見なされました。生徒たちには、いまや次のことを尋ねてみるよう勧められるべきです。つまり、そのような行為が成長の本当のしるしなのでしょうか、と。もしそうだとしたら、若い女性がそうした行為にかかわることも称賛に値することではないでしょうか、と。

しばらく議論を続けた後で、教師は、生徒自身の子どもが成長過程の一部として婚前交渉を経験するのを望むかどうかを彼ら生徒に尋ねるといいでしょう。わたしの推測では、多くの生徒は望んでいないと答えるのではないでしょうか。あいにく、「でも、どうせ子どもたちは経験するよ」とつけ加える者もいるかもしれません。ここで重要なことは、なぜ青年期の人々が、自分たちの子どもが性的行為を控えるのを望むのかということです。妊娠するかもしれません。性交によって伝染病にかかるかもしれません。情緒的に傷つけられるかもしれません。彼らには、性的行為についで回る責任に対する準備ができていないのです。こうしていいよ、これらに対する責任の本質について生徒に尋ねることができますし、成長によって意味されているのは何かと、尋ねることもできます。

成長とは、より充実した実り豊かな経験へと導く能力のあらわれである、と判断してよいと思います。ジョン・デューイは、成長を示さない例として、どろぼうがもつ能力をあげました[29]。どろぼうは錠前をこじ開けたり、侵入先を選定したり、高価な略奪品をもって逃走したりする技術を磨くかもしれませんが、将来のための機会を閉ざすという危険を冒していますし、わたしたちのなかで「より実り豊かで充実した」人生がどろぼうには残されていると予言する者など、ほとんどいないでしょう。ほぼ同じような理由で、青年期の人々は、早期に（他人との）性的行為にふけることが、より充実した幸せな人生を予想する仕方での成長を意味しない、と懸念しています。恐らくただ直観的にはそう思われているのでしょうが。

この種の議論は、説教を避けていますし、青年期の生徒の行動に対する直接的非難も避けています。彼らの親としての未来の生活から現在や過去の自分たちの生活までに再び焦点を当てていくことで、彼らは自分自身にとって何が成長の構成要素となり、何が成長を邪魔するのかを理解するかもしれません。この議論は、もちろん性的行為以外のことがらも含むべきです。コンピュータが発達している時代に多くの時間を費やしているのは、その子どものせいなのでしょうか。何時間もテレビを見ている子どもについてはどうでしょうか。頑強に要求することと成長とは、どれぐらい一致しているのでしょうか。

こうしたことがらの逆の側面もまた吟味されなければなりません。親は過保護であってもいいのでしょうか。多くの実例や不満がここにでてくるように思われますが、子どもには近所の友だちと自由にぶらつくのを認めるべきではないと考える過保護な親がいることに、多くの生徒たちは同意するでしょう。この主張は、すでにあるコミュニティの安全性と危険性について分析する機会を与えてくれます。注意深く調べてみることで、生徒たちは、自分たち自身のコミュニティが驚くほど安全であると結論づけるかもしれません。が、同時に、自分たちがあまりにもきっちりと監視されていることによって、価値ある経験を実際には奪われていると結論づけるかもしれません。彼らはロバート・スミスの本を読み、そのような経験が現在の子どもにとって安全かどうかを議論するかもしれません[30]。それでは彼らは安全だったのでしょうか。だれにとってそうなのでしょうか。

明らかに、この議論は状況が異なると大きく変わってきます。近所には見るからに安全だといえない人もいます。そこで、どうしたら彼らがより安全にいられるのか探ってみるように、生徒たちを誘ってみてもいいでしょう。もしあなたが親であるとしたら、あなたは何をするでしょうか。状況が変われば、生徒たちが過度に監視されたり制限されたりすることに不満を述べるのも、もっともかもしれません。なかには裕福なコミュニティで、親たちによる親のための野心や、「点取り虫競争」が自分たちの成長を実際に邪魔していることに気づく生徒もいるでしょう――これは幸せではなく、どんどんストレスをため込むしかない見かけ倒しの能力だけが、歪められたかたちで増えていくという事態を生みだします。[31] 生徒たちは、自分たちの親を擁護することから始めるかもしれません――「彼らはわたしにとっていちばんいいことを望んでいる」――が、彼ら自身が親としてどのように行動するかをイメージするようながされるかもしれません。そして、自分たち自身の状況を分析しながら、よりオープンで正直になるかもしれません。そうして今度は、生徒たちは彼ら自身の子どもたちがより知的に感受性豊かに成長するよう導いていってくれるでしょう。そうした希望が、次第に生まれてくるのです。

教育者としての親 Parents as Educators

これまでは出産という経験と子どもの成長について議論してきました。後者のトピックに関しては、有力な技術を示しました。つまり、未来の親として扱われたティーンエージャーに問題を提示することによって、彼らの問題に取りかかるということです。そこで、いよいよ教育者としての親の役割について、より直接的に論じてみたいと思います。子どもの成長を助けたり、知識を共有したり、一緒に学ぶことは、親業という素晴らしいよろこびのなかにあります。

親は、直接的かつ形式的に教えることもしますが、ほとんどはインフォーマルなもので、しばしば、こうした「教授」は、はっきりとしためあてをもちません。わたしたちはごく自然に、ある詩や韻律もない詩を暗唱するようになるかもしれません。お話をしたり冗談をいいだしたりするかもしれません。昆虫を見分けたりするかもしれません。子どものようにわたしたちが好きだった本を示したりするかもしれません。キッチンでお手伝いをするよう誘うかもしれません。映画を批評するかもしれません。家族で見るビデオを選ぶかもしれません。トランプでピノクルゲームをして遊ぶかもしれません。多くの者が自らの生活のなかで、そのようなインフォーマルな学習の成果について話ができます。たとえば、いとことわたしがサイコロ野球で遊んで打率を維持することによって、整数の割り算の達人になったことを、わたしは覚えています。二人は、祖母と

――彼女は負の数について、きっと形式的には取り扱えなかったでしょう――ピノクルゲームをすることで、負の数について何かを学んだのです。数え切れないほどモノポリーゲームをしたことで何を学んだかははっきりしませんが、お金を数えること以上にたくさんの利益がこの世にはあるということを、うすうす感じました。このゲームでは、土地を見積もったり、家を買うために将来の計画を立てたり、他のプレイヤーとの取引を企てたり、ルールの範囲内で変更を交渉したりします。

また、わたしは母や祖母から花の名まえを学んだのを覚えています。そして、このことを自分の子どもに伝えたり、それから今度は彼らが、彼らの子どもたちにそのことを伝えたりしているのが特別のよろこびでした。子どもたちは昆虫に興味をもっていたので、たくさんの昆虫の名まえを学んだことも思いだします。子どものようなそうした興味を復活させるわけではありませんが、子どもたちのおかげで、いまのわたしは多くの昆虫がおもしろく美しいものであるとわかります。そういうわけでわたしは、蜂に囲まれても、幸せに、恐れることなく作業する仕方を孫たちから教えられたのです。

夕食のテーブルではときどき、詩を交替で一行ずつ暗唱したりします。ひとりが「ここがだれの森かを知っていると思う」といえば、ほかのだれかが次の行を継ぎます。板張りの遊歩道のうえを歩きながら、「不思議な鳥とはペリカン／その口ばしは、お腹に入るよりもたくさんのものを詰め込めます……」と暗唱すれば、子どもはこれを好きになるのではないでしょうか。

こうした状況のなかには、学習のめあてを掲げたり、あるいは後でテストをしたりするといったことは、何ひとつありません。わたしたちは互いに分かち合うなかで、贈り物とよろこびとをやりとりするのです。夕食のテーブルでの会話は、長いあいだ教育的であると思われてきました。が、最近わたしは、多くの家族が一緒に食事をしないという事実に鈍感だとして、食事の献立モデルの称賛を批判した記事を読みました。多くの子どもたちは、夕飯のテーブルで会話をした経験をもっていません。そうした批判は、よい食物をえるのに十分恵まれていない人もいることを理由にして、栄養価の高い食物を批判するようなものです。夕食のテーブルでの会話に何か価値のあるものがあるとすれば、多忙な日々であってもそのための時間をつくるか、あるいはこれに代わるふさわしいものを工夫して考えるよう、親には助言しなければなりません。

かなり昔、まだ子どもが幼かった頃、ひとりの幼い息子をもつ隣人と話を始めたことがありました。隣人が語るにつれて、わたしは衣料費、歯医者からの請求、将来の教育費などに関して同情してしまいました。それから子どもをキャンプに連れて行ったり、旅行で博物館に行ったり、さまざまなレクリエーション活動や教育活動に参加したりするにも、また非常にお金がかかるという事実に遭遇したのです。「そんなこと思ってもいなかったわ」と彼女はいいましたし、実際に、彼女が考えもつかなかったのは明らかでした。わたしの子どもがわたしたちと一緒にいろいろなところに行くのですが（それはわたしたちの楽しみをものすごく大きなものにしてくれました）、一方で彼女の幼い子どもはベビーシッターと一緒にずっと家のなかにいたのです。教育者「としての」親という彼女の考えでは、子どもの行動を制約したり、大学教育のためにお金を節約したりすることがすべてでした。

親業にも、また文化的違いがありますし、そのような違いについての議論は微妙なトピックとなってきました。いわゆる今日いうところの欠損モデルには、当然のように難色が示されています。教育者たちは、母語が英語でないという理由で、その生徒が文化的に欠けた状態に苦しんでいる、と決め込んではいけません。あるいは、黒人英語を用いる若いスターが知性に欠けていると決め込んではいけません。しかし、わたしたちは生徒や親に、特定の目的や目標に関して不足していることを表示するような、何らかの障害について助言するのを恐れるべきではありません。こうした助言を避けるのは、敬意ではなく、道徳的弱さのしるしです。子どもたちには、彼らの文化的知識が欠けたものであると語られてはなりません。つまり、それは力量であり、ときには宝物でさえあるのです。しかし、標準英語の堪能さに欠けていることは、確かにひとつの不足です。そこで、子どもたちの文化的力量は、この不足に打ち勝つよう活用されなければなりません。

同様に、現代のリベラルな社会では、その親業のあるスタイルは他のものよりも有効です。わたしたちは、ひとつのスタイルが、絶対的な意味でもうひとつのスタイルよりすぐれていると主張する必要はありません。が、信頼すべきスタイルは、権威主義的あるいは甘やかしのスタイルよりも、教育目的にとってはよりよいものだと思われます。[32]権威主義的なスタイルは、親の手中でのコントロールを保ち、若者が服従することを主張します。つまり、親が一方的に重要な決定をすべて下すのです。甘やかしのスタイルとは、介入も手引きもほとんどすることなく、若者が好むままに行動することを許すものです。比べてみれば、信頼すべきスタイルは、手引きや、活動の共有や、話したり聞いたりしながら多くの実践を求めます。学校で親業を教える場合には、このスタイルを推し進めるのを躊躇してはいけません。このスタイルが絶対に最善だという必要はありませんが、このスタイルを好むということは、リベラルな民主主義社会において人生が成功したといえるときに、確実に重大な証拠となるでしょう。

言語は、信頼すべき親業において、きわめて重要な役割を果たします。信頼される親は、自分たちの子どもとともに話すのであって、彼らに一方的に話すのではありません。ここには再び、文化的違いがあります。ある文化では、大人と子どもが会話にいそしむことはありません。彼らは必要とされる情報を交換し、指示を与えたり受けたりしているのです。しかし、学校教育の通常の様式のために子どもたちを準備する仕方で、言葉を共有しているわけではありません。[33] 教師は、文化的に欠けていることや、親業のスタイルに欠けていることにレッテルを貼ることなく、子どもの個人的な長所と文化的な強さを引きだすやり方を学ばなければなりません。また同時に、わたしたちは、子どもたちが会話のさまざまなスタイルやパターンの効果に気づくようになるように、親業のために子どもたちを教育する方法を見つけださなければなりません。

裕福な家庭環境に特徴的なインフォーマルな学習が、学校で文化リテラシー――支配的文化によって高い値打ちがあるとされる知識――と見なしているよい部分を子どもたちに提供しているのを、わたしたちは知っています。これらの子どもたちは、すでに学校での学習に対するレディネス〔準備〕ができています。すべての子どものための文化リテラシーということを強く主張するＥ・Ｄ・ハーシュは、次のようにコメントしています。

学習へのレディネスという原理は、一般化を大いに必要とする。民主主義では、すべての生徒が学ぶためのひとつの準備段階に入るべきである。必須の技能、背景知識、そうしたレディネスに必要な語彙が、子どもの家庭環境ごとに非常に不平等なかたちで提供されているということは本当である。しかし、学問的な進歩――家庭背景にかかわらず――に求められる知識や技能を、おのおのの子どもに提供することは学校の義務である。[34]

ハーシュは、レディネスの差を改善する方法として直接的な教授に頼ろうとします。が、これが機能するかどうかは、全くわかりません。子どもたちは計画された活動の結果としての特定の技能や情報の断片を学ぶべきだと主張されると、教師も親も抵抗するようになります。だれかがある一定の経験から欲するものを選択しているなかには、とても重要な何かがあるように思われます。そして、彼または彼女が共有された生活に参加していると感じるさいにも。そのうえ子どもたちは、親や教師から事実や技能以上に、たくさんのことがらを学びます[35]。せいぜい彼らが身につけるのは――実際的な気づきを伴ったものではありませんが――学びに対して開かれた態度であり、自分たち自身の学びを抑制する感覚です。彼らは、学習を一連の特定の目的をもつ課業と見る者たちとは、かなり異なった精神の傾向をもつようになります。わたしはこの違いがいくらか謎めいたものだと認めますが、確かにこの違いはあると確信しています。もしわたしが正しければ、探求を分かち合う雰囲気に入り込むこと、意思決定にさいして言語や機会が豊かであることが、基本的な枠組みを提供すべきなのです。この枠組みの内であれば、直接的な教授は、まるで善き家庭でのように、思慮分別をもって活用されるでしょう。

声をだして読むことは、分かち合いによる快楽をえるためのとても大きな可能性を秘めた活動のひとつです。多くの子どもたちは、だれかが自分たちに読み聞かせてくれるのを好みますし、とくに聞き手である子どもの年齢がさまざまであれば、より年長の子どもたちでさえ、そうした集まりを楽しむのをわたしは知っています。夏の夜、そうした集まりをしばしば開きます。わたしたちの海辺の家を訪ねてくれた人はみな、聞き手のグループに加わります。サーバーの『サーティーン・クロックス』（六歳から十三歳の年齢層の子どものお気に入り）を読んだ後で、子どもたちは、「喉からお尻へと切り裂くぞ」と脅かして、駆け回ります。しかし、その結末は愉快ですが、残酷ではありません。他のお気に入りには、E・B・ホワイトの『白鳥のトランペット』や、メイ・サートンの『猫の紳士の物語』やT・H・ホワイトの『女主人マシャムの休息』があります。クマのプーさんの本は、幼い子どもたちをよろこばせましたし、子どもはみな、この話を聞いたあとに「プーの棒投げ」をして遊びたいといいはります。参加者は小川の近くで棒を見つけると同時に、橋の川上側から棒を落とします。それから全員、だれの棒がいちばん早く通り過ぎるのかを確認するため、橋の川下側まで走っていきます

（しばしば、どうしても判断しかねる場合があり、どうやって投げた人と棒とを一致させたらいいのかわからないのですが）。

　わたしたちも詩を読みますし、幼い子どもたちも学校で習った詩を披露します。しかし、詩は子どものためだけのものではありません。ある晩、第一次世界大戦の詩について大人たちと議論した後で、そのような詩が出版されたあとでさえ、その後の戦争がなぜされているのかを理解するのが難しい、ということに気づきました。分別ある人々が、詩のなかに描かれた、恐怖、戦慄、狂気、破壊、荒廃によって心を動かされないことがあるでしょうか。聞いていたひとりの子どもが「でも、おばあちゃんは、ほとんどの人がその詩をたぶん読んでないっていっていたよ」といいました。確かに。おそらく学校でもまた、家族がするようには詩を扱いません。学校がリズムや韻律や連の構成や隠喩に焦点を合わせるのに対して、わたしたちは恐れや戦慄に耳を傾け、これらをイメージします。教育に関して、よりよい仕事をしているのはだれでしょうか。

　親は学校の教師に対して有利な立場にあります。彼らは、インフォーマルな間接的な学びという不可思議な領域で、効果的な仕事をすることができます。先に不可思議という言葉を用いました。そこで神秘（ミステリー）について、もう少し話さなければなりません。どうして、フォーマルな教育よりもインフォーマルな教育のほうが、よりよくものごとを学べるのでしょうか。そして、よりよいという言葉で何が意味されるのでしょうか。文法について、考えてみましょう。もっとも成績の悪い学校を除外すれば、たいていの子どもたちは、大まかにいって、文法を同じように教えられています。話すなかでひどい文法を使ってしまう多くの人々は、たぶん紙のうえで正しい構文を確認することができます――これは確実な手段ではないのですが。最近、わたしは郵便局で局員と建設請負業者との会話を立ち聞きしました。二人とも（少なくとも）高等学校は卒業しています。建設請負業者は近所の人について尋ねていました。

郵便局員　あなたが砂浜から上がってきたのなら、彼を見たはずだよ［you should have saw him といっているが正しくは seen で、文法ミスをしている］。

建設請負業者　いいや。まあいいや、もういいですよ［it don't matter といっているが正しくは doesn't で、やはり文法ミスをしている］。

わたしは二人が知り合いかどうかわかりませんが、彼らのインフォーマルな教育がフォーマルな教育と調和することはないでしょう。比較的、同じような家庭環境出身の人々は（かなり幼い子どもたちでさえ）、正しい語法をとるように思われます。フォーマルな授業を何年も続けて受けていれば、日常の言語にほとんど影響を与えなくなるかもしれません。こうしたおなじみの結論は、幸運な子どもたちが間接的にえているような言語を、「恵まれない」若者に直接的に教えようとするハーシュの勧告の妥当性に、重大な疑問を投げかけます。

なぜあることがらが、インフォーマルな背景の下で、それほど効果的に学習されるのか、わたしたちには本当のところはわかりません。それは実践の問題であり、きっと実践がそれと関係しているのだと論じることもできます。しかし実践は、インフォーマルに取りあげたり思いだしたりする、無数の取るに足らない、まとまりのないことがらを説明してくれません。ほかに作用している何かがあるのです。おそらく、わたしたちは、逆説的にインフォーマルな環境のなかでより気を配っています。おそらく、希望することを選択する自由が、想起することに寄与するでしょう。おそらく、インフォーマルな学びにしばしば伴う幸せは、そうした学びがよりいっそういつでも起こるように助けるでしょう。

いずれにせよ、インフォーマルな学習の力ははっきりしていますし、学校はそうした学びがよりいっそう多く起こりうる環境をもっと提供してもいいはずです。あらゆることがこの方法で教えられるということをいうつもりはありません。多くの重要な概念や技能はフォーマルに教えられなければならないのですが、文化リテラシーの基盤はインフォーマルな学習を通してもっともよく築かれるでしょう。教師や生徒は、学校に割り当てられた時間のなかで、ともに*生きる*べきです。昼食の時間は、教育の機会として用いることができます――つまり、栄養補給のみならず、会話に満足する者もいるでしょう。同様に、遊び場や、課外活動で共有された経験、そして奉仕学習が、インフォーマルな学習のなかで構築された知識の倉庫に、すべて合算されてしまうかもしれません。

教育者には、学校がどのようにしてインフォーマルな学習の機会を増やしていけるのか、注意深く考えることが必要だとされています。彼らはまた、自分たちと親との相互作用が、よき家庭に特徴的なインフォーマルな学習をうながしているのか、それともその逆なのかを、問うてみなければなりません。子どもの宿題に親を巻き込むという実践は、たとえばインフォーマルな学習に対する親の熱狂を、現実的に正しい道に戻すかもしれません。厳しい監督者としてふるまうことを強いられることで、親は自分たちの本来の役割が、自分たちの子どもと共有された経験の瞬間を楽しむのではなく、フォーマルな学習を強制することにある、と感じ始めるかもしれません。もし子どもが助けを求めたとしても、親が子どもの宿題を手伝うべきではない、といいたいのではありません。自分の親を気の合う仲間や促進役と見ている子どもたちなら、実際に親に助けを求めるかもしれません。しかし、強制役を親にさせることには慎重になりたいと思います。いや、慎重になるどころではなく、間違いなく次のようにいいたいと思います。そうではないのです！　時間をともに享受するように、親と子どもたちとを勇気づけなさい、と。

この章では、出産の歴史と経験、そして幼児をケアすることのよろこびと試練の両面について議論してきました。そのさいに提示したのは、説教をしたり直接的に教授したりすることなく、ティーンエージャーの最近の問題をとらえるためにわたしたちを助けてくれる親業の教育のひとつのかたちでした。最後に、教育者としての親の役割について考察し、インフォーマルな学習の不思議さを探求しました。これまで、教育者としての親にとって何がもっとも重要な仕事なのか、ということについては何も述べてきませんでした――それは、善き人々として、自分たちの子どもたちを育てることです。これより前の章では、善さと幸せとの関係について議論しました。ちょうど幸せの意味に関して意見の違いがあったように、なにが善さを構成するのかに関しても違いがでてきます。次にこのトピックへと戻りましょう。

第8章　性格とスピリチュアリティ
Character and Spirituality

幸せや人間の繁栄のためには善をはかる基準が必要だ、と哲学者たちは長いあいだ主張してきました。しかし、近頃では、金持ちで不道徳な人々が主張する不幸せについての皮肉に満ちた話を多く耳にします。ものすごく裕福であまりいい人とはいえない人の富や高級な生活スタイルに関して、彼らをあざける人は、「そんなにも不幸せになってみたいものだわ」と評するようです。それでも、金持ちが常に幸せでないことをわたしたちは知っています。わたしたちが称賛する幸せのかたち――お互いの関係、公的生活の尊重、内的な平静からもたらされたもの――は、性格とスピリチュアリティの奥深さを求めます。親として、わたしたちは、子どもたちが経済的に成功するようにというだけでなく、それ以上に善さと幸せとのあいだのつながりを信じているので、子どもたちに善くあるべきだと欲するのです。

ケアリング関係と性格
Caring Relations and Character

人格教育――徳を教え込む計画的な企て――はもっとも古く、またよく知られている道徳教育の方法です。二十一世紀が始まった今日、ほんの二、三十年のあいだ、衰えはあったものの、人格教育は再び流行しています。[1] しかし、この運動に反対する思慮深い人々もたくさんいます。そもそも徳が教えられるのだろうか。（ソクラテスとともに）そうした疑問を呈する反対者もいますし、教える方法――教え込み（インドクトリネーション）――に反対する者もいます。[2] いま触れたような疑問を共有しながら、人格教育のほとんどの努力が道徳生活の間違った見解に発している、と感じている者もいます。人格教育の推進者は、徳が所有物であるかのように主張しているようです。個人によって徳が獲得され、実践されます。すると、個人のなかで徳が蓄積され、結局、それが性格になるのです。ときに人格教育の推進者たちは、子どもたちが徳を確実に習得できるように、訓練のための厳格な基準を唱導するのです。

対照的に、ケア倫理によって活動するわたしたちのような者は、道徳生活を徹底して関係から成り立つものと見なします。この見方からすれば、自己でさえ関係的なものです。もちろん、わたしたちは一個の身体をもった生物に違いありません。しかし、わたしたちの自己は、他の身体、モノ、自己、状況、観念との出会いから、また、わたしたち自身が以前の自己と反省を通して向き合う瞬間に構成されます[3]。関係という見方は、利己主義と利他主義とのあいだの区別を弱めて曖昧なものにします。というのも、わたしたちが他者に対して行うほとんどのことがらは、関係、すなわち、わたしたちがその一部分でもあり、そのゆえに、わたしたち自身でもあるような関係を強めるからです。

強固で幸せな関係のなかで徳はもっともよく学ばれるものだ、とわたしたちは信じています。幸せな子どもが暴力的で冷酷になることはめったにありません[4]。「子どもを悪くするのは道徳教育だとわたしは思う」といったA・S・ニイルにまでいく必要はないのです。しかし、道徳教育のある形式が子どもを本当に悪くしてしまう、ということに同意したくなるのも無理はありません。そのように教育されて不幸せな子どもたちを見ると、来るべき悪い状態をいつも予言できるのです[5]。幸せは、道徳的な性格の両方の極とつながっているようです。その両方の極とは、幸せは道徳生活のためのよき出発点であり、そして、道徳生活がもたらしたありがたい副産物でもあるというものです。

ここで幸せは、これまで議論されてきたすべての意味において解釈されます。わたしたちは単なる快楽について語っているのではありません。楽しまされることを絶えず求める子どもに非常に特徴的な、落ち着きなく飛び回ることを満たしてやることについて話しているのでもないのです。幸せを手に入れようとする子どもの援助には、彼らが知的に、そして道徳的に成長するのを導くことが含まれています。それにはまた、魅力的でよく統合されたパーソナリティを発達させるよう手助けすることも含まれています。この課題については次章で考えることにしましょう。いまは次のことを理解しておくだけで十分です。つまり、人は知的に高度に発達できますし、道徳的な原理を深く感謝して理解することもできますが、それにもかかわらず、彼や彼女の双方、そして社会が嫌悪を感じる仕方でも行動することができるということです。このことは、たとえば才能ある哲学者、チャールズ・サンダース・パースに当てはまるようです。ルイ・メナンドは、彼についてこう書き記しています。

彼は悪くない性質の持ち主だったが、しかし、ちょうど二十歳のとき、彼は自分のパーソナリティが自分の敵であり、自分の大人としての生活全体が、自己陶酔と自己非難との絶えざる繰り返しであることを知った。(6)

パースは幸せな人ではありませんでした。父は彼に思考することについて多くを教えましたが、他者と積極的に交流することについては、明らかに、ほとんど何も教えなかったのです。

ほとんどの誠実な親は、子どもたちがケアリング関係を保つ能力を発達させることに深い関心を寄せています。彼らは子どもたちに、まずケアされることが何を意味するのかを示し、次に他人のためにどのようにしてケアをするのかを教えます。人格教育に代えてこうしたケアリングを用いる親や教師は、たとえば親切について授業をしたりしません。その代わりに、彼らは親切をかたちとして表現することによって、親切とはどのような意味であるのかを見せるのです。あるいは、親切について個別に具体的な訓練をさせます。ただし、前もって計画された正規のカリキュラムの一部として実行される訓練ではありません。苦しみの元になるような行動をする子どもが見られた場合、こうした親ならすぐに分け入って、「そんなことしてはいけませんよ、それは人を傷つけることです」といいます。彼らは子どもたちに、彼や彼女のする行いが間違っていることを明らかにします。その後、どうやって子猫を抱きあげるかとか、ほかの子どもにどうやってものを尋ねるかとか、どうやってお母さんの注意を引くかとか、互いに触れ合うためのよりよい方法を教えるのです。(7)こうしたことすべてが、きっぱりとはしていてもやさしいやり方で実行されます。こうして子どもたちは、自分の行動のあるものは悪いこと（有害で、無礼で、人を傷つけるものであること）なのだと学ぶのです。しかし、自分自身が悪だとは感じるようにさせてはなりません。むしろ、彼らは価値ある仲間として取り扱われるのです。アリストテレスもいうように、わたしたちをより善い人間にしていくのを助けてくれるような、価値ある仲間や友人として。

これまでの議論では、幸せと善き性格とのあいだのつながりは十分に確立されていて、かつ広く受け容れられるものだ、とわたしは主張してきました。ところで、ここでのつながりとはいったい何なのでしょうか。この質問に答えるための探求を、一般に認められているいくつかの徳に関する考察から始めてみましょう。

徳の実例　A Sample of Virtues

正直ということから話を始めましょう。慢性的ウソは、ほぼ確実に貧しい人間関係につながり、しまいには不幸せに至るものだということは、明らかでしょうか。これがもしソクラテスのいいう対話なら、相手は即座にイエスと答えるでしょう。わたしたちにはどちらが原因で結果なのかはわかりませんが、多少は自信をもって、習慣的なウソつきは不幸せな人だということができます。しかし、他方の極端な話ですが、厳格な人と常に本当のことしかいわない人が一緒に暮らすのも難しいかもしれません。すると、彼らもまた不幸せになるかもしれません。「わたしは全世界の魂を救済するために故意のウソはつきたくない[8]」と述べた古代の教父と、だれが生活したいと望むでしょうか。世界を守るために、あるいは自分の子どもを守るために、またさらに罪なき隣人の生活を守るために、ウソをつかない人などいるでしょうか。

慢性的ウソつきも無情で正直な人も、大多数の人々に訴えかけるものはありません。ウソつきは信用されませんし、無情で正直な人はわたしたちを不愉快にします。とくに、わたしたち自身の欠点を絶えず思い起こさせるとすれば、なおさらです。ヒュームはこういいました。「だれが絶え間ない口論や、小言や、互いに咎め合うなかで暮らしたいと思うだろうか[9]」と。つらい状況のなかで誠実さを訓練するのに失敗した人たちと一緒にいると、あるいは誠実さを過剰に訓練し過ぎた人たちと一緒にいると、そのような生活になるかもしれません。ヒュームもアリストテレスもいっているように、行き過ぎた熱心な訓練は、徳を悪徳へとしばしば転化してしまいます。というのも、徳をこのように必要以上に目立たせることは、人間的関係を台無しにしがちだからです。人と人との関係は幸せの土台なのです。隠遁者になって神や自然との関係のなかだけで幸せを求めない限り、幸せになるためにわたしたちは他の人間の存在を必要とするのです。ヒュームは再び、こう述べています。

完璧な孤独は、わたしたちがこうむるなかでおそらくもっとも大きな罰である。すべての力や自然をひとりの人に従わせてみよう。つまり、彼の命令によって太陽を昇らせたり沈ませたりするとしよう。彼が気に入るように海や川がうねる。……幸せをともに分かち合い、その財産と友情とを楽しめるような少なくともだれかひとりの人物が彼に与えられない限り、彼はいまだに哀れなままであろう。(10)

そういうわけで、幸せになるために子どもたちは、他者、とくにケアリング関係を築くという目的を分かち合う他者との積極的な関係を保つのを助長することで、徳の訓練を学ばなければなりません。彼らは信頼できるという意味においては誠実であらねばなりませんが、容赦なく、あるいは堅苦しいまでに率直であることによって、人々を傷つけてはなりません。だれかが本当のことをいう場合、わたしたちは彼女が正直であることを認めなければなりませんが、しかし、その正直さが有徳のものであると認める必要はないのです。

次に、勇気の徳について考えてみましょう。この徳は長いあいだ軍隊的な勇敢さと結びつけられてきましたが、肉体的な勇気に代わって、「最高善の達成を妨げるものは何であれ、すべて克服可能な精神力」(11)のことをいいます。勇気には、その徳としての優位を保つために、知恵が結びつかなければなりません。知恵は勇敢さを無謀さから分けるのを助けてくれます。その結果、価値あることがらを追求するなかで徳を訓練するための、適切な評価をつくりだすのを助けてくれます。この評価を分析するさいに伴う困難とは、もちろん、賢明な人々が価値のあるものと見なすことがらは異なる場合がある、ということです。アクィナスやカントのような合理主義者なら、理性の正しい使用には論争の余地がないと主張するでしょうが、しかし、現実の世界は違った情景をあらわにします。二〇〇一年という年、わたしたちはテロのあいつぐ波を経験しました。罪もない人々に大いなる大義名分の名の下で計画的に苦しみが加えられました。自爆行為は卑劣だといえるでしょうか。彼らにはある種の大きな勇気があった、と確かにわたしたちは認めざるをえません。それでは、彼らには知恵が欠けていたのでしょうか。ほとんどはイエスと答えるでしょう。しかし、ただこの点においても彼らを擁護するような人たちがいます。それは信仰は究極の知恵のしるしである、と主張する人たちです。

もっと満足のいく分析結果をえるためには、再び関係的見方へと立ち戻る必要があります。もし肉体的、精神的、社会的勇敢さを求める行為が、そうしたものを即座に組み入れたケアリング関係を保つ傾向にあり、より大きなケアの網の目のなかで関係を破壊したり、ひどく弱めてしまったりすることがないならば、そのように訓練された勇気は、まさしく徳であるといえるでしょう。しかし、再度、この徳は個人の所有物のようなものではないことに注意してください。これは、ただ適切な時期に明らかにされ訓練されたものなのです。むしろ有徳というラベルは、関係において成り立つ相互行為に合致します[12]。行いが故意に、あるいは不注意にだれかを傷つけてしまう場合には、その行為者がどれほど勇気ある者であっても、そうした行いは有徳とはいえないのです。

この点で、わたしの分析が軍隊的な勇気に発する多くの行いの徳を否定してしまうことに対して、読者の方は異議を唱えられるかもしれません。もっともです。しかし、勇気を否定しているのではありません。ただ、こうしたかたちの勇気が有徳だとは見なされるべきではない、ということを強くいいたいのです。戦争は有徳な活動ではありません。ウィリアム・ジェームズは批評しています。

けれども、戦争というものが奮闘努力の生活と英雄的精神とを鍛える訓練の場である、という事実には変わりない。しかも、戦争は原始的な本能に根ざしているので、いままでのところ唯一の訓練の場として一般に利用されている。しかし、この不合理と犯罪の大規模な組織が果たして柔弱さに対する唯一の防壁であるかどうかを真剣に自問するとき、わたしたちはそういう考え方に胆をつぶしてしまい、苦行的、禁欲的な宗教というものをもっと好意的に考えざるをえなくなる。……いま社会的領域において発見する必要に迫られているのは、道徳的に戦争に代わるものである。すなわち、戦争と同じようにあらゆる人間に語りかけながら、しかも戦争が事実上人々の霊的自己と両立しないのとは反対に、人々の霊的自己と両立するような、英雄的な何物かである[13]。

しかし、ヒュームと同様、ジェームズは禁欲的な徳に対してはほとんど関心をもちませんでした。禁欲的な見方からすれば、幸せとは魂にとっての望ましい状態であって、身体にとってのものではありません。しかも、わたしはすでに幸せに至るこの道を却下したのでした。ジェームズのこの節からは、もうひとつの問いが浮上してきます。戦争と等価の道徳は、柔弱さを避けねばならないのでしょうか。もし柔弱であることによってやさし過ぎるとか、自分に甘いといったことを意味するのなら、柔弱さは避けられるのがベストであることに、わたしたちは賛成するでしょう。問題は、この語が女々しさをも意味するところにあります。このことは、戦争と等価の道徳が——もしそうした企てが見つけられるとすればですが——通常では女性と結びついた質を含まないということを示唆しています。関係的見方からすれば、そうした判断は災いに満ちています。それは、女性がケアリング関係にもたらしてきた質を継続して無視したり避けたりすることを意味しています。[14] それはまた、暴力に打ち勝つさいに直面する困難を増殖させることにもなります。というのも、それは暴力の根本をなすところの男らしさを保つように提唱するからです。[15]

生徒の幸せに関心をもつ教育者は、戦士の英雄ぶりを否定することなく、生徒のなかに戦争について批判的な質問がわき起こってくるのを許さなければなりません。何世紀ものあいだ、祖国のために死ぬのは「美しくふさわしい」ことだと、若者たちはいわれ続けてきました。[16] 母親でさえ、戦いのなかで自分のいのちを犠牲にして家族や国のために名誉をもたらすように、と息子たちを駆り立ててきました。[17] 名誉に訴えかけることは極めて効果的でした。しかし、彼らは強力な脅しにしばしば支えられていましたし、若い兵士たちは戦場で自らの生命を危機にさらすか、もしくは自分たち自身の部隊から臆病者として撃ち殺されるかのどちらかを選択しなければならなかったのです。徳としての勇気に敬意を払いながらも、次のような問いがでてくるかもしれません。ある特定の若者が、勇気のゆえに、それとも二者択一への恐怖のゆえに、戦いのなかへと入り込んでいくのでしょうか、という問いです。

教師は、このトピックを細心の配慮とバランスをもって扱わなければなりません。英雄の物語から何も差し引かれてはなりません。残酷さや破壊についての報告からは何も省略されるべきではありません。兵士も、戦争を回避した者も、両者とも勇気をもっているといえます。しかし、戦争の徳それ自体は、疑われなければなりません。強力に対立した見方を並立させることで教えられる勇気に関するトピックが考えられます。それは、自分自身で注意深く導いた判断をするように、と生徒たちに委ねられているのです。またそれは、教師に次のように問いかけることを要求する、とても難しく注意を要する指導です。あなたはXのことは考えたのですか。ここであなたは正しい人物像をもっていますか。Yの伝記を読みましたか。あなたの主張を確かにするような証拠はあるのですか、と。

教師はこれをどのように実行すべきでしょうか。現在では、そして間違いなくそれほど遠くない未来では、社会科の教師は、教科書と、あらかじめ細かく決められたカリキュラムによって束縛されます。教科書はとても高価で、補助的な教科書のために残された資金はほとんどありません。さらに、教育者も親たちも正直という徳を称賛し、子どもたちがこれを習得し訓練することを主張するのですが、学校カリキュラムのなかでは客観的知識を装うために、はなはだしい不誠実がまかり通っています。今日の生徒は、アメリカの奴隷制度、わたしたちの裏切り、インディアンの壊滅といった悪事について確かに聞き及んではいます。が、これらの恐ろしい出来事は特異な逸脱であって、アメリカ流のやり方としては特有のものではない、と信じるよう導かれています。さらに、これらの十分に実証されてきた出来事を「強調し過ぎること」に反対する強力な意見まであります。今日の戦争の惨事について、そして戦争の現実を過小に報告するように、ニュースメディアが歪めることを強いる（あるいは選ばせる？）やり方について、教師が生徒に誠実に話すことは危険でもあり、ほとんど不可能なことなのです。

骨を折って退屈な教科書をたどる代わりに、教師には、傑出した書物からの引用や抜粋が与えられるように奨励されなければなりません。戦争がいかにおぞましいものであるか、現実の戦闘経験と結びついた軍事訓練がいかに人間の道徳的資質を鈍磨させ、あるいは破壊させることができるか。こうしたことを生徒に理解させるのを助けるような引用抜粋を与えるのです。ジョナサン・グラバーの『人間性』のひとつの章は、真の教育に対して、ほとんどの「合格推薦」教科書が望んでいる達成よりも、より多くのことができるかもしれません[18]。わたしたち自身の文化を悪しきものにすることが問題なのではありません。若者に文化の悪い面だけを示すことに反対する人々に、わたしも賛同しています。ただ、大いなる悲しみといくらかの謙遜を抱きながら、すべての人間は他の人間に対して、集団としてしばしばいまわしくふるまってきたのだ、ということを認めることが問題なのです。グラバーの記事を読んで、たとえ行動の動機がいかに有徳であったにせよ、戦争が有徳であるとの観念を抱いたままそこを立ち去ることは、だれにもできないのです。

わたしたちがしなければならないこと、そしてここで繰り返し強調してきたことは、グラバーのいう人間的応答、[19]つまり道徳的な感性を教育することです。幸せを助長する環境のなかで育てられ教えられたとき、若者は、わたしたちがケアリングと関連させる次のような人間的応答と接触を保ち続けることでしょう。つまり、共感、動機転換（手助けと分かち合いへの欲望）、心のやさしさ、残酷さに対する憤りと吐き気、寛大さ、進んで耳を傾けてつき動かされるという人間的応答なのです。しかし、これらの人間的応答が消れること、まさにそれが軍事訓練の伝統的な役割であったことも、彼らは学ばなければなりません。もし、子どもを誠実に、また防衛のための軍隊を保つために教育する方法がないとするなら、防衛のための軍隊が何を意味するのかを、わたしたちは再考する必要があります。教育上の誠実さを犠牲にするような選択は、決して受け容れられるべきではありません。[20]グラバーは、有益で心を悩ませる著作の最後を、次の言葉で締めくくっています。

> さらなる災いを避けるために、世界的規模での政治的な抑制が必要である。しかし、政治が話のすべてではない。わたしたちは技術の結果が人間心理の破壊的な側面に奉仕するのを経験してしまった。この破滅的な結合をめぐって何かがなされねばならない。残酷さをあらわし大量殺戮を実行するための手段は完璧に発達をしてしまった。技術にストップをかけるにはもう遅すぎる。いま立ち戻るべきは心理学である。[21]

そう、心理学なのです。しかし、もっと重要なのは教育へと向かうことなのです。

幸せが道徳的な善と結びついているとすれば、それは開かれた心の状態、批判的思考、そして精神の寛大さといった、知的な徳からも影響されます。トマス・ペインは「正義を行い、情け深さを愛し、仲間である生き物を幸せにするような努力[22]」に託しているといいました。彼は非暴力を主張しました。非暴力であるということは、無知に生きるとか、不正が勝つのを許すということを意味しません。人は真実を求めねばならず、たとえ好ましくない側にそれがあらわれてきたとしても、これをきちんと認めなければなりません。これはおそらく教育のなかでもっとも困難な課題です。つまり、委託する気を喪失させて妨げてしまわないようなあいまいさに対して、寛容な態度を生徒にもたらすという課題です。ペインは暴力に対する自らの抵抗を戒めました。彼の影響力ある作品が発表されてから何年も後で、セオドア・ルーズベルトは、「汚らわしい無神論者」[23]としてペインに言及したのです。

二〇〇二年初頭、わたしたち以外のすべての人々が「味方か、あるいは敵か」のいずれかでなければならない、と指導者たちが主張するような状況に再び直面しました。教育は、双方における善と悪とを認めながら両方の側に立つことができるということを、人々が理解するよう助けられるでしょうか。この点では、あまり進歩してきませんでした。その理由のひとつとして、徳としての誠実さを称賛する社会では、乾いた人間の耳をネックレスとして切ってつるしたり、妊婦を殺したり、生きた囚人の腸を抜いたり、敵たちがあからさまな恐怖に怯えるのを嘲笑したりする兵士もいるということを、信じようとしないのです[24]。そうした犯罪にかかわった少年や男性の多くは、『ひまわり』にでてくるナチスの若きカールのように、母親からは「よい男の子[25]」として描かれるのです。戦争に関する多くの信頼できる記録に示されているような残酷行為ができるまでの存在へと、いったい何が、あのよき少年たちを変えてしまうのでしょうか。

もうひとつの徳について精査する前に、教育の目的に関する先の議論に簡単に立ち返らなければなりません。そこでわたしが述べたのは、目的をめぐる議論をないがしろにしたり、教育目的の分析はすでに終わった課題だと見なしたりするのは危険だ、ということでした。〔第4章に登場した〕よその世界からの来訪者は、わたしたちがしていることに関して、たくさんの疑問を呈していました。勇気をめぐる議論によって示唆された問題の表面をほとんどかすることもできなかったのに、すべての子どもたちにスタンダードでアカデミックな科目を強制することにやっきになるのはなぜか、とただちに尋ねてくるかもしれません。戦争のさいにはそうするかもしれないような類の行為について、何の知識ももたずに高校を終えるような若者。わたしたちにとって、彼らは重大な関心事であるはずなのではないでしょうか。ブライアン・フォガティは、第二次大戦後の軍隊の訓練において生じた変化について記しています。

> 主な変化は、自動的な殺戮の能力や志向性の根元にある心理的な「動機づけ」を大切にし、肉体的な技能には重きを置かないことであった。たくさんの心理的なテクニックが用いられたが、ほとんどは二つのうちひとつのシンプルなかたちをとる。まずは教練の問題で感覚を失くすことである。「殺せ、殺せ、殺せ……」と、たとえば

行進のあいだ歩調に合わせて歌い続ける。あるいは殺戮の訓練のさいに、できるだけもっとも明確な言葉を用いるのだ（お前は敵を駆除したいのだ。そして、彼を家のママのところへクラッドのバッグ〔ポリ袋〕に入れて送り届けたいのだ）[26]。

こうしたテクニックが広く用いられるようなら、公立学校が若者たちをそうしたものに対して、道徳的に抵抗するような何らかのかたちへと準備していくことは、確かに正しいことだといえるでしょう。二十世紀、わたしたちは過剰なほどの恐怖を体験してきました。それらは、これに打ち勝つ方法の代わりに、もし道徳的な応答をいかに保つかを教えられていれば、避けられるはずのものでした。十分に教育されてきた人々——医者、裁判官、市町村長、哲学者——が、拷問、虐待、罪もない人間の絶滅にさえ参加できたというのは、いったいどういうことなのでしょうか。心理学ではどうしてこういうことが起こるのかについて解釈し始めています[27]。しかし、高校で何を学んだかについては、わたしたちはめったに議論していないのです。

戦争の心理学を議論しないという怠慢は、今日の人格教育運動に対してわき起こるもうひとつの不満です。たとえばリコーナの『こころの教育論』では、勇気は、少なくとも六回言及されています。ベトナム戦争について教えるのには、さらに数ページが割かれています。後者の議論では、生徒たちは、ことがらの両面について調べるように、決断を下す者の役割を演じるように、そして「さまざまな戦争観をもつ人の背景を調べる」[28]ように求められます。しかし、怒り、とりみだし、脅えて女や子どもを虐殺し、囚人を拷問し、土産に乾燥した人間の耳を集めるかもしれない自分自身を想像するようにとは、決して求められないのです。ところが、平和な世界をいつか築こうとするならば、彼らが考える必要があるのは、こうしたことがらなのです[29]。もし勇気をテーマにしようとするなら、非暴力のまま悪に抵抗した人々の勇気が強調されるべきです[30]。

ここで調べてみなければならない最後の徳は、忍耐です。忍耐は、一九〇九年に教師と親のために出版された教科書『性格のための授業』のなかで、三十一の徳のうち九番目にでてくるものです[31]。その他の徳に対するアプローチと同様に、忍耐に関する節は定義で始まり、それから説明、解明と訓練、適用、そして刺激へと進んでいきます。年少の子どもにも年長の子どもにも、文学が用いられるよう勧めています。『性格のための授業』は、E・D・ハーシュが文化リテラシーと呼んだものに満ちた本です。名前、物語、逸話、引用、じっくり考えるための項目で溢れています。今日で、これはかなり伝統的で、形式的で、古風に見えます。

忍耐の訓練には、「最初うまくいかなくても、もう一度、やってみよう、やってみよう、やってみよう」と子どもに暗唱させるといった、たくさんのプロパガンダ流の技術が含まれています。しかし、今日ではめったに聞かれないちょっとした知恵も含まれています。「あなたの本業を保ちなさい。あなた自身にとってもっとも満足のいく、そしてまわりの人々にとってもっとも有益なものをもたらしてくれるようなことをすることから、外れないように[32]」。「前から考えられた計画と行動の明確な方針が、忍耐にとって欠くことができない[33]」と強調されています。

選択と計画に力点が置かれます。生徒は自分自身の関心と才能を分析し、それに応じて計画を立て、その計画のなかで忍耐すべきであることが提唱されます。これは今日の学校でふつう与えられるメッセージと、かなり異なっています。たとえばリコーナは、自分の教室の第一のルールとして「すべてのことにおいて常に全力を尽くす」、と掲げた一年生の教師について好んで話します。わたしたちはこうしたアドバイスを小さな子どもに与え、それからこの子たちに評点をつけ始めます。それでは、全力を尽くして、その努力にもかかわらずいつもCになってしまう子どもは、どうなるのでしょうか。

わたしたちは、いつもすべてのものごとにおいて全力を尽くすべきなのでしょうか。あるいは、自分たちが全力を傾ける課題を賢く立派に選択すべきなのでしょうか。何年ものあいだわたしは大学院生に向かって、彼らの情熱を刺激する知的な課題に対しては、全力を大切に取っておきなさいとアドバイスしてきました。もちろん、求められたすべてにおいて適切な仕事はしなければなりませんが、すべてのことを画一的にうまく行うのは創造的にものを考える人の証ではありませんし、そうしようとすることで創造性はかなり減退してしまうでしょう。「Aより「B」があなたの魂にとってよいことよ」、とわたしは彼らにいいます。「それが、あなたにとって本当に関心のあることは何か、と決断するのを助けてくれますよ」と。

自分の成績以外に現実の関心を向けることを注意深く拒むことによって、「外れた者」になっていく生徒に関して、ジョン・ノールズには、素晴らしく洞察力にあふれた記述があります。彼にはたったひとりのライバル、チェットがいます。

僕には、チェットが弱っていくのがわかり始めた。学ぶことへの関心に彼があまりにも誠実だから。……『カンディード』を読んだとき、チェットに世界を眺める新しい道が開かれた。教室が次の生徒に変わっても、ヴォルテールをフランス語で貪るように読み続けていた。彼は傷つきやすかった。というのも僕にとって彼らはみんなとほとんど変わらなかったから。ヴォルテールにモリエール、運動の法則にマグナ・カルタ、〔人間以外のものに感情を与えて「泣いている枝」などとする表現の〕感傷虚偽にダルベヴィルのテス。僕はこれらすべてに見境なく取り組んだのだった[34]。

デニーズ・クラーク・ポープの現実の人生で、近年よく証明されているのは、この悲しい結果です[35]。

このように、リコーナによって記された教師は、福祉学級の子どもたちの九十パーセントの成績を伸ばしますが、もっと後の段階の子どもたちに起こっていることには驚いてしまいます。自分が選んだのではない課題で、もし子どもたちが全力を尽くしてCの成績をとるなら、多くの者は努力することをやめてしまうでしょう。もし彼らが威圧に抗して前進するなら――興味と計画を求めて――また打ち負かされるでしょう。そして、もし教師の助言を信じて障害に抗い、Aの成績を取ったとしても、ノールズのジーンやポープのイヴのように、アカデミックで不幸せな機械になってしまうでしょう。そうした若者たちは、人生を先送りすることになってしまいます。すべてのことに全力を尽くすことによって受け取る報酬のために、従順に努力しつつ「いつの日か」幸せになろうと計画しながら。

アカデミックな凡人へと励ますべきだ、とわたしはいっているのでしょうか。全く反対です。すべてのことがらに同等の努力を費やすこと――全力を尽くすこと――は、凡人へと至る確実な道なのです。生徒が自分自身の関心や仕事を評価し、もし可能ならば、彼らが幸せに働けるような課題を見つけだせるよう手助けするのは、教育者としての仕事の一部です。生徒は避けたいと思うような課題もしなければならない場合があるでしょうが、わたしたちはごまかしの仕事を受け容れてはなりません。しかし、選ばれた仕事に対するリアルな情熱を伴ったよろこびを壊してしまうことに対しては、わたしたちは警戒すべきです。正直、勇気、忍耐といったものが、いつも徳であるとは限らないのです。

さまざまな徳を分析するのにもっと時間を費やすこともできますが、わたしの目的は、分析へのアプローチを築くことです。徳が幸せとつながっている限り、徳とされるものは一つひとつ、それが実際にこのつながりを示してくれるような条件の下で、検証してみなければなりません。教育的努力によって生みだされた人々が善い人になることをわたしたちは望みますし、そうした人々は、善い生活に基づくより深い幸せのかたちのために、よろこんで一時的な幸せを犠牲にするに違いありません。こうした期待は、ある深みにおいて善を議論するのに時間を割くべきだ、ということを示唆しています。そして、その議論は、批判すべき問題に関する、批判的思考を含むに違いありません。

多くの人々にとって性格はスピリチュアリティと密接につながっていますし、満たされたスピリチュアルな生活は大きな幸せをもたらします。公立の学校では、このトピックにどのようにして迫ったらいいのでしょうか。この続きで、もちろんわたしは、特定の宗教や宗教そのものについて議論するつもりはありません。宗教とつながるスピリチュアリティを否定しているのではなくて、本質的な部分で冒涜の危険を冒すことなく、このトピックが取りあげられるということを単純に示しているのです。わたしたちは、毎日の生活のなかでスピリットを探し求めているのです。

スピリチュアリティ　Spirituality

今日、高度なスピリチュアルな生活を求める者には、世間の関心から（ときには身体からでさえ）逃れるのを約束する運動に参加する者、失った魂を再びつかまえる道として福音原理主義に立ち返る者、ほかには観想的生活の型や訓練を学ぶために、それについて研究する者がいます。最初の二つのアプローチをないがしろにしたり、三番目のもの（これは深く思索的で崇高な美によって特徴づけられるものだと思います）を退けたりすることなく、日常生活のなかの確かな特徴に大いに気づくことが、スピリチュアルな生活と幸せに大きく寄与できることを、わたしは提唱したいと思います。

それは、毎日の日没と日の出のあいだに、ときおり明らかになります。西の空の全域に赤い帯があらわれてきます。わたしの寝室は海に面しています。ベッドに横になります。秋ちょうど海のうえにこの赤い帯を見ることができます。秋が深まるまでは、実際の日の出は、寝室の窓のちょっと北から始まります。それを見るためには起きて別の部屋に行かなければなりません。書斎でもあり植物が置いてある部屋に近づいていきますと、まさに窓が見える手前で、しばしばわたしは立ち止まり、左手の本棚を横切ってくる光にうっとりとさせられます。海は左のほうにあります。そこで、前へ進んで立ち返りますと、日の出の全貌を見ることができるわけです。しかし、ここでいま、この通路に止まってみると、光のパターンは荘厳です。ある朝は金色、ある朝はピンク色。ときには壁全部と本が、赤っぽく照り輝いて覆われます。スピリットがじんわりと高まってきます。

そこには、まさに日の出があるのです。詩や物語に描かれた日の出について思うとき、夜明けの光がだんだんと増していくところを思いめぐらすのです。太陽が昇るのを見ていると、それが突然の現象だと悟ります。太陽はまるで熱狂に満ちて地平線にはじけます。かすかにその帯状に曲線があらわれた一瞬の次の瞬間、完全でまん丸の太陽があらわれます。どのくらいの数の人々が、わたしとともにこの瞬間を共有しているでしょうか。一年のどの季節であれ、わたしが見ているところからちょうど道をわたったところにある板張りの遊歩道、埠頭、岩の防波堤で、これを見ている何人かの人々がいます。わたしは驚きます。おそらく、わたしたちはみな海の広大さによって瞬間的に打ち負かされてしまいます。日の出のその美しさ、宇宙のなかでわたしたちが占めるささやかな場所、一日の始まりで絶えず再開される驚嘆。

日々の生活におけるスピリチュアルな瞬間についての説明をさらに続ける前に、だれにでも明らかなことについて確認しておきたいと思います。わたしは別の郷土に生きています。だれもがそうした光景を見るわけではありませんし、書斎兼植物の部屋があるわけでもありません。しかし、漁師で、農夫で、質素な〔お椀型の住居〕ホーガンで生活するナバホ族――東の方にいて日の出の栄光に接しています――で、スピリットが高揚する同じような話を、わたしは読んできました。

ここで議論されているスピリチュアルな瞬間は、離脱や瞑想の結果として訪れるわけではありません。むしろこれは、そこにあることへの完全な参与の瞬間なのです。マルティン・ブーバーはそうした瞬間を、関係が顕現してくるものとして記述しています。そして、これは人々、動物、植物、モノ、あるいは出来事と出会うときに起こりうるのです。樹木との出会いを記しながら、ブーバーはだれもが「樹木を観想」できる数々の方法を指摘しています。多くの場合、樹木は調査と研究の対象です。「しかし」と彼は書きます。「もし自らの意志と他からの恵みがひとつになれば、この樹木を凝視するにつれて、わたしは樹木との関係のなかに引き入れられ、樹木がモノであることをやめる、ということも起こりうる」[36]と。驚嘆と安堵を超えるような瞬間があるのです。

関係の突然の現実化が、常に驚嘆と安堵を生みだすわけではありません。サルトルの描く人物ロカンタンにとっては、マロニエの樹との出会いは嘔吐を引き起こすものでした。

> マロニエの樹の数を計算したり、位置を決めたり、その高さを……比べたりしてもムダであった。それらのものはそれぞれわたしがそこに閉じ込めようとした関係から逃げ去っていた。……根……無秩序の怪物のようなやわらかいかたまり――裸の、おそろしく卑猥でむきだしのままの。

マロニエの樹の根とひとつになり、混ぜ合わされるという感じは、ロカンタンを圧倒し、それは彼に、ちぐはぐなもの――余計なものとして――マロニエの樹の根のようなものとして考えさせたのです。

> そしてわたし――意気地なく、疲労し、みだらで、食物を消化しながら陰気な考えをもてあそんでいる――このわたしもまた余計なものだったのだ。これらの余計な存在の少なくともひとつを消滅させるために、自分を抹殺することを漠然と思い描いてみた。しかし、わたしの死さえも余計なものだっただろう。わたしの死体も、微笑を浮かべたこの公園の奥の砂利のうえや、植物のあいだに垂れるわたしの血も、余計なものなのだ。……わたしは永久に余計な存在だったのだ[37]。

多くのスピリチュアルな出会いは恐怖、戦慄、嘔吐を引き起こしますし、これらは無視されるべきではありませんが、教師としては、こうした経験を過度に強調したくありません。平和やよろこびをもたらす話と注意深くバランスをとっていきたいものです。しかし、戦慄の記述は鮮明です。ウィリアム・ジェームズはロカンタンよりももっと圧倒的な、そうした経験について報告しています。彼は、それを中止とも呼びます。

これ以上実例を示す必要はない。わたしたちが考察した例で十分である。その実例のひとつは死滅する事物の空しさを、もうひとつは罪の感覚を語っている。そして残るひとつは宇宙の恐怖を表明している。――そして、それら三つの道のどれをとっても、人間の生まれながらの楽観主義と自己満足とが塵にも等しいものになってしまうのである。[38]

このトピック――スピリチュアルな経験の驚きと恐ろしさ――について高校生と議論していたのなら、次にわたしはW・G・ゼーバルトの『アウステルリッツ』にあらわれる情景を見せたかもしれません。サルトルとロカタンやブーバーに言及することなしに、ゼーバルトは、不規則に伸びるマロニエの樹の根が、「森一面に広がる無数の藪一華(アネモネ)[39]」とひとつになった写真を並置しています。その効果は、わたしたちが議論しているものの極致を描きだしています。ブーバーによって記された、わたしとあなたとの出会いは素晴らしいものでした。他者、樹木、芸術作品、あるいは神とつながること、ひとつになることは、スピリチュアルな生活の極致です。――もし、ほかにいくらかよいものがあると気づくとしてもです。もしも、そうしたあり方が、邪悪で恐ろしく、吐き気をもよおすように感じられたなら、人はそれを恐怖もしくは嘔吐と感じ、スピリットの高まりとは思いません。

ゼーバルトはもう少し何か貢献しています。アウステルリッツが子どもとして、蛾についてどのように学び、蛾が家に入る道を、偶然どのように失ってしまったかを教えてくれます。

> なぜならそっと外へ逃がしてやらない限り、いのちの灯の消えるまで、ひとつのところをじっと動かないのだから。それどころか断末魔の苦悶にこわばった小さな爪を突き立てたまま、いのちが尽きた後もなお、己れに破滅をもたらした場所に、ぴたっと取りついたままでいる。[40]

これは自然を愛する者にとっては十分過ぎるほど痛ましいことですが、次の節は文学的にスピリチュアルな経験へと誘っています。

> 下等な生物に魂がないと断じられる理由はひとつもない。夜に夢を見るのは、わたしたち人間と何千年にわたって人間の感情の動きと結ばれてきた犬などの家禽だけでは

> ない。ネズミやモグラのような小型の哺乳類も、まどろみながら内面にだけある世界のなかに入り込んでいる……。……蛾も夢を見ない、庭のレタスが夜半に月を仰いで夢を見ないなんて、どうしていえるだろうか。[41]

　こうした観察に関して、生徒はその科学的状態を検証するように勧められるかもしれませんが、しかし、もっと大事なのは、このような着想についてじっくり考えるべきだということです。レタスにそなわる意識の可能性について、わたしたちはどのように感じるのでしょうか。レタスが夢を見ることができるのなら、同じように悪夢もあるでしょう。わたしたちの驚嘆と恐怖は、ずいぶん深まるかもしれません。

　平凡な日常生活——そこで樹々、蛾、そしてレタスのような植物に出会う生活——は、スピリチュアルな経験というよりも、むしろ退屈や骨折りの仕事としばしば結びついています。たとえば、ふつう家事はスピリットを高めるような仕事ではありませんが、ときおりそうなりうる場合があります。家が、わたしたちの身体を保護するなかで、スピリットや想像力をも守ってくれているということを忘れがちです。文学や詩は、子ども時代の家庭の記述や追憶、故郷や故郷のある地域への憧れに満ちています。しかし、家のなかにあるモノについては（面白いことには、しばしば突出した表象である時計と肖像画を除いて）めったに触れられることはありません。が、バシュラールは思い起させてくれます。

> 実際、再び無意識的行為の創始者になるということは、なんと驚嘆すべきことだろうか。したがって詩人が——身代わりの人物によってであれ——家具を磨くとき、また触れるものをみな暖める毛の布きれでかぐわしいワックスを軽くテーブルに塗るとき、彼は新しい事物を創造し、事物の人間的価値を高め、その事物を人間的な家の戸籍に記録することになるのだ。[42]

　このように時間やその他の課題に押しつぶされなければ、光がただ正しく当たって、スピリットが受容的であるなら、それは起こりうるのです。磨かれた家具がまるで感謝とともに輝くとき、こうしたスピリチュアルな瞬間はありうるのです。そして、人間のスピリットもまた熱く輝くのです。塵を掃ったり掃除したりするたびに、そうしたことが起こる必要はありません。顕現を継続的に生みだすような、何か他のスピリチュアルな訓練も必要ありません。ただ、それは起こるのです。そうした訓練とは別に、人はスピリチュアルな瞬間に向けて準備され、これに気づかされなければなりません。

　高まるものとしてのスピリットについて記した前の段落で、わたしはそれを内在しているものとして、簡単に記述したかもしれません。スピリットが身体を超越するというよりも、むしろ身体がスピリットによって意識的に満たされるようになるということです。両方の解釈とも、わたしたちの理解には役立ちます。わたしが記した高揚は、エクスタシーと名づけられるかもしれません。キャロル・オックスは、こう定義しています。「エクスタシーとは……自分自身の外側に立っていること（ex stasis）である。これは、通常の自己、思考し判断し評価するいつもの仕方を含む自己が、入れ替わることを意味している。生活のなかに突入してくるものによって、わたしたちは自己の外に追いやられてしまうのである」[43]。しかし、関係的な見方からすれば、すでに記したわたしの経験では、それは自己の外側に立つというよりも、十全な自己の実現に近いものです。それは関係することによる、つかのまではありますが、このうえなく素晴らしい現実なのです。それは呼びだすことはできません。しかし、人はそれが起こるように準備されなければなりません。

　この種の経験は直接には求められないとオックスが警告するとき、わたしはその通りだと思います。その言葉はブーバーと同じです。

> そうした経験が目標ではないということを一度はっきり理解すれば、わたしたちが自分自身を信じて自分自身に対して真実であることを学ぶさいに、この経験が手段として重要であることを再確認しなければならない。……スピリチュアリティというものが、かりに現実との関係性のなかへと入り込んでいく過程だとするなら、そのときスピリチュアリティは、わたしたち自身の固有の経験が有するリアリティとの関係をも含んでいなければならないことになる[44]。

　毎日の経験は夜まで続きます。たとえば、わたしは早く仕事を終えて、論文のとある章や、ミステリー小説、現代小説、学生時代に読めなかった古典などを、次々と読んでいるかもしれません。夜がふけるにつれて眠くなります。猫のルルがやってきます。たいていの夜、ルルはベッドの足元でただ眠っています。でも、ときどきルルは右腕の下にきつくすり寄ってきます。ページをめくるのが大変になってきます。灯りを消して寄ってくるルルに注意を向けます。ルルもまたわたしを愛撫し、わたしの肩で「なでなで」をします。ルルはやさしく喉をならします。ルルの頭のうえで手を軽く休ませ、幸せなルルの声が続くなかで、わたしは動物種を超えた交わりにある情動の意味について考えるのです。信頼は絶対のように思われます。関係のなかでこれほどまでの愛がはっきり表現されているのに、なぜ世の中はこれを取るに足らないことと見なすのでしょうか。

たいていの夜、眠りはすぐにやってきます。少なくとも二、三時間で。読み物の山は目覚める時までいつものように手許にあります。でも読むのにあまりにも目が疲れているときは、猫はベッドの脚のところに引っ込んでいますし、夫は穏やかにいびきをかいているのです。まだ眠くはなりません。蚊と人間を苦しませる夜の恐怖に邪魔されているのです。ときどき静かに詩を朗読します。フロストかハーディから少し。不安をかき立て、細かいことで悩ませるものは、どこかへ行ってしまいます。そして、眠りにつきます。

学校ではどうして、スピリチュアルな充足感を促進することをあまりしないのか、としばしば自問してしまいます。魂は太陽とともに昇るのよ、ときには魂をもちあげるために、へとへとになったからだを引きずってでるのは、努力に値することよ、と生徒たちに教えますか。生徒に自分の家を見て、どれだけのモノが人間世帯の一員として「公的に記録」されてきたか、尋ねるようにうながしますか。環境主義に関して政治的には正しい授業を追求しながらも、種を超えた情動について内省するよう勧めていますか。夜になるとしばしば起こる不安と恐れを認めていますか。公式の業績や成績のためではなく、スピリチュアルな訓練についての総種目をつくりあげるために、生徒が詩を覚えるのを助けていますか。やっていないのなら、やろうではありませんか。

スピリチュアルな経験はいままで記してきたように極めて個人的なものですが、ここでは議論しない伝統的な宗教上の経験のほかに、一般的な経験があります。たくさんの人々がスピリチュアルな幸せと結びつけてきたような一般的な経験です。庭は、長いあいだ人間のスピリットを「徳と聖性」[45]へと向け変える場として知られてきました。それは引きこもる場所でもあります。より大きな世界の混沌や、家のなかの騒音やかび臭さから逃れて立ち返るような場所です。この世の中がほとほといやになってしまって（この世の恐怖が、いま彼が楽しんでいるものにとってはともかく必要なのだ、というパングロスの考えを拒否しながら）、ヴォルテールのカンディードはいいます。「わたしたちは自分の庭を耕さなくてはならない[46]」と。耕すための庭をもっている人は幸いです。

庭は、しかし単なる隠れ家ではありません。同一のスピリットへと誘うものです。ガーデニングをする人の多くが、ガーデニングをしながらスピリチュアルな経験を見いだしています。そして、そこで彼らが共有するものは、教会で信徒たちが集まって共有するものととても似たものがあります。身体への意識が高い現代において、ガーデニングはすぐれた訓練であるとも見なされますし、事実そうです。からだを曲げたり、ストレッチしたり、もちあげたり、土を掘ったりして汗をかき、心拍数もあがります。しかし、ガーデニングは、むしろスピリチュアルな訓練なのです。この真実を記した数あるもののなかでも、E・B・ホワイトが、彼の妻の本のはしがきで彼女に贈った賛辞が、わたしはとくに好きです。

> 庭の図とクリップ・ボードを抱えて、キャサリンはちょっと長すぎる古いブルックスのレインコートを身につけ、小さな丸いウールの帽子をかぶり、防水用のオーバーシューズを履き、それからディレクターズチェアーのところへ向かったものだ。その椅子はキャンバスを張った折りたたみ式のもので、庭地の隅に彼女のために置かれていた。彼女はそこに何時間も、強い風や雨の中で座っていた。他方、ヘンリー・アレンは何ダースもの茶色の包装紙に包まれた新しい球根と、籠一杯の古い球根を取りだしている。それらはちょっと込み入った埋葬のために準備されたものだった。時間が過ぎ寿命が迫ってくるにつれて、彼女のうす汚れた身なりには滑稽だが何か人の心を動かすものがあった。この荘厳なときにあたって、彼女は背中を丸めた小さな姿で、また春がやってくるだろうという信じがたい考えに意識的に没頭しており、彼女自身の日が終わることには気づいていなかった。もちろん、終わりが近いことを彼女自身よくわかっていたが、詳細に描かれた図をもって、自分が亡くなることになる十月の暗い空の下で座っていたのだ。心静かに復活の構想を練りながら[47]。

ある教会員に対してわたしが長く抱いてきたひとつの不

平とは、彼らの多くが超自然的な類の奇蹟を常に求めるということです。そういう人はキャサリン・ホワイトのように部屋からでて、自分たちの庭へと入り込んでみるべきです。そこには、この世の奇蹟が満ちています。庭の花壇のうえにかけた覆いを春に払いのけるといつも、新しい苗木の植物を見つけます。やわらかい、赤緑の、あるいは黄緑の完全なかたちをしたものです。わたしはしばらくのあいだゆったりと座って、ただ奇蹟を感じるだけです。こうした感情を引き起こすのにさらに効果的なのは、人間の生まれたばかりの赤ちゃんに触れることです。新しい誕生を抱きしめるなんて、何というエクスタシーでしょう。奇蹟としては、これらの繰り返される出来事で、わたしには全く申し分ないのです。

ポーチは、庭と同様に地上の再生の場所です。冬の雨、氷、そして風によって打たれ、びしょ濡れになり、傷つけられながらも、ポーチは深まった冬、むきだしのまま死んだようにそこにあります。しかし、春がやってくると、ポーチは生き返ります。ペンキ塗りや、解体や、ハンマーたたきや、ごしごし磨きなどのさなか、お互いに挨拶するために近所の人たちが手を休めます。そして、どのように冬を過ごしてきたのかを確かめます。わたしたちはだれかに出会います。すると、マルティン・ブーバーが「すべての真の生とは出会いである[48]」といったのは正しかった、と少なくとも瞬間的にはわかります。春は、人々との、植物との、家の外の風景との新しい出会いをもたらしてくれます。そして、わたしたちを守り、この先も歩いていく自信を与え、愛らしい中間の空間をもたらしてくれるのです。

わたしにとって、そして他の多くの人々にとって、海岸はスピリチュアルな訓練のためのもうひとつの場所です。海はどの季節でも壮麗です。海を見て、聞いて、その匂いを嗅ぐのは素晴らしいことです。わたしもまた、その感覚を愛していますし、味わってもいます。海の浮力と生き生きとした動きは陽気さを誘います。スピリットがまるで「遊ぼう！」といっているようです。からだはそれに従います。波に乗り、だれかを驚かせるために潜ります。簡単にひっくり返り、泳いで、不意に姿を消したりして下に潜ります。そして、太陽の下に浮かびあがってくるのです。からだが遊んでいるあいだ、スピリットはこういいます。「ありがとう」と。だれに、何に対して。それはわかりません。わたしは単なる自分の経験を記しただけなのです。

毎日の生活のなかでのスピリチュアルな経験に関するこれまでの説明は、スピリチュアルな訓練にとってしばしば必要だと指示されてきた孤独が、必要ではないということを示すのでしょうか。これは間違いでしょう。長いあいだ孤独でいることがスピリチュアルな覚醒にとって必要不可欠だとは信じてはいませんが、孤独で静かなときが求められているとわたしは思います。日の出や壮観な曙によって深く心を動かされているときには、いつも沈思する瞬間がありますす。ただ単純に「ともに在る」という時間が、そこにあるだけなのです。スピリチュアルな感覚が波乗りしているあいだに生起してくるときでさえ、それは、スピリットがもっとも完全に現実化される、ただ静かに漂う瞬間なのです。

アン・モロウ・リンドバーグは、すべての人々が孤独になる理にかなった時間を勧めています。すなわち、「あらゆる者は、とくに女性は、一年のある時期、また毎週、毎日の一部を、ひとりで過ごすべきだと思う[49]」と。彼女には、あらゆるものが機械的に進歩したにもかかわらず、今世紀半ばの女性たちは、さらに時間をなくしているようでしたし、孤独に対しては、なおさらでした。彼女は、多くの者が当然そう考えるように「女性の魂が干からびていく」のを恐れたのでした。あまりにしばしば「わたしたちは水差し一杯の水で庭に水をやるのではなく、野原一面に水を撒こうとしている。そして委員会や各種の大義に、深く考えもしないで飛び込んでいく。スピリットに糧を与えるにはどうしたらいいのかわからないまま、その心の欲求を紛らわせることに熱中している[50]」。

今日、これ以上の真実があるでしょうか。比べてみれば、リンドバーグが記したように、わたしたちのこれまでの母親——彼女たちにはもっとしなければならない身体労働がありました——には、少なくとも引きこもるある場所がありました。

女の仕事と考えられた多くのものは、静かに自分を見つめ、自分を知るのに適していて、昔の女はわたしたちよりはるかに多くの創造的な仕事をしていた。料理や裁縫といったつまらないものさえ、自分の糧になる創造的な仕事に属していた。パンを焼く、布を織る、塩漬けをつくる、子どもに教えたり歌をうたってやったりする……。そういったことは、現代の女性が、家族の運転手になってスーパーマーケットに買いものに行ったり、いろいろな機械を使って家のなかの仕事をしたりすることよりも、はるかに多くのものを女性に与えていたに違いない。……家事というもののなかで創造性と技術は消えてしまった。

無意味だったものだけがいまもそのまま残っているのだ。[51]

今日では非常に多くの女性が家と家の外の両方で働いている、というのはまさしく本当です。非常にたくさんの責任が外から圧力をかけてくるため、家事は急いでされなければなりません。かつては必要なものでしたが、いまでは避けることもできる家事をすることを楽しむ時間は、端的にいってないのです。現実にはパンを焼くのを楽しんだり、イチゴジャムをだすのを楽しんだりするのもいいかもしれませんが、こうした仕事に費やされる時間を、だれが弁護できるでしょうか。

リンドバーグからのもうひとつの洞察は価値あるものです。わたしが記した完全な瞬間は一時的なもので、消え去っていくものです。そして、まさに消え去っていくからこそ大事にされるべきなのです。幸せそのものと同じように、こうした瞬間は大切に扱われなければなりません。そこからえられるかもしれないよろこびを破壊してしまうのは、この瞬間を、ぐっとつかまえようとすること、手放さないようにしようとすることです。「それは恐怖のため」である、とリンドバーグは書いています。だれかが「すぐ前の瞬間に未練がましくすがりついたり、強欲にも次の瞬間をつかまえようとしたりするのは[52]」、そのためなのです。これが出会いとともに、孤独と静けさを必要とする部分的な理由です。ひとりでいる瞬間に、わたしたちは、日の出、新しい若木、ふくれあがるパン、海岸へとわたしたちをより戻す最後の波の素晴らしさを感じることができるのです。その瞬間は過ぎ去ってしまいました。が、その記憶はわたしたちの一部になっています。孤独は反省する時間を与えてくれます。わたしたちをリフレッシュし、次のスピリチュアルな覚醒への瞬間を準備してくれるのです。

日々の出来事のなかにスピリチュアルなものを見いだすことは、公的生活から退却するよう導くかもしれません。つまり、ヴォルテールのカンディードが勧めるほど完全に退却することはありませんが、世間のなかで生活しながらも、なおそれから離れていることができるということです。そうした生活は宗教教義のなかではしばしば称賛されていますが、そのようにして生活している人々は、政治的な行動を忘れてしまうかもしれません。日々の生活が十分で満足していると、ディベート、対決、そして行動を要求してくる公的領域の部分に参加することは、魅力的ではなくなるのかもしれません。ハンナ・アレントは、すべての人々のなかにあるこの傾向について述べています。

> 「小さなもの」に対する現代人の愛着は、二十世紀初期の詩がほとんどすべてのヨーロッパの言語で説いていたにせよ、フランス人の小さな幸せ（プティ・ボヌール）の古典的な表現に見いだされてきた。フランス人は、かつては偉大で栄光に満ちていた公的領域が衰退して以来、「小さなもの」のなかで幸せになる技術を習得するようになった。つまり彼らは、自分の家の四つの壁に取り囲まれ、衣装箱とベッド、テーブルと椅子、犬や猫や花瓶に囲まれて幸せになれるのだ。そして急速な工業化のおかげで、今日のものを生産するために昨日のものがいつも殺されているような世界にあって、彼らフランス人は、世界最後の純粋に人間の隅っことさえ見えるこうした小さなものに、保護といいたわりの眼を注いでいる。私的なものの拡大は、……公的領域をつくらない……、それどころか、ただ公的領域がほとんど完全に消滅したことを意味する。(53)

アレントは重要な指摘をしていますが、分析した部分をさらに十分には展開しませんでした。日常生活での小さなものごとへのうっとりした状態は、確かに、公的な生活の大衆化された行動形態のなかで幻想を打ち砕かれてしまうことに伴って起こるのかもしれません。公的な嘆きや勝利の大衆化された表示、見たところでは融和不可能な違いを含んだ際限のない会議、粗野、空虚なスローガン、法外なウソによって特徴づけられた政治的「ディベート」を、人は退けることができます。さらに、人は退却へと進むこともできます。しかし、個人的な出会いのなかで親切で寛大であり続けるならば、過ちはそれほどひどいものとはならないでしょう。ともかく、ル・シャンボン・シュール・リンゴンの半ば隔離された村民たちが、ナチスによる迫害のあいだ、何千ものユダヤ人をかくまったことで、より洗練された世界への寛容さという教訓を提供してくれています。(54)おそらく、結局、フランス人は、その「偉大にして栄光あるあの著名な王国」をうまく免れているのでしょう。

多くの人々が、管理しやすく、かつ深く満足のいく世界にこもろうとするこの誘惑を、自分たちのなかで認識しています。これは第Ⅲ部で考察されるトピックです。何が現実に進行しているのか、この理解への信頼を失う前に、集団はどれくらい大きくなれるでしょうか。この緊張のなかで起こってくる葛藤の確実な解決は、ないかもしれません。おそらく最善の応答は、集団と自己との双方の認識、そして細心の観察です。日々の生活での充足した状態が、単なる自分勝手になってしまうとしたら、どうでしょうか。こうしたものと関連して強調されたスピリチュアリティは、いつ、前に向かって歩む勇気を提供し、あの著名な王国のなかで自己の声を聞こえるようにさせるのでしょうか。

　公的領域に対する積極的な貢献者としてさらに歩むか、自己中心的に内側に引きこもってしまうかは、わたしたちが内面で何を経験するか、わたしたちの「世界の片隅」のなかで何を経験するかにかかっています。もっとも微細な細部——わたしの机のうえのシーグラスの瓶——から、エドナ・セント・ヴィンセント・ミレイによって記された「風と広い曇り空」にわたってまで、郷土を愛することは、わたしたちの生を豊かにするだけでなく、スピリチュアルな覚醒へと誘っていきます。それはまた、より大きな世界と、そのなかの住人であることへの感受性を大きくさせます。個々の身体と「世界の肉」とのあいだのつながりに関するメルロ・ポンティの考えについて描きながら、カゼイは書いています。

　わたしたちは人々についてと同様、郷土に対しても心を配っている。その通りで、ケアリングは郷土に属しているとさえいえるのだ。わたしたちはいろいろなやり方で郷土に心を配っているが、郷土のうえにある建物——郷土とともにある建物、実際に郷土をつくっているもの——のなかで、それらは歩み続けているなかでの「わたしたちの生括の星」になる。それは、旅をして戻り、わたしたちが家に帰ってくるときに再びやってくるところである。(55)

　子どもたちにそうした「星」を提供することが、教育の目的であるべきなのです。それは、子どもたちの寛大で思慮にあふれた公的生活はもちろん、より豊かな私的生活をも導いていくものです。

　この章では、まず性格と幸せとの関係について見ました。その後で、しばしばスピリチュアリティと結びつく幸せについて考えてきました。分析が進むにつれて、一般に徳と名づけられるもののいくつか——たとえば、勇気、正直、そして辛抱——は、常に徳とは限らないことが明らかになってきました。たとえこうしたラベルが徳の自動的な記号ではなく、悪をあらわすことさえあるといわなければならないとしても、正直、勇気、あるいは忍耐をそなえた仲介者を信じようと、わたしたちは決心したのでした。

スピリチュアリティの議論のなかでは、日々のスピリチュアリティに話を集中しました。学校で宗教を教えることに関するいかなるルールも傷つけることなく、その種の話は、確実に議論することができるのです。さらに、日々のスピリチュアリティは、幸せに対して重要な貢献をする力を秘めています。しかし、スピリチュアルな関係のなかでえられる深い満足が、人間を繁栄させていくことのおそらく基本である相互行為を避けさせ、あるいはそれを推し進めるのを失敗させてしまうように導いてしまうかもしれない点についても記しました。公的生活を精査する前に、幸せを推進していくなかでの親密な人間関係のもつ役割について、次に見ていきましょう。

第9章　対人関係における成長

Interpersonal Growth

おそらく人間関係は幸せのもっとも重要な要素のひとつといえるでしょう。前章では性格とスピリチュアリティについて議論しました。それらはともに人間の繁栄に対して本質的に寄与するものです。この点は、きっとこの章で探求することといくぶん重なるところもあるでしょう。しかし、ここで強調したいのは人々のつながりであり、そのつながりがいかに幸せを高めるか、あるいは幸せを損なってしまうかということなのです。

感じのよいパーソナリティとかかわる好感のもてる性質について探求することから議論を始めたいと思います。大多数の人々に好感を与えるのはどのような性質でしょうか。これらの性質はどのように発達するのでしょうか。そしてその後で、幸せのためにとくに重要な二つの領域である友情と恋愛について見ていきましょう。

好感のもてる性質　Agreeable Qualities

身体的な魅力、善いふるまい、（上品に）快楽をあじわう力、機知、謙虚さ、ふるまいにあらわれるある種の優雅さ、（謙虚さによってバランスがとれている）自尊心、社交性。こういった性質をもった人々に好感がもてるのは、直観的にもっともなことですし、いまではそれは経験的な証拠によっておおむね裏づけられています。[1] もちろん、他にも好感がもてるような性質をあげることができるでしょう。いまはパーソナリティのほうを論じようとしていますが、やさしさ、寛容さ、正直さ、忠実さといった大いに称賛されている性格特性を忘れるべきではないでしょう。実際には性格の特性とパーソナリティの特性とを完全に分けることは難しいですから、ここでの区別はおよその強調点の違いに過ぎない、ということにしておきます。

身体的魅力は性格よりもパーソナリティの方により密接に関係しているようです。おそらく、身体的魅力はそのどちらにも属してはいないのでしょうが、好感度を評価するときに大きな役割を果たすことは知られています。実証的な研究では、魅力的な人間は魅力がない人間よりも幸せであるという傾向を示しています。(2) この見解は人間の性格というものに対する非難であるとも解釈できますが、その判断を下す前に、魅力をどのように定義するかについて問うてみましょう。

身体的魅力は遺伝的要因にも関係しているのですが、それでもこの好感のもてる性質の発達方法について問うてみてもよいでしょう。多くの男女がとくにすぐれた身体的特性がないにもかかわらず――そして他人には醜いとされる特性をもっている人でさえ――魅力的であるといわれています。清潔さは魅力のひとつです。不潔であれば、ヒュームのいうような「不安な感覚」(3) を他人につくりだします。それは（またもやヒュームがいうように）ほんの小さな欠点かもしれませんが、不潔であるということは他人の不安な感覚を刺激してしまい、他人に十分に配慮していないということになります。外見の魅力やスタイル、姿勢を気にすることは、もしそれが行き過ぎでないならば、魅力のレベルをあげる理にかなった方法なのです。

ある性質と幸せとを結びつけようとすると、またもやある程度の関連性に気づかされます。身体的魅力は幸せを促進するように思えますが、幸せもまた魅力を引き立てます。よく愛されて幸せである子どもたちは、無視されて悲惨な子どもたちよりも魅力的です。これは大人にも当てはまります。デイヴィッド・メイヤーズは次のようにいっています。「ロジャーズやハマースタインのミュージカルのなかで、チャーミングな王子様がシンデレラに歌っているだろう「あなたが美しいからわたしはあなたを愛しているのか、あるいはわたしが愛しているからあなたは美しいのか」と。その両方の場合もあるのさ」。(4) 他者に好感を与える性質を示し、自分の身体的特性――その試みによって妄想を抱いたりしなければ――を最大限にいかす人々は魅力的であるとされているようです。

子どもたちが信じるべきことは、好感を与える個人の性質を発達させることが望ましく、そして可能であるということです。親や教師は、いつそのような性質があらわれるのか注意すべきですし、好感を与える特性を習得することについて子どもたちと話す時間を過ごすべきなのです。たとえば、いまよくいわれているのは、あたかもわたしたちが幸せであるかのようにふるまうことによって、さらなる幸せを実際に感じるということです。「笑顔でいなさい」というのは、ときどきならいいアドバイスになります。しかし、もし「意図的に」ふるまい、行き過ぎてしまったら、その人は演技をしている――あるいはさらに悪いことには、ウソつきで信用に値しない――と見なされるのです。さらに、もし子どもたちが不幸せのときにも微笑むように要求されたなら、彼らは自分自身の感情を評価できなくなってしまうでしょう。そのような子どもたちは、自分自身の感情だけではなく、同じように他者の感情にも疎くなり、人を当惑させる大人に成長するでしょう。さらに、もし人が惨めなときにもいつも笑っているとしたら、他者が見せる笑顔の意味をどのように知ることができるでしょうか。

ヒュームは自分に対して直ちに好感のもてる性質と他人に対して好感を与える性質について議論し、これらの性質にはかなりの重なりがあるということを指摘しています。「快楽への嗜好は節度と品格とを伴うならば[5]」、自分自身も楽しみ他人にも称賛される性質です。「他の人々は伝染または自然的同感によって、同じ気分に溶け込み、その感情に感染する」のです[6]。わたしたちは善さを感じさせてくれる、身近で活動の楽しみを与えてくれる人々と一緒にいることが好きなのです。

パーソナリティの質は性格の質のように、調整を必要とするシステムから構成されています。どんなものであれ、行き過ぎてしまうと全体的に感じのよい雰囲気を悪化させてしまうことになるかもしれません。たとえば、わたしたちが自分自身の健全な自尊心を認めるように、ほとんどの人間は他者の健全なそれを認めるのです。自分自身を劣っていると本当に考えている人は、わたしたちを不快にします。しかし、自分自身をあまりにも高く評価している人も不快にさせるのです。同様に、適度な謙虚さは称賛に値しますが、へつらっている偽善者にはうんざりします。陽気さでさえも、それは多くの状況において大いに称賛されますが、場違いであれば雰囲気を壊すものになりかねません。たとえそれが心底からであっても、「がんばれ」という励ましではなく、涙ながらの共感が必要なときもあるのです。

好感のもてるパーソナリティに関して、そのような本質的調整は、どのようにして達成されるのでしょうか。このことは、親や教育者にとってはもっとも重要な問題でしょう。パーソナリティの特性には重要な遺伝的要素がある、ということはいまでは知られています[7]。赤ちゃんはパーソナリティの特性をもって、少なくとも傾向性をもって生まれてきます。けれども、これは子育てや教育がパーソナリティの発達に影響がないということではありません。生得的パーソナリティの違いの存在は、パーソナリティの発達が完全に社会化や教育の結果である場合に必要とされるよりも、より繊細で熟練した教育が求められるということを、実際、十分に議論したほうがいいでしょう。もし、パーソナリティの発達が全くの社会化や教育の結果であるならば、子どもたち全てを育てる最善の方法をひとつ探してそれを広めることができるかもしれません。しかし、それはありえませんので、異なった子どもたちを導くための異なった方法を見つけなければならないのです。

このことが示しているのは、甘やかしあるいは権威主義的な親業よりも、信頼を重視する子育てがすぐれていると する最初の認識のほうが間違っているかもしれない、ということなのでしょうか。ある子どもたちには、権威主義的な子育てのほうがうまくいくかもしれません。わたしはこの可能性を認めなければならないと思います。けれども、より妥当すると思われるのは、最善を尽くす総合的な取り組みをしながら代案を探すことです。信頼を重視する親や教師はこのような取り組みをするさいに、個体差に対応するための自由裁量の余地をかなりもっています。親は権威主義的解決方法に反応する子どもには、権威主義者ではなくても、ときには権威主義者的解決方法を使うかもしれません。同様に、同じ親が別の子どもを甘やかすかもしれないのです。

おそらく、健全なパーソナリティの発達においてもっとも重要な要因のひとつは自尊心です。これはリベラルな民主主義ではとくに当てはまります——全体主義ではそれほど重要ではないのですが。[8] ジョン・ロールズは、自尊心と自尊感情を相互に置き換え可能なものとして用いていますが、彼は自尊心を「おそらく、もっとも重要な第一の善」[9]と名づけました。それは、それほど重要なものなのです。その理由を彼は次のように説明しています。

自尊心は、人がもつ、自分自身に価値があるのだという感覚、すなわち彼の善についての彼の概念、つまり彼の人生計画は遂行するだけの価値がある、という彼の堅い信念を内包している。そして第二に、自尊感情は自己のもくろみを果たす自己の能力……に対する自信を内包している。わたしたちの計画にほとんど価値がないと感じるとき、わたしたちはそれらをよろこんで追求したり、あるいはそれらの遂行を楽しんだりすることはできないのである。[10]

どういうわけか、ロールズは一般的な個人の計画やそれらの実現の可能性をあまりにも強調し過ぎており、具体的な個人や彼や彼女といった個人的な性質をあまり重視していません。しかし、自尊心の重要性に関する彼の判断は正しいようです。実際の計画をつくる能力が発達していない子どももいるのです。というのも、彼らは愛や敬意にふさわしい人として家族やコミュニティによって受け容れられていないからです。トニ・モリスンは黒人の少女ピコーラの物語を語っています。ピコーラは青い目を――青い目をもっていれば、自分は愛や思いやりに値する人間になれると考えているので――請い願いました。ついに、ピコーラが自己を発見し、その結果、彼女が狂ってしまったとき、ピコーラをさげすんだ少女たちは次のことを理解したのです。

> 彼女の醜悪さを嫌悪したとき、わたしたちはとても美しかった。彼女の素朴さがわたしたちを飾り、彼女の罪がわたしたちを神聖にし、彼女の苦痛がわたしたちを健康的に輝かせ、彼女の不器用さのおかげで、わたしたちは自分にユーモアの感覚があると思ったものだ。彼女は口下手だったので、わたしたちは雄弁だと思い込んだ。彼女の貧しさのおかげで、わたしたちは気前がよくなった。彼女の白昼夢さえ、わたしたちは利用した――わたしたち自身の悪夢を鎮めるために。彼女はこのようなことをさせてくれたので、わたしたちの軽蔑の対象としてぴったりだったのだ。[11]

人は他者からの敬意のために自尊感情をもたなければなりませんが、だれでも愛や敬意の無償の贈り物を、最初にもっていなければなりません。ピコーラはだれからも愛されなかったのです。愛をえられなかったので、彼女は他者だけでなく自分自身の視点さえ失ってしまったのでした。

教育者は自尊心の重要性を認識していますが、それをどのように推進するかについて、いつも同意しているわけではありません。カリフォルニアの学校が生徒たちの自尊心を向上させるため、具体的に構想されたプログラムを採用したとき、意地悪な冗談の標的となってしまった、ということがありました。その試みは間違っていましたが、その目的に価値がなかったわけではありません。自尊心は、幸せのように、教育目的に用いることができますが、間接的に育まれなければならないものなのです。わたしたちは自尊心を学習の目標として掲げて、これを直接的に教えることはできません。そうではなく、自尊心が成熟する状態を問わなければなりません。そのさい、極端なことは避けられなければならないのです。生徒は、自分に値しない称賛では健全な自尊心をもつことはできません。しかし、どんな自尊心でも、教師によって冷酷に破壊されてしまう場合もあるのです。そのような冷酷さは決して珍しいものではありません。おそらく、生徒に愚かだと感じさせることほど、教育上最悪の罪はありません。ヒュームが指摘するように、人間は思考し計画する生き物としてつくられたので、愚かだという形容詞やそれに似た言葉にひどく苦しむのです[12]。このように自分たちにレッテルを貼る人を嫌いながらも、わたしたちは自分自身を過小評価してしまうものなのです。

新米の数学教師だったとき、わたしは「これは簡単よ。見てればわかるわ」といって、学生をいつも励まそうとしていました。そしてわたしは、それがわたしにとっていかに簡単か彼らに示していたのです！　しかし、多くの学生は簡単だとは理解してくれませんでした。そこで学びました。「これは難しいかもしれない。でもね、あなたはできるわ。わたしが助けるわよ」というほうがずっといいのです。「そんなに難しくはないよ」と子どもがいうとき、教師は晴れやかな気持ちになります。同様に、「あなたはまだそれを間違っている」というよりも、「あなたはもうほとんどものにしているわ」というほうがいいのです。極端な別の例をあげるなら、すべての生徒の応答に「よくできたわね」と述べる習慣は間違いを覆い隠してしまい、生徒の健全な自己評価を助けるのに失敗します。励ましと進歩の認識による正直な称賛が、自尊心を支えるのです。

個人の幸せに役立っていると思われる別の要素は、外向性です[13]。けれども、この外向性と幸せの基準との強い関係は、幸せを表現するために選んだ方法の結果かもしれません。多くの人々が他者との親交に主たる幸せを見つけているので、わたしたちは多くの内向的な人々が達成した内的な幸せを見落とすかもしれません。わたしたちが実際に最初に認識した幸せの源泉の多く――郷土愛、ペットとのふれあい、研究や考えに浸ること、宗教、ガーデニング、魚釣りやハイキングのような趣味――は、内向的な人々にもすぐに利用可能なものなのです。子どもは照れ屋なのを恥ずかしく思ったり叱られたりするべきではありません。内向性が、他者や自己嫌悪に向かう敵意に変わらないかぎり、ひとりでいる快さを探し楽しむことを容認すべきでしょう。

教師がもの静かな生徒たちの情緒的健康の判断方法を知ることは、しばしば困難です。若い人々のなかには、孤独な追求に深い幸せを見つける人もいます。静かなおとなしい生徒たちのなかには、仲間や年上の人から認められたいと思いながらも、それに失敗し非常に不幸せな一匹おおかみになっている子どもたちもいます。学校で暴力的な犯罪に手を染める少年たちのほとんどは、困難を抱えた一匹おおかみとして表現されてきました。社交性のある生徒たちは教師の時間を非常に使いますし、そしてその要求も直接的ですので、良心的な教師でさえ静かな子どもたちをしばしば見逃します。これらの生徒たちと、ときどきでも会話をもつことは有効であるに違いありません。どのような時間の過ごし方をしているのかしら。何が楽しいのかしら。友だちとは何をしているのかしら。これらはわたしが聞きたい問いなのですが、さらに細かく問い始める必要があるかもしれません。これらの生徒たちはおとなしいので、正確にはどこから始めたらよいかわからないかもしれません。ヒントを探さなければならないのです。

子どもたちが静かなときだけでなく、仲間外れになっていたり怒っていたりするときにも、教師は援助しなくてはなりません。特別なカウンセリングが必要な場合もあります。通常なら、教師はすべての生徒たちが包み込まれ尊重されるようなケアリングの共同体としてクラスをまとめていくように働きかけなければなりません。[14] 今日、若い人々は仲間からの嫌がらせをたびたび経験しており、この問題はクラスの話し合いの場で開かれた議論をすべきなのですが、具体的に言及したり告発したりしないで議論するほうがよいでしょう。生徒たちは自分自身が犠牲になってしまうような強制をされるべきではありません。架空の話であれば、グループでの分析に生き生きとした出発点を提供できるでしょう。しかし、問題点は説明されなければなりません。暴れまわり殺人を犯す少年の多くが、かなりの期間苦しんできたというのは、いまでは知られています。「若い殺人者たちは自ら主張している。ぼくらは「狂っているのではなく怒っている」、ぼくらは虐待されたすべての人々のために意識的に犯罪をしたのだ」[15]と。

理解はできるのですが、教師がついとってしまう行動は、おとなしい生徒たちを無視するか——「彼は決して困ってはいなかった」——、あるいは、彼らを特別な助けが必要である者と決めつけて彼らにいうかのどちらかです。もちろん、特別な助けが必要な場合もありますが、決めつけてしまうこと自体が――最善の意図でなされても――状況を悪くするでしょう。以前は孤独で「馴染めない」と感じていた少年が、いまでは自分への低い評判のなかで励まされたと感じるかもしれません。最初の処方箋は愛しながら包み込むことでなければなりませんし、子どもたちは他者のために共感できるように発達し行動するよう、援助されなければならないのです。なぜ、生徒たちはホームレスや同性愛者、肥満の人、あるいは日常の基準とは異なる方法で生活する仲間たちをさらに惨めにするのでしょうか。何がそのような冷酷さの引き金になるのでしょうか。教師や親にひどい仕打ちをされたときに、生徒たちはお互いにどのような援助ができるのでしょうか。どのようにして大人たちに子どもたちの話に耳をかたむけてもらうことができるのでしょうか。これらの質問は、学術的な通常の問いと同じくらい、学級での話し合いにとって重要なものです[16]。前章で見てきたように、わたしたちの社会が男性的なふるまいを期待するために、馴染めない――あるいは単に馴染めないように見えるだけかもしれませんが――少年たちは、しばしば暴力という方法によって自分の男性性を証明しようとしてしまうのです[17]。

中学校や高校の教師よりも小学校教師のほうが、自分の生徒のことを知るのは容易です。思いやりのある教師ならば、自分の担任する学級で、人間としてそれぞれの生徒たちに関与できますし、幅広い興味や才能の範囲を理解することもできます。これは高校教師にはずっと困難なことです。高校教師は、毎日百人以上の生徒たちを見ており、ひとつの教科教室という限られたなかでの視点にいつも立っているのです。中学校や高校の教師たちが、生徒たちのそれぞれの特定コースでの成功いかんによって彼らを全体的に判断することは、珍しいことではありません。「よい子どもたち」はよい成績によって定義されます。この種の匿名性の衝撃が、多くの学術的な問題や教科の問題が、中等教育のなかで生じてくる理由なのかもしれません。

人として自分の生徒たちを知るためには、時間と献身的な愛とが必要です。もしわたしたちが社会を学ぶための教え方について真剣になるなら、教師と生徒が何年か（お互いの同意のもとで）一緒に過ごすようなしくみを促進することを考えなくてはなりません。現在の利用可能な調査による限定的な説明ではありますが、そのような継続的な関係が打ち立てられるときに、生徒たちは学術的にも社会的にも、ともによい結果をえるということなのです[18]。

小学校レベルのこの種のプログラムは、いまではルーピングと呼ばれています。これは不幸にも言葉の選択を誤っています。なぜなら、それは教師の経験に焦点を当てているからです。教師たちがループをつくる、つまり輪になる人なのです。焦点はコミュニティであるべきですし、教師と生徒の両方に恩恵があるといいのです。ルーピングに対する他の反対意見としてあげられるのは、ルーピングは、中等教育学校の継続性のために、異なってはいるが価値ある潜在的可能性を無視している、ということです。たとえば、わたしは高校の数学の教師として三、四年間、よく同じ生徒たちを教えていました。それは毎年ひとつだけ新しい授業をするという素晴らしいもので、わたしは、再履修者とどの授業をやめるかを選ぶことができたのです。

　継続性を提供するその他のしくみも可能です。ある中等学校では二、三年間、生徒集団と教師らでひとつのチームをつくっています[19]。テオドア・シーザーは、ひとつの教科を五十人に教えるのではなく、二つの教科を二十五人の生徒たちに教えるほうが教師たちにとっていいかもしれない、と提案してきました[20]。またデボラ・メイヤーは、数年間の関係性は学校における権力や権威を共有する可能性を増幅させる、と指摘してきました[21]。けれども、やはりわたしはえたいと望む関係性の恩恵に注目し、継続性という言葉を使いたいと思います。そして、継続性を促進する多様なしくみをつくりだすよう、教育者たちと考えていきたいと思います。

　前章と同様に、この章では、これまで、よその世界からの来訪者が提起する本質的な問題を取り扱ってきました。学問についての学びの重要性を否定しないで、どのような学校が、好感のもてるパーソナリティ特性を生徒たちに身につけさせる援助ができるかを、真剣に考えてきたのです。そのような性質をもっていると、友だちをえやすいという報酬があります。もちろん、よい友だちをもつことは好感のもてる性質の発達にも役立つでしょう。では、学校では友情に十分注目しているのでしょうか。

友情　Friendship

　よき友情が幸せに寄与するということは直観的に明らかなことであり[22]、いまではその直観を支える多くの実証的証拠があります。けれども、よい友情とは何かを問う必要があり、さらには維持できる友だちの数についても問わなければならないでしょう。特定の少数の友人よりも、むしろ多くの友人がいれば、幸せなのでしょうか。これは、しばしば友だちの数で人気度を測る若者にとって重要な問題です。

標準的な学校のカリキュラムには友情という正式なコースはありませんが、友情をテーマに数人の教師で単元をつくっています。もし文学の教師がこの話題に留意していたら、数多くの必修図書について話し合うときに、重要な論点をあげることができるでしょう。興味深い友情の例がいくつかすぐに心に浮かびます。『離れた平和』のジーンとフィニー、『ハックルベリー・フィンの冒険』のハックとジム、『ジュリアス・シーザー』のシーザーとブルータス、『二十日鼠と人間』のレニーとジョージ。

出発点としてよいのは、アリストテレスの数ページをクラス全体に読ませることでしょう。あるいは、もしそれができないなら、教師は短い要約やいくつかの引用を用意することもできます。アリストテレスは、友情の主なしるしとは善き意志の交換である[23]、といっています。友だちとは、友だちのために善い友だちでいることを望むものです。さらには、友だちでいるには、お互いに相手の善い意志に気がつかなければなりません（見知らぬ人にも善さを望んでしまうかもしれませんが、しかしこれによってわたしたちが友だちになるわけではありません）。彼は、若者の友情に対する考えが成長していくにつれて変化していくことを認識していました。彼は次のように書いています。「若者たちの愛は、快楽ゆえの愛であると考えられる[24]」と。たいていの生徒たちはこれに同意するでしょう。

そして、次に、アリストテレスは、快楽の概念は若者が成熟していくにつれて変化する、ということに注目します。快楽はいつも善であると考えられていますが、善の観念も変化していきます。より深くより十全に快楽や善の意味が発展すればするほど、幸せの意味も発展していきます。完全な友情は友情のもっとも高次の形式であり、多くは望ましいものなのです。

しかし、完全なる友情は、善き人々、つまり善という点で似ている人々のあいだの友情である。……というのは、お互いに同じ方法で善を願っているからである。それゆえ、友だちのために、友達に対して善を願う人々が、第一の友だちなのである。つまり、偶然ではなく、友だちだからこそ、そのような態度をとるのである[25]。

ここに議論すべき多くのことがあります。もしアリストテレスに従うなら、わたしたちは自分の友だちを善なる人々のなかから探しだしますし、友だちのために最善を尽くすことを望むでしょう。この望みは善い人であり続け、さらに善くあろうとする望みを含んでいます。最善を尽くす友だちは友情のために行動し、お互いの最善の自己を発達させるためにお互いに助け合います。しかしまた、友だちは一緒のときを過ごし、お互いの交流を楽しみもします。それは一緒のときを過ごし、お互いに大いに影響を与え合っているからなのです。この影響は善にも悪にもなりえます。『ドリアン・グレイの肖像』のなかで、芸術家であるベイジルは不道徳な習慣からドリアンを救いだそうとします。彼はいいます。「きみは元気じゃないね。人には友だちの影響によって人を判断する権利があるんだよ。きみの友だちはユーモアも、善も、純粋さの感覚もすべて失っているようだね。きみが友だちを快楽の狂気でいっぱいにしてしまったのだね[26]」と。真の友だちの影響は、否定的なものではなく、肯定的なものであるべきです。ベイジルはドリアンの真の友だちになろうとしていたのでした。

友情の快楽と同様に義務も素晴らしいものです。アリストテレスは「だれも完全な友情をもつことなどできない[27]」と忠告しています。なぜなら、友情は友だちをよく知ればよく知るほど必要となるものだからです。多くの友だちと「不完全な」友情を育むことはできますし、多くの人をよろこばせることはできますが、深くて長く続く友情はわずかなものに違いないのです。

アリストテレスがいうこれらの多くのことは、若者が常にとても関心がある問いのうち、どの問いを議論すべきかという問題の格好の背景を提供しています。多くの友だちをもっているというのは、人気度を計るしるしになるのでしょうか。人気者になるよりも、二人の本当に善い友だちをもつほうがいいのでしょうか。悪い人と完全な友情を築くことはできるのでしょうか。自分が善人ではなく、悪人になっていくような人とのつき合いについてはどうでしょうか。友だちにどんな責任があるのでしょうか。

これらの問いすべてに時間をかける価値があり、それは注目に値しますが、とくに最後の問いは若者にとって重要な問いになるかもしれません。友だちが何か悪いことをしていると想定してみましょう。たとえば、ジョーの友だちボブがドラッグを始めてしまったとしましょう。ジョーはボブのことをだれか権限のある大人にいうべきでしょうか。あるいは友情は「裏切らない」「スパイをしない」というような忠誠心を求めるものなのでしょうか。

これらはたいへん難しい問いでしょう。たとえ自分の立場に自信があり簡単な答えをくれる反対側の人々がいたとしてもです。ある人はこのようにいうでしょう。わたしたちは法にもっとも忠実であるべきでしょう――それは疑いようがありません。また別の人はこのようにいうでしょう。友情は自分の忠誠を必要とします。ですから、友だちを裏切るべきではありません。感情的に反応するなら、アリストテレスが忠告していたように、彼らは裏切らないでしょう。若者は友だちに対する忠誠心を選択する傾向にあるからです。わたしも友だちに対する忠誠心にかなり共感するほうです。

友だちがお互いに最善を尽くしたのなら、ジョーはボブを助けたいと思わなければならないでしょう。ボブが助けだしてほしいと望んでおり最悪の人物になってしまう法的な罰を受けたくないと望んでいる、とかりにジョーがそう確信できたなら、ジョーはその問題を進んで警察に報告するかもしれません。現在では、罰に代わる処遇をはじめとして、問題をよく考えようとする多くの法的な動きがあります。ジョーが教師であるジョーンズに秘密を打ち明けて相談したとします。いまやジョーンズが警察に引き渡すことなしにボブを助けようとすれば、ジョーンズ自身が危うくなるでしょう。ジョーはこのことを知っているので、自分自身でボブを立ち直らせようとするかもしれません――ほぼ確実にジョーの能力を超えた課題ですが。思春期に関する話では、この種の出来事は日常茶飯事です――少女が自分の恋人を立ち直らせようとするようなケースもよくあります。

もし若者が友だちに最善を尽くしたいと思ったのなら、仲間内の秘密にするのが現実的であり望ましいでしょう。「わたしたちはここにいるよ。わたしたちは味方だよ」と。これこそ、ケアリング社会が若者へ与えるべきメッセージです。このメッセージがなければ、若者は本当のジレンマに陥ってしまいます。さらに友だちを崩壊させるかもしれないシステムに友だちを委ねるのは、友情に関するアリストテレス的精神とはいえないのです。

アメリカの社会では、友だちや近隣の人々を裏切るような人が報酬を受け取っていますので、そのことにより、社会の状況が悪くなっています。たとえば、ニュージャージー州の警察は地元の新聞で、マリファナの蔓延の報告――「内部からでも外部からでも」――をしてくれたら報奨金を払う、といつも告知しています。金銭的な報酬のために友だちや近隣の人々を通報するなんて、どんな人々なのでしょうか。同様に、市民は一部の親戚や近隣の人々の脱税や詐欺を通報することによって、利益をえることができます。これは道徳的に見て残念なことです。道徳的な問題については、現在行われている市民性の教育を受けている若者とともに、開かれた十分な議論をすべきです。

　奇妙なことに、わたしたちが、親に対する裏切り行為である通報を若者に奨励し、全体主義的な支配体制をもっともらしく非難するとき、わがアメリカ政府の行うやり方では、わたしたちは道徳的弱さを理解することに失敗してしまうのです。非難すべきは政治体制だけなのでしょうか。あるいは政権の形式に関係なく、現実に道徳的に問題を抱える何かがあるのでしょうか。

　多くの大学で使われている倫理規定に同様の問いを発してみるとよいかもしれません。倫理規定の考えは正しくて健全なように思えます。学問的な正直を自分自身に誓うのです。しかし、学生たちは他者の違反行為を通報しなければならないとなぜいわれるのでしょうか。大多数の学生たちはそんなことはしません。倫理規定を奨励する一方で、他者を裏切るようなことをするのは確実に間違いである、といってもよいでしょう。わが国の軍隊学校――守らなければならない規定をもっとも多く定めている学校ですが――の不正のスキャンダルはこの間違いを証明しています。規定は、反省のためのたくさんの問いや、分析を助けるための実例によって、練りあげられるべきです。たとえば、生徒たちは不正に対して落胆し、学校側や罪に訴えることをせずに、不正に対して声をあげるよう強く説得されるかもしれません。学校側は不正が続くと、教授に対して注意を喚起するよう忠告するかもしれません。けれども、その取り組みが倫理規定に常時禁止されているときでさえも、現場の試験監督者に任せるべきでしょう。なぜなら、事態が悪化するなら議論が必要ですし、事態が正しく保たれるときにも議論が必要となるからです。生徒たちに単一の規定にサインさせるよう要求するのでは不十分です。複雑なことがらは――道徳的価値の衝突を含むことがらですが――多方面からの適切な議論が必要です。必要な行動を単に規定しただけでは、良心的な生徒に混乱を引き起こす場合もあるのです。

　十戒は、これまで述べてきた主張を明確にしてくれます。「なんじ殺すなかれ」はどうでしょう。それは軍隊を拒否しなければならないことを意味するのでしょうか。自己防衛でも殺すことをさけなければならないのでしょうか。それは死刑を否定しているのでしょうか。それは中絶を禁じているのでしょうか。「なんじ盗むことなかれ」はどうでしょう。わたしたちの子どもが飢えていたらどうでしょうか。明らかに不公平な社会で惨めな状態に生きていたらどうでしょうか。人格教育を支持する教育者たちのなかには、十戒が学校でとくによく取りあげられていることに触れる人もいます。しかし、殺しに反対する戒律すら、あらゆる種類の例外がつくられているとする、出エジプト記の第21章と第22章を学生たちが読んでいることには、彼らは触れないのです――つまり、戒律は、挑戦にさらされてきたということを明言しないのです。

ここでの主張は、道徳性は単純ではないということです。若者はこのことを知っていますが、親や教師はしばしば若者に限定的選択を強制します。友だちに誠実でいるか、さもなければ規則を守りなさい。他者を助けるために規則を破りなさい。さもなければ一歩引いて何もしないでいなさい。規則や儀式のような高度に限定された生活を過ごしなさい、さもなければ幸せのために自由に過ごしなさい、と。たいていの場合、そのような二分法的選択が必要であるはずはありません。生徒たちが学ぶべきことは、人生とはいつまでも続く道徳的探求であるということです。それは、尋ね、聞き、分析し、話し合い、行動し、反省し、そして、いつも検討することをテーマにした関与を必要とします。道徳的な生活をすることは、ときに悲劇を含むものなのです。

もし個人的損害を引き起こす行為をされたとわかったら、ほとんどの人はそれを報告するでしょう。損害の賠償と、これ以上損害の行為がなされないという保証を望むから（あるいは望むべきだと感じるから）です。もし加害者が友だちならば心からそう望み、おそらく法による賠償を求めないでしょう。現在のアメリカの法的な手続きと、学校で教えたい道徳的な教訓とは、しばしば相容れないものなのです。

ジョーのジレンマの議論では、別の徳――この場合は忠誠ですが――を分析する機会が与えられます。忠誠は常に徳なのでしょうか。若者なら、忠誠を誓うかどうかは、だれかあるいは何かによって左右される、と答えるかもしれません。ナチス党、クークラックスクラン〔白人至高を唱える秘密結社〕、テロリストのカルトなどへの忠誠を、通常、徳とは考えません。しかし、お金の報酬のために、あるいは自分の首の皮をつなぐために、これらの活動集団でさえ裏切ったりする者には、ほとんどの人が軽蔑の念を抱くでしょう。ナチズムの真の信奉者について語る繊細な若者もいるかもしれません。もちろんこの活動集団の信条を嫌悪しますが、そうした信奉者が忠誠心をもっていることは信じなければならないでしょう。邪悪な集団への忠誠心は、本当の忠誠心ではなく徳と考えるべきではない、と断固として主張する人もいるでしょう。

忠誠心の他の一面は――邪悪な仲間とは縁を切るように友だちを導くときは緊張するものですが――、困ったときに友だちが傍にいてくれるということです。わたしたちが辛いとき、友だちからの慰めを期待しているのに、そんなことはつらいことなんかじゃない、と間違われてしまうと深く傷つきます。このような場合を古典に求めるなら、もちろんヨブのようなケースが当てはまるでしょう。ヨブの友だちは、苦しみは罪の罰に違いないと主張しました。ヨブは自分の友だちを思いだしました。「友に対して友情を拒む者」であるはずの友だちは、ヨブを励ましてくれなかったのです。ヨブはいいました。「君たちはみなわずらわしい慰め手だ」[28]と。ヨブの友だちは、つくり笑いをする友だちよりもたちが悪かったのです。それらはヨブの苦しみを深くしました。ヨブ記の一部は偉大な文学として読まれ議論されるべきですが、友情を強調したいのなら、若者の生活に関連がある読み物を与えるといいでしょう。

友情をめぐることがらを整理していくことは、挑戦しがいのある仕事です。教師として、生徒たち自身が問題を見つけ、よく考えるようになって欲しいのです。道徳的なことがらに関して、多くの人格教育の推進者は議論に終止符を打ちたいと努力しています。それとは対照的に、ケア理論家や認知発達主義者が生徒たちに理解してもらいたいのは、道徳問題のすべてが絶対的で確実な解決をもっているわけではない、ということです。こう理解することで、わたしたちが相対主義者であるということを暗に意味するわけではありません。その関与がとても基本的なものですのでそれを欠いている人は精神病者であるにちがいないということ、このことはまさに発見の産物に過ぎないのです。それは個人や集団によって受け容れられる程度が異なり、表面的には異なるように見えますがより深いレベルでは共通要素をもつすがたによって、明らかにされているのです。

このような一連の質問を通して生徒たちを導くことは、しばしば有効な手段となります。マリファナを吸う友だちを密告するでしょうか。たいていの生徒達はノーといい、友だちを助ける方法を提案するかもしれません。その彼が十代の若者に薬を売るようになれば、彼を密告するでしょうか。この問題で問われることは、友だちを立ち直らせるための計画についてでしょう。もしこの試みが失敗したら、どうするのでしょうか。子どもたちに薬を売る人々と友だちのままでいることができるでしょうか。動物を虐待する人と一緒にいることができるでしょうか。どんなふるまいが友情を壊すと思いますか。それはなぜでしょうか。こうして、善い人々は友だちとして同様に善い人々を欲する、というアリストテレスの主張に戻るわけです。もしあなたの友だちが本当に悪いことをしていたのなら、あなたには何が問われているのでしょうか。

教師は、今日これらの議論を計画するさいに引用できる教材を豊富にもっています。リーディングリストに載っている本に加えて、青年期の伝記が数多く収集されています。そのなかのひとつにこのような例があります。ひとりの少女が、彼女たちのひとりを怒らせたある少女に嫌がらせの電話をするために、友だちのグループが一晩でどのように集まったのかを話しています。その少女たちは「ムッとするような電話をあの女にかけてやった[29]」のでした。語り手は続けます。

怒って戸惑いながら、わたしは三十分ほどここに座っていたの。立ち去ることを実際に……話すことさえ恥じていたのよ。しまいには立ちあがっていったわ。「本当に嫌だわ」。そして、わたしは立ち去ったの[30]。

次の日、その話の著者は、この少女が友だちの怒りと憤慨の犠牲になっているのではないかと恐れていましたが、別の少女が、実際に彼女たちは立ち去ることを尊重しました、と証言しました。おそらく、彼女たちがしていることは自分自身にふさわしくなかった、あるいはふさわしいとは思いたくなかったのです――と、仲間のひとりに、彼女たちにはふさわしくない――立ち去った友だち以上によって思いだす必要が彼女たちにはあっただけなのです。このような話を読めば、生徒たちは、アリストテレスが真の友だちは高度なところへと行くよう示唆してくれる、といったことが正しいと納得するでしょう。

今日、利用できるこれらの本の多くは、特定の人種の若者たち、あるいは特定の民族の若者たちに焦点を合わせています[31]。これらは、描かれた集団の生徒たちだけでなく、他の人種や他の背景を持つ人々にも有効であるといえます。いまでは、学校で異なる人種の集団を単に一緒にするということによってでは――「統合」によってということですが――、人種的、民族的な関係はあまり改善されないということがわかってきました。差異こそが、人種間、文化間の友情をつくりだすのです。これまで議論してきた、このような話は、これらの友情のための基礎を築く手助けとなるでしょう。

思春期の友情は快楽の欲求によって動機づけられている、というアリストテレスの主張に少し戻ってみましょう。重要なことは、快楽はすべての友情においてひとつの役割を果たしているということです。たとえば、ある人との交流によって何の快楽もえられなかったとしても依然としてその人を友だちとして大切にする、というのはおかしなことだといえるでしょう。友情から快楽をえることをみな期待しているのです。それぞれ違っているのは、快楽の定義の仕方なのです。

友情について注意深く広い範囲にわたって探求することは、すでに議論した多くのトピックを一緒にまとめる機会となります。幸せそれ自体の意味、苦しみからの解放、慰めを与える友情が意味すること、ニーズや欲求の満足、わたしたちが称賛する性格とパーソナリティの性質、自然や人間ではないものとの関係のなかに幸せを見いだす可能性、スピリチュアルな経験のなかに見つけることができる大いなるよろこび。おそらく、これらのトピックこそが、生き生きとしたカリキュラムのための大いなる可能性を秘めているのです。

恋愛　Romantic Love

恋愛は、幸せのまさに絶頂をあらわしているとよく考えられてきました。実際には、わたしが第1章で見てきたように、それはエクスタシーの幸せというひとつのかたちが生みだしたものです。しかし、恋愛は他のタイプのエクスタシーの幸せと同様にめったに長く続きません。それは短い出来事のようであり、あるいはいつしか消えてしまうものなのかもしれません。後者の場合、全く消えてしまうかもしれませんし、ほんの少し恋愛に色づけされた深く長く続く友情に変容するかもしれません。ジョンとアビガリ・アダムズの場合がそうでした。長く離れていた数年のあいだの、アビガリがジョンに宛てた手紙の書きだしのほとんどは、「わたしのいちばんの友へ」[32]というものでした。友情へと深められた恋愛は、持続する幸せの源泉のようです。

恋愛による無我夢中の熱狂的なよろこびは受容されるべきでしょう。その苦悩にさいなまれた人はだれもみなこれを和らげられるのを望みませんが、しかし、若者は知的にこの現象を検討するよう、うながされるべきでしょう。恋愛はしばしば悲劇を含みます。これを理解することで若者に愛の狂気に対する免疫ができるというわけではないでしょうし、わたしたちがそうすることを望むべきではありません。しかし若者が理解すべきことは、特別なロマンティックな関係に家族や友だちが反対することがいつも間違いを導くというわけではないということです。もちろん、ときどきそうなりますし、そのさいには愛が反対を押し切った若者を祝福すべきです。しかし、恋をしている人には見えていない——愛によって盲目になっているので——恋人のことやその関係で生じたことが、家族や友だちにはよく見えています。家族や友だちは、その盲目さを取り除くためには機転と同情が必要ですが、しばしばこれらのものさえもうまく働きません。頼みの綱は、「でもあなたは彼女を好きなのね」という問いかけに、恋に陥った若者が肯定的な返事ができるようになる、ということです。うまく築かれた友情の感覚は、結婚や末永く続くかかわりにおいて、大切な要因となるのです。

恋愛に関係する悲劇や失恋の痛みのすべては避けることはできませんが、共同生活を築くさいの問題や困難について若者に教えることはできます。ここでわたしたちは、家庭を築くことや郷土愛の教育、親業について述べた章まで戻らねばなりません。こうした題材すべてが、人々を親密なかかわりへと準備するさいに重要になります。カップルは分かち合う美しさを生みだし、バシュラールがパートナーとの身体的習慣と呼んだものを理解しなければならないでしょう。もしあまりにも多くの習慣が対立し、これらの習慣がかなりはっきりできあがってしまっているなら、カップルは一緒に住むことが難しいとわかるでしょう。『奇妙なカップル』のようなコメディは見るのはおもしろいのですが、現実の生活では、習慣やパーソナリティの劇的な違いは、関係の終わりを意味することがあります。たいていの者は、オスカーかフェリックスのどちらかと一緒に住むのは難しいとわかるでしょう。

わたしたちは「すべてを打ち明けましょう」と、オープンであることをよしとする時代に生きているため——つまり、自分の不快を表現し細かなところまで共有し、パートナーがすべての夢や不意の考えさえも打ち明けるべきだと主張するので——、あまりにもしゃべり過ぎるという間違いを犯しているのかもしれません。ルイス・トマスがわたしたちにアドバイスするのは、不快な考えを忘れなさい、ときには静かにしていなさいということです。

あなたが忘れていると感じていることはみんな忘れなさい。ときどきはオープンにならないよう訓練しなさい、人には話さない新しいことを発見しなさい、控えめな態度を学びなさい、黙っていなさい。しかし何よりもまず、言葉や、フレーズや、嫌なすべてのセンテンスや、たじろぐことも含むすべての経験を忘れてしまうための、人間的才能を発達させなさい[33]。

いつも（シンクに汚い皿をいつも放っておくわね）や絶対できない（あなたは時間通りに絶対ゴミをださないわね）という言葉を避けさせるのもいいアドバイスです。もっとも克服しなければならない習慣とは、過去のすべての罪を引きずることです。けれども、もし自分が嫌だと感じることをパートナーに伝えないのなら、パートナーはいったいどのようにして向上していくのでしょうか。ひとつの戦略としては、困惑をあらわす代わりにユーモアを使う、というのがあります。別の戦略としては、ほめ言葉や積極的な励ましと控えめに述べた不平とのバランスをとる、というのもあります。さらに別の戦略としては、実際の当事者や出来事から離れて、問題解決を志向して不平について話し合うことです。最後に、ある程度のプライバシーを求めようとするリンドバーグの助言は賢明です。散歩にでます。黙想と省察、そして後は、流れにまかせるのです。

リンドバーグは、あまりにもしっかりと結びつき過ぎるのは関係にとってよくないということを、思いださせてくれます。

こういった人間関係は、まさにダンスの形式と同じで、ルールもまた同様である。手をきつく握り合う必要もない。なぜなら、お互いが同じリズムにしたがって確かな足取りで踊るから、……強く抱いたり、相手の腕にすがったり、重たく寄りかかるようなこともない[34]。

完全に信頼している友情は、末長く続く親密な関係にとって不可欠なものです。しかし、多くのカップルはさらに可能な限り多くの独自のときめきを保ちたいと望んでいます。今日の商業的な環境では、人々は簡単に誤ってしまいます。ときめきを復活させるために定期的に家庭や子どもたちから逃れることは、本当に必要なのでしょうか。「自分にふさわしい」という理由で、さまざまな贅沢にふける必要はあるのでしょうか。

広告や他のメディアの影響を、学校では注意深くよく話し合うべきです。永遠に続くロマンティックな幸せという間違った考えを問題にすべきです。恋愛には現実逃避が必要だとする考えもまた問題にすべきです。すべてのカップルがこの必要を感じているわけではありません。子どもたちとの休日に、古い家の改装に、庭のデザインに、ときめきの別のかたちを見いだしている人々もいるのです。大事なことはその影響なのです。もし一緒にした活動が継続的なかかわりを導くのなら、それらは幸せに寄与するのです。

この章でわたしたちは、対人関係における成長を見てきました。わたしたちは、どのような個人の性質に好感をもつか。そして教育によってこれらの性質を身につけさせるために、子どもたちをどのように援助するか。友だちになるとは何を意味し、そしてどのような友情を育むべきなのか、といったことです。ここでは、パーソナリティの性質と性格に結びついた徳とのあいだの密接な関連には触れませんでした。そして最後に、恋愛について――幸せとしばしば関係する現象ですが――議論し、末永く続く関係のために、友情がときめきを補完しなければならない、と結論づけたのです。

人と人とがかかわりあうという関係が大多数の人々の幸せにとって必要である、というのは間違いないことです。そのような関係で十分満ち足りるものなのでしょうか。あるいは、本当に幸せになるためには、公的生活にかかわる何かしらのかたちを必要としているのでしょうか。第Ⅲ部では、こうした問いについて探求していきます。

第Ⅲ部　公的な生活のために教育すること

Educating for Public Life

公的な生活はいかにして個々人の幸せに寄与することができるのでしょうか。率直にいうと、ほとんどの人々は市民としての役割からよろこびや充実感をあまりえていない、ということを認めるでしょう。同様に、多くの人々は、幸せを与えるもののリストでコミュニティや市民生活といったものを高く位置づけていないようです。とはいえ、リベラルな民主主義での生活は、直接的なやり方ではないにせよ、人間の繁栄に大きく寄与しているという可能性があります。そこで、わたしたちはこの点を明らかにしようと思います。健全なコミュニティ生活への参与も、わたしたちの幸せを増やしてくれる可能性があります。というのは、そのような参与それ自体から大きな満足をえる人々もいるからです。このコミュニティについての議論は、アリストテレスが不完全なレベルと呼んでいた次元で、友情について再び論じる機会を与えてくれることでしょう。

ともかく、幸せを感じられるような仕事を見つけることが大事である、ということには何の疑問もないでしょう。この公的な生活の一部分、すなわち職業の影響力はとても大きなものです。わたしたちを幸せにしたり、惨めにしたりするうえで、職業よりも大きな影響力があるのは家庭と家族ぐらいです。職業と家庭生活の両方で幸せを見いだすことのできる幸運な人は少数です。第Ⅲ部で取り組む問いは、いかにして教育が職業生活における幸せを促進することができるかです。また、より一般的な問いとしては、いかにして教育が隣人および市民としての公的生活における幸せを促進することができるかです。では、まず職業生活について論じることにしましょう。

第10章　仕事への準備

Preparing for Work

生活を営んでいくための活動は、わたしたちを幸せにもするし、惨めにもします。また、退屈にもさせます。ジョン・デューイは次のように述べています。

それぞれ個人は、職業を通じてのみ自らがもつ特有の能力を生かしつつ、社会に奉仕することができる。自分がどんな仕事に向いているかを見いだし、その仕事に従事する機会を手に入れることは、幸せをえるうえで重要な鍵である。[(1)]

確かに、自分にふさわしい職業を見いだすことは幸せをえるうえで重要な鍵のひとつとなっています。しかし、ふさわしい職業はどうすれば見いだせるのでしょうか。それぞれの個人には、職業について、どの程度の選択の余地があるのでしょうか。個人の行う職業選択に関して、学校制度はどのように影響力を発揮するべきなのでしょうか。ここ数十年間、学校を動かしてきたのは次のような二つの目的でした。すなわち、経済的目的と、長年にわたって社会に存在する不平等の解消という目的とでした。これら二つの目的はいずれも、誤解され、ゆがめられ、注意深く分析されることなく追求されてきました。経済的な次元よりももっと深い次元で仕事と幸せとが結びついているかもしれないことは、全く忘れられてしまっているかに見えます。

今日、学校はすべての生徒にアカデミックな教育を受けさせようと熱心になっています。そのため、大学教育を必ずしも必要としない仕事を選択する生徒のことを無視してしまっています。しかし、学校はまた、本当の知的な興味も無視してしまっています。人は本当の知的な興味を深めることによって、職業生活も、私的生活も、どちらもより豊かなものにすることができるのです。本書ではすでに、知性に関わる話題のうち、家庭や郷土、親業、性格、精神、対人関係などにかかわる部分については、それぞれの章で取り扱ってきました。本章の後の節では、とくに知的な興味をもっている人々の知性の育成について考察します。わたしたちは他のすべての特別な興味と同様、知的な興味もまた、尊重し、促進していかねばなりません。

お金を強調すること　Emphasis on Money

一般に、公立の学校の強さは経済的成功と密接に関係していると考えられています。このような考えは、すでに第4章で見たように、二十年前にだされた『危機に立つ国家』という報告書でとくに強調されました。『危機に立つ国家』は、大げさにも次のように断言していました。すなわち、わたしたちの学校は「ますます凡庸なものになる傾向にあり」、そのため、〔アメリカという〕国は世界市場のなかで競争力が保てなくなる危険にさらされている、と。(2)『危機に立つ国家』の報告書がだされた直後、すなわち改革運動が始まるよりもずっと以前に、国は前例のない繁栄を享受しました。経済の変動が下り坂にあるからといって、学校が満足に機能していないわけではありません。もちろん、学校の状態があまりにひどく、日々必要な教材や設備が整っておらず、教員養成も満足に行われていないのであれば、そのような学校で行われる教育は経済の繁栄を支えることはできないでしょう。しかし、そのようなひどい条件があてはまるのは、もっとも貧しい経済状況下に限られます。一般には、経済が改善するにつれて、学校教育の条件も改善されます。教育が経済を牽引するのではありません。むしろ逆です。国が世界市場で競争していくためにより高い程度のアカデミックなスタンダードが必要だとする議論は、その主要な部分で間違っており、それがあまりに単純な議論であることは明らかです。

より程度の高い技能をもった卒業生が必要だという議論があります。こうした議論に対しては、より程度の高い技能とは何を意味しており、より程度の高い技能をもった卒業生がどれぐらい必要とされているのかを検討する必要があります。基本的な問題について経済学者や労働評論家の意見は分かれています。「ニューヨークタイムズ」紙は一九九七年に多くの論者が仕事の将来について簡潔な予測を述べるという特集を組みました。(3)論者の一人、ポール・クルーグマンは次のように指摘しました。技術の進歩は、通常、関連する領域での職が減ることを意味するのであって、職が増えることを意味しない。技術の進歩ともっともかかわりが薄い領域においてこそ、職が増えていく傾向がある、と。たとえば、技術が進歩することによって、農業に従事する人や製造業に従事する人の数が減ってきていることは明らかです。また、現在の店員よりも、四十年前の店員のほうが、数学的技能をより多く必要としていたということも明らかです。クルーグマンとは逆に、ウィリアム・ジュリアス・ウィルソンは次のように述べています。すなわち、「知識集約型産業は近いうちに他のすべての産業を凌駕するほどに大きくなる」。そして、「低熟練労働者に対する需要は、人類の歴史上もっとも低いレベルにまで落ち込むであろう」と。しかし、先ほど取りあげたクルーグマンは、労働省の次のようなデータを紹介しています。すなわち、数が増えている職業のうち「上位五つのカテゴリーは、レジ係、用務員と掃除作業員、セールスをする人、ウエイターとウエイトレス、それに看護師である」。この五つのカテゴリーのうち、大学教育を必要とするのは最後の看護師のみです。

わたしは経済学者ではありませんので、上記の相反する主張をそれぞれ整理して検討することはできません。しかし、数字の扱い方で注意すべきところを指摘することはできます。すなわち、成長をパーセントであらわす場合には、とくに注意が必要です。比較的小さな分野で大きな成長率がパーセントで示されたとしましょう。その場合は、分野が小さいために、実際に必要な労働者の数も小さくなるでしょう。逆に、大きな分野で小さな成長率がパーセントで示された場合には、新たに必要となる労働者の数は大きくなる可能性があります。また、より程度の高い技能が必要だとする主張の検討にも、注意が必要です。おそらく、必要な技能の種類は変ってきているでしょう。それは十分にありうることです。しかし、変化の本質はどのようなものなのでしょうか。対人関係に関する技能がより一層必要なのでしょうか。あるいは、個人の自主性がより一層必要なのでしょうか。こうした領域におけるより程度の高い技能とは、いったい何を意味しているのでしょうか。

政策立案者たちはこれまで、『危機に立つ国家』から次のような誤ったメッセージを受け取ってきました。すなわち、すべての子どもがいままで以上に高いレベルのアカデミックな教育を受けるべきだというメッセージをです。おそらく、国家経済が必要としているという論拠とはまた別の論拠に基づいて、子どもにアカデミックな教育を受けさせる必要性を論じることはできるでしょう。そうした別の論拠のひとつとして、学校が社会移動に対して果たす役割をあげることができるかもしれません。個々の生徒はしばしば、より多くの年数の学校教育を受けることによって、経済的利益をえることができます。大卒者の方が高卒者に比べて、平均して、より多くのお金を稼いでいますし、また高卒者の方が高校中退者よりもより多くのお金を稼いでいます。しかし、こうした一般原則には多くの例外があります。収入の格差には、恣意的につくられているものもあります。この職に最初に就く場合に、この資格が必要であるというふうに、ただ単に決めているに過ぎません。要求される資格は仕事そのものに役立つものもあれば、そうでないものもあります。学校教育を受ける年数が増えることによってどの程度技能のレベルは向上するのでしょうか。この測定が極めて難しいことはよく知られています。[4] 平凡だが根気強い生徒が大学を卒業したとしましょう。他方、勤勉で集中力のある生徒が高校を卒業したとしましょう。その場合、平凡な大卒者よりも、勤勉な高卒者の方がより多くの仕事にかかわる技能を身につけている、ということは十分ありうることです。大卒者の数を増やすことは、経済に必ずしも役立つわけではありません。大学教育を受けた学生がより輝かしい将来を約束されるわけでもありません。さらには、先に述べたように、現在低い賃金しか支払われていない仕事は、これからも依然として必要な仕事です。教育だけによって、貧困の問題を解決することはできないのです。

教育者たちもまた、政策立案者たちと一緒になって、より高度でアカデミックな数学や科学を学ぶようにすべての生徒に勧めてきました。しかし、なぜ教育者たちまでもがそのように勧めてきたのか、その理由を理解することは難しいことです。国は決して、より多くの数学者や科学者を必要としてはいません。また、必要な数の技術者やコンピュータ労働者を生みだすためには、そうした領域に興味をもち、そうした領域の才能をもっている者に対してきちんとした科学教育をすれば済むことでしょう。なぜ、すべての者に対して、数学や科学を学ぶように求めるのでしょうか。予想される答えのひとつは、次のようなものです。すなわち、二十一世紀の市民はみな、数学的、技術的リテラシーをもつべきだからだ、というものです。この答えが示している目標自体は理にかなっているように見えます。とはいえ、右記の答えが示す目標達成のための最善な手段とは、すべての生徒にスタンダードな代数や幾何、生物学の授業を受けるよう強制することなのでしょうか。もしこの問いに対する答えがノーであるならば、なぜすべての生徒に強制するのでしょうか。後者の問いに対する答えには、平等への配慮を含むものもいくつかあるでしょう。そこで、次節では、そうした答えについて論じることにします。

すべての生徒に数学や科学を学ぶよう強制する理由としては、（すでに第４章で却下した）次のようなものもあげられます。すなわち、アカデミックな数学が現に高等教育への門戸として機能しているのだから、すべての子どもが教育機会を奪われないように数学に熟達すべきである、というものです。しかし、もちろん、別の選択肢もあります。すなわち、高等教育への門番としての役割を数学から取り去り、自らの興味を追求するために数学を必要とする者にのみ数学に熟達することを要求するという選択肢です。

ここで少し、先に述べた第一の答え、すなわち、市民はみな、数学や科学に通じている必要があるという答えに戻って考えてみましょう。なぜこのような目標が強調されねばならないのでしょうか。必要性からすれば、より差し迫って必要とされているものは数多くあります。現在の世界の状況を考慮に入れるならば、また、個々人の幸せが失われる事態が数多く報道されている状況を考慮にいれるならば、わたしたちはむしろ次のようなことにこそ関心をもつべきではないでしょうか。暴力を理解し、未然に防ぐこと。平和教育に関する科目をもっと増やすこと。薬物乱用について理解し、治療を行うこと。自己理解をうながし、対人関係を増進すること。環境を保護すること。郷土愛や親業、スピリチュアルな覚醒について教えること。自分に合った職業へと準備させること。芸術から永続的な楽しみをえられるよう奨励すること。健全な性格と感じのよい人柄とを育てること。こうしたことにこそ関心を向けるべきではないでしょうか。いま、上記の（わたしたちが関心をもつべきものの）リストに対して、次のように答えたとしましょう。こうした課題は学校の仕事ではない、と。その場合、かの（第４章の終わりに登場した）よその世界からの訪問者は、当惑した顔をすることでしょう。人間が繁栄するうえで極めて重要であるにもかかわらず、こうした課題は教育の目標ではないということがいったいどうしていえようか、と。

数学的、科学的リテラシーが重要でないわけではありません。わたしはただ、他の目標のほうがもっと重要であると主張しているのです。さらにいえば、以上で述べてきた課題を統合して、すべての課題への対応が相互に補強し合うようにすることもできます。すべての子どもにスタンダードな代数を教えるのではなく、むしろ、子どもが将来の仕事に関する契約書の誤りの部分を見つけだすのに必要な計算ができるようになるよう努めるべきです。すべての子どもに細胞生物学の専門用語を教えるのではなく、むしろ、自然誌についてや、遺伝子工学が農業や土着の植物に対してどのような影響を及ぼしうるかということにもっと時間を費やすべきです。すなわち、学校に留まることによってより多くのお金を稼ぐことができると子どもに告げるのではなく、自分を幸せにしてくれる可能性のある職業を調べてみるよう子どもに勧めるべきです。

政策立案者たちは今日、より輝かしい未来というものを、より多くのお金を稼ぐことと同一視しているように見えます。しかし、すでに第1章で検討したように、お金と幸せとはそれほど密接には関係していません[5]。確かに、貧しい状態にありながら幸せでいることは難しいことです。しかし、一定程度のお金がある場合には、より多くのお金をえたからといって常にその分だけ幸福度が増すわけではありません。さらに、大学教育によってより多くのお金をえることにとらわれ過ぎていると、仕事自体から生じる内的報酬を見過ごしてしまいます[6]。実際、収入をいく分か犠牲にしてでも、本当に楽しめる仕事のほうを選ぶ者は多いのです。

平等への努力　Striving for Equality

すべての生徒に代数と幾何を学ぶように求めることに対する論拠のうち、もっとも魅力的なものは、おそらく、機会の均等がそうすることを求めているというものでしょう。長いあいだ大学に行く生徒に対しては代数や幾何の科目を履修するように求めてきたのだから、他の生徒も同様の扱いを受ける権利がある、と。いま、かりに代数や幾何の科目を必修にすることを大学に行く生徒すべてに正当化できるかどうか、という問題は棚上げすることにしましょう（わたし自身はそのような正当化ができるかどうか疑わしく思っていますが、そのことについてはすでに述べました）。そして、そうした必修化の決定がもたらす効果だけを検討することにしましょう。もちろん、機会均等という目的自体は素晴らしいものです。しかし、必修化という手段によって機会の均等を実現できるでしょうか。

これまでの証拠に照らすと、多くの生徒が現に代数や幾何の科目を落としてしまっている以上、いま以上の生徒が高校を卒業せずに中退してしまう可能性は高くなります[7]。すべての生徒に新たに代数や幾何を必修化すること、これに反対する者には、必修化論者から次のような難しい問いがだされています。すなわち、もし、裕福な家庭の子どもが代数や幾何の科目を無事に履修してきたのなら、なぜ貧しい家庭の子どもにも履修させられないのか、と。こうした態度に合わせて、「すべての子どもは学ぶことができる」、「いい訳は許されない」といったスローガンが叫ばれています。こうしたスローガンは、多数の生徒が失敗してしまうのは学校の責任だという明確なメッセージを伝えています。この告発自体は簡単に退けてしまうべきではありません。貧しい家庭の子どもやマイノリティの子どもを助けるために、わたしたちはいまよりもずっと多くのことができるでしょうから。しかし、先に述べた告発は、二つの重要な問いを避けてしまっています。すなわち、なぜ代数と幾何とが、どの子どもにも必修でなければならないのか、また、なぜ、裕福な家庭の子どもは代数や幾何といった科目で成功できるのか。この二つの問いのうち、第一の問いについては、少し後で取りあげることにします。

第二の問いのほうを考えてみましょう。比較的裕福な家庭の子どもであっても、アカデミックな数学に困難を感じる者は多くいます。そうした子どもが頑張って数学に取り組んでいる理由は、親や教師が次のようにいって聞かせているからです。すなわち、そうした科目の単位をそろえることは、大学へ行き、いい生活をするための切符なのだ、と。親はまた子どもに次のようにもいって聞かせます。すなわち、「親自身も、かつて同じ苦労を経験して」、生き残ったのだ、と。こういい聞かせることで、親は子どもの共感をえるよいモデルとなっています。また、子どもが苦労している場合、親はしばしば家庭教師を雇います。そして、子どもには次のような忠告が与えられます。すなわち、宿題をやり、教師に助けを求め、テストに失敗したときは（補習など）より多くの勉強をする意欲を示し、教師のいうことを聞きなさい、と。こうしたかたちで、学校の教育を「成功裏に」うまく終えた生徒たちも、その大多数は、数学に対する恐れと嫌悪を生涯にわたって抱くことになります。十分に教育を受けた人のだれかに、あるいは人文科学の大学院の授業で聞いてみてください！

いまの議論の要点は、子どもは代数や幾何の科目をうまくやっていくうえで、大きな援助を必要とするということです。また、そこで必要とされる援助は単に財政的な援助だけではないということです。財政的な援助には、たとえば家庭教師を雇うお金の援助があり、そうした財政援助は確かに役に立ちます。生徒はまた、努力が費やすに値するものであることを確信する必要があります。生徒は自分の生活のなかで、教育を受けた人のモデルを見いだす必要があります。生徒はこうした目に見える援助に加えてさらに、十分な準備をもって骨の折れる科目にのぞむ必要があります。この十分な準備は、学校だけで完全に満たされるものではありません。こうしてわたしたちは再び、インフォーマルな教育に起因する大きな違いに直面することになります。

すべての者に同等のアカデミックなスタンダードを求めると、第一にまず、もともと望んでいたのとまったく反対の結果となります。つまり、より多くの子どもが失敗して、脱落してしまうことは明らかです。第二の結果として、多くの学校で教えられる代数や幾何の科目が代数や幾何のまねごとに過ぎなくなります。善意の教師たちは生徒に不合格になってほしくないので、生徒が扱えるものを提示するよう努力します。生徒は代数や幾何の科目の単位をえるのですが、大学で数学を学ぶ準備はとてもできません（そもそもなぜすべての大学生に数学を必修にしなければならないのでしょうか）。したがって、多くの生徒は大学で補習授業を取らなければならなくなります。自尊心を傷つけられてしまう結果、多くの若者がやる気をなくして、脱落してしまいます。

学校やクラスでかなりの数の生徒が十分な準備もなく、いやいやアカデミックな数学を学ぶように強制される場合、より厳密な科目から利益をえられただろう生徒も大きな損をすることになります。そうした生徒は、数学に興味をもっていない友達に比べてずっとよくできます。大学教育を受ける準備ができていると考えて当然です。しかし、そうした生徒は、より要求度の高い科目を学んできた生徒に対抗することはできません。数年前にわたしが見た代数の授業では、生徒に文章題を与えていませんでした。たった一題も与えていなかったのです。そうした授業で優や良を取る生徒よりも、より適した科目で可を取る生徒のほうが大学で学ぶ準備ができています。

すべての生徒に同じアカデミックなカリキュラムを強制すると、さらに次のような結果をまねきます。すなわち、カリキュラムが非常に幅広いものでない限り、学びを通じて自分自身の興味を追求する機会が減ってしまいかねません。アメリカの高校のカリキュラムの歴史は、大学入学にふさわしい科目は何かということについて、広く考える立場と狭く考える立場のあいだを揺れ動いてきました(8)。現在のわたしたちの時代は、大学入学にふさわしい科目について、科目名のうえでは狭く定義しています。しかし、そうした科目の実際の内容に関しては、大きな幅があります。ただし、そうした内容の幅というものは、通常、生徒の興味を反映したものではありません。むしろ、(スタンダードな科目で) 生徒集団が習得できる内容についての教師の評価を反映しがちです。こうして、ビジネスやお店や、個人のことがらに焦点を当てた数学の科目を学ぶことで利益をえられたかもしれない生徒は、二重に不利益をこうむることになります。つまり、そうした生徒は、自分自身が選んでいない科目で悪い点を取ることによって自尊心を傷つけられ、同時に、自分自身興味があり才能のあることがらを学ぶ機会を失ってしまうことになるのです。

　わたしたちはまた、次の点にも留意する必要があります。すなわち、すべての子どもにアカデミックなカリキュラムを経験させることに注意を向けることによって、わたしたちの注意が難しい社会問題からそらされてしまうという点に。よりよい学校教育を通じて、善意をもって平等を求める人々は、教育が社会移動に果たしてきた役割を認めています。多くの生徒にとって、学校が金銭的地位の向上に役立ってきたことは否定できません。しかし、すでに指摘したように、学校はすべての生徒の金銭的地位の向上には役立てません。一見するとパラドックスのように見えるこの点については、後でもう少し論じる予定です。いまのところは、次の点に注意してください。すなわち、もし社会がこのまま、大学教育を必要としない仕事に就く労働者を大量に必要とし続けるのであれば、そうした労働者の賃金を決めるのは必然的に市場の基準であるという点に。この点について教育ができることは何もありません。しかし、思いやりのある社会が市場の基準についてできることはあります。思いやりのある社会は、貧困を根絶するように努力することができます。最近、ある議員が次のように主張していました。すべての生徒に高い程度のアカデミックなスタンダードを獲得させることができないのなら、結果として多くの生徒が大学に行くのを妨げることになり、多くの生徒を経済上の敗者となるよう「運命づけて」しまうことになる、と。こうした主張は、公共政策分野での考え方が悲しむべき状態であることを明らかにしています。なぜ、常勤の仕事に就いてまっとうに働いている者が、経済上の敗者となるよう運命づけられなければならないのでしょうか。

　少数の生徒にふさわしいカリキュラムをすべての生徒に強制することによって、等しい教育機会を与えることができるという主張は、矛盾しているように見えます(9)。しかし、そうしたすべての生徒に同じカリキュラムを強制する方向に進む理由は理解できます。魅力的で多様性に富んだカリキュラムを構成して練りあげるよりも、同じ科目を全員に与えるほうが簡単ですし、費用もかかりません。わたしたちのように、高校生にさまざまなコースを用意すべきだと考える者は、なぜわたしたちのアプローチのほうがよいのかを示す必要があります。たいていの場合、能力別コース分けはこれまで貧しい家庭の子どもやマイノリティの子どもにきわめて悪い影響を与えてきました。わたしたちはそうした歴史を無視できません。ここで能力別コース分けといっているのは、さまざまな教育課程のことを指しています。たとえば、大学準備コース、商業コース、産業コース、職業コースといった具合に。決して、特定の科目の能力別グループ編成のことではありません。[10] 次節では、どのようなかたちの能力別コース分けであれば正当なものと認められるのかについて、その概略を示す予定です。いまのところは、次の点に注意しておくべきでしょう。すなわち、悪い影響を与える可能性があるのは、能力別コース分けそのものではなく、むしろコースを序列化し、評価するやり方のほうである、という点に。

以上、教育機会の平等を達成するために現在なされている取り組みを批判してきました。次に進む前に、わたし自身は、すべての生徒が学ぶべきものはあると考えていることを、はっきりさせておきたいと思います。また、わたし自身は、生徒に広い範囲のことがらに触れさせる責任がわたしたちにはあると信じています。そして、生徒はやがて人生のなかで、学校で触れたさまざまなことがらに興味をもつかもしれませんし、もたないかもしれません。以上、現状を改善するためにカリキュラムと教育をみなに同一のものにせよ、という考えを退けてきました。わたしは教育を導く主導的な目的は幸せであるべきだと、堅く信じていますので、何かを強制するということに慎重にならざるをえません。では、生徒に自分にとって満足のいくような仕事へと準備させるという課題、ひいてはもっと広く自分にとって満足のいくような生活へと準備させるという課題に、わたしたちはどのようにアプローチするべきでしょうか。

敬意と適切さ　Respect and Relevance

カリキュラムと教育を全員同一のものにするよりも、幸せを教育の第一目的に設定するほうが、平等についての民主的な考えによりかなったアプローチができるでしょう。

わたしは、積極的に個人の生活のための教育をすべきだと論じました。そのように教育するのであれば、現在ほど、学校教育が経済上の目的に役立つということを強調しなくても済むようになるでしょう。経済的目的を強調しなくなると、その結果、誠実に、広い範囲にわたる職業教育ができるでしょう。そして、子どもにも、次のようにいうことができるでしょう。すなわち、幸せを手に入れるためには、単にお金をえることよりも、生きていくためにやっている仕事を好きになり、豊かな個人の生活を楽しむことのほうが大事だよ、と。こうして、充実した個人の生活のための教育をすると決めることによって、わたしたちは正しい方向へと歩みだしていることになります。

わたしたちの決意をさらに強固なものにするために、次に民主主義の原理について考察する必要があります。デューイが主張しているように、民主主義とは、人々がまとまって生活するやり方のことです（ないしは、そうであるべきです）[11]。民主主義の強みは、人々が相互に依存しているのを認めていることと、コミュニケーションが自由であることです。民主主義とは、単に多数派による支配のことではありません。また、単に、すべての個々人に対して、競争相手を打ち負かすための機会を平等に与えるシステムのことでもありません。さらには、民主主義が依拠しているのは、すでに確立した共通の文化というよりも、むしろ、共有できる価値をつくりだそうとする姿勢です。コミュニケーションをとろうと欲すること、そして、文化や関心の違いを超えてコミュニケーションをとろうとする意志のほうが、強制によってつくりだされる共通言語よりも重要です[12]。こうした考えをもっていたことが、デューイがウォルト・ホイットマンを（民主主義の「先見者」として）高く評価した理由のひとつでしょう[13]。また、デューイがジェーン・アダムズを高く評価した理由のひとつでもあるでしょう。なぜなら、アダムズは移民たちと移民たちの文化に対して、深い敬意を示していたからです[14]。

デューイは文化的伝統の力を否定してはいません。むしろ、複雑な社会においては、社会の資源や社会が達成したことを「伝達する」必要があると述べています[15]。しかしデューイは、こうした知識をもつことが民主主義の過程に参加する前提条件であるとは考えていません。この点で、デューイはロバート・メイナード・ハッチンズやモーティマー・アドラーと全く異なる立場に立っていました。ハッチンズとアドラーはどちらも、民主主義は共通の資産たる知識に依存していると主張しました[16]。デューイにとっては、コミュニケーションと選択が出発点なのであり、民主主義という成果は活動のなかにあるものなのです。すなわち、民主主義とは絶えず構築されている生活のやり方なのです。ハッチンズは次のように考えました。すなわち、最良のカリキュラムというものは現に存在しており、それは古典を学んだ研究者が知っているものである。そして、一般大衆はただ、そうしたカリキュラムの正しさを納得しさえすればよいのだ、と。他方、デューイは次のように考えていました。すなわち、カリキュラムは常に、人々が経験を共有することを通じて、絶えず構築されなければならない、と。

デューイは確かに選択を重要視していますが、だからといって、何でも自由に放任することを許しているわけではありません。また、わたしは生徒に何でも生徒が望むとおりにさせるべきだ、などということをいってはおりません。リベラルな民主主義社会において選択する場合には、関連する知識を十分にもっている必要があります。そして、関連する知識を十分にもつためには、共通の経験をもつとともに、相当程度の指導を受ける必要があります。さらには、学校の承認をえて行った選択によって、生徒が教育を受けなかったり、充実した大人の生を生きるために必要な教材や技能に富んだ教育を逃してしまったりしてはなりません。役に立たない選択肢はあってはならないのです。

では、必要な指導とはどのようなものでしょうか。教育上もっともよい指導は、生活を共有することから生まれてきます。高度に専門的な評価を行うことによって生まれてくるのではありません。ガイダンス専門のカウンセラーは学校に大いに貢献することができます。しかしだからといって、それぞれの生徒がどの科目やコースを選ぶかを指導することに関していえば、カウンセラーは最適な人物ではありません。そうした指導は、生徒をよく知っている教師にこそ求められるのです。こうした理由からも、継続性はとても大事なのです。生徒と親密につきあってきた教師は、それぞれの生徒の志望や学習習慣、才能、性格、パーソナリティについて何か知っているはずです。教師と生徒のあいだにケアと信頼の関係が成立している場合は、教師は生徒と一緒に、それぞれの生徒の目標や計画について率直に話をすることができます。読むことをひどく嫌っている者が職業教育を受けようとするのは現実的なことでしょうか。口頭でのコミュニケーションを大の苦手としている者が教師を目指すことは理にかなっているでしょうか。「とても不器用な人」が機械を扱う者になることは可能でしょうか。指導は強制力を伴うものであってはなりませんし、最終決定を下してしまってもいけません。つまり、生徒はこれこれの科目をとるようにと命じられてはならないのです。また、これこれの道を選ぶことは決してできない、などという思い込みをもたせてもいけません。生徒には自分に与えられた助言を拒否することが許されなければなりません。そして、生徒は自分が決めたことには責任をとる必要があります。

　教育の分野ではしばしば、指導上の行為が強制力を帯びてしまう傾向があります。テストは単に助言のためだけではなく、クラス分けにも使われます。これまでの学業成績を調べたうえで、子どもたちを分けて、クラスやコースに割り振るわけです。強制力の使用は、相手が年少で無知であるということによって正当化されます。「彼ら」は何が自分たちにとって最善かを知らないのだから、彼らが表明するニーズをそのまま満たすことは無責任なやり方だ。知っているのは「わたしたち」のほうである（これはアドラーが展開している議論です）。だから、わたしたちが彼らのニーズを推察して、そのニーズに基づいてわたしたちは行動すべきなのだ。このように考えるわけです。

　このようなやり方では、リベラルな民主主義で責任ある幸せな人生を生きるための確実な練習にはならないでしょう。自らの表明的ニーズとインフェアード・ニーズとのあいだで絶えず交渉することによってこそ、生徒は十分な知識と理解にもとづいた選択ができるようになるのです。たとえ若者たちがときに考えを変えて（考えを変えない人などいるでしょうか）、新たな科目を学ぶことになり、追いつくのに時間がかかってしまうことになったとしても、自らが選んだ科目を追究するという経験それ自体は、有益なものとなるでしょう。いかにして学ぶかということを学ぶことは確実にあるのです。そして、学習への自信が身につくのは、自らやることを選び、評価することによってなのです。

　もちろん、ある程度の限定をもつゆるやかな強制力を用いることは可能ですし、それは必要です。結局のところ、わたしたちは子どもに学校に行くように強制しているわけです。すべての子どもが学ばなければならないものは存在します。たとえば、読み方、はっきりした話し方、理解可能なメッセージの書き方、単純な図の理解の仕方、日常の当たり前のことをするのにいかに科学技術を利用するか、いかにして市民としての権利を行使し義務を果たすか、よい性格とはどのようなものか、幸せな個人の生活を特徴づけるものは何か。こうしたトピックや関連する技能はカリキュラムを通じて、複数の教科にまたがって取り扱われる必要があります。しかも、大事な教科のすべてにおいて取り扱われる必要があります。

以上取りあげたのは、すべての人にとって必須であると見なされるものです。これら以外にも、多くの人々が大事だと考えているトピックや関連する技能があります。わたし自身の考えでは、すべての子どもにスタンダードな科目となっている代数と幾何を習得させる必要はありません。しかし、すべての子どもにこれらの教科に触れてほしいと考えています。数学や物理学、美術、偉大な音楽、すぐれた文学といった科目の学習を「やってみて」ほしいと考えています。こうした科目はこれまで、強制的に教えられてきました。こうした科目に触れさせるのは、中学校が最適です。しかし、もしこうした科目に触れさせることで十分な知識と理解に基づいた選択を生徒にさせようと真剣に考えるのであれば、強制力を伴う評価手続きによって生徒の経験を台無しにしてはなりません。わたしたちは次のようなメッセージを伝えるべきなのです。すなわち、こうした科目を（ないしは短期間こうした科目の一部分を）受講することは、自分自身を探求するためであり、学びの可能性を将来に広げるためであり、さらには楽しみのためであるのだ、と。中学校での三年間は、リスクを負うことなくさまざまなことを探求できる素晴らしい時間であるべきなのです。

中学校での三年間の評価は形成的評価であるべきです。つまり、評価は子どもの学習を助けてやるとともに、子どもの才能と進歩を評価するべきなのです[17]。子どもが高等学校に行くときには、確かな経験に基づいて、理にかなった選択ができるようになっているべきです。ティーンエージャーは、数学という学問を学ばないことによって、どのような機会を逃すことになるのかを知る必要があります。ただし、アカデミックな数学以外にも魅力的な選択肢があり、そうした選択肢を堂々と選ぶことができることもまた必要です。子どもにさまざまな教科に触れさせ、形成的評価を行うしくみがうまくできている場合には、教育者は生徒に対して正直になれます。その場合には、わたしたちは今日しばしば用いられているプロパガンダに頼る必要がなくなるでしょう。すなわち、みんなが代数を必要としているとか、みんなが大学に行くべきだとか、みんなが学校で課されることすべてに熱心に取り組むべきだといったプロパガンダにです。そうしたプロパガンダに頼る代わりに、将来Xの仕事をしたいのだったら、いまYの学習をする必要があるよということができるでしょう。つまずいている生徒には正直に次のようにいうこともできるでしょう。君はいまYがあまりよくできていないけれども、もしXの仕事に就きたいのなら、もっともっとがんばる必要があるよ、と。そして、次のようにいうこともできるでしょう。君はWがとてもよくできるから、Zの仕事を考えてみるべきだと思うよ、と。

さまざまな教科に触れさせるということは、いままでの説明からみると、一種の強制だといえるかもしれません。しかし、通常行われているような競争的な成績づけをしない限り、ゆるやかな強制にとどまります。さまざまな教科に触れさせる場合には、インフォーマルな学習という形態を重視すべきです。つまり、子どもたちが、受け取ることも、受け取らないことも自由な、たくさんの贈り物という形態であるべきです。そのようなプログラムを計画する場合には、なぜ個々のトピックを与えようとしているのかを常に問うべきです。たとえば、なぜ詩を与えようとしているのか、と。もし、詩は生涯を通じてよろこびと知恵の源泉となりうるからと答えるのであれば、詩はいまの時点での幸せの源泉として与えられるべきでしょう。音楽や他の芸術についても同じことがいえます。

わたしたちが価値あると見なす教科に子どもを触れさせることは、表明的ニーズとインフェアード・ニーズとのあいだで行われる交渉のよい例です。子どもは自分が知らないことについての要求を表明することはほとんどできません。したがって、わたしたちは子どもに可能性を開いてやるという大人としての責任を放棄してはならないのです。もし学校が子どもを知的生活へと導いてやらなかったなら、子どもが自分自身の興味に知的なものが含まれるかもしれない、と思うことなどできないでしょう。ただし、子どもに可能性を開く目的は、そうした新しい考えが自分の意図にかなったものかどうかを子ども自身が発見できるように、子どもを探求へと誘うことにあります。決して、他の可能性を閉ざしてしまうためではありません。可能性をより分けて、子どもに割り当てることでもありません。伝統的に重視されてきた教科で成績があまりよくないことを示し、そのことによって、子どもの自尊心を打ち砕くためでもありません。

では、どんなことを大事なものとして重視すべきなのでしょうか。この質問に対しては、少なくとも二つのよい答えがあります。一つ目の答えは、どんなことがらであれ、どんな性質であれ技能であれ、人間の繁栄に役立つものはすべて大事で、教育で扱うべきだというものです。しかし実際には、このような意味で大事なものすべてに子どもを触れさせることなど不可能です。二つ目の答えは、次のようなものです。すなわち、確かに右記のような物事はすべて大事だけれども、学校が扱うべきもっとも重要なものは、将来の学習と成長の基礎を与えるようなものだ、というものです。この二つ目の答えは正しいように聞こえますが、どんなものが将来の学習と成長の基礎を与えるものなのかについては、教育者のあいだで合意されていません。たとえば、伝統的なリベラル・アーツを推奨する人々はそうした科目こそが将来の学習と成長の基礎を与えるのだと主張しています。しかし実際には、わたしたちが知っているように、リベラル・アーツの訓練を受けずに見事に成功を収めている人々は大勢います。ときには、その基礎を「学問」に求めて説明する場合があります。[18] こうしたやり方は、先のリベラル・アーツの説明と非常に似ていますが、新しい教科に対しても、学問の名にふさわしいことを証明するように求めるところが違っています。ときにはまた、その基礎を身体、魂、心といった人間の構成要素を用いて説明したりします。[19] その場合、どのような科目が人間の構成要素のそれぞれの成長に寄与するのかを決める必要があります。このようなときに役に立つものとして、ハワード・ガードナーが唱える多重知性という考えがあります。[20] ただし、多重知性をどのように用いるのかについては意見の相違があるようです。ガードナー自身はしばしば、多重知性を教育のうえでうまく用いることによって、スタンダードな科目を生徒が学ぶことを助けるのだ、と強調しています。わたし自身はむしろ、多重知性をそれ自身のために発達させるほうがよいと考えています。すなわち、多重知性のそれぞれをそれ自体として大事にするとともに、子ども自身が自らにどの領域の才能があるのかを見いだすための手がかりとして大事にするほうがよいと考えています。どのようなやり方を選ぶにしても、すべての人にとって基礎となるべきものは何かを決めるという問題に直面します。また、どのような才能があるのかがきちんと特定されているそれぞれの子どもにとって、基礎とみなされるべきものは何かを決めるという問題にも直面します。

このような議論は、子どもにさまざまなものを勧め、触れさせるカリキュラムを考えるうえで欠かせないものです。わたしたちは子どもが機械を扱う仕事やダンス、スポーツ、スピリチュアルな面での修養、対人関係の技能といったものに手をだすことを望むべきです。デューイも述べているように、自分が向いている仕事を見いだすことは素晴らしいことです。このようにさまざまなものに触れてみることによって、子どもはまた趣味をもつことができます。そして、この趣味もまた幸せを生みだす源泉になるのです。さらには、民主的な教育という観点からすると、子どもは多数の技能の価値を心から認めることができるようになります。自分自身がそうした技能を見につけることは容易ではないとわかるからです。

子どもにさまざまなものに触れさせ、探求させるということは、高等学校に至るまで続けて行われるべきです。たとえ、授業や要求度が高等学校でより強い強制力をもつものになっていくにしてもです。いったん生徒自身が自ら学ぶカリキュラムを選んだら、生徒はさまざまなことをするよう求められ、一定のスタンダードにまで到達するように求められます。生徒自身が設定した目標に到達するためには、生徒が自ら行わなければならないことがあるのです。高い目標を掲げ、高いスタンダードを設定することが適切となるのは、そうした目標やスタンダードの設定に選択という要素が含まれている場合です。ほとんどの人はたとえ難しい課題であっても、そうした課題に取り組むことが自分自身の求めている目的につながっていることが明らかな場合には、よろこんで課題に取り組みます。ただし、履修すべき科目のなかにも、無償の贈り物や楽しみがたくさん含まれているべきですし、生徒自身が課題を選択して調べるような学習もたくさんあるべきなのです。

子どもが一般科目を専攻する場合があります（これは矛盾しているように聞こえるかもしれませんが、実際にはそれほどおかしいことではありません）。そのような場合には、学校が提供する選択肢はいずれも、内容が豊かであり、適切なものである必要があります。子ども自身はアカデミックな科目のほうを学びたいと思っているのに、アカデミックな科目を学ぶだけの成績をとっていないという理由から、子どもに機械を扱う科目を学ばせることがあってはなりません。また、機械を扱う科目のなかでも、非常に狭い専門領域を学ばせることがあってはなりません。機械を扱う仕事に秀でているからこそ、子どもは機械を扱う科目を履修するかどうかを選べるという具合いであるべきです。そして、さまざまな選択肢のなかから、子どもは最終的にある職業を選ぶことができるべきです。履修する科目のなかには、子ども自身が個人の生活と公的生活のそれぞれにとってさまざまなかたちで役立つ項目が含まれているべきなのです。

あらゆる才能に対する豊かなカリキュラム

A Rich Curriculum for Every Talent

W・ノートン・グラブが指摘しているように、初期のアメリカの学校はアカデミックな教育と職業教育とを区別していませんでした。[21] 生徒たちはみな、学校にいる限り、同じカリキュラムで学んでいたのです。[22] あるひとつの立場からすると、こうしたやり方は完全に民主的な政策であるように見えるでしょう。そして、アドラーやハッチンズといった二十世紀の思想家によっても、こうしたやり方をすることが依然として推奨されています。しかし、本章で論じてきたような立場からすると、このようなやり方はきわめて非民主的なやり方です。個々の生徒はさまざまに異なった才能をもっていますので、そうした異なる才能をもつ生徒を同じひとつのカリキュラムによって教育することは、生徒を平等に取り扱うことには決してなりません。伝統的な教育政策が実施されていた過去の時代には、高等学校を卒業するまでに多くの若者が脱落していました。高等学校に進学すらしない者も大勢いました。子どもが学校から去ってしまうという現象には多くの要因がありました。高等学校の卒業資格をもっていなくとも、有給の職に就くことができました。また、家族も、ティーンエージャーの子どもからの経済的支えを必要としていました。教室の雰囲気はしばしば威圧的なものでした。アカデミックなカリキュラムが難しいと思う子どもに対しては、しばしば励ましではなく屈辱が与えられました。また、当時の進歩主義の教育者たちが論じていたように、伝統的カリキュラムは現実世界とその要求を無視するものでしたので、興味を失ってしまう生徒がたくさんいました。[23] 現在、伝統的なやり方をとっている教育者たちは、このような条件を少なくとも変えようと努力してきましたし、その点はきちんと認める必要があります。

アメリカにおける総合制高等学校の歴史はさまざまな要素が入り混じった複雑なものとなっています。歴史上、正反対の立場の人々がそれぞれ自分たちのほうがより民主的な立場に立っている、と主張してきました。伝統主義者は単一のアカデミックなカリキュラムを主張し続け、進歩主義者は差異化されたカリキュラムを主張してきました。しかも、どちらの立場も民主主義の名の下で主張されてきました。ただし、いくつかの明らかな事実も存在します。進歩主義の影響が強かった時期には高等学校への出席率も上昇し、卒業する生徒の割合も増えました。もっとも、民主的理想という観点から見たマイナス面として、カリキュラムの差異化が序列を意味するようになっていました。昔からのアカデミックなカリキュラムは依然として「最善」のものであり、職業教育のカリキュラムは「よりよい」科目についていけない生徒に与えられる代用物である、と考えられるようになりました。今日、わたしたちのようにカリキュラム・コースの差異化を擁護しようとする場合には、カリキュラム・コースの差異化に序列がもち込まれてしまう、という点が現実的な問題となります。

まずわたしたちが否定できないこととして、職業コースや商業コースが、しばしば明示的に、ブルーカラーやピンクカラーの労働に従事する人々を対象としてきた、という事実があります。同じ民主主義という価値の下に、統一されたアカデミックなカリキュラムを主張する議論も、カリキュラムの差異化を主張する議論も、どちらも組み立てられるという事実を例証しているものに、ハーバード大学の学長、チャールズ・W・エリオットによる発言があります。エリオットは十人委員会の議長として、すべての生徒にアカデミックなカリキュラムを与えるべきだという主張を熱心にしました。つまり、それぞれの生徒がたどっていく運命に合わせたカリキュラムを与えることに反対しました。そして、そうした主張をした十六年後には、全く逆の立場を主張するようになったのです。彼はカリキュラムの差異化を勧めるだけでなく、小学校の教師は「子どもを分類すべきであり、しかもそれぞれの子どもがおそらくたどるであろう運命によって分類すべきなのだ[24]」と主張しました。エリオットは自分がかつての自らの立場、すなわち民主的だと自称していた立場に背を向けたと批判されるかもしれないことを認めて、次のような答えを用意しています。

もし、民主主義がすべての子どもを等しくすること、ないしはすべての人を等しくすることを意味しているのであれば、それは自然の摂理と闘うことを意味している。そのような闘いをすれば、民主主義のほうが敗れることは目に見えている。人間には、自然本性の平等、訓練のための資質能力の平等、知的な能力の平等などといったものは存在しない[25]。

このエリオットの答えはわたしには議論の余地なく、正しいように思われます。しかし、このちょっとした事実は、以なお広く否定されています。わたしたちは事実として、以下のことを受け容れています。すなわち、人々は身長の点で異なっていること、肌の点で異なっていること、パーソナリティの点で異なっていること、健康に関する遺伝的属性で異なっていること、身体の強さの点で異なっていることなどを。しかし、人々が知的能力の点でも異なっているということは、事実として簡単に受け容れることができません。ヒュームが述べているように、自分自身の知性が疑われること以上に人を怒らせるものはありません。しかし、もし人々が知的能力において異なっているだけでなく、知的興味においても異なっているのであれば、まずやらなければならないことは、抽象的な数学の才能としての知的能力を他の能力よりも価値あるものだと見なすことをやめることです。もしこうした間違った価値づけが行われなければ、すべての才能を受け容れ、育むことができるでしょう。また、わたしたちはエリオットに同意し、教師は生徒を分類すべきだなどというエリオットの意見を取り入れる必要はありません。わたしたちは、生徒は自分自身の職業の運命に関して、自分自身で選択することが許されるべきだと主張できるからです。

人間の能力のうちで道徳的に問題のないものすべてを積極的に評価することによって、わたしたちは安心して、生徒に生徒自身の運命について助言し、生徒に自らの運命を選択させることができます。しかし、とても奇妙なことに、こうした論争においては、生徒の選択について言及されることがきわめて稀です。選択という考えはリベラリズムの哲学の核心をなすものですし、リベラリズムは現代の民主主義理論を支える大きな土台となっています。民主主義という考えの根本にあるのは、人々が協力して行う社会生活と、個々人が自由に必要な知識と理解をそなえつつ行う選択との組み合わせです。しかし、エリオットやエルウッド・カバリーといった多くの偉大な教育者や社会効率運動の代表者たちは、あくまで分類や割り当て、訓練といった用語を用いることに固執していました。生徒による選択といったものは議論の中心にはなっていませんでした。

リベラルな哲学は長年、子どもと選択の問題に悩まされてきました。リベラルな哲学の発展においては、理性ある成熟した大人が社会に登場してくることが前提とされてきました。[26]デューイはリベラルな哲学者のなかで例外的な存在でした。というのは、デューイは未成熟のもつ力（新しいものへと開かれていることと柔軟性）を認めるべきだと主張するとともに、リベラルな民主主義で必要とされる技能を若い人々に訓練する必要性を認めるよう主張していたからです[27]。デューイの考えからすると、子どもに対して年齢に応じた選択を与えるべきであるのは、個々の子どもが個人としてできる限り発達するためだけでなく、選択を与えることがシティズンシップ教育の一部でもあるからなのです。

この検討が難しいのは、子どもを本当の意味で平等に扱うべきだという考えに賛同しているように見えながらも、実際にはレトリックのレベルでのみ賛同しているような人々が存在することです。わたしは本書でも、別の場所でも、まっとうな仕事はすべてその価値が正当に認められるべきだと主張してきました[28]。しかし、この種の話はときに、口先だけのものに過ぎないことがあります。仕事の崇高さについて語りながらも、労働者の労働条件に何ら関心を払わない人々はこれまでもいましたし、いまもいます。同様に、職業教育を奨励しながらも、職業教育の質に何ら関心を払わない人々もいます。このことについてのハーバート・クリーバードの発言は人の心に強く響くものとなっています。クリーバードの父親はニューヨーク市の複数の工場で働いていましたが、それらの工場は低賃金で長時間、労働者を働かせていました。クリーバードは父親がどのような苦悩を体験していたか、どれほど疲れ果てていたかについて説明した後に、次のように述べています。

> この点で、いわゆる仕事の尊さという考えに対して少し懐疑的な見方を述べても許してもらえるのではないかと思う。人々が自ら手を動かして行う労働から満足をえることができるということには、疑いの余地がない。しかし、わたしはときにこのように考えてしまう。あらゆる仕事は尊いものであり、それがどんな状況のなかでも変わりがないという信念は、仕事場の労働条件を改善しようとする試みを妨げ、なんとかして仕事場を人間らしいものにしようとする努力を退けてしまってきた、と。たとえ労働者を卑しめてしまうほど劣悪な労働条件であっても、すべて仕事というものは人々を高める崇高なものだと断言してしまうと、仕事場を改革する必要性はそれほど差し迫ったものとは見えなくなってしまうのである[29]。

この平易で説得力に富んだ言明は、わたしたちが職業教育というものについて考えるさいに、導きとなるべきものです。もちろん、すべてのまっとうな仕事は尊いものであるべきです。ウォルト・ホイットマンやシェイマス・ヒーニーは詩の領域で仕事を尊いものにしました。カール・マルクスは哲学の領域で仕事を尊いものとしました。しかし、クリーバードが述べているような経験を労働者がしていることは否定できません。また、教育者が子どもの運命を予測して、子どもが労働の生活におもむくように決めてしまうことがあまりにも多かった、ということも否定できません。このように子どもを分類してしまうことには、いくつかの有害な前提が含まれていました。一つ目は、ある人種やエスニシティの子どもは肉体労働に就くべく定められているのだという前提です。二つ目は、この種の仕事をしている人々はアカデミックなカリキュラムに習熟した人々に比べて、知的な面で劣っているのだという前提です。この両方の前提において、労働者もその仕事も価値をおとしめられていました。

これら二つの前提のうち最初のものについては、その妥当性がすでに問題にされてきましたし、それは適切なことでした。しかし、すべての子どもがアカデミックなカリキュラムに習熟することができるという新しい前提が取り入られた結果、第二の前提のほうをかえって強めてしまうことになりました。常識で考えれば、多くの必要不可欠な仕事は大学教育を必要としていないことがわかるはずです。社会政策の課題は、仕事の尊さを現実のものとして確立することです。それはつまり、貧困を根絶することを意味します。と同時に、高等学校卒業後に労働に従事したいと考える生徒のために、学校のカリキュラムの質を高めることも意味しています。

こうした課題を果たすにはどうすればよいのでしょうか。よく用いられるやり方は、職業教育のカリキュラムによりアカデミックな要素をつけ加えることです。[30] もし、つけ加えられた項目が、それを学ぶ生徒にとってとくに価値があるからこそ選ばれたのであれば、こうしたやり方は一理あるでしょう。しかし、こうしたやり方をすることで、次のような考えを支持することになってしまうのは残念なことです。その考えとは、すなわち、アカデミックなカリキュラムで扱われるトピックはそれ自体が重要なものであり、仕事から生じて知的活力をもって追求されるようなトピックよりもすぐれた、よりやりがいのあるものなのだ、というものです。

前記の後半部分のやり方、つまり仕事から生じた課題を追究するというやり方にはいくつか具体例があります。マイク・ローズが紹介しているパサデナ市でのグラフィックアートのカリキュラムは、そのようなやり方の基本的考えを例証するものとなっています。[31] 生徒が演習室で課題の仕事をしようとすると、科学原理の必要性に直面することになります。生徒が出会う問題は知的な面でやりがいのあるものですし、洗練された概念と原理が全面的に必要とされるものです。このような状況において、思考は行動と直接結びついたかたちであらわれるわけです。教師は生徒にあらかじめ定められた一連の科学原理を詰め込んだうえで、生徒に習った科学原理を適用するようにうながすのではありません。そうではなくて、教師は生徒が真の知的な挑戦に突き進んでいくのを助けてやるのです。そのとき生徒は、自分自身が選んだ仕事に取り組んでいるのです。

　このようなプログラムにおいても、人文学を無視する必要はありません。生徒にヘミングウェイやスタインベック、フォークナーの小説を読むように勧めることは可能です。生徒はローラ・ホブソンの『ファースト・ペイパーズ』を読むことができます。この本は労働する民衆が置かれた厳しい状況や、労働者が社会主義に関心をもつ理由を説明しています。また、労働者が第一次大戦で徴兵に抵抗したことも説明しています。生徒はドロシー・デイと『カトリック・ワーカー』について学ぶことができることでしょう。おそらく、「よろこぶ義務をもつことを心にとどめておく」べきだというデイの主張について、生徒は議論することができるでしょう。[32] 生徒はまた、マイルズ・ホートンの『ロング・ホール』やパウロ・フレイレの『被抑圧者の教育学』、オーウェルの『パリ・ロンドン放浪記』を読んで議論することができるでしょう。さらには、ドリス・レッシングの『黄金のノート』や『ジェーン・サマーズの日記』はどうでしょうか。生徒はスコット・ニアリングの『ある急進主義者の歩み』やエリック・ホッファーの『大衆運動』を楽しむことができるかもしれません。こうしたやり方をわたしがする場合は、生徒に触れさせるという方法を用い、強制という方法はとらないでしょう。すなわち、生徒にこれらの本について説明し、いくつかの本からその抜粋を読んで聞かせるでしょう。また、生徒に労働者階級の知識人の伝統についての話をして、トルストイを紹介することでしょう。

　わたしがここであげた本のほとんどは、子どもにとってあまりに難し過ぎるものだという人もいることでしょう。確かにそうかもしれません。しかし、わたしたちはお話を聞かせてやって、生徒が反応しやすいようにし、生徒が大いに楽しめるような可能性を生徒に示してやることはできるでしょう。前にあげた本のリストは、わたし自身が受けた恵まれた教育の所産であるとともに、労働者階級というわたし自身の出自を反映したものにもなっています。これらの本は必ずしも、その他の本よりもすぐれているというわけではありません。しかし、多くの大学人から高く評価され選ばれたものの典型的な例となっています。こうした本を選ぶ理由は、単にアカデミックなカリキュラムの一部だからということではなりません。実際、ほとんどの本はアカデミックなカリキュラムの一部にはなっていません。そうではなくて、これらの本は職業教育を受ける生徒の関心にかなうものですし、わたしたちの多くがすぐれた作品だと考えているからこそ、選ばれるべきなのです。その質と適切さの両方が大事なのです。

わたしは、アカデミックなカリキュラムを気取って見るべきだなどといいたいわけではありません。文学作品に関してどのような標準的文献リストを作成するとしても、ほとんどの場合、素晴らしい本がそのなかに含まれます。そしてすべての子どもはそうした本を読むように推奨されるべきです。少なくとも、そうした本を試しに読んでみて、熱心な読者がそれらの本について語るのを聞くべきです。わたしはカリキュラムを決定するやり方について、より繊細な区別をするべきだといいたいわけです。職業教育のプログラムを「より豊かなものにする」という場合、アカデミックなカリキュラムの一部を単につけ加えたり、接続したりすることがあまりにも多いようです。ときに、こうしたやり方をアカデミックな学習と職業教育の学習の「統合」と呼んだりしています。しかし、職業教育のプログラムはむしろ、知的な面で質の高い素材を選択するためのふるい、あるいはレンズとして機能すべきなのです。アカデミックな素材が単にアカデミックなものだからという理由で、職業教育のカリキュラムに価値をつけ加えることはないのです。

もしカリキュラムの統合について真剣に考えるのであれば、職業教育のカリキュラムに含まれているトピックや技能がどうやってアカデミックなカリキュラムの質を高めることができるのかも問う必要があります。職業教育での学習のなかで、すべての子どもの生活を向上させるのにどんな可能性があるのでしょうか。それはアカデミックな学習の質を高めるようなトピックや技能なのでしょうか。わたし自身は高等学校のジュニアのときに、外国語の代わりにタイピングを一年間学ぶと決めました。そのときにはすでに、アカデミックな科目を五つ学ぶことに決めていました。校長先生はわたしに、タイピングではなくてフランス語を学ぶように強く勧めました。わたしは頑固にもタイピングを学ぶんだといってそれを聞きいれませんでした。いまや、わたしたち大学人は自分自身で自分の秘書の役割をしていますので、タイピングの授業でキーボードを打つ技能を身につけておいてよかったと思っています。まじめに研究して、いくぶんかの想像力を働かせれば、ほかにも多くのそうしたトピックや技能を見つけだせることでしょう。

職業教育について学ぶ生徒は、労働がいかに今日のアメリカ社会をつくるうえで貢献してきたのかを学ぶべきです。生徒はまた労働組合についても学ぶべきです。労働組合の成功と失敗や、倫理上の長所と短所について学ぶべきです。アメリカの民主主義の弱点を過度に強調し過ぎることなく、教師は生徒が労働者の苦しみや労働者によって行われた戦いについて理解できるよう手助けすべきです。たとえば、プルマンストライキや世界産業労働者組合、合同アメリカ炭鉱労働者組合、アメリカ教員連盟などについて学ぶべきです[33]。生徒は大恐慌時代のアメリカで社会主義が果たした役割や、ナチズム以前のドイツにおいて社会主義が果たした役割について話を聞くべきです。生徒はまた、世界の他の地域における労働者の生活についてもっと学ぶようにうながされるべきです。

もし、先に示唆したように、個人の生活のための教育を強調するのであれば、さまざまなきちんとしたプログラムを作成することはずっと容易になるでしょう。個人の生活のための教育の強調は、アカデミックな科目をより豊かなものとし、学校が提供するすべての科目に共通する核として役立つことでしょう。幸せはすべての人間によって追求されていく何かなのだ、と生徒を説得することは難しいことではありません。わたしたちは適切に差異化された材料を用いて、個人の生活における幸せの源泉を生徒が探求できるように多くの機会を与えることができます。加えて、わたしたちは職業選択のための教育をするさいに、生徒が次のようなことを理解できるよう手助けすることができます。それはすなわち、自分の仕事を愛するほうがお金よりも大事であること、ホワイトカラーの仕事にも退屈なものがあること、自分の仕事が楽しめないほどの低賃金の仕事などあってはならないこと、どんな職業の役割においても、市民として深く考えたり、広く本を読むことを妨げたりはしないことなどです。

わたしたちはまた、とくに女性の職業生活について考えてみる必要があります。今日、女性はほとんどすべての職業の分野に入っていくことができます。ですから、ときどき生徒指導のカウンセラーが、聡明な若い女性を女性の伝統的な職業に就かせないように導くことがあります。小学校の教師に関心を示した女の子に対して、「あなたはそんな仕事をするには頭がよすぎますよ」とカウンセラーはいうかもしれません。このようなカウンセラーの発言に対するひとつの応答は、だれも教師になるのに「頭がよすぎる」ことなどない、というものでしょう。人は十分頭がよくなるように努力しているのですから。しかし、カウンセラーの発言に対するもうひとつの応答は、多くの女性が子どもと関わる仕事をすることで大きな幸せをえていることを認め、そのことについて議論することです。彼女自身の気持ちは教師になりたいといっているのにもかかわらず、どうして、若い女性が単に数学がよくできてエンジニアになれるという理由だけで、エンジニアになるように強制するのでしょうか。

教育理論家たち、とくに教師教育にたずさわる人々は、教職が本当の意味での専門職であることを強く主張してきました。[34] わたしたちは教職の魅力に「夏休み」をあげる若い人々を軽蔑する傾向があります。しかし、夏休みは確かに魅力です。とくに、家族や庭園、読書、他の趣味などに時間をもっと費やしたいと思っている人々からするととても魅力的です。しかも、こうした活動のすべてが教師の質を高めてくれる可能性があるのです。教職というのは、専門職であるにせよないにせよ、ひとつのキャリアであり、多くの実践家に幸せをもたらしています。そして明らかに、教職に就いていて幸せだと感じている人々が、自分自身の子どもたちに幸せという遺産を伝えていることは多いようです。というのも、親が教師であった多くの人々が、幸せな子ども時代について自叙伝などで回想しているからです。

わたしが教職について述べてきた議論にはジレンマがあります。一方では、わたしたちは教職や他のいわゆる準専門職（たとえば看護やソーシャルワーク）が専門職として完全に認知されることを望んでいます。[35] しかし、専門職としての地位を強く求めようとすると、他方でわたしたちは職業そのものの性質から求められる専心性などの必要条件を注意深く見られなくなりかねません。さらには、職業生活が人間の繁栄に貢献することを完全に無視してしまうことにもなりかねません。わたしたちは生徒を仕事の世界へと準備させているのですから、こうしたことがらについて注意深く分析する必要があります。

知性と幸せ Intellect and Happiness

学校で扱うトピックは、日々の生活とのつながりをもった適切なものであり、同時に知的な面でも豊かであるようにできます。わたしは本書を通じて、このことを示そうとしてきました。本章の以下の短い節では、それが明らかに正しいということを強調したいと思います。すなわち、主に知的な面に興味を示している生徒には、そうした知的な興味を追求するように励ますべきだということです。知的興味とは、どんな分野であれ、考えや思考を中心とするような興味のことを意味しています。ですから特定の科目のことを指しているわけでも、上位精心の能力を指しているわけでもありません。生徒のなかには、スタンダードな教科に含まれている考えに魅了されるものもいます。教師はそうした生徒が、教科に含まれる考えとそれに取り組むことから生じる精神的なよろこびとを育むように手助けしてやるべきです。一見したところ精神的なよろこびを学校のなかで見いだすことは難しいことのようです。

スティーヴン・ウォルフラムとディーン・カーメンのそれぞれの経験から何かいえるとすれば、それは、この世の地獄、その名は学校、ということだろう。[36]

ウォルフラムもカーメンも現在、科学技術の分野の仕事に就いています。二人は児童や生徒が本当の科学に従事するのを助けるために時間を費やしています。ウォルフラムとカーメンにとって学校での経験は惨めなものでしたので、いまの子どもの経験がよりよいものになるように努力しているわけです。もし二人のように学校で惨めな目にあったという話が稀なことならば、二人のことを頭はいいが変わった人だと無視することもできたでしょう。しかし実際には、二人のような話はめずらしいものではありません。アルバート・アインシュタイン、トーマス・エジソン、ジョン・デューイ、ジョージ・オーウェル、ウィンストン・チャーチル、クラレンス・ダロウ、こうした著名人たちはみな、学校は退屈で自分の創造性を伸ばそうとしてくれていない、と思っていました。いろいろな分野で独創的にものを考える人々から、わたしたちはこうした話を繰り返し聞いています。

学校で苦しむのは独創的にものを考えるごく稀な人々だけではありません。何かに本当の興味をもっている子どもはすべて、教室で決まりきった活動に取り組むよう求められることによって、そうした興味がそがれてしまう可能性が高いのです。さらにまずいことには、教育者や政策立案者のなかには、知的なものを単にアカデミックなものと同一視してしまう人もいます[37]。確かに、事実、知的なものは伝統的にアカデミックなものと定義されてきました。学ぶのが難しいものであればあるほど、より知的なものだとされ、多くの生徒によって恐れられ嫌がられている科目がヒエラルキーの最上位に位置づけられています。そのようにして、数学は文学や美術よりもより知的なものと見なされるわけです。こうした評価づけによる害はあまり記録されていませんが、わたしの推測では、大きな害となっていると思います。

知的なものの意味をめぐっては多くの誤解が生まれてきました。デューイはしばしば反主知主義だとして非難されました。というのは、デューイは実践的で体験的な活動を教育の中心的な特質として推奨していたからです。実際、デューイは主知主義に反対していましたが、デューイの反対する主知主義とは、抽象概念やばらばらの思考を個人的で実践的な経験よりも重視する態度のことでした[38]。デューイは確かに、わたしもそうですが、事実やアカデミックな技能の単なる蓄積と知的なものとを同一視することに反対していました。先にわたしがそうしたように、考えや思考に対して継続した興味をもつこととして知的なものを定義すれば、デューイは決して反主知主義者ではないことになります。

しかし、公正ないい方をするなら、主に知的なものに興味をもっている生徒の教育については、デューイはほとんど語っていません。おそらくデューイは、そうした生徒の興味が、他のすべての生徒の興味と同様に、尊重され促進されることを望んでいたでしょう。しかし、どのようなやり方をすべきなのでしょうか。わたしは本書で、すべての生徒に強制的にスタンダードなカリキュラムを履修させることに反対してきました。しかしだからといって、抽象的な数学や哲学、文芸批評といった科目から恩恵を受ける生徒がいないということにはなりません。アカデミックな科目の複雑で込み入ったところに本当に興味をもっている生徒は、そうした興味を伸ばすように励まされるべきです。数学の才能がある生徒の多くは、たとえば三角方程式を解くことを楽しんでいます。そして、他には役に立たないような練習問題を解くことによって、数学の道具を操作する技能を向上させるわけです。わたしたちはこのような活動やその他精神を没頭させるあらゆる活動を軽蔑してはならないのです。

問題が生じるのは、すでに見たように、精神の活動をこれ以外の形態の人間経験のすべてのうえに位置づけてしまう場合です。そのような場合、とりうる立場は次の三つになってしまいます。一つ目の立場は、精神の活動に秀でた人々を社会のエリートと見なす立場です。二つ目の立場は、精神の活動をバカにして、そうした活動を推奨する人たちを時代遅れの知識人だと見なす立場です。三つ目の立場は、だれでも精神の活動に従事できると主張する立場です。デューイの発言のうちのいくつかは二つ目の立場に近いものでした。ただし、デューイの基本的な主張は、そもそもの前提が間違っているというものでした。知的な（抽象的な精神の）活動は他の形態の経験よりも高い価値があると考えるべきではなく、また知的な活動をバカにするべきでもないのです。

誤った価値づけをしないようにすれば、すべての人がある特定の知的課題をこなすことができるなどと主張する必要もなくなります。そのような主張をするのは、すべての人がヴァイオリンをうまく弾けるようになるとか、飛行機のエンジンを修理できるようになると主張するようなものです。すべての人が知的活動に従事できるし、従事すべきだなどと主張してしまうと、真の興味と才能とをもっている人々から、その興味を伸ばし才能を本当に発揮する機会を奪ってしまう危険性があります。あるいはまた、知的なものの意味をゆがめてしまう危険性があります。

ここで具体例をだすと、わたしのいいたいことがより明確になることでしょう。わたしはこれまで何度も、すべての生徒に代数と幾何を強制的に学ばせることには何らしっかりした教育上の理由はないと論じてきました。しかし、代数と幾何学を必要とする生徒や、代数と幾何学を学びたいと思っている生徒には、この二つの科目は提供されるべきだと考えています。（ここで思いだしてほしいのですが、わたしはまたすべての生徒に、リスクを負うことなくこれらの科目を探求する機会が与えられるべきだともいってきました。）知的な面を重視した幾何学の授業では当然、証明や公理系についての議論、幾何学に関して生じる知識論上の面白い問題といったものを取りあげるでしょう。わたし自身そのような授業を行った経験があります。そして、そうした題材を楽しみ、うまく取り組んでくれる生徒がいることを知っています。彼らは、数学が嫌いで美術の好きな生徒に比べてすぐれているわけではありません。彼らは他の生徒と異なっているに過ぎず、彼らの興味は充足されるべきなのです。

ただ実際には、すべての生徒が幾何学を必要としており、幾何学に取り組むことができると主張されてきた結果、幾何学のほうが変えられてきました。幾何学を教えているにもかかわらず、何ら証明を扱わない場合もあります。公理系について議論することもなければ、違った公理を用いることによって生じる驚嘆すべき変わった幾何学について議論することもありません。数学の歴史や論理学、数学と哲学のあいだの密接な関係といったものを扱うこともありません。しかしこうしたトピックは数学に知的興味をもつ生徒の多くにとっては魅力的なものです。ここで、次のようにいって批判する人がいるかもしれません。では、すべての生徒にそうした面白いトピックを紹介してやるべきではないのか、と。

この批判に対する答えはもうすでに明らかでしょう。すべての生徒が数学に対して知的興味を抱いているわけではありませんし、すべての生徒が興味を抱くべきだとする理由も存在しないのです。ひょっとすると二十パーセントぐらいの生徒がそうした興味をもっているかもしれませんが、学校はそうした生徒の興味を伸ばすさいに、他の生徒に押しつけずにすべきなのです。本当に知的興味のある生徒は、自分が選んだトピックに取り組むことによって、幸せやさらにはよろこびをえることができます。興味のある高等学校の生徒はよろこんで多くの時間を費やし、すべての三角形が二等辺三角形だという証明を分析することができます。そして、ユークリッドがこの間違った結果がでないようにするのに、自ら提案した公理だけでは対処できなかったという事実を知って、生徒は大いに感銘を受けるのです。

今日の高等学校は知的に高度な興味をもつ生徒のために特別に用意されたような科目を設定しています。高校で大学の単位が取得できる課程の科目では、高等学校の生徒に大学レベルのものを課しています。しかし、そうした科目は常に本当の意味で知的な経験をさせるものとなっているわけではありません。むしろ、そうした科目はしばしば他の生徒との競争を誘発し、より高い学業平均値を獲得して、大学入学の審査員たちを感心させるためだけのものになっています。そうした科目をときに生じさせるもとになるのは、他の科目の後でさらにある科目をとりたいという願望であって、ある科目をさらに追究したいという願望ではありません。深い知的興味は、生徒にとって目標の妨げになることすらあります。それは、生徒が高校で大学の単位が取得できる課程の科目を、狭く定義された意味での成功のための道具と考える場合に起こります。

わたし自身は、高度な知的科目は提供されるべきだと考えています。ただし、そうした科目をとることによってえられる外的報酬はなくすべきだと思っています。たとえば、学業平均値に加点したり、特別の栄誉を与えたりするのをやめるべきです。そして、そうした科目は非常に強い興味をもつ生徒のためのものであるべきです。また、生徒自身が興味を引かれた問題やトピックに相当の時間を費やせるようなかたちのものであるべきです。費やされる時間とえられる結果は、驚き、達成、幸せといった特徴をもつべきなのです。

本章では、幸せを獲得するうえでの仕事の果たす役割について論じてきました。そして、生徒を仕事へと準備させるさいに、生徒に正直に次のようにいうべきだと論じてきました。すなわち、お金は仕事を楽しくするうえで唯一の要因ではないし、もっとも重要な要因ですらなく、いまのように相互依存が深まっている社会では、あらゆるまっとうな仕事の価値をすべての生徒が正しく認めるべきだ、と。そして、すべての生徒は市民として、すべての労働者が生活できるだけのレベルの報酬をえられるように努めるべきだ、と論じました。

教育者としてわたしたちは、将来の仕事がいまよりも高度でたくさんの技能を必要とする、という主張に異議を唱える必要があります。現在成長しつつある職業には確かにいまよりも長い年月の教育を必要とするものもあるでしょう。しかし、それは多くの職業にはあてはまりません。それに、技術の進歩のおかげで、いまよりも低いレベルの技能で済むような職業もあります。わたしたちは、質が高く、適切で、高度に差異化された学校カリキュラムを開発することに集中すべきです。また、わたしたちは、カリキュラムのなかのプログラムを生徒が誇りをもって賢く選ぶことができるように、質の高い助言を与えなければなりません。

知的な方面に強い興味をもつ生徒のことを無視してはなりません。よい意味で学問への興味をもった生徒に対しては、強い興味をもつ人向けの科目を提供すべきです。そうした科目を選択することで、他の生徒よりもすぐれた者になるのではありません。この点はとても重要な違いですので、きちんと認識しておく必要があります。

個人の生活と職業生活の両方のために教育する重要性をわたしは強調してきました。このことによって、つまり究極的な幸せを強調することによって、大学への準備と大学以外の進路への準備の両方に有効なカリキュラムをつくりだすことができるはずなのです。

第11章　共同体、民主主義、奉仕活動 Community, Democracy, and Service

人々の幸せの大部分が、個人的なかかわり、一人ひとりの才能の発達、自分に適した仕事から獲得されるということ、このことは正しいように思われます。それなら、共同体は幸せにどのように役立つのでしょうか。社会学者たちは、西洋の歴史において、文化がばらばらに壊れつつあるという恐怖や疎外感などに特徴づけられる、いくつかの時期を明確にさせました[1]。そのような時期は、ときには厳しい個人主義の時代の結果として生じます。ある時期には、人々は共同体の結びつきから逃れたいと強く望み、次の時期には、結びつきを失うことを恐れ、これを再び取り戻そうとするかもしれません。それら双方の時期において、共同体は、かろうじて自覚するという仕方で幸せに影響を与えているのかもしれないのです。同様に、リベラルな民主主義のなかでの生活も、間接的に、幸せを追い求めることを支持するでしょう。しかし、共同体の仕事や民主的な組織への参加によって、直接的に幸せをえる人もいます。

わたしは、人間が共同体を必要とするということについての簡潔な検証から議論を始めたいと思います。次に、共同体のスタンダード設定の機能と社会化の機能に注目したいと思います。これは、しばしば人々を共同体から追いだしてしまうような機能です。また、逆説的ですが、それは人々が失うことを恐れるような共同体の機能でもあるのです。ある人にとっての自由が、他の人にとっては無秩序となるのです。また、幸せの一部が生活の民主的形態に根っこをもつようになる仕方についても、考えてみましょう。最後に、ボランティア活動で与えられ受け取られる贈り物と、そうした活動へと生徒たちを導くときの学校の果たす役割について考えてみたいと思います。

共同体の必要性　The Need for Community

共同体を定義するのは困難なことですし、冒頭から定義していかないほうがいいでしょう。[2] 本書の主要テーマである幸せとの関係においては、共同体によって満たされるニーズに関心が向けられます。なぜ、人々は共同体に思いこがれるのでしょうか。なぜ、人々はそれを失うことを恐れるのでしょうか。

共同体によって充足されるニーズのひとつは、アイデンティティあるいは承認でしょう。たとえば、人はひとつの大家族のなかで承認され――アイデンティティを獲得し――ます。親族関係は、社会学者フェルディナント・テンニースによって描かれた共同体のひとつの形式です。また彼は、身体的類似や精神の共通性、あるいは共通の知的興味によって定義される共同体を明らかにしました。[3] 親族関係の共同体を見てみると、共同体と呼ばれるすべての集団に、少なくともある程度、帰属する〔テンニースの描いたのとは〕別の特徴があることに気づきます。個々人は（特定の名まえと家族のアイデンティティを伴って）認識されるだけでなく、さまざまな共同体の働きにも参加するのです。親族集団は歴史をもっており、共通の思い出はそのような集団の交際の基礎をかたちづくります。[4] 親族関係という共同体に属していることによる安心感もあります。もし緊急事態になれば、この親族集団に支援を求めることができます。最良の集団の場合には、これらの集団は相互に助け合う関係を現します。つまり、支援の約束はお互いに互恵的なのです。それらは服従のために一定の圧力を働かせますし、そうすることで、これらの集団と他の共同体は秩序を提供するのです。これに加えてセルズニックは、共同体がもつ主要な機能のひとつを統合と称しています。[5] わたしは共同体によるスタンダード設定と民主主義に関する節で、これについてもっと述べたいと思います。

郷土やこれに近接した共同体のなかには、さまざまな程度に同じ要素があることがわかります。もしかしたら、共同体という言葉は、住んでいる場所とのつながりにおいて、もっともふつうにでてくる言葉なのかもしれません。ただし、それはしばしば大都市や巨大な空間ではなく、むしろ町や村や近隣の地域に当てはまるものなのです。先に示された共同体の要素についてよく考えてみれば、この理由は明らかです。わたしたちは近隣の地域のなかでは知り合いであると認められ、それゆえ、希望すれば、さまざまな行事に参加することができます。わたしたちは近隣の人々と思い出を分かち合いますし、緊急事態には、こうした人々をしばしば頼りにします。また、多かれ少なかれ、そのような状況の場合には、何を期待されているかということも知っています。そこには秩序があります。これらの特徴が、――新興住宅地や大都市のように――物質的環境にないと、人々ははっきりとはいい難い不安や居心地の悪さに苦しむかもしれないのです。この居心地の悪さ――不幸せのひとつのかたち――は、思いがけなく襲ってくるかもしれません。たとえば、小さな町を自分の精神的バックボーンにすることを「準備できなかった」ある個人がいたとしましょう。もし、彼が自分の不満の源を認識するなら、彼は新たな感謝の念をもって古巣の町に戻ってくるかもしれないのです。

精神の共同体は、似たような特徴を示します。たとえば、アカデミックな共同体では、所属感は欠くことのできないものです。学会に新しく入ろうとする者には、承認されるためのプレッシャーが重くのしかかります（あるいは彼らは承認を神経質に待ちます）。学会の配慮は、新しくやって来る者の心にすぐに記録されます。自分たちのアイデンティティをすでに確かなものとしている年上のメンバーは、そうした新参者の苦境に気づくかもしれませんし、気づかないかもしれません。所属感をもてなかったために、専門社会から去っていってしまう若い人々の話を聞くのは悲しいことです。この問題について、たくさんの有益な話が語られています。強力なある専門職の共同体は、所属するメンバーを支援し養成します。たとえ彼らがある機関においてその地位を失い、まだ地位をえていないとしても、彼らが居場所をもち、そこに所属することを保証します。そうした状況では、参加することが相互関係のための必要条件となるでしょう。つまり、新参者（もしくは仕事を失った人）は、必要とする支援をえるために、そこで役立つことをしなければならないでしょう。正式な機関に所属していないときに論文を提出したり、研究会でそれが役に立つと述べたりするには勇気が必要ですが、そうした勇気は内容のある援護によってしばしば報いられます。

学問共同体に関する議論は、一般の教育にも大きな問題を提起しています。子どもたちは、承認、秩序、参加、そして相互関係のあいだにある関係性を理解するさいに、助けを必要としています。加わりたいと強く思っている集団へと自らを押しこんでいく勇気ある子どもは、ほとんどいません。より安心感を与えるメンバーが参加をうながさなければなりませんし、このことは子どもたちが学ばなければならないことでもあるのです。先の章でわたしたちは、幸せになるための能力には、不幸せに対する感受性も含まれるということに言及しました。つまり、自らの幸せは、わたしたちのまわりの人々が不幸せであると、達成することができないのです。学校は、この教訓をいつも十分に教えてきたわけではありません。多くの子どもたちは仲間たちに受け容れられないために、長いあいだ不幸せに苦しんでいます。彼らにとって十分に必要な所属感を奪われているのです。

　ポール・ティリッヒは、個人の自由と集団への参加の両方の必要性を描出しました(6)。わたしたちはすべてみな所属を必要としますが、一部の人々はこの要求をあまりにも簡単に満たしてしまうので、その必要性もこの充足も、ともに認識しそびれてしまいます。わたしたちの家族、友人、隣人は、わたしたちが個人として成長するために必要な安心を与えてくれます。そうした協力的な共同体とともに生きている人々がカルトやギャングのメンバーになることは、おそらくないでしょう。けれども、そうした幸運な人々が、より大きな民主的共同体のことがらに参加するのを軽視してしまう、ということはありうるでしょう。個人の生活をそのように充足させる素晴らしい賦与的組織を受け取るのは、容易なことなのです。

　親密な組織という点で恵まれていない人は、親密な組織を有するいかなる集団のなかでも、共同体を探し求めるかもしれません。家庭や学校で拒絶されていると感じる若者は、ギャング集団に加わるかもしれません。信じることができ、自分自身を委ねてもよいものを探し求めて、カルトに加わる人もいるかもしれません。共同体を熱望している人や〔社会の〕不正に不満を覚えている人は、全精神を傾けた取り組みを要請する政治集団や、その結果もたらされる解放を約束するような政治集団に加わるかもしれません。政治上の目的と宗教的熱情がひとつになるとき、わたしたちはきわめて強力で危険な狂信の形態をみるのです。エリック・ホッファーは狂信者について、こう述べています。

> 狂信者は、永久に、不完全で不安である。彼は、その個人的資質からは——彼の拒否された自己からは——自信を引きだすことができないが、たまたま掌握した支えには何にでも熱烈にすがりつき、それによってはじめて自信をえるのである。この熱烈な愛着が、彼の盲目的献身と狂的信仰の本質であり、彼はその愛着にすべての徳

と強さの源泉を見いだすのだ。彼のひたむきな献身は、愛おしい自分の生へのしがみつきであるが、彼は何の疑いもなく、傾倒すべき神聖な大儀の支持者や擁護者である、と考えている。そして彼は、自分自身や他人に、これこそ彼の役割なのだということをはっきりと示すために、生命を犠牲にする覚悟を固めている。彼は自らの価値を証明するために自分の生命を犠牲にするのだ(7)。

学校は、孤立や拒絶から起こるある種の狂信主義を防ぐのに、重要な役割を果たすことができます。教師はすべての生徒たちを包み込んで仕事に取り組まなければなりませんし、ギャングやカルトや排他的なイデオロギーの誘惑について理解するように生徒を助けなければなりません。しかし、二つ目の課題は、より難しいものです。というのも、これは批判的思考の促進を含んでいるのですが、社会の多くの人々は、広く行きわたった有能な批判的思考の結果から生じるものを恐れているからです。批判的思考は、社会的に受容されない集団を拒絶するだけでなく、受容されるとふつう考えられている集団、それは人が生まれて入っていく集団を含みますが、そうした集団への疑いにも通じるかもしれないのです。この可能性は、当然ですが、批判的思考を教えるさいに教師を慎重にさせるのです。

寛容や多様性にわたしたちが民主的にかかわっていくことは、実際には、批判的思考を教えるという課題をいっそう難しいものにします。一方では、わたしたちは生徒に批判的に考えてほしい、つまり批判的に考える技能を身につけてほしいと願っています。他方では、わたしたちは重大な問題にさいして、これらの技能を訓練する機会を彼らにほとんど与えていません。というのも部分的には、信念や慣習について批判的な問いを提起することが不寛容なのだと誤解されてしまうかもしれないからです。知的な寛容には批判的思考が必要ですが、しかしそれは多くの集団を脅かします。寛容を教えることに関するウィリアム・ガルストンの主張を見てみましょう。

> 国家は、この強制的な重要性に従って教育上のガイドラインを確立してもよい。生徒自身の生き方を懐疑的もしくは批判的にするよう要求したり、それらを強く導いたりするような、そんなカリキュラムや教育実践を規定することは、しなくてもよい(8)。

ソクラテスは嘆き悲しんだことでしょう。しかし、彼の時代に、批判的思考を懸念していた人々は、もちろん、ソクラテスとどうやっていくかを知っていました。

高校生は重大な問題と取り組むことを必要としています。そして、自らの国の行動に疑問を提起することは彼らを裏切り者にはしないし、自分の宗教のある慣習に疑問を抱くことは彼らを背教者や無神論者にもしない、という保障を必要としています。道徳的に弁護可能な国家政策や論理的に弁護可能な宗教教義は、批判的思考からは何ら脅かされないのです[9]。もしそのメンバーが共同体の慣習を分析し、欠点を見抜き、改善策を提案することができないのなら、国家共同体や宗教共同体は、どのようにして進歩するのでしょうか。

精神の共同体――このなかに宗教集団だけでなく、ギャングや、その他の類似の考えをもつ人々の集まりを含めるなら――を包含する重大な問題について議論することは、今日、とくに重要かもしれません。この議論は非常に重要です。なぜなら、親族関係や郷土によってつくられた伝統的共同体が、人口の増加、高まる移動性、テクノロジーによって弱められているからです。デューイはこの傾向について五十年以上も前に注目していました。しかも、その速度は、テレビやコンピュータ・テクノロジーの進化に伴って加速しています。彼はこういいました。

地域共同体は、そこに生起することがらが遠隔の見えざる組織によって条件づけられているということを知った。遠隔の見えざる組織の活動領域はものすごく広大であり、それが対面的な連合関係に及ぼした衝撃は極めて広範かつ持続的なので、「人間関係の新しい時代」について語ることもあながち誇張とはいえまい。蒸気機関や電気によって作られた巨大社会は、社会ではあるが、共同体ではない[10]。

コンピュータ・テクノロジーが、科学テクノロジーの通常の影響に反して、共同体を形成しこれに参加するための機会を増加させている、とある者は主張するかもしれません（多くの人はそう述べています）。しかし、そこには疑いの余地があります。コミュニケーションは本来それ自身では、アイデンティティ、歴史、秩序、あるいは相互関係性を提供しませんし、コミュニケーションが招来する参入状態は、没個性的で、まさに顔のないものにとどまるかもしれません。デューイが述べたように、進歩するテクノロジーは個人を解放しましたが、しかし、共同体に対して破壊的な影響を与えたのでした。実際、わたしたちは個々人の「解放」を疑うことさえできるのです。共同体という紐帯を切断することは、解放よりも、より正確には孤立と呼ばれる状態をつくりだすかもしれないのです。

スタンダード設定と社会化

Standard-Setting and Socialization

現代という時代において、人間は自由であることへの熱望と所属することへの熱望とのあいだで引き裂かれています。ある熱望あるいは別の熱望によって支配される時代として、ひとつの時代を見定めた思想家さえいます。[11] 服従を求め、そのメンバーの行動を（ただし穏やかに）監視する共同体や集団のなかで、息苦しさを感じ、ここからしきりに逃げだそうとする人々がいるのは、予想できることです。シンクレア・ルイスや彼と同時代の作家による小説では、汽車の警笛が、逃げだしたい——うっとうしさや単調さから解放されたい、個人になりたい——という欲求のメタファーとして、しばしば用いられました。後年の小説では、しばしば、大都会で目的もなくさまよう人物や、期待していた魅力や危険な冒険で生じ起きたことに驚く人物がいることが読み取れます。

人々は何から逃れたいのでしょうか。この問いに対しては、疑いなく、たくさんの答えがあります。もちろん、そのなかには個人的な理由によるものもありますが、多くは一般的な不満を示しています。既存のどのような共同体においても、個人的な成功や、人が探求することを許す受容可能な冒険の範囲、質問が許される問いの種類には、限度があるようです。会話は、それらの形式と内容において、予想可能なものになります。そこでは批判的思考は啓発されず、それを声にだそうとした人には、異端者——共産党員、自由思想家、ヒッピー、オカマ、あるいはとても悪意のある多くの言葉——に通常つけられるようなレッテルが貼られるかもしれません。多くの共同体における不断の衝動とは、動機としての貪欲や嫉妬を否定しながら、できるだけ多くの富や地位を求めて努力するところにあります。ブルジョアの共同体を批評する者は、若者の向上心がくじかれ、真の動機が偽善で覆い隠され、人生のすべてが可能性の幻影となってしまうことが、わかるのです。そうしたパターンや批判によって完全に幻滅させられた——先の章の荒野のおおかみのような——者は、中産階級の共同体生活の美点や満足を見逃してしまうかもしれません。

すると、再び荒野のおおかみのように、彼らは伝統的共同体にある愛憎関係——その資源のいくらかを必要とし、それらを楽しみ、その偽善と見かけの気取った様子を嫌い拒絶する——に気づくかもしれないのです。

教育は、荒野のおおかみのようなものを発見したときに受ける衝撃を、和らげることに役立つかも知れません。よき家庭や学校は、社会化の力と、これがどうすれば達成されるのかということを、子どもたちが理解できるよう助けるべきです。どの社会もそこにいるメンバーを社会化します。しかも、そのほとんどは、社会化が価値あることであるということを通してなし遂げられるのです。たいていの場合、たとえば礼儀正しいマナーは歓迎されますし、共同体での順調な働きをさらに促進してくれます。すでに定められた身だしなみもまた、ある点では仕事が順調にできるようにうながします。だれかがその場にふさわしくないと思われる服装で所定の儀式や行事にあらわれると、わたしたちは戸惑います。ある一定水準では、わたしたちは服装規定による個人的な選択や個人的な気づかいをしなくて済むのです。しかし、他方の水準では、服装規定はまだなお共同体が干渉する別の事例のように思われます。そもそも、なぜ男性は、色のついた布を首に巻き、半ばむせた状態で人生の重要な時期を過ごすべきなのでしょうか。なぜ女性は、自由な動きを妨げるスカートに限定されるべきなのでしょうか。

社会化の働きについて若者に説明するのに困ってしまうと、わたしたちはふつう肯定的な面を強調します。ルールと慣例には、ものごとを順調に進めるのを保つという意味があり、大部分はこの機能をきちんと果たしている、と指摘します。また、これらを守ることによってえられる見返りを示します。しかし、ティーンエージャーは、しばしばこれらのルールを、大人による強制と支配権のあらわれとみなします。彼らは、社会化という基本的な過程について何も教えられていないので、十代の世界のより強い支配へとただ陥るために、大人の支配を拒絶しているのです。社会化は彼らにその力を及ぼそうと努めますが、彼らはその働きを理解しません。さらにいえば、ほとんどの大人もまた、子どもたちの生活をかたちづくる社会の力について理解していません。もし大人がそのことを理解していたなら、広告業はこれほどもうからなかったでしょうに。

幸せであるために——無意味さに覆われた暗澹たる憂うつな不安を避けるために——、わたしたちは自分自身と、わたしたちが属している集団とを理解する必要があります。このような理解は、決して完全には達成できないでしょう。しかも、それらを理解しようとする試みや、これを部分的に達成することは、実際、わたしたちの不幸せをしばしば大きくします。わたしたちは、自分にされていることがわかります（さらに、想像もします）。そして、その結果もたらされるのは、さらなる疎外と冷笑なのです。けれども、適切な教育的アプローチは、幸せであるために行う自己理解そのものが不幸せの増大を招く、ということに対するわたしたちの戦いを賢明に選択するよう援助することができます。しかも、こうしたことをするために用いられる権力は、確実に、人間の繁栄と幸せに寄与するのです。

社会権力の本質についての理解には、フーコーが役立ちます[12]。この権力は非人間的で、わたしたちを取り囲み、逃れさせない効力をもっています。個人または集団は、特定のときに、また特定の状況下で、社会権力をもち、わたしたちを抑圧するためにそれを用いるのです。権力がもつこの側面——少なくとも一時的に手に入れることができるその潜在的な力——を無視すべきではありません。けれども、これが人々の見て取るしばしば唯一の可能性なのです。だれかが権力をもっており、もしその権力が使われるのを見るのが嫌なら、わたしたちはその使用者と戦わなければなりません。これは十分に正当なことです。しかし、フーコーが述べたような権力をつかまえることはできません。大局的に見て、この権力から逃れ、つかまえ、あるいは打ち負かす方法はないのです。せいぜいこれを理解し、まっとうな選択をするように深く考えることができるだけなのです。

十代の支配へと陥るためだけに大人の支配を拒絶するティーンエージャーを例として用いてきましたが、さらに多くの例があります。わたしはフェミニストの同僚が、同じような落とし穴に陥っていくのを見てきました。ちょうど二十年前（今日でさえも、ときどきありますが）、若い女性教授が「ありとあらゆるところ」にある性差別を嘆いていました。いつも怒ってばかりいる人には、もっと賢く戦うような選択をするように、とわたしはアドバイスしました。性差別が見いだされるすべての事例に戦うことは、そこから逃れられないような別の権力の流れへと自らを至らせるだけであり、加害者と認められた者の自己解放を不可能にするような反対の流れへと導くことになるでしょう。大きな問題ではない違反には知らないふりをし、関係性を築き、深刻な問題が起きたときには援助を求めるのが適切な対処なのです。

『家庭(ホーム)からの出発』では、社会がわたしたちの身体をコントロールするいくつかの方法を例示しました。これらは高校の授業で討論するときに有益でしょう。たとえば、説教者の話を聞く信徒たちのふるまい。そのメッセージに彼らは不快感を覚えています（が、だれも声にだして反対を唱えません）。音楽に耳を傾けるコンサートの聴衆。その音楽はからだを揺らしたくさせます（が、だれもからだを揺らしません）。死刑の執行にかかわっている者は、すべて、嫌悪感と反感の入り混じった感情を抱いています（が、みな「自らの義務を果たして」います）。そして、テストのためにこつこつと勉強する学校の子どもたち。五月という月は彼らを屋外へと誘うというのに（だれも屋外へ行きませんし、みんながインクのしみを落とし続けます）[13]。生徒によく考えさせるために、これ以外の事例を加えることもできるでしょう。

高校三年生のジョンは、あまり宣伝されていないシャツと運動用シューズを買うことで、多大な出費を抑えることができることに気づいています。にもかかわらず、支払えないようなブランドものの衣服に高額を使う、と主張します。なぜそのようなことをするのかと尋ねると、彼はまず、安い品物は劣っているからだといいます。それとは反対の証拠を示すと、「そうした類のもの」を着ているのを知られると友だちがからかうから、といいます。それから、彼はあわてて、それが本当に自分の好みなのだとつけ加えます。本当にそうなのでしょうか。

高校に入学したばかりのティーンエージャーのウェンディはイヤリングとお腹へのリングに加え、まゆげにリングをつけました。彼女はそれが何かにひっかかるのを恐れていること、また、別の場所につけたピアスによって過敏症をわずらった経験があることを打ち明けています。それなら、なぜ彼女はそのようなことをしたのでしょうか。「みんなやっているわよ」、というのが彼女の最初の答えです。しかし次には、ジョンと同じように、自律的選択をしたのだと主張するのです。

第9章で取りあげた少女はどうでしょうか。彼女は、仲間の子が言葉でほかの女の子をいじめていたので、仲間のところから去ったのでした。彼女は何を恐れていたのでしょうか。何が、そこを去るのに必要な道徳的勇気を奮い起すよう彼女をうながしたのでしょうか。

不愉快だけれど黙っている信徒たちから友だちを非難する少女まで、これらすべての事例において、何かが、まただれかが、わたしたちの行動をコントロールしている、ということがわかります。教会の場やミュージカルの催し場で、わたしたちは、秩序だった共同体での生活に必要不可欠なものとしてコントロールを受容しています。また別の場合には、わたしたち自身の正直な感覚でもって、聖書に背いてもよいということを鋭敏にも気づかされるのです。さらにまた別の場合には、ジョンやウェンディが結局はそうであったように、コントロールされていても、それを否定することさえあるということに、故意に気づかされないのです。集団や共同体がそれ自身の規範に背いてきたとわたしたちは感じているので、内面に大きな不安をつくりだすような状況においては、勇敢に社会集団や共同体に抵抗していいのです。

　わたしたちは、道徳的にも社会的にも満足できるようなものへと導いてくれる共同体に頼って生きています。それが最良のものである場合、この共同体による力は、たとえ危害にあう可能性が高くとも、わたしたちに道徳的に行動させる勇気を与えることができます。パール、そしてサミユエル・オリナーは、非ユダヤ系のユダヤ人救出者に、ホロコーストのあいだ、なぜそのような危険を冒してまで見知らぬ人々を助けたのか、と尋ねました。[14] その答えは、しばしば共同体の規範を指し示していました。すなわち、わたしたちは困難な状況に対して、共感しつつ応答する人間であり、そう期待されているのだということです。しかし、ティーンエージャーがなぜ流行を追うのかを説明するときに、おおよそ同じような答えをすることに気をつけてください。そして、悲しいことに、全体主義体制の下で生きている人々もまた共同体の規範に言及するのです。ただ、規範に従った結果、そこに道徳的疑念がある場合には、自分たちの共同体のリーダーを後に責めるのですが。これらすべての事例が示しているように、人々は、規範に従わない場合に何らかのかたちで報復されるのを恐れているのです。

　今日、人格教育が公立学校で再び盛んになってきていますが、そのなかでそうした教育は強力な共同体を必要とします。しかし、それが必ずしもすぐれた共同体であるとは限らない、ということを忘れるべきではありません。[15] 共同体の公正さを維持するのに役立つある種の問いを提起するための、すぐれた共同体のひとつの責任とは、若者の批判的思考を育むことにあります。単に価値を直接的に教え込んだり、〔反省を欠いた〕無反省な社会化の働きに頼っていたりするだけでは、不十分なのです。

　フーコーによって、没個性的で浸透性をもった権力の作用について考えさせられる以前には、一部の心理学者や社会学者は、群集本能という概念を用いていました[16]。本能という考えに頼ることは、かなりの期間、人間の行動を説明する一般的な方法でしたし、群集本能という概念は、集団のなかで起こっているいくつかのことがらをとらえているようです。けれども、そのような本能についての根拠はほとんどありませんし、その反対の事例はかなり多くあります。人々は自分が生まれた集団のうちに常に留まっているわけではありませんし、自ら選んだ集団とでさえ、常に緊密に手を組んでいるわけではありません。人間は社会的な動物ですが、群れをつくる動物ではないのです。わたしたち自身の精神的な能力やそれが育まれてきた文化が、わたしたちをさらに複雑にしているのです。

人々は社会化されますし、わたしたちは社会化にも抵抗しますが、若者がこの社会化について理解することは重要です。服従を求める集団圧力に対するわたしたちの抵抗は、しばしばこれ以外の集団や、より大きな共同体でえられた道徳的良心の咎めの結果として生じます。また別の場合には、抵抗は社会化に対する拒絶と同様に無反省なものです。たとえば、ティーンエージャーは、教師がもちかけるほとんどすべてのことを拒むでしょう。これは確かに抵抗の力強い形態ですが、その最終的な結果は、しばしば文化が暗黙に求めているもの——社会的、経済的に劣った地位に、かなりの数の若者をとどめておこうとするもの——に至ります[17]。今日のわたしたちは、社会がそうした卑しむべき動機を隠していることを否定するように駆り立てられています。わたしたちは、すべての子どもたちが学び成功するのを願っていると主張します。しかし、そのための善意を証明しようと強制的な方法を用いるとき、社会化とより善い目的に背くような抵抗とのあいだに生じる回路を、実際には、強化しているのです。それゆえ、わたしたちは社会化と抵抗の結果について生徒に教え、議論と反省へとうながすことが好ましいといえましょう。ダイアナ・メイヤーズが指摘したように、反省は社会化における強力なブレーキです[18]。しかし、実例を用いて説明され、反省へと誘導され、それが継続されない限り、反省は起こりそうもないのです。

また若者は、「最良の」慣習を制度化する傾向が、どのようにして社会化の新たな繰り返しをしばしば始めるのかを知る必要があります。わたしたちの公的言語の大半には、人々に同様の考えをもたせたいという、絶えず更新される欲望があることを明らかにしています。これは、セルズニックが述べた、統合という共同体の構成要素の一部です。わたしたちは彼らに「同調」「受容」「計画の遵守」を習得するように求めます。ある仕事では、そこでやっている事業に反対すると、従業員は簡単に解雇されてしまいます。学校では、（いくらか職業上の自主性をもつとされる）教師でも、最新の方法や教育哲学を採用しないと、ときには強制され、悪い評価を下され、無視されたりします。小集団活動、オープン教育、暗記教育、構成主義、独裁的しつけ、モジュール方式の計画、スタンダードテスト、また科学技術の使用に反対する――しかし思慮深く――教師は、時代遅れ、無知、あるいは邪魔者とさえ呼ばれています。

新しい考えを制度化しようとする試みは、ときには、その組織自体の基本的な目的や責任のなかで生じる葛藤を組織にもたらすことがある、とセルズニックは指摘しています[19]。たとえば、熱心な教育者は、構成主義の立場を取る教え方がもっともすぐれた教授法である、と判断するかもしれません。もし、学校のリーダーがその熱意のために、すべての教師にこれらの方法を採用するよう強制すると決めたなら、彼らは構成主義の本当の意味をないがしろにするという危険を冒すことになり、ほとんどのアメリカの学校が心がけている民主的前提を踏みにじる危険を、確実に冒すことになります。ここで再び、目的をめぐる議論に絶えずかかわっているということが、どれほど大切かがわかるのです。なぜわたしたちはこうした新しいことを行うのでしょうか。わたしたちは見込みのある方式を試すように他者を説得することができるでしょうか。新しい目的、目標、あるいは手段は、わたしたちのもっとも基本的な目的と両立するでしょうか。

学校運営者に、進行役というよりも、むしろ変革の代行者であることを要求するような組織的実践は、状況をさらに複雑にさせるかもしれません。実践の組織化に付随して生じる強制は、自らの地位を守り、政策路線を推進し、全過程をコントロールしようとするリーダーの傾向によって、そのときさらに重くなります。実際、このことができるリーダーは強いリーダーであると広く考えられています。しかし、強いリーダーが――強力な共同体と同様――必ずしも道徳的にすぐれているわけではないのです。

組織的実践と個人の幸せとのつながりは、常にはっきりとしているわけではありません。会社や学校のために働いているだれかが、新しく定められた指針とうまくかみ合わないとすれば、漠然とした不快感を覚えるかもしれません。そのような場合、多くの人々は、絶えず自己分析し続け、あまりにも緩慢で臆病であると自分を責め、自分に対する憎悪によって、やる気を起こすのです。ある者は、恐れから逃れる方法を自分自身に与えて、道徳的理由で拒絶していたはずの目的や手段を採用します。また他の者は、自分たちを深刻な不幸せに陥らせる慣習を何とか合理化しようとします。他人に害を与える生産物あるいは慣習を促進する仕事で、人は本当に幸せになれるのでしょうか。タバコ製品のための広告をつくること、生物兵器の開発を目的とした研究をすること、また心理的な拷問方法の実験を行うこと、これらをどのようにして合理化するのでしょうか。道徳的に嫌悪感を覚えている生産物や活動を奨励するような状況によって彼らが強制されていると感じるとき、彼らは深刻な不幸に陥るかもしれませんし、自己非難と世界に対する憤りとのあいだで揺れ動いている自分を発見するかもしれません。自尊感情と内的な満足から生じる幸せの部分すべてを、彼らは失うかもしれないのです。

民主主義のなかで生きること　Democratic Life

多くの人々は、今日、社会生活の最良のものは民主的な形態だと信じており、その評価に基づいて、民主的な生活が幸せに何らかの貢献をするのだと想定します。けれども、啓蒙君主制やこれ以外の恵み深い政治形態の下で生活していた人々、そして実際に今なおそのような体制下で生活している人々、こういった人々よりも、リベラルな民主主義のなかで生きている人々のほうが幸せであるかどうかは、必ずしも明らかではありません。現実にかなりきつく脅かされたり管理されたりしない限り、わたしたちの私生活が、その下で生活している政治形態に大きく依存しているようには思われませんし、非民主的で宗教的な団体への所属に見いだされる内的満足が、幸せに反して働いているとも思われません。その場合、民主主義は幸せというものにどのように貢献するのでしょうか。

民主主義の擁護者は、しばしば、民主主義には三つの大きなメリットがあると信じています。それは、(1) 民主主義は個人と集団の行動に大きな自由を認める、(2) 民主主義は平等を支える、(3) 民主主義は人間のニーズを明らかにし、それを最良のかたちで満たす、というものです。三つ目はとりわけ疑わしいメリットです。事実、ある民主主義——市場民主主義——は、全人口における重要なマイノリティのニーズを満たすことにはあまり適さないと、ときどき論じられています。さらに、市場で人為的につくられたニーズが満たされないとすれば、こうした民主主義はニーズをでっちあげ、市民が不満を感じるようにさせる傾向をもちます。しかし、見方を変えれば、民主主義はニーズを満たすという課題にとくに適しているといえるのではないか、ということをわたしは示そうと思います。

まず、民主主義が個人と集団の自由を促進する、という主張について考えてみましょう。これは議論の余地がないように思われますが、しかし、自由と幸せはどのような関係にあるのでしょうか。運動と結社の自由といったものが幸せに必要なのは明らかですが、際限のない自由が、恐怖や不安、さらには苦悩さえも生みだすということ、これもまた明らかです。[20]指導をえることなく自由を与えられた子どもは、たびたび不安に苦しみますし、選択肢を前にその価値を見極めることができない大人もまた不安になります。このように、幸せに寄与するのは、単なる自由――たくさんの可能性を前にして制限がないこと――ではないのです。実際、民主的な生活は、幸せに反してこれを弱めてしまう多くの要素を含んでいる、とまことしやかに論じる人もいるかもしれません。とりわけ、もっと多くの自由、もっとたくさん所有する自由、もっと多くのことをする自由は、多くの人々を不幸せにするかもしれません。そのため、自由の定義を吟味し、どれが幸せに寄与するかを知る必要があるのです。

今日、自由と徳とが対立しているものとして、イスラム教社会があります。彼らは、有徳であることが自由であることよりも、よりすぐれていると主張します。自由の支持者は、強制された行動――とはいえ、社会のルールと一致しているかもしれませんが――は有徳ではない、と繰り返し反論しています。有徳というラベルを貼ることにふさわしい行いは自由に選ばれなければならない、と主張するのです。これには議論の余地があります。リベラルな社会でさえ、しばしば幼い頃から善い行動をするように（ただし穏やかに）強制されますし、このように実践された徳が内面化され、ついには理性による（自由な）吟味によって肯定されるだろう、ということを望んでいるのです。

世界的な文化衝突によって非常に活発になった討論は、最近の西洋哲学における自由主義者と共同体主義者とのあいだの論争とも親和性があります。[21]論争の本質的な要点は、社会的／政治的思考をどこから――権利か善か――始めるかです。権利――すべての人が生活指針とすることに同意する公平なルール――を強調する自由主義者は、各個人に最大の自由を認めるようなルールを探し求めることから始めます。共同体主義者は、善さについて洞察することが、自由に関するいかなる議論にも先立たなければならない、と主張します。幸せを探し求める一般の人々は、有徳に生きるための何らかの手引きを与えてくれるような世界観のなかで自由を促進する水準を探しながら、おそらく折衷案（理論上のレベルでは共同体主義に賛成するもの）に甘んじるでしょう。ただし、そのような世界観が（自由主義者が主張するように）選ばれるということは、はっきりしないのです。つまり、没個性的な社会化の力によって現実的に強いられた選択をしたと思うこと、このことによって、わたしたちは真実から目をそらしてしまうかもしれないのです。

二つ目の主張は、民主的な生活は平等を支えるというものです。つまり、民主主義はすべてのものの平等な価値を認め、大多数の人々がよい生活を送れるようにしてくれるというものです。さしあたり、経済的ニーズを満たすことを別にすれば、何がよい生活の構成要素になるか、という討論にでくわします。幸せに関する議論を通じて見てきたように、何がわたしたちを幸せにするのかということについては、かなりの意見の相違があります。善い性格を発達させることは個人の幸せにおいて重要な役割を果たすといった、かなり高度な抽象レベルでは意見が一致しますが、善い性格に必要な徳について議論し始めると、徳のリストとその記載の両方において、活発に争うことになるのです。

二十一世紀は、平等の意味についての、ほとんど絶えまのない論争によって特徴づけられました。第10章のチャールズ・エリオットの言葉を思いだしてください。個々人は、遺伝的属性、才能、あるいは興味に関して、明らかに平等ではありませんし、そうであると考えることは、わたしたちの民主主義を脅かします。求められているのは、人間がもつあらゆる肯定的能力を、誠実かつ有意味に尊重することです。これに関しては、自分自身の真の性向に従って成長する自由を強調する点で、自由主義者は正しいように思われますし、成長は一定程度に共通に受容された行動規範によって導かれると主張する点で、保守主義者は正しいように思われます。リベラルな民主主義のなかで幸せな人々は、善意や同胞の市民たちの賛同を犠牲にすることなく、自らの満足のいく場所を見つけるために、その自由を用いるのです。平等は、成長のための、自分自身の才能、性格、パーソナリティを発達させるための、均等な機会の意味と解され、生きるための諸様式は、幸せのための教育をするうえで、もっとも有用なものとなりそうな概念なのです。

平等と自由という理想は、葛藤へと至るかもしれませんし、あなたの自由がわたしの成長を妨げるかもしれませんし、それゆえ、わたしの機会は何らかの方法で不平等なものにされてしまうかもしれません。したがって、わたしの成長は、あなたの自由を制限することを要求するかもしれないのです。論争はたびたび、リベラリストは伝統的に自由を強調し、個々人が自分自身の成長の意味を定義することを許してきました。保守主義者はたいてい、すべての者によって受け容れられるべき確実な善——有徳な生き方——という観点から、成長は定義されるべきであると主張してきました。これから見ていきますように、この違いは、民主主義の教育理論のなかに意味ある緊張状態をつくりだしてきたのです。

自分の成長に対する個人自らの評価が、主観的幸福感によって定義される幸せと密接に関連しているというのは、正しいように思われます。人々は、自分の才能が十分に発達し、ニーズが満たされていると感じると、幸せへと向かっていきます。民主主義は、才能の発達を支える程度に応じて幸せに寄与するのです。

平等、成長、あるいは自由に関する考察はまだ終わっていませんが、ニーズの充足について簡単に見てみましょう。今日の成熟した民主主義は、多くの人々にとっては、かなり高水準の繁栄をなし遂げました。しかし、いくつかの非民主主義の国家もまた、大きな富をえています。ここで、幸せと関連している問いは、富というものはどのように分配されるか、ということです。また、その他の政治形式が、より平等な分配を通じて、ニーズの充足と幸せに、より十分に寄与するかどうか、ということです。現在、この問いに答える方法はありませんが、富が分配されニーズが充足される方法に対して、民主主義は継続的に注意を払っておくべきだ、と提案することは理にかなっているようです。

デューイがいうように、もし民主主義を連合生活の一様式として記述するなら、[22] 民主主義に有利な長所が明らかになります。通常の対話でのやり取りは、表明的ニーズとインフェアード・ニーズのあいだの交渉を可能にしてくれます。民主主義のメンバーは、自らの正当な表明的ニーズを知らしめ、ある積極的な反応の形式を期待するのです——もし、援助がなくても、自分たちの満足を求めることにおいては、少なくとも干渉しないのです。社会は、その制度を通じて、さまざまなインフェアード・ニーズ——たとえば、学校教育、病気予防策、安全規制——を確立し、これらのニーズを自分自身のものとして受け容れるよう、市民たちを説得しようとします。そこで、これらのニーズを課したいという望みと、それらを受容するか拒むかという自由な人々の望みとのあいだに、不断の緊張があらわれます。民主的な教育のまさしくその基礎に、これらの緊張状態を受容し、弱い強制の方法を見つけだし、継続的な評価と協議とをうながし、そして、二つの要求の形式のあいだで民主的な社会自身を下から支える、こうした要求があるのです。

エイミー・ガットマンは、自由も徳も、民主的な教育を正当化するのに用いることはできない、と説得力のある主張をしています。彼女はこう記しています。

正当化の根拠を将来の自由から、何か他の実体のある目的——幸せ、自律、知的卓越性、救済、または社会福祉のようなもの——に移したとしても、同じような問題を再生産するだけである。ある教育権力（必ずしも排他的ではないが）が決定した善い教育という概念（必ずしも非中立ではない）によって、自らの善い生活、善い社会という概念が害される恐れがあるとする国民の抵抗に直面すれば、これらのどの基準も正当化問題の決定的な解決策とはならない。[23]

これらの理由からガットマンは、非中立的で民主的な教育にとって基礎となる正当化は、民主的な社会そのものの維持と促進にある、と主張しています。しかし、もちろん、これはほかの目的が含められない、ということを意味しません。それはただ、民主的な社会における公教育のための決定的な正当化としては、ほかにどのような目的もかなわないのだ、ということだけを意味します。幸せは教育の目的として認められるべきだ、とわたしはずっと主張してきました。なぜなら、幸せは事実上だれもが人生そのものの目的として抱いているからです。わたしたちは、すべての人が同じ幸福観を抱いていると論じる必要はありません。多元的で、民主的な社会において、幸せを教育の目的として設定することは、少なくとも二つのことを意味します。一つ目は、わたしたちは幸せに関するさまざまな見方を理解するように生徒たちを助け、分析と実践を通じて、彼らが彼ら自身の幸せに関して正当性ある立場をかたちづくりはじめる、ということです。二つ目は、わたしたちが行うすべてのことがらを、幸せに関する内実ある見方の考慮の下で評価する、ということです。つまり、わたしたちがしようとしていることが（ある責任ある立場から判断して）明らかに不幸せを引き起こすと提議するなら、わたしたちの行為を改めるか、別の見地から、幸せに値することを活発に議論しなければなりません。こうした合理的な対話という生き生きした方法は、教育と民主主義それ自身の両方にとって基本的なものです。

ガットマンの分析は絶対的に確実であるというわけではありません。民主主義の見方を目立たせることは、異なった教育哲学を生じさせますし、これらは民主主義の名において激しく議論されています。ここでデューイとハッチンズの討論に少し戻ると有益でしょう。二人とも民主主義の名において教育上の提案を確立しました。ハッチンズは、すべての若者への共通教育は、民主主義を維持するための知識と義務を準備するだろうと信じていました。しかし、この画一的なカリキュラムは、多くの生徒たちを落胆させ、このカリキュラムでは才能を発揮できない生徒の自尊心が喪失してしまう、ということをわたしたちは知っています。わたしが先に用いた言葉では、ハッチンズはインフェアード・ニーズに多大な力点を置き、表明的ニーズには十分な力点をほとんど置きませんでした。彼は民主主義を固定した形式と解したようです。つまり、その伝統はすべて新しい世代へと伝えられるし、伝えられるべきだというのです。市民がその権利と義務を効果的に行使できるのは、こうした知識の蓄えをそなえている場合だけなのです。

文化伝達や共通価値への必要性をデューイは否定しませんでしたが、彼はその両方を、伝えたいという欲望と、継続的な問いかけへの責任の双方に基づくものと見ていました。デューイの見地からすれば、民主的な参加に求められているのは、共通の事実に基づく知識の蓄えだけではなく、継続的な問いかけとコミュニケーションの過程に向けて、心を開いた献身の姿勢をしっかりもつことなのです。[24] デューイにとって、民主主義は道徳的な（あるいは社会的な）連合共同生活の一様式であり、それはまた、絶えず建設途上にあるものなのです。デューイに従うならば、教育プログラムの計画においては、現代の問題を解決し、現在の状況を納得するさいに手引きを与えてくれるような文化的知識の資源を、わたしたちは引きだすのです。過去に構築され用いられた巨大な情報庫を、あっさり通り過ぎることはしないのです。

もし、わたしたちが幸せを教育の目的だと考えるのなら、デューイのアプローチはすぐれているように思われます。第10章で見たように、人間のあらゆる真の才能は学校で伸ばされます。能力別コースの序列を確立する必要はありません し、平等の名の下に、みんなを「最良の」学問的な競争に押し込んでしまうような強制はされません。教師とカリキュラム作成者は、表明的ニーズとインフェアード・ニーズとのあいだの緊張状態を、常に承知しておかなければなりません。そして、この二つのあいだをうまく切り抜ける話し合いが、教育過程の常に変わらない部分になるということも。

学校カリキュラムの見直しをうながす点では、わたしはデューイをのりこえるでしょう[25]。伝統的な科目を教授するための新しい原理的な説明と、それらを教えるための新しい方法をデューイは提案しましたが、わたしはカリキュラムと教えることのすべてを組織化してしまうことには、異議を唱えます。わたしたちは次のような大きな実存的な問いと、どこで取り組んだらいいのでしょうか。わたしはどのように生きるべきか。人生に意味はあるのか。善であるとはどういう意味なのか。幸せであるとは何か。女性と結びついてきた伝統的な問題は、どこで表明すればいいのか。家庭をつくる意味とは何か。何がよき親業の構成要素となるのか。年老いた親にわたしたちは何を負うべきか。他人の子どもに対しては何を行わなければならないのか。そして、現代のわたしたちの状態に、とくに重くのしかかってくる問題には、どこで取り組んだらいいのか。たとえば、どのようにしてわたしたちは平和になり、これを保つことができるのか。暴力や残酷さに対してわたしたち（そして、わたし）は何ができるのか。どのようにしてわたしたちは自然環境を復元し、保護することができるのか。わたしたちは人間以外の動物に何を負うのか。教義や迷信に屈することなく、スピリチュアリティを満たし、これを伸ばしていけるのだろうか。幸せとは何であり、人はそれをどのようにして見つけたらいいのか。

このような問いかけをすることで、ハッチンズやアドラーやハーシュのような伝統主義者が完全に間違っている、といっているのではありません。彼らが支持する伝統のなかには、多くの美点や知恵があります。わたしたちにとって——そして、あらゆる民主的な社会にとって——の問いは、不相応な強制や、生徒たちの才能や目的を無視することなく、この伝統という材をどのように適切に用いていくか、ということにあります。民主主義は、それ自体を維持し、すべての個人を成長させるために援助するという面から、説明されなければなりません。それは、より望ましい連携様式を見いだすという可能性に向かって、開かれたままでなければなりません。そのよう理解されれば、人間の生活が栄えるような状況へと寄与するのです。

参加と奉仕を学ぶこと　Learning to Participate and Serve

この章のはじまりで、わたしたちのほとんどが個人的なかかわりと職業生活から、またはその一方から、幸せの大部分をえていることが了解されました。けれども、共同体での生活、とりわけ民主的な生活様式は、これらの主要な善が築かれるうえに基礎を提供し、それゆえ、間接的にせよ、幸せに対して実質的に寄与するのです。

さらに、共同体生活に積極的に参加することは、幸せの直接の源泉になるかもしれません。たとえば、わたしたちは、退職した人がボランティア作業を通して生活に新たな目的を見いだしたという話をよく耳にします。特権をもった多くの大学の若者が、ハビタット・フォー・ヒューマニティ、ピース・コープス、ビッグ・ブラザーズといったボランティア組織の強力な支持者になっています。ある者は、宗教的あるいは民族的な慈善事業をし、ある者は、飢餓、ホームレス、麻薬常習癖、身体障害といった個別の問題をなくすために、自分の多くの時間をささげています。昔の世代では、女性たち（家庭を築くもの）がボランティア作業の大部分を担ってきましたし、いくつかの伝統的な地域では、いまだにそれは変わっていません。今日では、女性や男性の専門家が、サービスをえる余裕のない人々のために自分たちの技能を発揮し、公益性のある仕事に多くの時間を提供しているのです。[26]

他人への奉仕は、ボランティアをしている人々の幸せに、少なくとも三つの点で寄与します。一つ目は、ボランティアをすることで気心の知れた仲間が見つかり、尽力した人や他のボランティアの人との温かい関係から幸せがえられるという点です。二つ目は、ボランティアをしている者は、たいてい、他者のニーズを感じ取り、これに応答する人々だということです。先に見たように、不幸せを受容する能力とそれを和らげようとして積極的にかかわることは、個人の幸せを達成する点では重要です。この能力と責任を有している人は、ラインホルド・ニーバーが良心の咎めと呼んだものを一般的にもっています。彼らの幸せの少なくともその一部分は、他者の困窮を和らげることにあるのです。[27]三つ目は、ボランティアをしている人は、たいてい、彼らの働きが共同体の精神と民主的な共同様式を維持しているということに気づいていることです。共同体での生活に参加し、民主主義を促進することで、彼らは個人の幸せのそうした基礎の維持に貢献しているのです。

学校は、さまざまな仕方で共同体への参加と奉仕活動を促進することができます。いくつかの高校では、共同体での奉仕活動は卒業に必須ですし、奉仕を学ぶことへの関心は高まっているようです。しかし、これらの努力は、リベラルな市場主義社会における学校のもつ、まさにその構造によって妨げられています。奉仕活動が求められるときには（成績をつけられることさえあります）、生徒とその親は「いまある」科目からさかれる時間に腹を立てるかもしれません。いまある科目でトップの成績をとるための競争は学校のすべての者にあり、ある者は、次の競争の勝負で好都合な位置につくために、競争に勝たねばなりません。また、ある者は、トップレベルの大学のひとつに入学する資格をえるために、高校で高い評定点を取らなければなりません。そして、ある者は、高給の職業に就くために、そこで高い評定点を記録しなければなりません。そのうえ、ある者は、昇進するために、同僚に勝たねばならないのです。おそらく退職したときに、人はリラックスして他者と協力することができるようになるのでしょう。

学校は、学校の基本構造を変えることなく、共同生活からえられる幸せにはどうしても寄与できない、と提唱することは、悲観的だと思われるかもしれません。しかし、その主張の大部分は的確なのです。前のほうの章で、子どもたちが「すべてのことに常に全力を尽くしなさい」といわれ、その結果、自らの努力に対してCの成績を取ったとき、その子どもはいかに苦しむか、ということに注目しました。こうした教育システムには何らかの奥深い誤りがあります。さらに悪いことには、最大の努力を通して生徒がすぐれた成績を取ることのできる方法を教師が熱心にあてがおうとすると、教師は評点を増やすのに貢献しているといって非難されるのです。Aという成績は、まるで自然に不足しているかのようなのです！　教師はどう答えるべきでしょうか。最良の教師は、実際、AやBでいっぱいの成績表を提出するでしょう。もし、質問されなければならないのなら、生徒がこれらの成績を取ったのかどうか、そしてどのようにして取ったのか、ということに集中するべきなのです。もし、教師がこれらの成績をあっさりと与えたのなら、そのとき、その評価には疑念が差しはさまれるべきなのです。しかし、生徒がそうしたいい成績を取れるように、教師が創意工夫し支持的に生徒を助けたのなら、その教師は素晴らしい仕事をしていると信じられるべきなのです。

奉仕の学習と共同体への参加を魅力的で重要なものにするためのひとつの方法は、いわゆる代数やフランス語の科目と同等の地位をこれらに与えるということでしょう。それは何を意味するのでしょうか。もちろん、それは経験に対する競争による評点化と、ほんの少数の者だけがトップの成績を取ることを確実にする、ということを意味するでしょう。学習は厳しいものであるべきです。知的であるべきです。おそらく、それは恐れられ、嫌がられるでしょう。わたしは、こうした活動の方法に関する深刻な疑念を、ここまでに表明してきたのです。

教師や教師以外の学校職員にとって、その他の選択肢は、教師自身が従事している奉仕に参加するよう、生徒を誘うことでしょう。おそらく、最初の参加期間以外は、強制はないでしょう。生徒は何らかの奉仕活動を選ぶように求められるかもしれませんが、異なった活動に変えることは認められるべきですし、評点をつけるべきではないのです。ああ、悲しいことに――奉仕が代数と同等の地位を獲得するかもしれないというわたしたちの望みは、そこで続いていくしかないのです。こうした平等が、現代の学校構造のなかに、どのようにして確立されるのか、わたしにはわかりません。

憂うつな論調でこの節を終えるのを避けるため、奉仕学習はなおも促進されるべきである、とわたしはいいたいと思います。現在の学校構造のなかでは、奉仕学習は幸せに多く寄与しませんが、わたしたちはその構造を変えることを目指して働くことはできるのです。

この章でわたしたちは、まず、共同体が幸せにも苦痛にもともに貢献するかもしれない、という点について考察してきました。共同体はそのメンバーを社会化します。その社会化の過程からの逃げ道はありません。けれども、すぐれた教育システムは、生徒が社会化の過程を反省し理解するのを助けるでしょう。どのようなスタンダードを、個々人の成長と社会の秩序にとって有益なものとして受容すべきでしょうか。他人を傷つけることなく、わたし自身の成長のために、社会や共同体において、どのスタンダードを拒めばいいのでしょうか。道徳的根拠のうえに立って、どのようなスタンダードをもっぱら拒絶すべきなのでしょう。わたしは、調和のためという疑わしい圧力に抵抗する強さを、どこに見いだしているのでしょう。

次に、幸せに対して民主主義がなしうる貢献について検討しました。もし、民主主義が絶えず構築中の動的装置と見なされるなら、そのような民主主義は幸せに寄与するでしょう。そして、もし、民主主義が探究への参加やメンバーへの強制をせずに、共通の価値を生みだすコミュニケーションによって特徴づけられるなら、そのような民主主義は幸せに寄与するでしょう。またそして、もし、民主主義がそのメンバーの個人的な成長を支援するなら、そのような民主主義は幸せに寄与することでしょう。そのようなシステムでは、自由は、意志決定を支援する環境のなかで確かな決定のための能力と見なされ、そして、平等は、人間の才能と興味の全範囲にわたって明確に示される、個人の成長のための社会的支援と解釈されるのです。民主主義は、そうしたたくさんの意志決定を要求することによって、幸せに緊張を与えることにも注目してきました。

最後に、共同体への参加とそこでの奉仕活動が、個人の幸せに直接的に寄与する側面に簡潔に注目しました。そして、学校教育の基本構造が変わらない限り、そうした貢献の大部分が理想的な状態にとどまり、現実のものとはならない、と結論づけました。

第12章　学校と教室における幸せ　Happiness in Schools and Classrooms

　前章では、幸せに関するさまざまな見解や学校での話し合いに使える幸せに関するトピックについて、広範囲にわたって議論してきました。幸せな人生に向けて若者をどのように準備したらいいのか、その主要な問題に取り組んできました。しかし、幸せは、未来の人生に向かうひたむきな状態、あるいは未来の人生を約束する状態としては、うまく説明されていません。現在の幸せは未来の幸せと両立しないわけではなく、むしろ未来の幸せにとっては助けにさえなるかもしれません。ですから、教育者は生徒の現在の経験の質というものにもっと目を向けるべきなのです。

　この章では、学校生活のためのいくつかの提案のために、幸せについていままで学んできたことを用いようと思います。その後で、前のほうで提案しましたように、わたしたちを導いてくれる幸せという目的を活用しながら、わたしたち教師の仕事をどのように分析し評価したらよいのかを明らかにしたいと思います。

幸せが感じられる教室　Happy Classrooms

　ニーズの充足は幸せの主たる要因です。しかし、ニーズは表明されるか推測されるかのどちらかであり、人はそれぞれ自分たちが何を必要としているのかを、常に知っているわけではありません。さらにこのことを複雑にしているのは、単なる欲求からニーズを分けるのは簡単ではないということです。欲求の充足も快楽というかたちで幸せに役立っています。おそらく、ニーズを満たすという広く一般的なカテゴリーの範囲内で、ほとんどの幸せのかたちは議論することができるでしょう。しかし、学校生活の日常のなかに、そうした幸せのかたちがどのように含まれているのかを確かめるために、これらの幸せにいまや立ち戻ってみるべきなのです。そのなかのいくつかはそれ自体でそれほど重要なものなのです。

今日の学校は、身体的ニーズを満たすことに注意を払っています。お腹のすいた子どもたちは、たいてい無料か、もしくは割引された朝食やランチをとります。しかし、アメリカの社会では、子どもたちの身体的ニーズにそなえるという点では、それはまだ緒についたばかりです。多くの子どもたちには歯の治療が必要です。それは、彼らの家族に余裕がないからです。あまりにも多くの人々が医療保険に加入していませんし、さらに目の検査や眼鏡が必要な子どもたちもいます。お腹をすかしている子ども、痛みに苦しんでいる子ども、視力が正常でなくて障害のある子どもは、おそらく幸せであるとはいえないでしょうし、そのような子どもたちでいっぱいの教室は、幸せな場所にはなりえないでしょう。

子どもたちに給食を提供しているときでさえ、それによってひとつの重要なニーズを満たしながら、しばしば彼らに心理的負担を与えています。彼らは貧しく施しを受ける境遇にある、と公に認められてしまうのです。よりよい代案は、学校の日常の一部として子どもたち全員に食事を提供することでしょう。食事時間は学習からの休憩ではなく、純粋な教育的経験の一部となるべきです[1]。多くのよい家庭では、食事時間は意義深い教育的経験になっています。それは、社会的な礼儀を学び、興味をもった大人との会話に参加し、各自が生活する世界の出来事を知り、栄養について何かしらを学び、これから行うイベントを計画する機会なのです。多くの私立学校では、食事時間は、すでに一日の教育のなかに完全に組み込まれています。

わたしの提案に対して、批判者は次の三つの点で反対するかもしれません。一つ目は、子どもも教師も授業という激しい日課からの休息を必要としている、と彼らは主張するかもしれないということです。こうした反対意見は、つらい仕事として、疲れきってしまう義務として、教育を見ているということを明らかにしています。すべての者は教育から息を抜く必要があるというわけです。しかし、生活と学習がひとつになった様式として教育を理解し直すと、つまりこの世界におけるひとつの存在の仕方として教育を見ると、全体の見方が変わります。この見地からすれば、食事時間は継続的な学びや親しみのある対人関係を築くためのひとつの異なる学習環境なのです。たとえ、食事時間がそのような息抜きとして解釈されなければならないとしても、食事時間は、より自由で形式ばらない身体的充足を追求する息抜きとなっていくかもしれません。

わたしの案に対する二つ目の反対は、明らかに費用に集中しています。学校教育はすでにかなりの出費を抱えています。食事を十分に提供する余裕のある親の子どもへの給食計画ということが、無駄なように思われます。しかし、学校側は親に援助をお願いすることもできます。すべての親に寄付のお願いを入れた請求書を送るのです。こうした依頼は、学校教育が消費財ではなく公共財であることを、親に納得させる継続的プログラムの一部となるべきです。多くの親が市民としての責任を果たすよう求められるなら、よろこんで、自分の子どもたちの食事代よりも少し多めに支払ってくれるでしょう。もしそうならないとしたら、アメリカの社会はどうなってしまうのでしょうか。

提起される三つ目の反対は、親のもつ権利に対して、すべてに過度に同じ強制をすることとかかわっています。「わたしの子どもに学校が食事を用意するなんて！子どもがランチに何を食べるかはわたしが決めます。そしてわたしが朝食を用意します」。ええ、そのとおりです。学校でだされるものを食べるよう子どもたちを強制すべきではありませんが、子どもたちが学校に参加しているのなら、そこではだれがお金をだしているかに基づいた区別はなされるべきではないでしょう。朝食のときに子どもたちがおしゃべりをするために集まる「食事なし」のテーブルがあってもいいかもしれません。大人がコーヒーを飲んで一日を始めるように、それは、子どもがジュースを飲んで満足するテーブルなのです。こういった親の権利に対する異議申し立てには、巧みなユーモアと想像力をもって答えなければなりません。日常の教育に食事を含める利点は、これまで提出されてきた反対意見のどれよりも勝っているのです。

ひとつの社会として、わたしたちは、その他の客観的ニーズを満たすよう積極的にかかわっていかなければなりません。壊れた暖房システム、薄暗い明かり、板の張られた窓、汚れた休憩室、すし詰めの教室、危険な階段、こうした学校に通っている子どもたちがいるということは、道徳的不名誉です[2]。そのような状態を放置していることは恥じるべきですし、これに関してはどんな反対意見もでてきません。さらに、子どもは改善された環境のなかでよりよく学ぶであろうという根拠に、よりよい状況をつくるための主張を置くべきではありません。おそらく子どもたちはよりよく学ぶでしょう。しかし、わたしたちは、集合的良心の咎めによって、よりよい状況を提供するよう促進されるべきです。幸せは他人の苦悩によっても脅かされます。そして子どもたちには、一定水準の生活と学習のできる状態がもたらされなければならないはずです。

表明的ニーズとインフェアード・ニーズの区別は、ニーズと幸せのつながりを分析するのに役立ちます。学校で対応するニーズのほとんどはインフェアード・ニーズ――大人が子どもに押しつけるニーズ――です。こうしたニーズを提供することによって、わたしたちは正しいことをしているように感じます。そして、これらのニーズが本物のニーズであるという確信は、子どもたちに対して数多くしている強制の正当化に役立ちます。すでにわたしが提案してきたように、インフェアード・ニーズを特定し追求することには大きな注意が必要です。そして、子どもが表明的ニーズとして示しているものにきちんと丁寧に耳を傾けるべきなのです。

幸せが感じられる教室のひとつの特徴は、表明的ニーズとインフェアード・ニーズとのあいだに継続的な交渉による調整があることです。生徒たちはいつもケアをしてくれる教師のために、何かをしようとします。ケアリングはケアされる人の表明的ニーズへの応答も含んでいるのです。もちろん、大人はこれらのニーズに影響を与えようとするでしょう――望ましくない欲求を抑制し、本物のニーズへといくつかの欲求をかたちづくり、インフェアード・ニーズから表明的ニーズへの転換をうながそうとするでしょう。この努力はもっとも繊細な感性を伴ってなされねばなりませんし、生徒たちの表明的ニーズによって、常に導かれ、修正されなければなりません。読者のみなさんは（それが真実か虚構かはともかく）この見地から教室を眺めるようにうながされているのです。調整はどのように達成可能なのでしょうか。何が幸せに寄与するのでしょうか。それは、現在の学習だけではなく、学習し続ける熱意にも効果を及ぼすのでしょうか。

ある表明されたニーズはとても普遍的なものなので、ときどき幸せと同義に（間違って）受け取られ続けてきました。それは快楽です。過去の多くの教育者が、そして今日でさえも何人かは、教室でのよろこびを見て、真の活動がほとんどされていないあらわれだと見なしています。何年か前に、わたしは、小学校の教師集団から理科プログラムを諦めようと思っていると聞かされました。それは、わたしにはとても素晴らしいプログラムでした。子どもたちは楽しんでいたのですが、教師は生徒たちが何を学んでいるのか、確信できなかったのです。教師は生徒が何を学んでいるかに関して、たくさんのことを知っておくべきです。これは教師の仕事の重要な一部なのですが、この教師たちは、生徒たちの判断の援助をするほど、十分に当の科学について知らなかったのかもしれません。またあるいは、生徒たちの興奮と大騒ぎに教師たちも困っていたのかもしれません。理科は難しい課業だと考えられていますし、そのうえ、これらの子どもたちが遊んでいるように見えたのでしょう。

遊びは学びに直接的に役立ちます。とくに小学校の子どもたちにとってはそうです。すべての教師が学びにおける遊びの力に気づくべきです[3]。先日、読み書きのできない中学生の子どもたちに関する悲しい記事を読みました。この子どもたちは（特別支援教育の生徒たちではありません）、自分の名前を読むことさえできません。どうしてこうなってしまうのでしょうか。この子どもたちはボードゲームもできませんでした――確かに、〔不動産の売買ゲームの〕モノポリーではありませんでしたが、このゲームでは、遊び手は理解力を要するカードで絶えず試されるのです。おそらくこの子どもたちは、どのようなボードゲームもそれまでしたことがなかったのでしょう。読む機会、数えて計算する機会、ほかの遊び手と交渉する機会、価値ある楽しみをもつ機会が、ずっと奪われてきたのです。どの教室にもボードゲームやカードは十分に備えておくべきで、こうしたもので遊ぶことは、学びにおける日常の一部として数えられるべきです。

この種の遊びを通して何を学ぶことができるのでしょうか。ゲームと一体となった学びについては、多くの伝記で語られています。しかし、教育学者たちはゲームとその効果に関係があるインフォーマルな学習について、なおもっと詳しく研究する必要があります。教師はこれらの体験談をよく研究すべきですが、同時に、自分の目の前の生徒たちにもしっかりと目を向けるべきです。見守り、じっくりと考え、観察するのです。

楽しいことは、小学校で終わる必要はないのです。教師たちは各教科と結びついた娯楽（レクリエーション）を研究すべきです。数学では、たとえば、たくさんのパズル、数理論的トリック、パラドックス、学びながら楽しめる風変わりな幾何学図形があります。たとえ教師がこれらの娯楽の根底にあるものを理解していなくても、生徒たちは楽しむかもしれません。しかし、学びは制限されてしまうでしょう。挑戦的な小学校の理科プログラムをやめてしまった教師たちは、この苦境にありました。彼らは科学について十分に知らなかっただけなのです。つまり、教室での楽しみが価値あるものか否かは重要な点で、それは教師たちの知識とすぐれた技術にかかっているのです。

教育がもっている快楽には、その他の役割もあります。「教育のリズム」を議論するなかで、ホワイトヘッドは学びの段階を描きました。彼はその最初の段階を強調しており、それを空想と呼んでいます。

空想段階はものごとを理解する最初の段階である。ここでは理解の対象となる素材が強烈な新鮮さをもっており、しかもそこで垣間見られただけの豊かな可能性をうちに秘め、まだ現れていない関係が内包されている。……ロマンティックな感動とは、生の事実から出発して、まだとらえられていない個々の関係がいかなるものかについての認識へと移る過程に生ずる興奮である。[4]

何かから快楽をえると、それをさらに注意深く調べてみようという気になります。もちろん、空想段階が、楽しみよりも困惑と策略に特徴づけられてしまうこともたまに起きます。しかし、このようなときでさえ、人は心から学びたがり、発見の過程を楽しむことができるのです。そして、その最終結果は、深い満足というかたちをとるのです

一九六〇年代から一九七〇年代のはじめの記事を読むとがっかりします。その期間は、学校教育が真の変革に向かう熱狂のときでした。[5] この時期の批判者たちは、ほとんどの教室を特徴づけていた無思慮と退屈を攻撃していました。アン・ロングは述べています。

公立学校で行われている「学問的な学び」の九十五パーセントは、それをやっている子どもたちには意味のない愚かなことだ、とすべて確信した。子どもたちが学んでいる実際の授業は、学びの不愉快さ、本のなかのよろこびの欠如、計算という退屈でいやな勉強、自分の問いに答える代わりに他人の問いに答えるという骨折り仕事、子どもと教師のあいだの長い距離、子どもの人生にとって意味のある何かと学校教育とのあいだの長い距離にかかわっているのだ。ある若者がこう述べていた。「学校にいるっていうのは、バスに乗っているようなものさ。そこに座って通り過ぎる世界を眺め、三歳から十五歳まで降りられないのさ」と。[6]

学校は、三十年以上たっても依然として退屈なままですし、ある点では、改革者たちが変化を叫んでいた一九六〇年代よりもさらに悪くなっています。スタンダードテストの遂行は、以前からの単調な生き方をさらに悪化させまし

た。生徒も教師も、テストに有利な知識や技能を溜め込むため、生真面目な作戦行動にとらわれて必死です。たとえ次のほんの数年間に点数があがっていたとしても（それも決して確かなことではありません）、永続的な学習がどれほど続けられるかは明らかではないのです。

わたしたちは、快楽に加えて痛みのないことが幸せに貢献する、あるいは少なくとも痛みはわたしたちを不幸せにする、というミルに賛同しました。痛みの緩和に関しては、間違いなく、かなり進歩しました。ちょうど三十年前の教師によって生徒に（そして生徒の周辺に）向けられた、嫌になるほど単調な言葉に、今日、読者は本当にゾッとさせられます。[7] いまでは、教師はもっと気を配りながら思いやり深くならなければなりませんし、ほとんどの教師はそうなりたいと思っています。しかし、多くの虐待が相変わらずあります。[8] 教室では、いやみや屈辱的な言葉はふさわしくありません。しかし、相変わらずそれらは起きているのです。

わたしたちは、親や教師として子どもや生徒に意図的でなくても、ときどき痛みを与えてしまいます。わたしたちはみな不完全な存在ですし、力の違いがある人たちとの交流に生じる痛みを除去するのは不可能でしょう。しかし、それを和らげるように働きかけることはできますし、可能なところから、痛みを除去する視点をもって行為のすべてを分析することもできます。個人的に過ちを犯せば、それを認めて謝ることができます。学校教育の構造が間違っている場合には、それを変えようとすることができるのです。

ひとつのわかりやすい例がここでの助けになるかもしれません。ジュルス・ヘンリーは少年ボリスの話をしました。彼は十六分の十二の分数の約分に行き詰まっていました（そして困っていました）。八分の六まではできたのですが、それ以上はできないので進みません（その彼を邪魔しているものを見つけるのは、興味深いことです。与えられた問題では、一回、二で割れば再び二で割ることはできない、とでも彼は考えたのでしょうか。数学の授業で、いろいろ不思議なことが急に起こるものなのです）。別の子どものペギーは、この課題に成功しました。ヘンリーはいうのです。「ボリスの失敗がペギーの成功を可能にしたのだ」[9]と。

たいていの子どもたちは、そのような小さな失敗を真剣に受け止めません。しかし、こうしたできごとがときおり本物の悲しみの原因となることもあり、これを和らげる方法はあるのです。まず、子どもを突然指名するのをやめるとよいでしょう。これは、自発的ではない生徒を指令するるものです。しかし、良心的な教師たちは反対するかもしれませんし、わたしたちは自分の生徒たちすべてを授業に参加させたい、と願っているものなのですが、それでも、決して自発的にはなれない生徒たちもいるでしょう。それではどうしたらいいのでしょうか。生徒をペアで取り組ませ、解決を示すよう頼むこともできます。わたしは数学教師時代の終わり近くになって、この戦略に思い当りました。そして、もっと早くこれを考えていたらよかったのに、と思うのです。生徒のペアのうち、いくつかのペアには黒板の問題を解くように求め、残りの生徒はそのあいだに席で取り組むように、ということもできるでしょう。それから、それぞれのペアの説明を聞くのです。行き詰まっても全く問題ありません。そして、わたしは、多くの場合、彼らペアの解答が完成するように助けてきました。わたし以外の者は忙しくしていたので、わたしが集団のあいだを動いてあいだに入ることがあっても、だれも気にしませんでした。共有された小さな失敗（当の教師にとっては失敗とは見なされてすらいません）が、どれほど容易に受け容れられるようになったことでしょう。これは驚くべきことです。成功というものは、他者と共有しても小さくならないようです。

大学のわたしの授業では、最初の解決法を用いました。志願しない人は指名しませんので、大切な点に関してもみなさんの意志にお任せします、とわたしは授業の最初に学生にいいました。おそらく結果として、いくぶんくつろぎ、居眠りし、重要な学習機会を逃すことがあったかもしれません。少なくとも、彼らが嫌がらないことが大事なのです。わたしは、苦しさや恐れを抱きながら学んで欲しくないのです。

このことは困惑による混乱と間違いに陥る生徒を救う、という問題を解決するでしょうか。いいえ、解決しません。自発的な生徒は間違え、混乱し、返答のなかで嫌な気持にさえなるかもしれません。ある教師はどの生徒にも「その通り」と返答し、それから別の生徒を指すのですが、また「その通り」と返答するのです。この戦略では痛みを科すことは避けられるかもしれませんが、生徒の能力を発達させることはありません。知的能力の発達は個人の幸せの重要な側面なのです。教師はもっと正しい応答の仕方を見つけなければなりません。「少し足りないわね」、「そのことを少し探ってみましょう」、「アイデアはすごいけど、Xは間違っているわ」、あるいは「その点については、もっと穏やかに聞いてもらえないかしら」とか、「質問してもいいですか」などという人もいるかもしれません。クラス全体にとって誠実で、支えとなり、助けになるような返答を見つけるためには、かなりすぐれた技術とおのおのの生徒に関する知識が求められます。この重大な仕事を完璧にこなせる教師など、いまだかつて出会ったことがありません。

教室の雰囲気は幸せを求める万人共通の本質的な願いを反映すべきです。痛みは最小限（そして故意に苦しめられる者がいない状態）であるべきです。そこには、むしろ快楽のためのたくさんの機会があり、望ましい気質の発達と幸せとのあいだのつながりにかかわる明確な認識があるべきです。

性格の発達は直接的な介入によって支えられます。教師が痛みを科すのを抑えるだけでなく、生徒がだれか別の者に痛みを加えることもやめさせるべきです。即時の介入、説明、そしてよりよいやり方の提示という以前から描かれてきた方法は、違反が起こったときに用いられるべきなのです。物語も使えますが、これによって盲目的な賛美や模倣ではなく、批判的思考が推奨されるべきです。

どの生徒も毎日の出来事のなかで、そして選択した研究分野のなかで、頭を使うことを学ぶべきだという意味で、知的に成長すべきです。さらに、性格はすべての者がおおいに発達すべき領域のことがらですから、道徳的／社会的な問題に関して批判的に思考する機会が、みんなに与えられるべきです。同様に、自己理解も幸せにとって非常に重要ですから、この点に関して議論する機会が奪われるべきではありません。[10] これらすべてはうまく対処すれば、科目の内容を犠牲にすることはありません。それどころか、科目の内容を広げ深めることになるのです。教師は本当に価値があることに関しては賢明な判断をしなくてはなりません。しかし賢い判断であっても、教師のその選択はいつも提案——強制ではなく——にとどめるべきです。どのようなことがどの程度まで追求されているのかは、生徒の興味によって、示されるべきなのです。[11]

本章および前の章で、一九六〇年代に起こった批判や期待に何度か言及してきました。そのときに提案された考えはときおり無謀でしたが、しばしば素晴らしいものもありました。それらは、スタンダードテストの点数をどのようにあげるか、という問いだけに向けられていたのではありません。むしろ、どのように好奇心を生き生きと保ち、どのように真の学びをうながし（ピアジェの発達的学び）、そしてどのように人間の十分な成長を促進させるのか、というもっと深い問いに対して向けられていたのです。ポール・グッドマンはこの時代の精神を、次のようにまとめています。

> 教育のあらゆる部分は、必要性、欲望、選択、そして試みに対して開かれている。褒美と脅しによって強制され、外部から動機づけられる必要などないのだ。……やめてほしいことは、若き時代の惨めな浪費――おりに入れられ、ぼんやりと空想にふけり、ものを壊し、カンニングすること――であり、人をおとしめ、辱めるような教師による虐待である。[12]

　強制が必要なものは何もない、とまでいうつもりはありません。むしろ、わたしは教育者たちに、強制する必要があるものは何か、そしてそれはなぜなのかを問うよう、力説しているのです。もし強制されなければ、どんな意欲的な生徒でもあえて取り組まないだろうという理由から、強制が必要となることがありました。これらの強制されたものがカリキュラムを雑然としたものにするのですが、ブルーナーがいったように、それらを廃止すべきです。手段として強制されるものもあります。それは、（希望する）Yを達成するために、（嫌なことかもしれない）Xを習得しなければならない場合です。通常、こうしたかたちの強制は、生徒たちが活動する過程で自然に生じてきます。しかし、ときおり教師は、何かを学ぶように主張せねばならないかもしれません。強制は必要かもしれませんが、そのあともケアと信頼の関係を維持していくために、常に特別な仕事が要求されるのです。最終的には、善い道徳的自己を発達させるために、すべての生徒を安全に保ち、有害なことをする生徒たちを救うという観点から、害を及ぼさないきちんとした行動の強制が必要かもしれません。

　強制が必要な別の状況もあります。はじめのほうで議論した読み書きができない七年生の事例を考えてみましょう。学校改革を主張する人々が、その学校の怠慢を許すべきではないと強調するのは正しいことです。しかし、明確な標準を打ち立て、スタンダードテストが問題を解決するだろう、と想定したことが、おそらく間違いなのです。さらに、都会の学校の問題によって、すべての学校計画の様式を規定すべきではありません。実際、このような仕方で問題に取りかかることは、苦境にあえぐ学校を助けるのではなく、実はむしろ健全な学校に損害を与えているように思われます。「改革」から数年以上たって、成績がほとんどあるいは全く向上していないことがわかったなら、教師も生徒も両方とも不幸せになります。そうなれば、わたしたちはひどい損失をこうむることになるでしょう。読むことのできない者のためには何かをしなくてはなりません。しかし、その解決法は、すべての生徒にスタンダードテストを課すことではないのです。

アイザイヤ・バーリンが気づかせてくれたように、ときにはひとつの大きな善をえるために、もうひとつの大きな善を犠牲にしなければなりません。読むことのできないあの七年生のような子どもたちのために、よい基礎教育が行われるのなら、学校の自由や創造性を犠牲にしても価値があるかもしれません。自分たちの子どもの未来の幸せを懸念し不安になっている親なら、強制が子どもの学びを助けるなら、学校での強制を大目に見る――推進しさえする――かもしれません。裕福な親ならば、貧しい学校でしばしば用いられている強制的手段（ほうび、罰、機械的学習、懲らしめを目的とした宿題）に抵抗するのは簡単ですし、さらには屈しないことさえ容易です。しかし、自暴自棄になっているひどい親なら、うまくいきそうなことなら何でも試みようとする学校のままにさせてしまうでしょう。

強制的な教授方法を用いる代わりに、学びたい者と学びたくない者を分けるほうがいいかもしれません。そのために称賛と痛烈な批判の両方を受けました。学校での勉強を拒み、学級崩壊させる大勢の若者のせいで学べない他の生徒たちのために、彼らをいまこそ見捨てるべきである。批判者たちは彼がそういうことをいおうとしているのだと思ったのです。故アル・シャンカーはこの方向性で提案し、しかし、少年たちを分けることは、彼らを見捨てることを意味しないのです。それは第一に、積極的な行動がしっかりとできる子どもたちや親たちのために、最高の学習環境を提供することを意味します。第二に、失望した生徒たちに知的に働きかけることを意味します。それは、ケアと信頼の関係を打ち立て、関連性のあるカリキュラムを提供し、よろこんで学ぶ仲間に参加するよう彼らを説得しようと懸命に働きかけることなのです。これはとても大変なことですが、大事な仕事です。と同時に、この仕事をすることによって、すでに学びたいと望んでいる学生や少なくともよろこんで学んでいる生徒たちを教育するという、重要な仕事を損なうべきではないのです。これら二つの教育上の努力は本質的に異なる二つの課題である、ということは大切な意味を持つのです。公立学校はこれら二つの区別された課題をなかなか認めようとはしませんし、実際どのような規模の学校においても、こうした課題を追求しようとしません。公立学校は生徒たちを停学や退学にするだけで、彼らを改心させることをしません。しかも意欲のある生徒は無視され続けるのです。バウチャープログラム（いまでは合法と断言されています）を試してきた市もありましたが、これらのプログラムは数名の生徒を守るだけでほとんど解決策にはならないのです。公立学校にはこの問題に取りかかるための建物、職員、専用資金があります。それはたくさんの学校（あるいは一部の学校）を、真の学習センター、つまり、生徒と親が精力を注ぎ、そしてその努力のなかで協力と勤勉の許容可能なレベルを合意していくような学校として指定する方法を可能にします。[13] こうした学校が多数あるべきです――教育を希望するどの子どもも入れるくらい多数です。くじに当たらなかったからといって、どんな子どもも見捨てられるべきではありませんし、学習困難だからといって、どんな子どもも締めだされるべきではありません。

その他の生徒たち――行儀よく行動することに同意しようとしない者たち――が、よくない学校に投げ入れられたり見捨てられたりしてはなりません。彼らを自分自身の教育に参加するよううながすための徹底した努力がなければなりませんし、そうした教育はそれぞれの人にとって豊かで多様で適切なものであるべきです。それは、中毒や心の問題を取り扱うなど、さらに教育が必要な場合もあり、広範囲にわたって対処しなければならないため、専門家の仕事だとすぐに結びつけられてしまうかもしれません。

ここで少し述べた問題を取り扱うには、本一冊（さらにそれ以上）が必要となるでしょうが、基本的な考え方は、改革というひとつの大々的なやり方でその解決を試みることではなく、おのおのの問題に良心的に取り組むということなのです。複数の問題に直面しているのであり、たったひとつの問題ではないのです。ですから、多様な問題に対してひとつの解決法では十分ではないのです。現在の経験の質が大切な問題なのであり、与えられた状況でみんながうまく成長するわけではないのです。現在の幸せは、それそのものに価値があることに加えて、将来の幸せにとっては助けになるとさえいえます。自分のニーズと興味に合わない学校や教室にいると、人々はたいてい不幸せであることを、わたしたちは知っています。

一般的に有効であるとわかっている、いくつかの戦略があります。ひとつは、前に示したように、意欲のある者をそうでない者から分けることです。もうひとつは、継続性を強調するというやり方です。第9章で、わたしは生徒と教師は、ふつうは一年間ですが、そうではなくおおよそ三年間ぐらいはともに過ごすべきだと勧めました。こうしたやり方は、ケアと信頼の関係を打ち立てるという点からすれば、驚くべき成功を示すかもしれません。しかし、命令されて行うなら、その力も失われるでしょう。人々を強制的に一緒にいさせることは逆効果でしょう。一緒にいるという決定は相互の同意によってなされなければなりません。

　では、その解決法として、バウチャーを試そうとしないのはなぜでしょう。第一に、バウチャープランは、非公立学校を莫大に増やさなければ、大多数の生徒たちの解決法とはなりません。第二に、バウチャープランの最善の特色――学校選択のときの一定の選択権――は、公的システムのなかでこそ有効になるのです。第三に、バウチャーの使用は、公共財ではなく消費財として教育を構想するということを促進してしまいます。これは非常に危険なことです。

　バウチャープランとあらゆるかたちの私事化に反対するこの最後の異議申し立てについて、さらに述べておきたいと思います。第11章で、わたしたちは、民主的な生き方が――少なくとも間接的に――個人の幸せと集団の幸せの両方を支える、ということを理解しました。公立学校は民主主義を維持するための手段として構想されました。急進的な一九六〇年代を容認する称賛者が、オールタナティブスクール、つまり私的な学校の激増を歓迎しようとしなかったのは、一見、奇妙なことです。では、学校教育の多様な選択よりも、何が民主主義的になりうるのでしょうか。それはわたしがすでに提案したことですが、選択可能性――たくさんの選択肢――は、公的システムのなかで歓迎されるべきだということなのです。

　なぜ、公的学校が提供できるものは、より先へと進んでいかないのでしょうか。なぜ私事化しないのでしょうか。公立学校は子どもの代弁者として、国と親とのあいだに長いこと立ってきたからだ、とここでわたしは論じたいのです。親は自分の子どもを所有しているわけではありませんし、国もそうです。宗教団体が経営する学校へ、自分の子どもを通わせるために親が公的資金を使うことが許されるとすれば、ある子どもたちは（おそらく多くの子どもたちは）公教育によって推進される機会を奪われるでしょう。たとえば、子どものために原理主義の学校を選ぶ親をもつ、多くの女の子たちに、いったい何がおきてしまうのか想像してみましょう。自分自身のために原理主義の宗教を選ぶのは、間違いなく大人の権利です。しかし、裁判官ウィリアム・ダグラスが、自分の子どもを高校から遠ざけるアーミッシュを容認した判例に対して反対意見を述べるなかで指摘したように、何らかの機関は子どもたちの権利を考えなければなりません[14]。うまく運営された公立学校は、まさにそうした機関なのです。親は子どもの宗教教育を方向づけることはできますが、公立学校は、成人になって自分自身で決断するための、広い知識と批判的技能を子どもたちに授けるべきなのです。

こうしたことがらに関する詳細な吟味は本書の範囲を超えていますが、みなさんは子どもの権利についての疑問にかかわる二つの関連した解決方法について、よく考えるべきなのです。私立学校に許されている決定権がリベラルな民主主義のなかで適切なものだったのかどうかを問うのもいいでしょう。結局、そうした解決方法は、教育が現実には消費財であるということを示唆しています。次に、教育において連邦政府に大きな役割を与えることは、賢明な方策であったかどうかを問うのもいいでしょう。これら二つの解決方法は自由主義者たちにはしばしば称賛されますが、わたしはともにリベラルな理由から疑わしいと思っています。はじめの解決法は親に、次の解決方法は国家に、あまりにも大きな力を与えてしまいます。

最近の最高裁判決（ゼルマン対シモンズ・ハリス）において、裁判官の大多数は、宗教団体立学校の授業料の支払いに、公的なお金が使われるのを認めているにもかかわらず、さらに、クリーヴランドのバウチャープランは合法である、という決定を下しました。これは、その反対意見が歴史的に重要なものとなる判例です。裁判官ステファン・ブレイヤー、デイヴィッド・ソウター、ジョン・ポール・スティーブンスは、この決定は、最終的には宗教争いに至るのではにかと懸念しました。裁判官ブレイヤーはこう書いています。

多くの異なった宗教的信条で構成される社会において、わたしが恐れているのは、裁判所の最初の認識からこのようにいま第一歩を踏みだすことが、国家の社会的枠組みに有害となる、宗教的基盤をもった闘争形態を潜在的につくりだす、という危険を冒すことである[15]。

そのような宗教基盤をもつ闘争は、もしそれが現実になったとしたら、アメリカ民主主義の生活とわたしたちの集合的な幸せに、間違いなく損害を与えるでしょう。なぜなら、その闘争においては、宗教団体立学校の教育も、個々人の十分な発達を妨げてしまう可能性をもっており、その宗教的な学校教育は、一般大衆からの支持があるはずはないからです。

学校の仕事を評価する　Evaluating Our Work

幸せを教育の目的として受け容れるとすれば、現在の経験の質と、そうした経験が未来の幸せに役立つ見込みに、関心を抱くようになるでしょう。すべての行為は、この目的とこの目的に適合するとして判断されてきたものに照らして評価されるでしょう。第４章で見たように、目的をめぐる議論を、退屈で的外れなものとして一蹴する人たちもいますが、これは大きな間違いです[16]。

教育は、目的について継続的な反省をしない、単なる「学校のなかの出来事」になっています。そして、成功かどうかの唯一の基準は、わたしたちが実行していると思っていることが、いかにうまく成功するかになっています。今日、この基準は、ほとんどもっぱらスタンダードテストの点数になってしまいました。いうまでもなく、これらのテストは、実施当日においても、実施する数週間前においても、現在の経験の質を高めてはいません。では、これらのテストは未来の幸せに貢献しているのでしょうか。さあ、テストを見てみましょう。その内容の習得は、その子が大人になったときの幸せに、何らかの点で必要でしょうか。もし必要でないなら、いったいなぜこの教材がカリキュラムのなかに入っているのかを問わなければなりません。もし必要であるなら――それは、おそらく関連ある目標か、矛盾しない目的の達成のために必要とされているからですが――、子どもたちが教材を学んだことを示すほかの方法がないかどうか、それを通じて教師たちが職業上の充足感をえられるようなやり方が他にないかどうかを問わなければなりません。つまり、教師の幸せも重要なのです。そして、幸せな教師は幸せな子どもをつくりあげるでしょう。到達点と手段の両方は、目的と関連して正当化されなければならないのです。

先述の箇所で手短に扱ったおなじみの例からこの議論を始めましょう。詩は高校の英語クラスで教えられています。なぜでしょうか。目的をめぐる議論にいらだっている批判者は、それは、いまもそしていつもアカデミックなカリキュラムの一部であったからだ、と答えるかもしれません。明らかにこれは満足のいく答えではありません。ギリシア語やラテン語はかつて標準的なカリキュラムの一部でしたが、両方とも今日では珍しいものになっています。なぜこれらは外されてしまったのでしょうか。その答えが、今日ではギリシア語もラテン語もだれも必要とはしていないから、これらを外すにはこの事実だけで十分な理由となるというのなら、ではいったいだれが詩を必要としているのかという問いがでてくるかもしれません。詩は経済的価値がないので外してしまおう、と結論を下す教育学者もいれば、思慮深い目的をめぐる議論に参加することによって、（私が最初に主張したように）詩は何らかの知恵を提供し一生の楽しみを提供してくれると主張する教育学者もいるでしょう。

カリキュラムのなかに詩を組み込むためにこの原理を受け容れたとして、それをどのように教えるべきでしょうか。生徒は詩とともに自らの経験から快楽をえるべきですし、そこには詩が与えてくれる深遠な存在論的問いについて議論する時間があるべきなのです。生徒のなかには、不信心者からはスピリチュアルな願望の表明が一度も聞かれないという者もいるでしょう。トーマス・ハーディの詩に深く感動する者もいるでしょう。第一次世界大戦の詩によって描かれた悲惨な話を読んだ後、戦争に参加することを拒む者もいるでしょう。詩によって美しい場所に引き寄せられる者もいるでしょう。詩のなかで少し触れられた荘厳な神話を読みたいと思う者もいるかもしれません。詩そのものを好きになる者もいるでしょうし、さらに詩を創作してみたいと思う者もいるでしょう。可能性は無限ですが、しかし、これを実現するか否かは、少なくとも部分的には、詩がどのように与えられ、そして受け取られたかにかかっています。もし詩を教える目的がよろこびと知恵であるなら、選ばれた教授方法はこれらの目的にかなうべきでしょう。またそれは、わたしたちの仕事の効果を測るさいに、よろこびのしるし、深い思想、もっと読みもっと聞きたいという熱望に目を向けるということを意味するのです。

別の例を考えてみましょう。社会科教師はしばしば、自分たちの主な目標はその過程にある、あるいは技能を指向していると いいます。社会科教師は生徒に、地図を有効に使えるように、図表を理解して読めるように、見つけた証拠を事実の主張のために論理的に適用できるように、論拠を査定するさいの能力を獲得できるように、そして気候、場所、文化の複雑な関係を理解できるようになってほしいのです。この種の他の目標を加えることもできるでしょう。そうなると、内容の選択が大切になるのでしょうか。もっとも、それを取り扱うことが、これらの目標に近づいていればなのですが。この問いに対する答えは、そのほかに何を達成しようとするかによって変わってくるでしょう。重要な世界の出来事といったものに関心があるのなら、こうした関心と、わたしたちが勧めている過程のなかにある目標の両方に合致する内容を選ぼうとするかもしれません。

　内容について考えるにつれ、多くのトピックはわたしたちの考える基準をおそらく満たしていないということがわかるかもしれません。生徒たちには、興味を起こさせる内容を選択する素晴らしい機会があります。ひとつのトピックをクラス全体で一緒に行う必要はありません。なぜなら、教師にとって二十五か三十の異なるトピックを扱うのは難しいので、教師は、豊かな教材一式を提示するために五つか六つのトピックを準備し、そのうちのひとつを選ぶよう生徒たちに求めるかもしれません。特定のトピックを選んだ生徒集団は一緒に作業したり、さらに仕事を分担したり、お互いに結果を共有したり、最後にはクラス全体で結果を共有したりするかもしれません。習得すべきいくつかの過程が目標として与えられているので、教師は提供した教材が適切さと興味の両方の点で意義があることを確信していなければなりません。そして、教師は定められた目標に向かって進歩するという視点から生徒たちの作業を評価しなければならないのです。内容を超えたり内容に即さなかったり、という進行上の議論をしているわけではない点に気をつけましょう。過程という目標を選ぶとすれば、どのように進めるかという議論なのです。

　しかし、そこから出発していった過程という目標でさえ、目的という観点から正当化されなければなりません。どんな目的がかなうようデザインされているのでしょうか。社会科教師は市民性の点から社会科カリキュラムの全体をときおり正当化しようとします。アメリカの歴史を学ぶことは生徒たちをよい市民にするという理由から教えられている、とまでいう人もいます。そうでしょうか。こうした主張には、さらに質のよい論拠、もしくは何らかの説得力のある実証的根拠が必要です。そのような証拠は手に入りませんし、質のよい論拠が求められることもめったにありません。

　ここで述べた過程という目標のうちの二つは、証拠と論証に焦点化されています。証拠と論証は、市民性にも接合し、わたしが第11章で示したたぐいの主張を通して、幸せにもつながることができます。過程という目標は、リベラルな民主主義における市民のニーズを反映し、これらが達成されると、そうした社会の維持に寄与するでしょう。

地図を読む技能についてはどうでしょうか。これらの技能は市民性にとってとにかく必要であるというのは、まやかしでしょう。複雑で高度なモバイル社会において必要とされる能力に役立つという理由から、地図をみる多少の基本的技能を正当化することはできます。たとえば、都会の子どもたちは地下鉄の地図の読み方を知っている必要があるかもしれません。車の運転を学ぶ若者は道路地図を読む必要があります。世界地図、緯度と経度、地形的特徴、縮尺、その他の地図の見方にも、多少、精通しておく必要があるのでしょうか。「もちろん」と答えたい誘惑にかられます。つまり、そうした知識はリテラシーの一部である、と。この答えは適切ではありません。

技能、あるいはわずかな情報がリテラシーの一部であるからカリキュラム内容として正当化されるとは、今日、断言することはできないでしょう。リテラシーの概念はあまりにも多くの領域にわたっています。わたしたちはみな、読み書き能力が身につく方法に関して取りあげられてきた、多くのことを知っていますし、コミュニケーションに必要な技能をもっているという意味で読み書き能力があるともいいますので、ますます多くのことを知っているということになります。しかし、本当に同じことをみんなが知っているわけではありません。わたしが知っている何かをあなたも知るべきだと主張するのは理にかないません。もしある大人が、世界地図のうえでヨーロッパの位置を見つけて示すことができなければ、わたしたちはその無学さに驚くかもしれませんが、彼のことを読み書きできない文盲とまでは断言できないでしょう。

それでは、地図を読む技能（わたしたちはこれを漠然と述べただけで定義したわけではありません）は、学校において強制なしで提供される他の興味深いトピックとともに列挙されるべきでしょうか。間違いなく、子どもたちに日常的に提供する無償の贈り物である技能もあるでしょう。また、そうした技能が必要とされる領域に興味を示した生徒たちに必要な技能もあるでしょう。しかし地図と関係のあるトピックのいくつかは、すべての生徒たちに必須である、とより強く主張することもできるのです。カリキュラムにおいて歴史と地理の両方に賛成する議論をしながら、デューイはこのように述べました。

地理は物質的側面を、歴史は社会的側面を強調するのだが、これらは、共通のトピック、すなわち人間の共同生活の強調に過ぎない。というのは、この共同生活は、そのいろいろな試み、その方法や手段、そしてその成功や失敗をともない、それは天空で進行するわけでも、ましてや真空のなかで進行するわけでもないからである。その共同生活は地球上で行われるのである。[17]

人間の共同生活が地球上で営まれているという理由で、デューイは地理と歴史を自然誌に含めたのです。すでに強調してきたこと（第6章）は、自然誌はカリキュラムの一部であるべきだということです。それは環境学習のための基礎を提供するからというだけではなく、郷土愛が人間の幸せにとても大きく貢献するからです。

歴史、地理、自然誌は、集団や全体的な社会のレベルでの自己理解という裏づけを提供しますし、自己理解は市民性と個人の幸せの両方にとって非常に重要です。けれども、次の点に注意してください。もしわたしが、カリキュラムにおける歴史と地理を正当化したといったならば、わたし自身、矛盾するでしょう。そのような正当化はしておりません。「人間の共同生活」を高めるトピックのために、歴史や地理を通じた注意深い探求を正当化したのです。人間の共同生活についてだけでは、カリキュラムにトピックを含めるための十分な正当化論にはなりません。最良のトピックを見つけることは、多大で魅力的な課題です。そうした企ては、少なくとも、郷土の地形的特徴を勉強するさいに、これを故郷と呼ぶ人々や他の生き物にも目を向けることを意味しますし、過去にそこで起こったことや、人生をよりよくするために未来に起こるかもしれないことを勉強している、ということを意味するのです。[18]

わたしが地図の勉強を重要視していないと読者の方が考えるといけないので、地図の勉強についてもう少し述べたいと思います。社会科の教育者は、どのような技能と情報が必要なのかを、厳密に議論し決定しなければなりません。けれども、わたしの経験からすると、子どもたちは地図の勉強が大好きです。彼らの目は、地図を詳しく調べるにつれて輝きます。地図の勉強は、あらゆる種類の他の興味深いトピック――文化的習慣、動物や植物の生活、探検、旅行、気候、ミステリー、変わった言葉やエキゾチックな場所、考古学、大惨事――のなかへと至る素晴らしい活動のひとつです。そうした潜在性がもっている豊かさは、大切な主題であるかどうかのひとつの重要な決め手になるでしょう。さらに、地図とのつながりで学ばれる多くのものは、インフォーマルに学ばれるものですし、またそのようにして学ばれるべきなのです。地図はどの教室でも利用できるべきですし、生徒たちは地図で楽しめるように奨励されるべきです。

教材となる本を分類するときには、必読書、生徒の選択の機会を提供するもの、思考と議論を豊かにするための贈り物として自由に提供されるもの、というように内容で分けます。後半の二つのカテゴリーは、生徒を参加へと誘います。つまり、強制ではありません[19]。そして、わたしたちの教え方の選択は、目的と、先ほど言及した内容のカテゴリーの両方にそなえて検討されなければなりません。もし特定のトピックの選択を左右する目的が、生徒たちがよろこぶ何かへと彼らを案内することであるなら――そのなかでは生涯にわたって楽しむものが見つかることさえあります――、そのとき、強制は存在しないのです。それにそった宿題をだしても、テストを課したりはしないのです。

この本（第8章と第11章）で少し言及しただけですが、世界平和を幸せに結びつけた論述構成は、強引なものではありません。その論述構成は、歴史と地理に関する多大な蓄積からどの教材を選びだすかということを通じて、別の基準を与えることでしょう。目的をめぐる綿密な議論によって導かれたカリキュラムの詳細な検討に取り組むことは、この本の範囲を超えることになりますが、しかし、どのように進むかをはっきり示したいと思います。

カリキュラムや教授方法を選ぶことに加えて、わたしたちが定めた目的という見解から、教室の生活のすべての日課に対して、わたしたちは反省してみるべきです。座席表を用いるべきでしょうか。それはなぜでしょうか。生徒たちは話すとき、いつも手をあげなければならないのでしょうか。誠実な教師は常に宿題を与えるべきでしょうか。なぜ、なぜ、なぜ。

いちどに数人が話そうとしない限り、明らかに挙手を強要する必要はありません。そのうえ「まあ！　これはおもしろいわね、でもひとりずつ行きましょう」ということもできます。こうしたやり方を巧みに取り入れることで、ルールは人間の相互作用を容易にする手段である、ということがわかります。ルールは、それ自体では神聖かつ冒してはならない目的などではありません。必要なときにルールを行使すること、そして、それがなぜ必要なのか説明することは、社会化について生徒たちに教えることの一部なのです。社会化に対する適切な対応は必然的に生じますが、生徒たちをただ社会化するのは、民主主義社会ではふさわしいことではありません。その機会が生じたときはいつでも、生徒が社会化の過程についてよく考えて判断するよう、わたしたちは手助けするべきなのです。

別の例を考えてみましょう。今日の多くの学校では、教師は宿題をだすように強制されます。夜ごと（あるいはさらにいえば週ごと）に相当な量の宿題をだすことを規定する学校規則は、シルバーマンや、一九六〇年代と一九七〇年代初頭のその他の学校教育の批判者たちから激しく非難されてきた愚かさの一部です[20]。たくさんの宿題を強要する教育者を導いている目的とは何なのでしょうか。もちろん、その目的は現在の幸せではありません。たくさん勉強をすれば、未来の幸せが達成できるのでしょうか。それはできそうもないようです。アルフィ・コーンは、次のように述べています。

何人かの者にとって、ここでの前提は、子どもたちがくつろぐ時間がないなら、わたしたちは（学校の質に関して）安心できる、というものである。毎晩やる勉強がたくさんあれば、それが何なのかと気にすることなしに、子どもたちは学び続けるにちがいないのだ。この前提で、一年生にも、相当な量の宿題を課すことが完全に容認されてしまうであろう。「このことは、世界市場のなかで競争し続けるには必要なことなのだ」。肩をすくめながら、ニュージャージー州のある校長はいった[21]。

これは、驚くほど愚かな考えです。宿題が実際に学びを促進するという証拠はほとんどありませんし、小学校の子どもたちにとっては、興味と好奇心が台無しにされ、かえって学びの邪魔にさえなりかねないのです。さらに、すでに見てきたように、社会科のテストの点数とその経済的成功とのつながりは、あったとしてもせいぜい弱いものです。低学年の子どもたちに宿題を強制する学校は、嫌な課題でもいうことを聞き、そして一生懸命に働くようにと彼らを社会化しているのかもしれませんが、このことが学びをうながすとは思われません。

それでは、宿題の価値はないのでしょうか。目的をめぐる議論に深くかかわった思慮ある教育者は、宿題の価値を弁護できるような活用法を、ほぼ確実に見つけるでしょう。たいていの高校の数学教師は宿題を与えます。なぜなら、授業時間は必要とされる実際の量からすると短か過ぎるからです。しかし、宿題は学習のための目標とはっきりつながっているべきですし、ものごとを悪くしてしまうようなペナルティがあるべきではありません。わたしはいつも生徒にいいます。「これは、あなたたちが間違いをする機会なのです。そこから学ぶのですよ」と。そして、わたしは決して宿題を成績にいれません。今日わたしがこのことを新任の教師たちにいうと、だれかがいつも尋ねます。「成績をつけないなら、どうして生徒が宿題をやるのでしょうか」と。答えはこうです。生徒が自分で選んだ（あるいは少なくとも同意した）目標とそれがつながり、与えられた勉強が理にかなったものだと確信すれば、実際に宿題をやるでしょう。生徒がただ成績のためだけに勉強すると決めてかかるのは侮辱です。悪いことが、つまりこうした思い込みに基づいた仮定と習慣が、間違って想像された状態を引き起こしてしまうかもしれないのです。自然なかたちで動機づけられるはずの生徒たちが、現在の状況では成績によってのみ動機づけされてしまっているのです。

わたしは数学教師として、宿題が学ぶための――練習するための、また試みるための――機会であるべきだと信じていました。生徒たちがすべてをうまくやり遂げるだろう（あるいはやり遂げるべきだ）と期待しているわけではありません。生徒たちが試みたさまざまな解決方法を聞くのがいつも楽しいのです。学びの共同体を築くことについて話した後で、生徒たちがするすべてのことに点数と成績をつけるのは、偽善です。さらに、宿題を成績に加えるという慣習は、生徒たちがすでに学習内容を学んでいることを示しています。生徒たちの宿題のでき具合は、彼らが聞いていた証拠として使われるのです。このような考え方には、どのような目的があるのでしょうか。

あらゆるものを採点し、おのおのの要求にどれほどの点数が与えられるのかを事細かに説明するという慣習は、いまや短大や大学のレベルまで広く行きわたっています。さらにうまく知らせるための講義シラバスにそのようなことが書いてあるのを見つけると、何度も何度もがっかりしたものでした。出席あるいは参加でもって成績の点数の十パーセントか二十パーセントを与えるのは、買収行為です。わくわくして、少なくとも楽しいはずのことなのに、なぜだれもが点数を稼ぐべきなのでしょうか。

もうひとつ別の実践事例は、幼稚園から高校までの子どもたちに関心を向けるもので、宿題に親を強制的に巻き込むものです。何年か前、わたしは正反対の間違いをし、専門家としての教師が子どもたちの学習をあずかるべきだと主張して、学校教育の過程から親を締めだしてしまいました。それはひどく腹立たしいことだったので、当然、多くの親は異議を唱えました。しかし、親たちの関与を確認する書類に署名することで参加を強制しても、よくなるよりもむしろ害を及ぼすことになるかもしれません。わたしは第二学年に与えられた宿題を見たことがありますが、専門家としての経験の年月をもって見ると、教師が何を望んでいるのか理解に苦しむことがしばしばあります。わたしは、親と子どもたちを結びつける代わりに、家庭生活に緊張を与えるこのような課題を、容易に思い浮かべることができるのです。目的が、親と子のかかわりのなかの隠れた幸せを引きだすことにあるとすれば、このことはおそらく最善の方法ではありません（苦戦した宿題に低い成績をつけられたらどうなってしまうか、想像してみてください！）。

わたしが主張しているのは、学校で行っているすべてのことがらに対して継続的に真剣な検証をするということです。その目的には価値があるのでしょうか。目標は正当化できる目的から論理的に導かれたものでしょうか。わたしたちの教え方によって、目標や目的は進歩するのでしょうか。こうした評価の下で、わたしたちの日常の仕事は、どのようにして積みあげられていくのでしょうか。

もしあなたが落胆しているのなら、一九六〇年代に行われたシルバーマンの話を再読することは、価値があることです。学問分野の構造を教えることや二、三の意味概念への深い探求という、専門的な話がされていたときのことです。

> しかしもし、現実に教室で行われていること（生徒たちが読んでいる教科書、課される宿題、また教室でなされている議論の質、先生がつくる試験）などを見ると、生徒の時間の大部分が、いまだに細部のこと、しかも取るに足りないことや実際に正しいとはいえないことに費やされ、そのほとんどすべてが、概念、知識の構造、認識の方法には関係のないことばかりである。関係があるといえば、授業計画以外にはない、ということがすぐわかるであろう。自分が教えていることに関して自分はなぜ教えているのか、と問い続けてきた者に（先生、校長、指導主事、教育長にせよ）、出会うことはほとんどないのだ。[22]

今日、教育者は「なぜ」の問いに対して「それはスタンダードテストだから」と答えるだけで、考える過程を重視しません。なぜ「それ」がテストになっているのかを質問しても、テストを作成した専門家について言及するのです。つまり、目的をめぐる議論は、権威のなかで終わってしまうのです。

学校教育において真の改革がなされた何十年か後に、わたしたちはもとの状態に戻ってしまったのかもしれません。二十世紀の初めの期間、学校はとても過酷な状況だったので、多くの子どもたちは教室よりも低賃金の工場でへとへとになる、そんな時間を好んでいました。[23] 徐々に、学校は人道にかなった情け深い場所になっていきました。最近の論文で（そして第4章で）学校の人間化において、いくつかの進歩があったことに触れました。

> 多くの州が学校での体罰をやめている。そして、それが許されている州でも、多くの市や区はそれを禁じている。わたしたちは学校に子どもたちをとどめておくよう、ますます一生懸命になっている。わたしたちは人種差別といったかつての行動様式を恥じているし、その結果を克服しようといまだに苦心している。若い女性に数学や理科が奨励されている。かつて「矯正施設行き」とレッテルを貼られた少年たち、あるいは全く学校に行っていなかった少年たちのためにも、教育が用意されている。アメリカ合衆国は歴史上どんな国よりも多くの生徒たちを、より高度な教育へと送りだしている。お腹のすいた子どもたちには、朝食やランチが施されている。多くの市や区では、三歳か四歳の子どものために、就学前教育が用意されている。ある子どもは初めから肉体労働に、それ以外の子どもは初めから専門的な仕事にという選別の考えは、拒否されるようになった。教育は「自己実現」と呼ばれるものを推進すべきである、という考えに、人々は着手するようにすらなったのである。[24]

これらは、わたしたちが誇ることのできる改善点です。しかし、最近のスタンダード運動は、さらに多くの生徒たちを学校から追いだし、最善の教室の慣習が蝕まれつつあるかもしれない、という兆候も見られます。[25] 生徒はすべて――特殊教育の生徒ですら――スタンダードテストを受けるという最近の要求によって、障害をもつ子どもたちの教育で達成してきた進歩を、弱めてしまうかもしれません。さらに、実行されていることを徹底的に注意深く考えることを怠っていますので、いくつかの改善点が弊害になっています。子どもたちに食物を提供していますが、余裕のない人々に食物を与えているということがはっきりわかってしまうのです。若い女性が数学や科学を学ぶことが奨励されていますが、彼女たちの自己価値がこうした科目での成功に依存しているかのようなのです。あちこちで人種統合のための計画が開始されていますが、しばしば、白人の子どもたちと一緒の学校でなければ、黒人の子どもたちはうまくやることができない、というメッセージを伝えています。生徒たちへの教師の残酷な行為を少なくすることは（消滅させるのは無理ですが）かなり進んだのですが、しかし、多くの子どもたちの幸せな状態を脅威にさらしてしまうほど、生徒間の冷酷さが増すのを許してしまったのです。ですから、学校を人間化しようとする意義深い努力を認識し称賛すべきなのですが、あくまでも現在の状況を分析し、それに対する私たちの応答を評価し続けるべきなのです。よかれと思った方法が、選ばれた目的といつも合致するわけではないのです。

今日の学校批判者は、学校が「アカデミックな目的」を失っている、としばしば不平をいいます[26]。けれども、それは容赦なく、ときには残酷に追求されてきたあのアカデミックな目的ですし、いまよりも前の「非寛容的な」時代に、学校から大多数の若者を追いだしてしまった、あのアカデミックな目的なのです。学校教育のひとつの目的は、知性を発達させることであるべきです。しかし、それは専門家によって恣意的に選ばれた教材、子どもたちをランクづけして区分けするために構想された教材を、彼らの頭に詰め込むことを意味しません。それはむしろ、個人および公的な生活の両方において、自らの知的な能力を知的に用いるという方向へと、生徒たちを導くことを意味します。それは、変化を評価し方向づける能力、そして有害な変化に抵抗し人間の繁栄に寄与するものを促進していく能力を子どもたちに身につけさせることを意味します。生徒にとって本当に興味のある科目内容は、ほとんどどんなものでも、うまく教えられれば、この目的のために役立つのです。

二十世紀末、生活は劇的に変わりました。主たる義務が子どもたちの世話や指導にある専業主婦は、いまやほとんどいなくなったという事実を嘆き悲しむこともできますし、自分自身の生涯の職業を選ぶ女性の自由を祝うこともできます。祝うほうを選ぶのなら、子どもに生じてきた問題を、まだ理解することができるでしょう。子どもたちは、世話をする大人との安心できる愛情深いかかわりを必要としています。だれかが子どもたちに危害を及ぼそうと脅かすとき、あるいは子どもたちがほかの者を傷つけようと脅かすとき、彼らには大人の介入が必要ですし、子どもは介入を期待することができるはずなのです。子どもたちが社会のもっとも価値ある文化へと熱心に導かれるのは当然のことですし、これは強制することなく行われるべきものなのです。

ですから、学校はかつて家族が負担していた仕事の多くをしなければならないのです。最善の学校は最善の家庭のようであるべきなのです[27]。最善ということによって何が意味されるべきでしょうか。前の章で議論したすべてのことがらは、これを明らかにすることと直接的に関係しています。最善の家庭は、ケアリング関係が続くように準備してくれますし、インフェアード・ニーズと表明的ニーズの両方に配慮し、それを継続的に考慮します。そして、故意に痛みを加えず、危害から守ってくれます。最善の家庭は、共通の関心や個人の関心を発展させるようにコミュニケーションをとりますし、協力して一緒に活動します。真の学びにおけるよろこびを促進しますし、（容易に得難い良心の咎めの発達も含めて）道徳的でスピリチュアルな発達を導きます。芸術の鑑賞や他の偉大な文化的成功に寄与しますし、郷土愛と自然環境の保護を促進するのです。そして、自己理解と集団理解の両方のための教育をするのです。

最善の家庭と学校は、幸せな場所となるのです。こうした幸せな場所にいる大人たちは、教育のひとつの（そして人生そのものの）目的が幸せにあることを、はっきり理解しています。彼らはまた、幸せは手段としても目的としても活用できるということを理解しています。幸せな子どもたちは、そうした大人たちの幸せとは何かという理解のなかで育ちながら、大きなよろこびとともに幸せのための教育の機会をつかみ取っていくことでしょう。そして、彼らは他者の幸せにも貢献することでしょう。明確なことは、もし子どもたちが学校で幸せになるべきなら、彼らの教師たちもまた、幸せであるべきだということです。あまりにもしばしば、わたしたちはこの明白な関連性を忘れてしまうのです。最後に、基本的なことですが、社会的な良心の咎めを保持している幸せな人は、より幸せな世界に向かって貢献していくことができるでしょう。

監訳者あとがき

本書は、Nel Noddings, *Happiness and Education*, Cambridge University Press, 2003. の全訳です。

現代アメリカを代表する教育哲学者、ネル・ノディングズ（一九二九―）については、すでに刊行されたノディングズ『教育の哲学―ソクラテスから〈ケアリング〉まで』（宮寺晃夫監訳、世界思想社、二〇〇六年）や『学校におけるケアの挑戦―もう一つの教育を求めて』（佐藤学監訳、ゆみる出版、二〇〇七年）の監訳者あとがきに詳しく述べられていますが、スタンフォード大学名誉教授でもある彼女は、現代の教育思想の創出と展開において主導的な役割を果たしてきた中心的人物のひとりです。そのノディングズの人生の集大成が、本書といっても過言ではないでしょう。

目次を一瞥してもわかりますように、人間が生まれて生活し、そして死ぬということはそもそもどういうことなのか。人間だけに自覚的に与えられた人生の幸せとは何か。苦しみと不幸せは、幸せとどのような関わりにあるのか。生きることとの絶え間ない混沌のなかで、わたしたちは教育の目的を、どこに見いだしたらいいのか。こうした教育哲学の根本問題に真正面から取り組むことから、本書はスタートしています。

そして、わたしたちが人生を送るうえで欠かすことのできない基盤、つまり家庭を築くことへと話は進みます。家庭、そしてこれを育む郷土と自然。さらに親の務めとしての親業。人間個人の生活。生きることにとって必要不可欠な土台について、ノディングズはあらためて注意を向けています。申し上げるまでもなく、これらは、生物としての人間にとって当然の基盤となるべきことがらなのですが、これが当たり前でないところに、今日の教育と人間の危機があるのです。豊かな郷土と自然に根ざす家庭と親業があって、はじめて教育は成り立ちます。ここに、魅力あるパーソナリィや性格をそなえた人間が生まれます。郷土や自然へのかかわり、そして家庭や親業によるケアがあってこそ、いまのわたしたちが在るのです。このことへの感謝の念を、ノディングズは忘れません。それゆえ、彼女が本書でしばしば言及し強調するスピリチュアリティは、与えられた人生へのよろこびと感謝に起源があるのです。わたしたちは、このスピリチュアリティを根源にして教育へと向かっていくのです。しかも、教育のなかで、子どもたちにもスピリチュアリティの目覚めを準備しなければなりません。スピリチュアリティとは、ひとことでいえば、生かされていることへの気づき、あるいは目覚めです。教育はこれを原点にして出発する必要がある、と彼女はいうのです。

しかし、人間はこの社会という現実のなかで、生活の糧をえなくてはなりません。「パンのみに生くるにあらず」とイエスはいいましたが、さりとて神のことばだけでも生きてはゆけません。では、どのようにして、わたしたちは子どもたちをこの社会での生活のために、すなわちパンのために準備したらいいのでしょうか。ノディングズは、自己の長い人生経験をふまえたうえで、さまざまな提案を具体的にしています。

郷土と家庭が危機に瀕している現代において、学校と日常の教室のなかでできることは何なのか。教師にやれることは何なのか。職業を選択するとはどのようなことなのか。カリキュラムとは。そして、最初の問いに戻ってゆきます。そもそも、学校とは、教師とは、教育とは、人生とは、幸せとはどのようなものなのか、と。これらの問いに対する確実で一義的な答えは存在しません。しかし、このように問い続けながら教育に向かうこと、つまり、教育の目的について常に議論しながら教育の実践や政策に関わることの重要さを、ノディングズは強調します。ですから、原題は「幸せと(アンド)教育」なのです。

このことは第1章の冒頭で、人はみな幸せを求めているというダライ・ラマのことばで始まることに端的に示されています。また本書は、二〇〇一年のアメリカでのテロ後に完成されていますので、地球上に生きるわたしたち人間すべてが、どうすれば幸せに生き続けることができるのかが、より鮮明に問われています。幸せのために、わたしたち一人ひとりが大人として、親としてできることは何か、そしてまた、一人ひとりの教師が、教室や学校で何ができるかに気づかされます。これらは日々の小さなことがらの積み重ねかもしれません。が、ここから始めるしか、わたしたちの未来はないのです。スピリチュアリティに根ざした本物の仕事、本当の価値ある教育に向かう勇気と希望を、本書は与えてくれます。ノディングズに従えば、教育はすべて、邦題の通り、地球生命全体の「幸せのための教育」でなければならないからです。

それゆえ、わたしたち訳者はそれぞれ、幸せに向かって生きようとする人間、一人ひとりに勇気と希望を与えてくれる本書を、ぜひ多くの方々に読んでいただきたいという思いで、翻訳作業に取り組みました。しかし、著者ノディングズの八十年におよぶ長い人生経験と深い洞察に裏づけられた本書を、その味わいを余すところなく汲み取りながら、またアメリカの社会的、教育史的背景を理解しながら、わかりやすい日本語にするのは、至難の業でした。

ここで翻訳のおおまかなプロセスについて触れておきたいと思います。まず、第一次翻訳原稿に、監訳者のひとり菱刈が目を通し、原文と照らし合わせながら、各訳者と複数回のやりとりをして一通りの全体訳を作成しました。その後で、同じく監訳者のひとり山﨑が、分担訳者と再度連絡をとりながら、全体にわたって綿密なチェックと訳語、日本語表記などの統一をはかりました。各訳者とのあいだのやりとりは数知れず、当初の予定を大幅に過ぎてしまいました。また当然のことですが、同一の単語であっても文脈に応じて異なる訳語を当てるほうが日本語表現として相応しいものも多く、判断に苦慮したことも事実です。たとえば、本書の鍵概念である 'happiness' には、「幸せ」や「幸福」という訳語を文脈やフレーズに応じて用いたり、また昨今の教育学研究で着目されている 'character' に関しては、その語だけの場合は「性格」とし、'character education' であれば「人格教育」としたりしました。さらに、ノディングズ教育思想としてよく知られているケアリングに加えて、新しく「インフェアード・ニーズ」というカタカナ表記を採用しました。本書に述べられていますように、彼女は、ニーズには個人が主張した表明的ニーズ（expressed needs）と外部が推測し必要だと判断したインフェアード・ニーズ（inferred needs）がある、と述べています。近年、社会的ニーズという言葉が盛んに用いられますが、彼女に従えば、ニーズはこれら双方の観点から丁寧に分析する必要があります。その意味で、本書では、表明されたニーズや推測されたニーズとせずに、対概念としてとらえる方向であえて表明的ニーズとインフェアード・ニーズという訳語を当てました。

こうした方法が実際に正鵠を射た方法であったか否かは、読者の判断に委ねざるをえません。ただ、このことをめぐる議論や意見交換の過程で、「教育学研究者以外の方々にお読みいただくことを念頭において訳す」ということを出版社の方々とも話し合い、これを優先的に考えることにいたしました。それゆえ、いわゆるテクニカル・タームもできるだけわかりやすくしたつもりです。また、一般の読者を念頭においた理由は、今日の学校と子どもをめぐる状況があまりにも混迷していることに由来します。なぜなら彼女が取りあげたテーマすべては、最終的には「人間はいかに生きるべきか」ということに収斂し、それは単に学校教育関係者だけでなく、政治や経済などの社会システムのなかで生活している一般社会の人々すべてにかかわる、不可避かつ必須の検討課題だからです。

翻訳作業に取りかかってから約二年半の歳月を経て、難産ではありましたが、ようやくこのようなかたちにまで至りました。訳者一同、本書が読者の日常生活や教育活動において、またその省察や洞察にさいして繙かれることを願っております。本書には、幸せに向けて生きるためのヒントが数多く散りばめられていると思うからです。

また、読者の理解をスムーズにするための監訳者補注は〔　〕を用いて本文中に埋め込みましたが、それは最小限にいたしました。引用箇所につきましては、文献一覧に邦訳のあるものをまず参照しましたが、原則的には著者が引用している英語原文を尊重しました。

いうまでもなく、本書の全体的責任は監訳者の山﨑と菱刈にあります。読者諸賢の忌憚ないご批判を請う次第です。

なお、各章の担当者は以下の通りです。

謝　辞　田口　康大（東京大学・院生）
はじめに　片山　勝茂（東京大学・准教授）
第1章　菱刈　晃夫（国士舘大学・教授）
第2章　菱刈　晃夫

第3章　田口　康大
第4章　木村　拓也（長崎大学・准教授）
第5章　山﨑　洋子（武庫川女子大学・教授）
第6章　山﨑　洋子
第7章　菱刈　晃夫
第8章　菱刈　美和子（共立女子短期大学・准教授）
第9章　村田　美穂（近畿大学通信部・非常勤）
第10章　片山　勝茂
第11章　田口　康大
第12章　村田　美穂

参考文献と索引の作成に当たっては、とくに田口康大さんにお世話になりました。また、知泉書館をご紹介いただいた聖学院大学の金子晴勇先生、そして本書の出版を快く引き受けてくださり、最初の読者として多くの重要なコメントをいただきました知泉書館の小山光夫氏に心より深く感謝申し上げます。

二〇〇八年　早春

山﨑　洋子
菱刈　晃夫

第二刷刊行にあたって

第二刷に際して、部分的に訳を修正し、文献を補充・更新しました。また、訳者についても所属等の修正を施しました。

二〇一二年　春

山﨑　洋子
菱刈　晃夫

山﨑 洋子（やまさき・ようこ）
1948年生まれ。大阪市立大学大学院生活科学研究科博士課程修了。博士（学術）。現在，武庫川女子大学教授。
〔著書・監訳書・論文〕『ニイル「新教育」思想の研究——社会批判にもとづく「自由学校」の地平』（大空社），P. カニンガム『イギリスの初等学校カリキュラム改革——1945年以降の進歩主義的理想の普及』（つなん出版），「ベアトリス・エンソアと新教育連盟——1919-32年の活動をてがかりに」（「教育学研究」63巻4号），「E. ホームズの「教育の新理想」としての「自己実現」概念——〈well-being〉と〈wholeness〉の探究にもとづいて」（「教育哲学研究」81号）など。

菱刈 晃夫（ひしかり・てるお）
1967年生まれ。京都大学大学院教育学研究科博士課程修了。京都大学博士（教育学）。現在，国士舘大学教授。
〔著書・論文〕『ルターとメランヒトンの教育思想研究序説』（渓水社），『近代教育思想の源流——スピリチュアリティと教育』（成文堂），『からだで感じるモラリティ——情念の教育思想史』（成文堂），「メランヒトンのカテキズム——「再生」への準備としての教育」（「教育哲学研究」88号）など。

〔幸せのための教育〕 ISBN978-4-86285-032-4

2008年4月30日 第1刷発行
2012年4月30日 第2刷発行

監訳者 山﨑洋子
菱刈晃夫

発行者 小山光夫

製版 野口ビリケン堂

発行所 〒113-0033 東京都文京区本郷1-13-2
電話03(3814)6161 振替00120-6-117170
http://www.chisen.co.jp
株式会社 知泉書館

Printed in Japan 印刷・製本／藤原印刷

索　引

ア　行

『アウステルリッツ』*Austerlitz*（Sebald）　211
アウグスティヌス Augustine, St.　21-22, 164, 170
『青い眼がほしい』（モリソン）*Bluest Eye, The*（Morrison）　226
アカデミックな凡人 mediocrity, academic　207
悪 evil　63, 66-68
遊び play　305-306
アダムズ Adams, John　131-132, 148-149, 183, 238
アダムソン Adamson, George　165
アダムとイヴ Adam and Eve　175-175
あらゆる才能に対する敬意 respect for all talents　254-260　→平等 equality
『アリーおばさん』（燐光の肖像）*Aunt Arie*（Foxfire）　132
アリストテレス Aristotle　13-15, 24-25, 27, 29, 43, 47, 197-198, 231-233, 237-238
アルコール飲料 alcohol　182-184
アレント Arendt, Hannah　218-219
イエイツ Yeats, William Butler　44
イェーツ Yates, Andrea　178-179
意味 meaning　68　→苦しみ see alsosuffering
ウィリアムズ Williams, Bernard　60
ウィリアムズ Williams, Niall　35
ヴォルテール Voltaire, F. M. A.　215, 218
エウダイモニア eudaimonia　14
エクスタシーの幸せ ecstatic happiness　34-38
エマソン Emerson, Ralph Waldo　90, 183
『エミール』（ルソー）*Emile*（Rousseau）　104-105
エリオット Eliot, Charles W.　263-264
スタントン Stanton, Elizabeth Cady　175
エルダー Elder, John　42
オーウェル Orwell, George　31, 53, 94, 99
オックス Ochs, Carol　213
親業のスタイル parenting styles　189-190
オリナー，パールそしてサミュエル Oliner, Pearl and Samuel　287

カ　行

ガードナー Gardner, Howard　260
ガードナー Gardner, Martin　22
外向性 extraversion　227
快適さ comfort　133-136
快楽，よろこび pleasure　24-29, 231-232
　よろこびと美 and beauty　145-146
　家庭を築くよろこび in home-

making　143-147
精神の快楽，精神のよろこび of mind　47-48, 55, 149-150
かかわりのなかにあること relatedness　195-199
学習 learning
発達的学び development　309
インフォーマルな —— informal　153, 187-194
—— 段階 stage of　306
カゼイ Casey, Edward　42, 133, 220
家政学 domestic science　135-143
学校改革 school reform　310
学校の人間化 humanization of schools　324
ガットマン Gutmann, Amy　294-295
家庭，基本的ニーズとしての home, as basic need　123-126
自己の拡張としての —— as extension of self　126-133
家庭を築くこと homemaking　39-41, 126-143
カニンガム Cunningham, Anthony　62
『カラマーゾフの兄弟』（ドストエフスキー）*Brothers Karamazov*（Dostoevsky）　66
カリキュラム curriculum　98, 152, 180, 202, 252-253, 266
家政学のための for domestic science　138-143
個人的経験のための for personal experience　130-131
カリキュラム論 theory　138-140, 268-269, 295-296
伝統的 traditional　260 → 数学 mathematics, →理科教育 science education →社会科 social studies
ガルストン Galston, William　281-282
ガルブレイス Galbraith, John Kenneth　127
環境保全主義 environmentalism　155
観想的な思索 contemplative thought　15
カント Kant, Immanuel,　62, 82-83, 199
寛容 tolerance　281
『危機に立つ国家』*Nation at Risk*　107, 246
規範的側面（幸せの）normative aspects（of happiness）　47
基本的ニーズ needs, basic　74-77, 144
—— のなかの葛藤 conflict among　85
表明的 —— expressed　74-75, 259, 293, 304-305
インフェアード・ニーズ inferred　77, 85-89, 259, 293, 304-305
ニーズと権利 and rights　76-77
→ 欲求 wants
『奇妙なカップル』*Odd Couple*　239
客観的要因（幸せの）objective elements（of happiness）　29
究極的関心 ultimate concern　23
教育者としての親 parents as educators　187-194
教育的な食事時間 mealtime as educational　302
教室と幸せ classroom and happiness　301-313
教授のなかの贈り物 gifts in teaching　153, 259, 261, 320
狂信 fanaticism　280-281
強制 coercion　86, 112, 257, 289, 320
郷土，郷土愛 place, love of　43-44,

148-154
共同体，コミュニティ community 278-293
アカデミックな academic 279
―― の特徴 features of 278
―― における奉仕活動 service in 297-300
ギリガン Gilligan,James 60
ギルブレス Gilbreth,Lillian 142
キングスレイ Kingsley, Clarence 97
グッドマン Goodman, Paul 310
グラバー Glover, Jonathan 202-203
グラブ Grubb, W.Norton 262
クリーバード Kliebard, Herbert 97, 265-266
クルーグマン Krugman, Paul 246-247
苦しみ suffering
―― と動物 animal 66
―― を称えること glorification of 54
―― の正当化 justification of 67-68
―― と意味 and meaning 51-59
当然の ―― merited 59-64
グルメ Grumet, Madeleine 176-177, 179
グレーヴズ Graves, Robert 132
グローバル化 globalization 148, 155, 168, 170
ケアとケア理論 care and care theory 45, 86, 195-198, 236, 311, 326
経済的成功（と幸せ）economic success（and happiness） 29-31, 79-80, 150, 152, 246-250
―― と消費 and consumption 141
継続性 continuity 229-230, 256
ゲーテ Goethe, Johann von 54-55
言語 language 191-194 → 学習 learning
健全な心 healthy-mindedness 32
高校で大学の単位が取得できる課程 Advanced Placement courses 274-275
公的な生活，私的な生活との葛藤 public life, in conflict with private 218-220
『荒野のおおかみ』（ヘッセ） *Steppenwolf*（Hesse） 127
功利主義 utilitarianism 24
効率性 efficiency 141-143
コーテス Coates, Robert 124
コーン Kohn, Alfie 321
『国家』（プラトン）*Republic*（Plato） 102
ゴッデン Godden, Rumer 158
古典的な見解（幸せの）classical views（of happiness） 13-17
孤独 solitude 217-218
子ども child 38, 179-186

サ　行

最大幸福原理 greatest happiness principle 24
裁判官ウィリアム・ダグラス Douglas, Justice William 313-314
裁判官ステファン・ブレイヤー Breyer, Justice Stephen 314
サルトル Sartre, Jean Paul 136, 210-211
残酷 cruelty 325
詩 poetry 48, 153, 192, 212, 316
幸せの領域 domains of happiness 38-47
シーザー Sizer, Theodore 230
ジェームズ James, William 13, 20, 22, 31-32, 35-36, 55-56, 91, 160, 200, 210

ジェファーズ Jeffers, Robinson 150
至高経験 peak experience 22
自然，人と自然とのつながり nature, human connection to 154-161
—— の恐ろしさ horror in 160
自然誌 natural history 156
自尊心 self-esteem 225-227, 253
十戒 Ten Commandments 175, 234-235
指導，教育的 guidance, educational 256-257
市民生活 civic life 39, 278-300
ジャガー Jaggar, Alison 75
社会化 socialization 283-289
—— に対する抑制としての反省 reflection as carb on 288
—— への抵抗 resistance to 288
社会科 social studies 316-320
—— と市民性 and citizenship 317
—— と地図を読む技能 and map skills 318
—— と過程目標 and process goals 316-317
シャピロ Shapiro, Laura 142
シュヴァイツァー Schweitzer, Albert 157
宗教，宗教と幸せ religion, and happiness 17-24
—— と教育 and education 313-314
『宗教的経験の諸相』（ジェームズ） *Varieties of Religious Experience* (James) 13
シューベルト Schubert, William 注 23-1
主観的幸福感 subjective well being (SWB) 19, 26-29, 44-45, 49, 293
宿題 homework 321-323
種差別 speciesism 166
出産 birthing 171-179
—— と宗教 and religion 172-173, 177-178 →抑うつ depression
準備，準備と閃光 preparation, and illumination 36
シュンペーター Schumpeter, Joseph 81-82, 141
正直 honesty 198-199
消費 consumption, →経済的成功 economic success
職業，仕事 occupations 46, 246-276
職業教育 vocational education 263, 265-270
職業教育に役立つ文学 literature for 267
食事，と子ども food, and child 180
女性，女子 women
—— とケアリング関係 and caring relations 201
—— 教育 education of 269-270
シルバーマン Silberman, Charles 321, 323
シンガー Singer, Peter 166, 168
神義論 theodicies 65
身体的習慣 organic habits 42, 135, 239
『診断』（ライトマン） *Diagnosis, The* (Lightman) 69-70, 128
神秘主義 mysticism 35
進歩主義 progressives 262-263
心理学，心理学と宗教 psychology, and religion 19-20
神話，神話の力 myths, power of 174-175
巣 nests 150
—— と巣をつくる人 and nesters 149
数学 mathematics 111-112, 251-252, 274, 321-322
スタイロン Styron, William 63

スタイン Stein, Sara 163
スタインベック Steinbeck, John 91
スタンダード standards 106-107, 110, 283-289
—— テスト and testing 306-307, 309-312, 323
ステグナー Stegner, Wallace 122, 149
スピリチュアリティ，日々のスピリチュアリティ spirituality, everyday 208-220
スピリチュアリティのための教育 education for 214
スペクタクル spectacle 70-71
スミス Smith, Robert Paul 158, 167
性格 character 28
人格教育 education of 28, 45, 195-198, 235, 287
静寂主義 quietism 18, 33, 80, 91
成長 growth 179-187, 293, 309
ゼーバルト Sebald, W. G. 211
責任，自然と生への責任 responsibility, for nature and life 161-170
『性格のための授業』*Character Lessons*（White） 205
セックスと青年期 sex and adolescents 185
説明責任 accountability 69
セルズニック Selznick, Philip 278, 288-289
ゼルディン Zeldin, Theodore 39, 144-145
全国数学教師協議会 National Council of Teachers of Mathematics（NCTM） 110
善（善さ）と幸せ（幸福）goodness and happiness 20-22, 195
戦争の心理学 war, psychology of 205
選択 choice 112, 257, 261, 264-265
ゼンメルワイス Semmelweis, Ignaz 173
想像（夢想）と幸せ imagination and happiness 42-43, 151
ソクラテス，ソクラテスと教育目的 Socrates, and educational aims 13, 99-104, 281-282
『ソフィーの選択』（スタイロン） *Sophie's Choice*（Styron） 63
ソロー Thoreau, Henry 80-81

タ　行

対話 dialogue 86, 295
魂の形成，ソウル・メイキング soul-making 64-68
男性性 masculinity 200-201, 229
チェスタートン Chesterton, G. K. 49
知性，と幸せ intellect, and happiness 271-276
知性の教育 education of 308-309, 325
知的なもの，知的なものの意味 intellectual, meaning of 271-272
忠誠 loyalty 233, 236
『中等教育の主要原理』*Cardinal Principles of Secondary Education* 97-99
罪，罪意識 guilt 60, 88
健全な —— healthy 60
不健全な —— unhealthy 60
庭園 gardens 158-159, 215-216
ティリッヒ Tillich, Paul 23, 31, 58, 68, 280
デューイ Dewey, John 15-16, 105, 155, 264-265, 272-273, 282-283, 293
—— とカリキュラム and curriculum 295, 318-319

—— と民主主義 and democracy 109, 255-256
—— と成長 and growth 186
—— と衝動 and impulse 89-91
—— と静寂主義 and quietism 33
—— と仕事 and work 100-101, 245
テンニース Tönnies, Ferdinand 278
動物，人間以外の動物 animals, nonhuman 164-168
—— への残酷さ cruelty to 166-168
—— への人間の関係 human relation to 213-214
—— の権利 rights of 165-167
徳 virtues 25, 198-208
禁欲的 —— ascetic 26, 81, 200
→ 正直 honesty，→ 勇気 courage，→ 忍耐 perseverance，→ 忠誠 loyalty
ドストエフスキー Dostoevsky, Fyodor 66
トピック topic
トマス Thomas, Lewis 239
『友だち』（ノールズ）*Separate Peace, A*（Knowles） 206-207
『ドリアン・グレイの肖像』*Picture of Dorian Gray*（Wilde） 232

ナ 行

内向性 introversion 227
ニーチェ Nietzsche, Friedrich 56-58
ニーバー Niebuhr, Reinhold 297
ニイル Neill, A. S. 5, 196
日課 routines 136, 141
『人間性』（グラバー）*Humanity*（Glover） 202
忍耐 perseverance 205-207
能力主義 meritocracy 101
能力別クラス編成，能力別コース分け tracking 110, 254
ノールズ Knowles, John 206-207

ハ 行

ハーシュ Hirsch, E. D. 190-191, 193, 206
パース Peirce , C. S 197
パーソナリティ，好感のもてる性質 personality: agreeable qualities of 222-230
—— における調整 balance in 224
幸せな —— happy 32
ハーディ Hardy, G. H. 16
バーリン Berlin, Isaiah 80, 83, 161, 311
バイオフィリア仮説 biophilia hypothesis 154, 160
バウチャー vouchers 313-314
博物学者，博物学者の研究 naturalists, study of 157
恥 shame 59-60
バシュラール Bachelard, Gaston 41-43, 135, 150-151, 212, 239
ハッチンズ Hutchins, Robert Maynard 255-256, 262, 295
母親業 mothering 176-179
—— と母親の興味 and maternal interests 180
バロウ Barrow, Robin 5
ヒック Hick, John 66
批判的思考 critical thinking 208, 281-283
『ひまわり』（ヴィーゼンタール）*Sunflower, The*（Wiesenthal） 204
ヒューム Hume, David 25-26, 45, 81,

198, 223-224, 227
評価 evaluation 258, 298, 315-326
——と評定 and grading 206-207, 322-323
平等（公平さ） equality（equity） 112-114, 250-254, 292-293
貧困 poverty 250
ファイアーストーン Firestone, Shulamith 177
ブーバー Buber, Martin 86, 209, 211, 216
フォガティ Fogarty, Brian 204
フォード Ford, Larry 124
不幸，不幸せ unhappiness 68-72
『不思議の国のアリス』 *Alice in Wonderland* 49
プライバシーと道徳性 privacy and morality 124
プラトン，プラトンと目的 Plato, and aims 13, 99-104, 184
フランクル Frankl, Viktor 52-54, 56, 58
フリーダン Friedan, Betty 92
プルースト Proust, Marcel 129-130
ブルーナー Bruner, Jerome 138-140, 156, 310
ブルジョア bourgeoisie 126-129
フレイザー Fraser, Nancy 74
フレーザー Frazer, James 174
ブレイブルーク Braybrooke, David 74
フレイレ Freire, Paulo 37
フロイト Freud, Sigmund 18, 37, 87-88, 90-91
フロスト Frost, Robert 49, 136, 150
文化的知識 cultural knowledge 189-191
ペイン Paine, Thomas 203-204
ヘッセ Hesse, Hermann 127
ベリー Berry, Wendell 80, 161-162
ホイットマン Whitman, Walt 43, 46, 48, 255, 265
暴力 violence 228
ボードリヤール Baudrillard, Jean 70-72
ポープ Pope, Denise Clark 207
ポーラン Pollan, Michael 182-183
ホッファー Hoffer, Eric 280
ホッブズ Hobbes, Thomas 82, 84
ボビット Bobbit, Franklin 98, 180
ボランティア作業 volunteer work 注 39-26
『ポリアンナ』 *Pollyanna* 31
ホワイト White, E. B. 215
ホワイト White, Katherine 215-216
ホワイトヘッド Whitehead, Alfred North 105-106, 110, 154-155, 306

マ　行

マッガロフ McCullough, David 131, 148-149
牧口 Makiguchi, Tsunesaburo 5
マズロー Maslow, Abraham 22
『緑色革命』（ライク） *Greening of America*（Reich） 169
ミラー Miller, Alice 87
魅力 attractiveness 222-223
ミル Mill, John Stuart 24-25, 27, 51, 84, 307
民主主義 democracy 112, 262-263, 290-296
メイヤー Meier, Deborah 230
メイヤーズ Meyers, Diana 288
メイヤーズ Myers, David 70, 223
メナンド Menand, Louis 197
メランコリー melancholy 56
目的をめぐる議論 aims-talk 95-99,

315
—— の分析 analysis of 115-118, 15-316
—— の見失っている次元 missing dimension of 98, 152, 188-189
めあて and objectives 98, 152, 188-189
もてなし hospitality 144-145
『モネの食卓』（ジョイス）*Monet's Table*（Joyes） 143-144
モリスン Morrison, Toni 62, 226

ヤ　行

薬物，ドラッグ drugs 36-37, 182-184, 236-237
勇気 courage 199-203
友情 friendship 230-238, 241
抑うつ，出産後の抑うつ depression, postpartum 178-179
欲求 wants 77-85
—— の葛藤 conflicts of 88-89
—— と消費 and consumption 79
—— と教育 and education 84, 89-93
—— とニーズ and needs 78
—— の理性的な分析 rational analysis of 83

ラ　行

ライク Reich, Charles 169
ライトマン Lightman, Alan 69, 128
ラマ Dalai Lama 13
理科教育 science education 155-158, 304-305
自然 see also nature → 自然誌 natural history
リクール Ricoeur, Paul 62
リコーナ Lickona, Thomas 205-207
リチャーズ Richards, Ellen 142
リッチ Rich, Adrienne 172, 177-178
リブチンスキー Rybczynski, Witold 134
リンゴ，飲み物 apple, as drink 182-183
リンドバーグ Lindbergh, Anne Morrow 217-218, 240
倫理規定 honor codes 234
ルイス Lewis, C. S. 20-22, 65-66
ルーピング looping 229-230
ルソー Rousseau, Jean Jacques 104-105
ルディック Ruddick, Sara 17, 180
レーガン Regan,Tom 168
レーン Lane, Robert 27, 44, 68
恋愛，ロマンティックな愛 love; romantic 35, 238-241
ローズ Rose, Mike 266
ロールズ Rawls, John 225-226
ロング Long, Anne 306

文　献

Bibliography

Angus, David L. and Mirel, Jeffrey E. *The Failed Promise of the American High School: 1890-1995.* New York: Teachers College Press, 1999.

Annas, Julia. *The Morality of Happiness.* New York: Oxford University Press, 1993.

Anyon, Jean. *Ghetto Schooling*. New York: Teachers College Press, 1997.

Arendt, Hannah. *The Human Condition.* Chicago: University of Chicago Press, 1958. H. アレント『人間の条件』(志水速雄訳，ちくま学芸文庫，1994年)。

Aristotle. *Nicomachean Ethics*, trans. Terence Irwin. Indianapolis: Hackett, 1985. アリストテレス『ニコマコス倫理学（上・下)』(高田三郎訳，岩波文庫，1999年)。

Augustine. *On Free Choice of the Will,* trans. Anna Benjamin and L. H. Hackstaff. New York: Macmillan, 1964.『アウグスティヌス著作集3―― 初期哲学論集(3)』(教文館，1989年)。

Avineri, Shlomo and de-Shalit, Avner, eds. *Communitarianism and Individualism.* Oxford: Oxford University Press, 1992.

Bachelard, Gaston. *The Poetics of Space,* trans. Maria Jolas. New York: Orion Press, 1964. G.バシュラール『空間の詩学』(岩村行雄訳，ちくま学芸文庫，2002年)。

Barrow, Robin. *Happiness and Schooling*. New York: St.Martin's Press, 1980.

Baudrillard, Jean. *Fatal Strategies,* trans. W. G. J. Niesluchowski, ed. Jim Fleming. New York: Semiotext(e), 1990. J. ボードリヤール『宿命の戦略』(竹原あき子訳，法政大学出版局，1990年)。

Baumrind, Diana. *Child Maltreatment and Optimal Caregiving in Social Contexts.* New York: Garland, 1995.

Bellah, Robert N., Madsen, Richard, Sullivan, William M., Swidler, Ann, and Tipton, Steven M. *Habits of the Heart.* Berkeley: University of California Press, 1985. R. N. ベラー他『心の習慣―― アメリカ個人主義のゆくえ』(島薗進・中村圭志共訳，みすず書房，1991年)。

Bellamy, Edward. *Looking Backward*. New York: New American Library, 1960. Original work published 1888. E. ベラミー『顧みれば』(山本政喜訳，岩波文庫，1953年,)。

Berg, Ivar. *Education and Jobs: The Great Training Robbery.* Boston: Beacon Press, 1971.

Berlin, Isaiah. *Four Essays on Liberty*. Oxford: Oxford University Press, 1969. I. バーリン『自由論』(小川晃一他訳，みすず書房，2000年)。

Berliner, David and Biddle, Bruce. *The Manufactured Crisis: Myths, Fraud, and the Attack on America's Public Schools*. New York: Perseus Books, 1996.

Berry, Wendell. *The Unsettling of America*. San Francisco: Sierra Club, 1977. *Another Turn of the Crank*. Washington, DC: Counterpoint, 1995.

Bethel, Dayle M. *Makiguchi the Value Creator*. New York: Weatherhill, 1994. D. M. ベセル『価値創造者―― 牧口常三郎の教育思想』(中内敏夫・谷口雅子訳,小学館,1974年)。

Bindra, Dalbir and Stewart, Jane, eds. *Motivation*. Middlesex, England: Penguin Books, 1971.

Bobbitt, Franklin. *How to Make a Curriculum*. Boston: Houghton Mifflin, 1924.

Bok, Sissela. *Lying: Moral Choice in Public and Private Life*. New York: Vintage Books, 1979. S. ボク『嘘の人間学』(古田暁訳,TBSブリタニカ,1982年)。

Boyd, William, ed. *The Emile of Jean Jacques Rousseau: Selections*. New York: Teachers College Press, 1962.

Bracey, Gerald. *Setting the Record Straight: Responses to Misconceptions About Public Education in the United States*. Alexandria, VA: Association for Supervision and Curriculum Development, 1997.

Braithwaite, John and Pettit, Philip. *Not Just Deserts: A Republican Theory of Criminal Justice*. Oxford: Clarendon Press, 1990.

Braybrooke, David. *Meeting Needs*. Princeton, NJ: Princeton University Press, 1987.

Brecher, Bob. *Getting What You Want?* London: Routledge, 1998.

Brown, Fraser, ed. *Playwork-Theory and Practice*. Philadelphia: Open University Press, 2002.

Brownmiller, Susan. *Against Our Will*. New York: Simon & Schuster, 1975. S. ブラウンミラー『レイプ―― 踏みにじられた意思』(幾島幸子訳,勁草書房,2000年)。

Bruner, Jerome. *The Process of Education*. Cambridge, MA: Harvard University Press, 1960. J. S. ブルーナー『教育の過程』(鈴木祥蔵・佐藤三郎訳,岩波書店,1985年)。

Buber, Martin. *Between Man and Man*. New York: Macmillan, 1965. *I and Thou*, trans. Walter Kaufmann. New York: Charles Scribner's Sons, 1970. M. ブーバー『対話的原理』(「ブーバー著作集1」,田口義弘訳,みすず書房,1967年),『我と汝・対話』(植田重雄訳,岩波文庫,1979年)。

Buchwald, Emilie, Fletcher, Pamela R., and Roth, Martha, eds. *Transforming a Rape Culture*. Minneapolis: Milkweed Editions, 1993.

Buck, Pearl S. *The Exile*. New York: Triangle, 1936. P. S. バック『母の肖像』(村岡花子訳,新潮文庫,1994年)。

Butler, Samuel. *Erewhon*. London: Penguin, 1985/1872. S. バトラ『エレホン―― 山脈を越えて』(山本政喜訳,岩波文庫,1935年)。

Camus, Albert. *Resistance, Rebellion, and Death*. New York: Alfred A. Knopf, 1969. A. カミュ『不条理と反抗―― 形而上的反抗・ドイツ人への手紙』(佐藤

朔・白井浩司訳，人文書院，1961年)。

Candib, Lucy. *Medicine and the Family: A Feminist Perspective*. New York: Basic Books, 1995.

Casey, Edward S. *Getting Back Into Place*. Bloomington: Indiana University Press, 1993.

Charney, Ruth. *Teaching Children to Care*. Greenfield, MA: Northeast Foundation for Children, 1992.

Coates, Robert C. *A Street Is Not a Home*. Buffalo, NY: Prometheus, 1990.

Cohen, Jonathan, ed. *Educating Minds and Hearts*. New York: Teachers College Press, 1999.

Cunningham, Anthony. *The Heart of the Matter*. Berkeley: University of California Press, 2001.

Daloz, Laurent A. Parks, Keen, Cheryl H., Keen, James P., and Parks, Sharon Daloz. *Common Fire: Lives of Commitment in a Complex World*. Boston: Beacon Press, 1996.

Daly, Mary. *Beyond God the Father*. Boston: Beacon Press, 1974.

Day, Dorothy. *The Long Loneliness*. San Francisco: Harper & Row, 1952.

Dewey, John. *The School and Society*. Chicago: University of Chicago Press, 1900. J. デューイ『学校と社会』(毛利陽太郎訳，明治図書出版，1985年)。

Democracy and Education. New York: Macmillan, 1916.『民主主義と教育（上・下)』(松野安男訳，岩波文庫，1975年)。

The Public and Its Problems. New York: Henry Holt, 1927.『現代政治の基礎―公衆とその諸問題』(阿部斎訳，みすず書房，1969年)。

The Quest for Certainty. New York: G. P. Putnam's Sons, 1929.『デューイ＝ミード著作集(5)―確実性の探求』(河村望訳，人間の科学社，1996年)。

Human Nature and Conduct. New York: Modern Library, 1930.『デューイ＝ミード著作集(3)―人間性と行為』(河村望訳，人間の科学社，1995年)。

A Common Faith. New Haven, CT: Yale University Press, 1934.『誰れでもの信仰』(岸本英夫訳，春秋社，1951年)。

Experience and Education. New York: Collier Books, 1963/1938.『経験と教育』(市村尚久訳，講談社学術文庫，2004年)。

Diener, Ed and Lucas, Richard E. "Personality and Subjective Well-Being," in *Well-Being,* ed. Daniel Kahneman, Ed Diener, and Norbert Schwarz. New York: Russell Sage Foundation, 1999, pp. 213-229.

Dostoevsky, Fyodor, *The Brothers Karamazov,* trans. Constance Garnett. New York: Modern Library, n.d. F. ドストエフスキー『カラマーゾフの兄弟（上・中・下)』(原卓也訳，新潮文庫，1978年)。

Eisner, Elliot. *The Educational Imagination*. New York: Macmillan, 1979.

Elder, John. *Reading the Mounatains of Home.* Cambridge, MA: Harvard University Press, 1998.

Ellsworth, Elizabeth. "Why Doesn't This Feel Empowering? Working Through the Repressive Myth of Critical Pedagogy," *Harvard Educational Review* 59 (3), 1989: 297-324.

Elshtain, Jean Bethke. *Women and War*. New York: Basic Books, 1987. J. B. エルシュテイン『女性と戦争』(小林史子・廣川紀子訳, 法政大学出版局, 1994年)。

Jane Addams and the Dream of American Democracy. New York: Basic Books, 2002.

Etzioni, Amitai. *The Semi-Professions and Their Organization: Teachers, Nurses, and Social Workers*. New York: Free Press, 1969.

Firestone, Shulamith. *The Dialectic of Sex*. New York: Bantam Books, 1972. S. ファイアーストーン『性の弁証法——女性解放革命の場合』(林弘子訳, 評論社, 1975年)。

Flinders, David and Noddings, Nel. *Multiyear Teaching: The Case for Continuity*. Bloomington, IN: Phi Delta Kappa, 2001.

Fogarty, Brian E. *War, Peace, and the Social Order*. Boulder, CO: Westview Press, 2000.

Ford, Larry R. *The Spaces between Buildings*. Baltimore: Johns Hopkins University Press, 2000.

Foucault, Michel. *Discipline and Punish: The Birth of the Prison*, trans. Alan Sheridan. New York: Vintage. 1979. M. フーコー『監獄の誕生——監視と処罰』(田村俶訳, 新潮社, 1977年)。

Francke, Kuno. *A History of German Literature as Determined by Social Forces*. New York: Henry Holt, 1916.

Frankl, Viktor E. *The Doctor and the Soul*. New York: Vintage Books, 1973.

Fraser, Nancy. *Unruly Practices: Power, Discourse, and Gender in Contemporary Social Theory*. Minneapolis: University of Minnesota Press, 1989.

Frazer, James G. *The Golden Bough*. New York: Macmillan, 1951. J. G. フレイザー『金枝篇』(永橋卓介訳, 岩波文庫, 改版1966-67年)。

Freedman, Marc. *The Kindness of Strangers: Adult Mentors, Urban Youth, and the New Voluntarism*. Cambridge: Cambridge University Press, 1999. M. フリードマン『熟年人間力, 若者を救う』(ニキ・リンコ訳, 花風社, 2002年)。

Freire, Paulo. *Pedagogy of the Oppressed*, trans. Myra Bergman Ramos. New York: Herder and Herder, 1970. P. フレイレ『被抑圧者の教育学』(三砂ちづる訳, 亜紀書房, 2011年)。

Freud, Sigmund. *The Freud Reader*, ed. Peter Gay. New York: W. W. Norton, 1989. 「文化への不満」(『フロイト著作集3』浜川祥枝訳, 人文書院, 1969年)。「精神現象の2原則に関する定式」(『フロイト著作集6』井村恒郎訳, 人文書院, 1970年)。

Friedan, Betty. *The Feminine Mystique*. New York: W. W. Norton, 1963. B. フリー

ダン『新しい女性の創造』(三浦冨美子訳, 大和書房, 2004年)。
Galbraith, John Kenneth. *The Culture of Contentment*. Boston: Houghton Mifflin, 1992. J. K. ガルブレイス『満足の文化』(中村達也訳, 新潮社, 1998年)。
Galston, William. "Two Concepts of Liberalism," *Ethics* 105(3), 1995: 516-534.
Gardner, Howard. *Frames of Mind*. New York: Basic Books, 1983.
Gardner, John W. *Self-Renewal*. New York: Harper & Row, 1965.
Gardner, Marti. *The Whys of a Philosophical Scrivener*. New York: Quill, 1983.
Garrod, Andrew and Larimore, Colleen, eds. *First Person, First Peoples*. Ithaca, NY: Cornell University Press, 1997.
Garrod, Andrew, Smulyan, Lisa, Powers, Sally I., and Kilkenny, Robert. *Adolescent Portraits: Identity, Relationships, and Challenges*. Boston: Allyn & Bacon, 2002.
Garrod, Andrew, Ward, Janie Victoria, Robinson, Tracy, and Kilkenny, Robert, eds. *Souls Looking Back: Life Stories of Growing Up Black*. New York: Routledge, 1999.
Gilligan, James. *Violence*. New York: G. P. Putnam's Sons, 1996.
Glasser, William. *The Quality School*. New York: Harper & Row, 1990. W. グラッサー『クォリティ・スクール——生徒に人間性を』(柿谷正期訳, サイマル出版会, 1994年)。
Glover, Jonathan. *Humanity: A Moral History of the 20th Century*. New Haven, CT: Yale University Press, 2000.
Godden, Rumer. *An Episode of Sparrows*. New York: Viking Press, 1955. R. ゴッデン作『ラヴジョイの庭』(茅野美ど里訳, 偕成社, 1995年)。
Goodman, Paul. *Compulsory Mis-education*. New York: Horizon, 1964. P. グッドマン『不就学のすすめ』(片岡徳雄監訳, 福村出版, 1979年)。
"No Processing Whatever," in *Radical School Reform*, ed. Ronald and Beatrice Gross. New York: Simon & Schuster, 1969, pp. 98-106.
Growing Up Absurd. New York: Random House, 1960.『不条理に育つ——管理社会の青年たち』(片桐ユズル訳, 平凡社, 1971年)。
Graves, Robert. *Goodbye to All That*. London: Folio Society, 1981/1929. R. グレーヴズ『さらば古きものよ』(工藤政司訳, 岩波文庫, 1999年)。
Griffin, David Ray. *Evil Revisited*. Albany: State University of New York Press, 1991.
Gross, Ronald and Gross, Beatrice, eds. *Radical School Reform*. New York: Simon & Schuster, 1969.
Grubb, W. Norton, ed. *Education Through Occupations in American High Schools*, Vols.1 and 2. New York: Teachers College Press, 1995.
Grumet, Madeleine R. *Bitter Milk*. Amherst: University of Massachusetts Press, 1988.
Gutmann, Amy. *Democratic Education*. Princeton, NJ: Princeton University Press, 1987. A. ガットマン『民主教育論——民主主義社会における教育と政治』(神山正弘訳, 同時代社, 2004年)。

Hadamard, Jacques. *The Psychology of Invention in the Mathematical Field*. New York: Dover, 1954. J.アダマール『数学における発明の心理』(伏見康治・尾崎辰之助・大塚益比古共訳，みすず書房，2002年)。

Haughton, Claire Shaver. *Green Immigrants*. New York: Harcourt Brace Jovanovich, 1978.

Hawkins, David. "How to Plan for Spontaneity," in *The Open Classroom Reader*, ed. Charles E. Silberman. New York: Vintage Books, 1973, pp. 486-503.

Hawkins, Frances Lothrop. *Journey with Children*. Niwot: University Press of Colorado, 1997.

Heath, Shirley Brice. *Ways with Words*. Cambridge: Cambridge University Press, 1983.

Henry, Jules. "In Suburban Classrooms," in *Radical School Reform*, ed. Ronald Grossand Beatrice Gross, pp.77-92.

Hesse, Hermann. *Steppenwolf*, trans. Joseph Mileck and Horst Frenz. New York: Holt, Rinehart and Winston, 1963. H. ヘッセ『荒野のおおかみ』(高橋健二訳，新潮文庫，1964年)。

Hick, John. *Evil and the God of Love*. New York: Macmillan, 1966.

Hirsch, E. D., Jr. *Cultural Literacy: What Every American Needs to Know*. Boston: Houghton Mifflin, 1987. E. D. ハーシュ『教養が，国をつくる――アメリカ立て直し教育論』(中村保男訳，TBSブリタニカ，1989年)。

Hoffer, Eric. *The True Believer*. New York: Harper & Row, 1951. E. ホッファー『大衆運動』(高根正昭訳，紀伊国屋書店，2003年)。

Hoffman, Martin L. *Empathy and Moral Development*. Cambridge: Cambridge University Press, 2000. M. L. ホフマン『共感と道徳性の発達心理学――思いやりと正義とのかかわりで』(菊池章夫・二宮克美訳，川島書店，2001年)。

Holmes Group. *Tomorrow's Teachers*. East Lansing, MI: Author, 1986.

Howe, Kenneth. *Understanding Equal Educational Opportunity*. New York: Teachers College Press, 1997. K. ハウ『教育の平等と正義』(大桃敏行他訳，東信堂，2004年)。

Hume, David. *An Enquiry Concerning the Principles of Morals*. Indianapolis: Hackett, 1983/1751. D. ヒューム『道徳原理の研究』(渡辺峻明訳，理想社，1993年)。

Jackson, Philip W. *Untaught Lessons*. New York: Teachers College Press, 1992.

Jaggar, Alison M. *Feminist Politics and Human Nature*. Totowa, NJ: Rowman & Allanheld, 1983.

James, William. *The Varieties of Religious Experience*. New York: Modern Library, 1929/1902. W.ジェームズ『宗教的経験の諸相(上・下)』(桝田啓三郎訳，岩波文庫，1969年)。

Joyes, Claire. *Monet's Table*. New York: Simon & Schuster, 1989. C. ジョイス『モ

ネの食卓』（吉野建監訳，日本テレビ放送網，2004年）。

Jung, Carl G. *Answer to Job,* trans. R. F. C. Hull. Princeton, NJ: Princeton University Press, Bollingen Series, 1973. C. G. ユング『ヨブへの答え』（林道義訳，みすず書房，1988年）。

Kahn, Peter. *The Human Relationship with Nature*. Cambridge, MA: MIT Press, 1999.

Kahneman, Daniel, Diener, Ed, and Schwarz, Norbert, eds. *Well-Being*. New York: Russell Sage Foundation, 1999.

Kanter, Rosabeth Moss. *Commitment and Community: Communes and Utopias in Sociological Perspective*. Cambridge, MA: Harvard University Press, 1972.

Kelman, Herbert C. and Hamilton, V. Lee. *Crimes of Obedience.* New Haven, CT: Yale University Press, 1989.

Kerenyi, Carl. *Dionysus: Archetypal Image of Indestructible Life,* trans. Ralph Manheim. Princeton, NJ: Princeton University Press, 1976.

Klein, Jessie and Chancer, Lynn S. "Masculinity Matters: The Omission of Gender from High-Profile School Violence Cases," *in Smoke and Mirrors,* ed. Stephanie Urso Spina. Lanham, MD: Rowman & Littlefield, 2000, pp. 129-162.

Kliebard, Herbert. *The Struggle for the American Curriculum.* New York: Routledge, 1995.

Schooled to Work: Vocationalism and the American Curriculum 1876-1946. New York: Teachers College Press, 1999.

Knowles, John. *A Separate Peace*. New York: Macmillan, 1960. J. ノールズ『新しい世界の文学 (57) ―― 友だち』（須山静夫訳，白水社，1972年）。

Kohak, Erazim. "Of Dwelling and Wayfaring: A Quest for Metaphors," *in The Longing for Home,* ed. Leroy S. Rouner. Notre Dame, IN: University of Notre Dame Press, 1996, pp. 30-46.

Kohn, Alfie. "The Trouble with Character Education," in *The Construction of Children's Character,* ed. Alex Molnar. Chicago: National Society for the Study of Education, 1997, pp. 154-162.

The Schools Our Children Deserve. Boston: Houghton Mifflin, 1999.

Kozol, Jonathan. *Savage Inequalities.* New York: Crown, 1991.

Kushner, Harold. *When Bad Things Happen to Good People*. New York: Schocken Books, 1981. H. S. クシュナー『なぜ私だけが苦しむのか ―― 現代のヨブ記』（斎藤武訳，岩波現代文庫，2008年）。

Labaree, David. *How to Succeed in School without Really Learning: The Credentials Race in American Education.* New Haven, CT: Yale University Press, 1997.

Lane, Robert E. *The Market Experience*. Cambridge: Cambridge University Press, 1991.

The Loss of Happiness in Market Democracies. New Haven, CT: Yale University Press, 2000.

Larrimore, Mark, ed. *The Problem of Evil.* Oxford: Blackwell, 2001.

Le Shan, Lawrence. *The Psychology of War*. Chicago: Noble Press, 1992.

Levy, Steven. "Great Minds, Great Ideals," *Newsweek,* May 27, 2002: 56-59.

Lewis, C. S. *Surprised by Joy.* New York: Harcourt Brace Jovanovich, 1955. C. S. ルイス『喜びのおとずれ――C. S. ルイス自叙伝』(早乙女忠・中村邦生訳, ちくま文庫, 2005年)。

The Problem of Pain. New York: Macmillan, 1962.『痛みの問題――ルイス宗教著作集3』(中村妙子訳, 新教出版社, 1995年)。

A Grief Observed. Toronto: Bantam, 1976.『悲しみをみつめて――ルイス宗教著作集6』(西村徹訳, 新教出版社, 1994年)。

Lickona, Thomas. *Educating for Character: How Our Schools Can Teach Respect and Responsibility*. New York: Bantam Books, 1991. Th.リコーナ『リコーナ博士のこころの教育論――「尊重」と「責任」を育む学校環境の創造』(三浦正訳, 慶應義塾大学出版会, 1997年)。

Lightman, Alan. *The Diagnosis*. New York: Pantheon, 2000. A.ライトマン『診断』(高瀬素子訳, 早川書房, 2002年)。

Lindbergh, Anne Morrow. *Gift from the Sea*. New York: Random House, 1955. A. M. リンドバーグ『海からの贈りもの』(落合恵子訳, 立風書房, 1994年)。

Long, Anne. "The New School-Vancouver," in *Radical School Reform,* ed. Ronald Gross and Beatrice Gross, pp. 273-296.

Lounsbury, John H. and Vars, Gordon F. *A Curriculum for the Middle School Years.* New York: Harper & Row, 1978.

Loveless, Thomas. *The Tracking Wars*. Washington, DC: Brookings Institution Press, 1996.

Lucas, Samuel. *Tracking Inequality.* New York: Teachers College Press, 1999.

Macedo, Donaldo. *Literacies of Power: What Americans Are Not Allowed to Know.* Boulder, CO: Westview Press, 1994.

MacIntyre, Alasdair. *After Virtue.* Notre Dame, IN: University of Notre Dame Press, 1981. A. マッキンタイア『美徳なき時代』(篠崎榮訳, みすず書房, 1993年)。

Martin, Jane Roland. *Reclaiming a Conversation.* New Haven, CT: Yale University Press, 1985. J. R. マーティン『女性にとって教育とはなんであったか――教育思想家たちの会話』(坂本達朗・坂上道子訳, 東洋館出版社, 1987年)。

The Schoolhome: Rethinking Schools for Changing Families. Cambridge, MA: Harvard University Press, 1992.『スクールホーム――「ケア」する学校』(生田久美子監訳, 東京大学出版会, 2007年)。

Maslow, Abraham H. *The Farther Reaches of Human Nature.* New York: Viking Press, 1971. A. H. マスロー『人間性の最高価値』(上田吉一訳, 誠信書房, 1973年)。

Masson, Jeffrey Moussaieff and McCarthy, Susan. *When Elephants Weep: The Emotional Lives of Animals.* New York: Delacorte Press, 1995. ジェフリー・M. マッソン, S. マッカーシー『ゾウがすすり泣くとき —— 動物たちの豊かな感情世界』(小梨直訳, 河出書房新社, 1996年)。

McClellan, B. Edward. *Moral Education in America.* New York: Teachers College Press, 1999.

McCullough, David. *John Adams.* New York: Simon & Schuster, 2001.

McFeely, William. *Proximity to Death.* New York: W. W. Norton, 1999.

McNeil, Linda. *Contradictions of School Reform.* New York: Routledge, 2000.

McPhee, John. *The Pine Barrens.* New York: Farrar, Straus and Giroux, 1968.

Meier, Deborah. *The Power of Their Ideas: Lessons for America from a Small School in Harlem.* Boston: Beacon Press, 1995. D. マイアー『学校を変える力 —— イースト・ハーレムの小さな挑戦』(北田佳子訳, 岩波書店, 2011年)。

Will Standards Save Public Education? Boston: Beacon Press, 2000.

Menand, Louis. *The Metaphysical Club.* New York: Farrar, Straus and Giroux, 2001.

Messerschmidt, James *W. Masculinities and Crime.* Lanham, MD: Rowman & Littlefield, 1993.

Meyers, Diana T. *Self, Society, and Personal Choice.* New York: Columbia Unibersity Press, 1989.

Meyers, Jeffrey. *Orwell: Wintry Conscience of a Generation.* New York: W. W. Norton, 2000.

Michie, Gregory. *Holler If You Hear Me.* New York: Teachers College Press, 1999.

Mill, John Stuart. *On Liberty* and *Utilitarianism.* New York: Bantam Books, 1993/1859. J. S. ミル『自由について/功利主義/代議制統治論/社会主義論集』(水田洋訳者代表, 河出書房新社, 2005年),『世界の名著49 ベンサム/J. S. ミル』(関嘉彦編, 中央公論社, 1979年)。

Miller, Alice. *For Your Own Good,* trans. Hildegarde Hannun and Hunter Hannun. New York: Farrar, Straus and Giroux, 1983. A. ミラー『魂の殺人 —— 親は子どもに何をしたか』(山下公子訳, 新曜社, 1983年)。

The Truth Will Set You Free. New York: Basic Books, 2001.

Molnar, Alex, ed. *The Construction of Children's Character.* Chicago: National Society for the Study of Education, 1997.

Morrison, Toni. *The Bluest Eye.* New York: Plume, 1994/1970. T. モリスン『青い眼がほしい』(大社淑子訳, 早川書房, 2001年)。

Murnane, Richard J. and Levy, Frank. *Teaching the New Basic Skills: Principles for Educating Children to Thrive in a Changing Economy.* New York: Free Press, 1996.

Musto, David. "Opium, Cocaine, and Marijuana in American History," in *Drugs: Should We Legalize, Decriminalize or Deregulate?* ed. Jeffrey A. Schaler. Amherst, NY: Prometheus Books, 1998, pp. 17-30.

Myers, David G. *The Pursuit of Happiness*. New York: Avon, 1992.

The American Paradox: Spiritual Hunger in an Age of Plenty. New Haven, CT: Yale University Press, 2000.

Nabhan, Gary Paul and Trimble, Stephen. *The Geography of Childhood: Why Children Need Wild Places*. Boston: Beacon Press, 1994.

Nash, Robert J. *Answering the "Virtuecrats."* New York: Teachers College Press, 1997.

National Commission on Excellence in Education. *A Nation at Risk*. Washington, DC: U.S. Government Printing Office, 1983. アメリカ教育省「危機に立つ国家」(『アメリカの教育改革』所収，西村和雄・戸瀬信之訳，京都大学学術出版会，2004年)。

National Council of Teachers of Mathematics. *Principles and Standards for School Mathematics*. Discussion draft, October 1998.

Neill, A. S. *Summerhill*. New York: Hart, 1960. A. S. ニイル「ニイルの教育——サマーヒルを語る」(『ニイル著作集9』所収，霜田静志訳，黎明書房，1981年)。

New Buckeye Cook Book. Dayton, OH: Home Publishing, 1891.

Newman, James R., ed. *The World of Mathematics*. New York: Simon & Schuster, 1956. J. R. ニューマン他編『自然のなかの数学』(林雄一郎訳編，東京図書，1970年)。J. R. ニューマン他編『数学と論理と』(林雄一郎訳編，東京図書，1970年)。

Nicholls, John G. and Thorkildsen, Theresa A., eds. *"Reasons for Learning."* New York: Teachers College Press, 1995.

Nietzsche, Friedrich. *The Will to Power*, trans. Walter Kaufmann and R. J. Hollingdale. New York: Vintage Books, 1968. F. ニーチェ『権力への意志——ニーチェ全集13』(原佑訳，ちくま学芸文庫，1993年)。

Nisbet, Robert A. *The Quest for Community*. New York: Oxford University Press, 1953. R. A. ニスベット『共同体の探求　自由と秩序の行方』(安江孝司他訳，梓出版社，1996年)。

Noddings, Nel. *Caring: A Feminine Approach to Ethics and Moral Education*. Berkeley: University of California Press, 1984. N. ノディングズ『ケアリング——倫理と道徳の教育：女性の観点から』(立山義康他訳，晃洋書房，1997年)。

Women and Evil. Berkeley: University of California Press, 1989.

The Challenge to Care in Schools. New York: Teachers College Press, 1992.『学校におけるケアの挑戦——もう一つの教育を求めて』(佐藤学監訳，ゆみる出版，2007年)。

Educating for Intelligent Belief or Unbelief. New York: Teachers College Press, 1993.

"Care and Coercion in School Reform," *Journal of Educational Change 2*, 2001:

35-43.

Educating Moral People. New York: Teachers College Press, 2002.

Starting at Home. Berkeley: University of California Press, 2002.

Noddings, Nel and Shore, Paul. *Awakening the Inner Eye: Intuition in Education*. New York: Teachers College Press, 1984; reissued by Educator's International Press, Troy, NY, 1998.

Novak, John, M., ed. *Advancing Invitational Thinking*. San Francisco: Caddo Gap Press, 1992.

Nussbaum, Martha. *The Fragility of Goodness*. Cambridge: Cambridge University Press, 1986.

Oakes, Jeannie. *Multiplying Inequalities: The Effects of Race, Social Class, and Tracking on Opportunities to Learn Mathematics and Science*. Santa Monica, CA: Rand, 1990.

Keeping Track: How Schools Structure Inequality. New Haven, CT: Yale University Press, 1995.

O'Brien, Mary M. *The Politics of Reproduction*. Boston: Routledge & Kegan Paul, 1981.

Ochs, Carol. *Women and Spirituality*. Totowa, NJ: Rowman & Allanheld, 1983.

Ohanian, Susan. *One Size Fits Few: The Folly of Educational Standards*. Portsmouth, NH: Heinemann, 1999.

Okin, Susan Moller. *Women in Western Political Thought*. Princeton, NJ: Princeton University Press, 1979.

Oldenbourg, Zoe. *The Crusades*, trans. Anne Carter. New York: Pantheon Books, 1966.

Oliner, Samuel P. and Oliner, Pearl M. *The Altruistic Personality: Rescuers of Jews in Nazi Europe*. New York: Free Press, 1988.

Toward a Caring Society: Ideas into Action. Westport, CT: Praeger, 1995.

Orwell, George. *Nineteen Eighty-Four*. New York: Harcourt, Brace and World, 1949. G. オーウェル『1984年』(新庄哲夫訳，早川書房，1972年)。

The Orwell Reader. New York: Harcourt, Brace, 1956.

Paul, James, Churton, Michael, Rosselli-Kostoryz, Hilda, Morse, William, Marfo, Kofi, Lavely, Carolyn, and Thomas, Daphne, eds. *Foundations of Special Education*. Pacific Grove, CA: Brooks/Cole, 1997.

Peters, Richard S., ed. *The Philosophy of Education*. Oxford: Oxford University Press, 1973.

Phillips, John Anthony. *Eve: The History of an Idea*. San Francisco: Harper & Row, 1984. J. A. フィリップス『イブ——その理念の歴史』(小池和子訳，勁草書房，1987年)。

Pinar, William. *Autobiography, Politics, and Sexuality*. New York: Peter Lang, 1994.

Plato, *The Republic*, trans. B. Jowett. Roslyn, NY: Walter Black, 1942. プラトン『国家(上)』(藤沢令夫訳，岩波文庫，1979年)。

Pollan, Michael. *The Botany of Desire*. New York: Random House, 2001. M. ポーラン『欲望の植物誌—— 人をあやつる4つの植物』（西田左知子訳，八坂書房，2003年）。

Pope, Denise Clark. *"Doing School" : How We Are Creating a Generation of Stressed Out, Materialistic, and Miseducated Students.* New Haven, CT: Yale University Press, 2001.

Potkay, Adam. *The Passion for Happiness: Samuel Johnson and David Hume*. Ithaca, NY: Cornell University Press, 2000.

Prejean, Helen. *Dead Man Walking*. New York: Vintage Books, 1996. H. プレジャン『デッドマン・ウォーキング』（中神由紀子訳，徳間書店，1996年）。

Proust, Marcel. *Remembrance of Things Past,* vol. 1, *Swann's Way*, trans. C. K. Scott Moncrieff and Terence Kilmartin. New York: Random House, 1981. M. プルースト『失われた時を求めて3——スワンの恋』（淀野隆三・井上究一郎訳，新潮社，1974年）。

Purkey, William Watson and Novak, John, M. *Inviting School Success.* Belmont, CA: Wadsworth, 1996.

Ravitch, Diane. *Left Back: A Century of Battles Over School Reform*. New York: Simon & Schuster, 2000.

Rawls, John. *A Theory of Justice*. Cambridge, MA: Harvard University Press, 1971. J. ロールズ『正義論』（川本隆史・福間聡・神島裕子訳，紀伊國屋書店，2010年）。

Redman, Ben Ray, ed. *The Portable Voltaire*. New York: Penguin Books, 1977. ヴォルテール『カンディード　他五編』（植田祐次訳，岩波文庫，2005年）。

Regan, Tom. *The Case for Animal Rights*. Berkeley: University of California Press, 1983.

Reich, Charles. *The Greening of America*. New York: Random House, 1970. C. A. ライク『緑色革命』（邦高忠二訳，ハヤカワ文庫，1983年）。

Rhoads, Robert A. *Community Service and Higher Learning: Explorations of the Caring Self.* Albany: State University of New York Press, 1997.

Rich, Adrienne. *Of Woman Born.* New York: W. W. Norton, 1976. A. リッチ『女から生まれる』（高橋茅香子訳，晶文社，1990年）。

Ricoeur, Paul. *The Symbolism of Evil*. Boston: Beacon Press, 1969. P. リクール『悪のシンボリズム』（植島啓司・佐々木陽太郎訳，渓声社，1977年）。

Rombauer, Irma S. and Rombauer, Marion Becker. *The Joy of Cooking*. Indianapolis: Bobbs-Merrill, 1974/1931.

Rorty, Amelie, ed. *Essays on Aristotle's Ethics*. Berkeley: University of California Press, 1980.

Rose, Mike. *Possible Lives: The Promise of Public Education in America.* Boston: Houghton Mifflin, 1995.

Rosenbaum, James E. "Track Misperceptions and Frustrated College Plans: An

Analysis of the Effects of Tracks and Track Perceptions in the National Longitudinal Survey," *Sociology of Education* 53, 1980: 74-88.

Ruddick, Sara. *Maternal Thinking: Towards a Politics of Peace.* Boston: Beacon Press, 1989.

Russell, Bertrand. *Why I Am Not a Christian, and Other Essays on Religion and Related Subjects.* New York: Simon & Schuster, 1957. B. ラッセル『ワイド版世界の大思想（2-13）―― 社会改造の諸原理・数理哲学入門・他』（市井三郎・中村秀吉訳，河出書房新社，2005年）。

Ryan, Alan. *John Dewey and the High Tide of American Liberalism.* New York: W. W. Norton, 1995.

Rybczynski, Witold. *Home: A Short History of an Idea.* New York: Viking Press, 1986. W. リプチンスキー『心地よいわが家を求めて―― 住まいの文化史』（マリ・クリスティーヌ訳，TBSブリタニカ，1997年）。

Sandel, Michael. *Liberalism and the Limits of Justice.* Cambridge: Cambridge University Press, 1982. M. A. サンデル『自由主義と正義の限界』（菊池理夫訳，三嶺書房，1992年）。

Sartre, Jean-Paul. *Being and Nothingness,* trans. Hazel E. Barnes. New York: Washington Square Press, 1956. サルトル『存在と無』（サルトル全集18-20巻所収，松浪信三郎訳，人文書院，1979年）。

Nausea, trans. Lloyd Alexander. Norfolk, CT: New Directions, 1959/1938. サルトル『嘔吐』（鈴木道彦訳，人文書院，2010年）。

Schaler, Jeffrey A., ed. *Drugs: Should We Legalize, Decriminalize or Deregulate?* Amherst, NY: Prometheus Books, 1998.

Schlesinger, Arthur M., Jr. *The Disuniting of America: Reflections on a Multicultural Society.* New York: W. W. Norton, 1992. A. M. シュレジンガー『アメリカの分裂―― 多元文化主義についての所見』（都留重人監訳，岩波書店，1992年）。

Schopenhauer, Arthur. *The World as Will and Representation,* trans. E. F. J. Payne. New York: Dover Books, 1969. ショーペンハウアー『意志と表象としての世界』（西尾幹二訳，中央公論新社，2004年）。

Schorr, Lisbeth B. *Common Purpose: Strengthening Families and Neighborhoods to Rebuild America.* New York: Anchor Books, 1997.

Schubert, William H. *Curriculum: Perspective, Paradigm, and Possibility.* New York: Macmillan, 1986.

Schultz, Bud and Schulutz, Ruth. *It Did Happen Here.* Berkeley: University of California Press, 1989.

Schumpeter, Joseph A. *Capitalism, Socialism and Democracy.* London: Routledge, 1996/1943. J. シュムペーター『資本主義・社会主義・民主主義』（中山伊知郎・東畑精一訳，東洋経済新聞社，1995年）

Schweitzer, Albert. *Out of My Life and Thought,* trans. C. T. Campion. New York:

Henry Holt, 1933. A. シュヴァイツァー『わが生活と思想より』(竹山道雄訳, 白水社, 1961年)。

Sebald, W. G. *Austerlitz,* trans. Anthea Bell. New York: Random House, 2001. W. G. ゼーバルト『アウステルリッツ』(鈴木仁子訳, 白水社, 2003年)。

Selznick, Philip. *The Moral Commonwealth: Social Theory and the Promise of Community.* Berkeley: University of California Press, 1992.

Shapiro, Laura. *Perfection Salad.* New York: Modern Library, 2001. L. シャピロ『家政学の間違い』(種田幸子訳, 晶文社, 1991年)。

Silberman, Charles E. *Crisis in the Classroom: The Remaking of American Education.* New York: Random House, 1970. C. E. シルバーマン『教室の危機——学校教育の全面的再検討』(山本正訳, サイマル出版会, 1973年)。

Simon, Katherine G. *Moral Questions in the Classroom.* New Haven, CT: Yale University Press, 2001.

Sinclaire, Carollyne. *Looking for Home.* Albany: State University of New York Press, 1994.

Singer, Peter. *Animal Liberation.* New York: New York Review of Books, 1990. P. シンガー『動物の解放』(戸田清訳, 技術と人間, 1988年)。

Sizer, Theodore. *Horace's Compromise: The Dilemma of the American High School.* Boston: Houghton Mifflin, 1984.

Skinner, B. F. *Beyond Freedom and Dignity.* New York: Vintage Books, 1972. B. F. スキナー『自由への挑戦——行動工学入門』(波多野進・加藤秀俊訳, 番町書房, 1972年)。

Smith, Robert Paul. *"Where Did You Go?" "Out." "What Did You Do?" "Nothing."* New York: W. W. Norton, 1957.

Smith, Ruth L. "Happiness and the Uneasy Conscience," *in In Pursuit of Happiness,* ed. Leroy S. Rouner. Notre Dame, IN: University of Notre Dame Press, 1995, pp. 136-146.

Spock, Benjamin. *Baby and Child Care.* New York: Pocket Books, 1946. B. スポック『スポック博士の育児書』(暮らしの手帖翻訳グループ訳, 暮らしの手帖社, 1997年)。

On Parenting. New York: Pocket Books, 2001.『スポック博士——親ってなんだろう』(中村妙子訳, 新潮社, 1990年)。

Stegner, Wallace. *Angle of Repose.* New York: Penguin Books, 1971.

Stein, Sara. *Noah's Garden: Restoring the Ecology of Our Own Back Yards.* Boston: Houghton Mifflin, 1993.

Steinbeck, John. *The Winter of Our Discontent.* New York: Viking Press, 1961. J. スタインベック『われらが不満の冬』(野崎孝訳, 新潮社, 1962年)。

Styron, William. *Sophie's Choice.* New York: Vintage Books, 1992. W.スタイロン (浦暁生訳, 新潮文庫, 1991年)。

Tannahill, Reay. *Food in History.* New York: Stein and Day, 1973. R. タナヒル『食

物と歴史』（小野村正敏訳，評論社，1980年）。

Taylor, Charles. *Sources of the Self.* Cambridge, MA: Harvard University Press, 1989. C. テイラー『自我の源泉 —— 近代的アイデンティティの形成』（下川潔・桜井徹・田中智彦訳，名古屋大学出版会，2010年）。

Thomas, Lewis. *Late Night Thoughts on Listening to Mahler's Ninth Symphony.* New York: Viking Press, 1983. L. トマス『科学者の夜想』（沢田整訳，地人書館，1986年）。

Thompson, Patricia J. *Bringing Feminism Home*. Charlottetown, Canada: Home Economics Publishing Collective, 1992.

Thorkildsen, Theresa A. and Nicholls, John G. *Motivation and the Struggle to Learn.* Boston: Allyn & Bacon, 2002.

Thornton, Stephen J. "From Content to Subject Matter," *The Social Studies*, November/December 2001: 237-242.

Tillich, Paul. *The Courage to Be*. New Haven, CT: Yale University Press, 1952. P. ティリッヒ『ティリッヒ著作集 9 —— 存在と意味』（大木英夫訳，白水社，1978年）。

Tonnies, Ferdinand. *Gemeinschaft und Gesellschaft,* trans. C. P. Loomis. New York: HarperCollins, 1957/1887. F. テンニエス『ゲマインシャフトとゲゼルシャフト（上・下）—— 純粋社会学の基本概念』（杉之原寿一訳，岩波文庫，1957年）。

Trebilcot, Joyce and Whitbeck, Carolyn, eds. *Mothering: Essays in Feminist Theory.* Totowa, NJ: Rowman & Allanheld, 1984.

True, Michael. *An Energy Field More Intense Than War.* Syracuse, NY: Syracuse University Press, 1995.

Turner, James. *Without God, Without Creed.* Baltimore: Johns Hopkins University Press, 1985.

Varenne, Herve and McDermott, Ray. *Successful Failure*. Boulder, CO: Westview Press, 1999.

Ward, Geoffrey C. and Burns, Ken. *Not for Ourselves Alone: The Story of Elizabeth Cady Stanton and Susan B. Anthony*. New York: Alfred A. Knopf, 1999.

Wechsler, Harold S. "Eastern Standard Time: High School-College Collaboration and Admission to College, 1880-1930," in *A Faithful Mirror: Reflections on the College Board and Education in America,* ed. Michael C. Johanek. New York: College Board, 2001, pp. 43-79.

White, James Terry. *Character Lessons in American Biography*. New York: The Character Development League, 1909.

White, Katherine S. *Onward and Upward in the Garden*. New York: Farrar, Straus and Giroux, 1979.

Whitehead, Alfred North. *The Aims of Education.* New York: Free Press 1967/1929. A. N. ホワイトヘッド『ホワイトヘッド著作集第9巻 —— 教育の目的』（森

口兼二・橋口正夫訳，松籟社，1986年）。

Whitman, Walt. *Poetry and Prose.* New York: Library of America, 1982.

Wiesenthal, Simon. *The Sunflower.* New York: Schocken Books, 1976. S. ヴィーゼンタール『ひまわり――ユダヤ人にホロコーストが赦せるか』（松宮克昌訳，原書房，2009年）。

Wilde, Oscar. *The Picture of Dorian Gray and Other Writings.* New York: Bantam Books, 1982/1890. O. ワイルド『ドリアン・グレイの肖像』（仁木めぐみ訳，光文社，2006年）。

Williams, Bernard. *Shame and Necessity.* Berkeley: University of California Press, 1993.

Williams, Niall. *As It Is in Heaven.* London: Picador, 1999.

Willis, Paul. *Learning to Labour.* Farnborough, England: Saxon House, 1977. P. ウィリス『ハマータウンの野郎ども』（熊沢誠・山田潤訳，ちくま学芸文庫，1996年）。

Wilson, A. N. *Against Religion.* London: Chatto & Winders, 1991.

Wilson, Edward O. *Biophilia.* Cambridge, MA: Harvard University Press, 1984. E. O. ウィルソン『バイオフィリア―― 人間と生物の絆』（狩野秀之訳，平凡社，1994年）。

Zeldin, Theodore. *An Intimate History of Humanity.* New York: HarperCollins, 1994. Th.ゼルディン『悩む人間の物語』（森内薫訳，NHK出版，1999年）。

注

はじめに

1） 以下に続く本書全体を通じて何度か，ジョージ・オーウェルの次の強烈な発言を手がかりとして用いる。自らが小さい頃に受けた学校教育で学んだことの内，「いまも残っている」のは次のことだ。つまり，自分が住んでいる世界において，善い人であることは「不可能」だ，ということである。次の著作を参照。“Such, Such Were the Joys” in *The Orwell Reader*（New York: Harcourt, Brace, 1956）, p. 5. ただし，オーウェル自身も認めているように，オーウェルにとって，学校での日々は何から何まで不幸せな日々だったわけではない。

2） ニイルははっきりと，次のように述べている。「わたしは，人生の目的とは幸せを見いだすことだ，と考えている。そして，人生の幸せを見いだすとは，興味を見いだすことにほかならない」と。次の著作を参照。A. S. Neill, *Summerhill*（New York: Hart, 1960）. p. 24.わたしはこのニイルの主張を修正して，幸せは人生の目的のひとつであり，幸せには興味を見いだすことだけでなく，ほかのことも含まれていると主張しておきたい。

3） 次の著作を参照。Dayle M. Bethal, *Makiguchi the Value Creator*（New York: Weatherhill, 1994）.

4） Robin Barrow, *Happiness and Schooling*（New York: St. Martin’s Press, 1980）.

5） たとえば，次の著作を参照。Alfie Kohn, *The Schools Our Children Deserve*（Boston: Houghton Mifflin, 1999）.

第Ⅰ部　人生および教育の目的としての幸せ

第1章　幸せとは

1） William James, *The Varieties of Religious Experience*（New York: Modern Library, 1929）, p. 77.

2） 次の著作を参照。Martha Nussbaum, *The Fragility of Goodness*（Cambridge: Cambridge University Press, 1986）. また次も参照。Amelie Rorty, ed., *Essays on Aristotle’s Ethics*（Berkeley: University of California Press, 1980）. 道徳と幸せに関するギリシア思想について包括的に研究するためには次の著作を参照。Julia Annas, *The Morality of Happiness*（New York: Oxford University Press, 1993）.

3） ここで男性名詞を用いているのには，ギリシア人が理性の最高の形態は女性ではなく，男性に属している，と信じていたことが反映されている。

4） この点については，さらにローティの先の試論を参照。*Essays on Alistotle’s Ethics.* さらにアナスの次の著作も参照。*Morality of Happiness.*

5） たとえば *Democracy and Education*（New York: Macmillan, 1916）や *The Quest for Certainty*（New York: G. P. Putnam’s Sons, 1929）のなかの明確なコメントを参照。

6） Dewey, *Democracy and Education,* p. 256.

7） G. H. Hardy, “A Mathematician’s Apology”, in *The World of Mathematics,* vol.4, ed.

James R. Newman（New York: Simon & Schuster, 1956）, p. 2038. さらにハーディのエッセイを紹介するニューマンのコメントも参照。pp. 2024-2026.

8）「精神の快楽」には社会科学では異なる定義がされている。そこでの表現は，精神の集合体，あるいは過去の幸せな観念連合の想起が，別のやり方で心地よい中立的状況をつくりだせるような方法について言及している。次の著作を参照。Michael Kubovy, "On the Pleasures of the Mind," in *Well-Being,* ed. Daniel Kahneman, Ed Diener, and Norbert Schwarz（New York: Russel Sage, 1999）, pp. 134-154.

9） Sigmund Freud, *The Future of an Illusion,* in *The Freud Reader,* ed. Peter Gay（New York: W. W. Norton, 1989）, pp. 685-722.

10） 静寂主義についての諸問題は，社会福音ならびに自由神学の宗教的主唱者たちから議論され，ひどく攻撃されてきた。ジョン・デューイもまた静寂主義の態度をめぐって関心を示した。次の著作を参照。*A Common Faith*（New Haven, CT: Yale University Press, 1934）. 静寂主義の正式な概念は，17世紀スペインの司祭であったミゲル・デ・モリノスによって進歩した。

11） 次の著作を参照。Kahneman, Diener, and Schwarz, eds., *Well-Being.*

12） C. S. Lewis, *Surprised by Joy*（New York: Harcourt Brace Jovanovich, 1955）.

13） William James, *Varieties of Religious Experience,* p. 47.

14） Saint Augustine, *On Free Choice of the Will,* trans. Anna S. Benjamin and L. H. Hackstaff（New York: Macmillan, 1964）.

15） 次の著作を参照。Abraham H. Maslow, *The Farther Reaches of Human Nature*（New York: Viking Press, 1971）.

16） Martin Gardner, *The Whys of a Philosophical Scrivener*（New York: Quill, 1983）, p. 331.

17） Paul Tillich, *The Courage to Be*（New Haven, CT: Yale University Press, 1952）, p. 47.

18） John Stuart Mill, *On Liberty* and *Utilitarianism*（New York: Bantam Books, 1993）, p. 144.

19） Mill, *Utilitarianism,* p. 145.

20） David Hume, *An Enquiry Concerning the Principles of Morals*（Indianapolis: Hackett, 1983）, p. 43.

21） 次の拙著を参照。Noddings, *Caring: A Feminine Approach to Ethics and Moral Education*（Berkeley: University of California Press, 1984; 2nd ed., 2003）. 次の著作も参照。*Starting at Home: Caring and Social Policy*（Berkeley: University of California Press, 2002）.

22） Hume, *Enquiry Concerning Principles of Morals,* pp. 73-74.

23） SWB に関する研究の包括的な概要については，次の著作を参照。Kahneman, Diener, and Schwarz, *Well-Being.*

24） Robert E. Lane, *The Loss of Happiness in Market Democracies*（New Haven, CT: Yale University Press, 2000）, p. 16.

25） Ibid.

26） Ibid., p. 45.

27)　次の著作によっても，親密な交わりは幸せの主な一因と見なされている。David G. Myers, *The Pursuit of Happiness*（New York: Avon, 1992）. 次の著作も参照。Myers, *The American Paradox: Spiritual Hunger in an Age of Plenty*（New Haven, CT: Yale University Press, 2000）.

28)　この引用は，次の著作に見られる。Jeffrey Meyers, *Orwell: Wintry Conscience of a Generation*（New York: W. W. Norton, 2000）, p. 212.

29)　次の著作を参照。Ed Diener and Richard E.Lucas, "Personality and Subjective Well-Being," in *Well-Being,* ed. Kahneman, Diener, and Schwarz, pp. 213-229.

30)　James, *Varieties of Religious Experience,* p. 87.

31)　Ibid., p. 88.

32)　Ibid.

33)　再び次の著作を参照。Lane, *The Loss of Happiness'* Myers, *Pursuit of Happiness.*

34)　Niall Williams, *As It Is in Heaven*（London: Picador, 1999）, pp. 144-145.

35)　アンリ・ポアンカレの説明を見よ。"Mathematical Creation," in *The World of Mathematics,* vol.4, ed. Newman, pp. 2041-2050; also Jacques Hadamard, *The Psychology of Invention in the Mathematical Field*（New York: Dover, 1954）. 教育に用いるには，次の著作を参照。Nel Noddings and Paul Shore, *Awakening the Inner Eye: Intuition in Education*（New York: Teachers College Press, 1984）.

36)　次の著作を参照。David F. Musto, "Opium, Cocaine, and Marijuana in American History," in *Drugs,* ed. Jeffrey A.Schaler（Amherst, NY: Prometheus Books, 1998）, pp. 17-30.

37)　Paulo Freire, *Pedagogy of the Oppressed,* trans. Myra Bergman Ramos（New York: Herder & Herder, 1970）, p. 111.

38)　Theodore Zeldin, *An Intimate History of Humanity*（New York: HarperCollins, 1994）, p. 393.

39)　Gaston Bachelard, *The Poetics of Space,* trans. Maria Jolas（New York: Orion Press, 1964）, p. 4.

40)　Ibid., p. 6.

41)　Ibid., p. 14.

42)　John Elder, *Reading the Mountains of Home*（Cambridge, MA: Harvard University Press, 1998）.

43)　Edward Casey, *Getting Back into Place*（Bloomington: Indiana University Press, 1993）.

44)　Bachelard, *Poetics of Space,* p. xxix.

45)　Ibid., p. xix.

46)　Walt Whitman, "A Song for Occupations," *Poetry and Prose*（New York: Library of America, 1982）.

47)　次の著作を参照。John Mc Phee, *The Pine Barrens*（New York: Farrar, Straus and Giroux, 1968）.

48)　Hume, *Enquiry Concerning the Principles of Morals,* p. 72.

49)　次の引用を参照。Quoted in Gardner, *Whys of a Philosophical Scrivener,* p. unnumbered.

第2章　苦しみと不幸せ

1）　Viktor E. Frankl, *The Doctor and the Soul*（New York: Vintage Books, 1973）, p. 111.
2）　次の著作を参照。George Orwell, *Nineteen Eighty-Four*（New York: Harcourt, Brace and World, 1949）.
3）　Frankl, The *Doctor and the Soul,* p.xviii.
4）　たとえば，次の著作を参照。B. F. Skinner, *Beyond Freedom and Dignity*（New York: Vintage Books, 1972）. 行動主義者たちは一方の方向（現実の自由とは異なるもの）へと行き過ぎてしまったようだが，彼らが環境の影響を強調することは，わたしたちが本質的に自由であるというフランクルの仮定に貴重な調整をもたらしてくれる。
5）　次の拙著を参照。*Starting at Home: Caring and Social Policy*（Berkeley: University of California Press, 2002）.
6）　次の引用を参照。Quoted in Frankl, *Doctor and the Soul,* p. 112.
7）　次の引用を参照。Quoted in William James, *The Varieties of Religious Experience*（New York: Modern Library, 1929）, p. 135.
8）　Kuno Francke, *A History of German Literature as Determined by Social Forces*（New York: Henry Holt, 1916）, p. 531.
9）　James, *Varieties of Religious Experience,* p. 137.
10）　Ibid.
11）　Ibid. p. 160.
12）　Friedrich Nietzsche, *The Will to Power,* trans. Walter Kaufmann and R. J. Hollingdale（New York: Vintage Books, 1968）, p. 481.
13）　Ibid., p. 482.
14）　Ibid., p. 483.
15）　こうした立場をとるこれ以外の者の二つの強力な例として，バートランド・ラッセルとクラレンス・ダロウがあげられる。
16）　死に値する罰に抵抗する強力な主張として，次の著作を参照。Russell Baker, "Cruel and Unusual," *New York Review of Books,* Jan.20, 2000; Albert Camus, "Reflections on the Guillotine," in *Resistance, Rebellion, and Death*（New York: Alfred A.Knopf, 1969）; William McFeely, *Proximity to Death*（New York: W. W. Norton, 1999）; Geroge Orwell, *The Orwell Reader*（New York: Harcourt, Brace, 1956）; Helen Prejean, *Dead Man Walking*（New York: Vintage Books, 1996）.
17）　次の著作を参照。John Braithwaite and Philip Pettit, *Not Just Deserts: A Republican Theory of Criminal Justice*（Oxford: Clarendon Press, 1990）.
18）　次の著作を参照。James Gilligan, *Violence*（New York: G. P. Putnam's Sons, 1996）.
19）　次の著作を参照。Bernard Williams, *Shame and Necessity*（Berkeley: University of California Press, 1993）.
20）　次の著作を参照。Harold Kushner, *When Bad Things Happen to Good People*（New York: Schocken Books, 1981）.
21）　Paul Ricoeur, *The Symbolism of Evil*（Boston: Beacon Press, 1969）, p. 239.
22）　次の著作を参照。Anthony Cunningham, *The Heart of the Matter*（Berkeley:

University of California Press, 2001).

23)　Ibid.

24)　Ibid.

25)　次の著作を参照。William Styron, *Sophie's Choice* (New York: Vintage Books, 1992).

26)　カミュが死に値する罰を記述したさいに用いた表現である。"Reflections on the Guillotine," p. 234.

27)　たとえばバートランド・ラッセルはこれととても似たようなことを次の著作のなかで語っている。*Why I Am Not a Christian* (New York: Simon & Schuster, 1957).

28)　次の著作を参照。David Ray Griffin, *Evil Revisited* (Albany: State University of New York Press, 1991); John Hick, *Evil and the God of Love* (New York: Macmillan, 1966); Mark Larrimore, ed., *The Problem of Evil* (Oxford: Blackwell, 2001); Nel Noddings, *Women and Evil* (Berkeley: University of California Press, 1989); and Ricoeur, *Symbolism of Evil.*

29)　C .S. Lewis, *A Grief Observed* (Toronto: Bantam Books, 1976), p. 50.

30)　神が道徳的に間違いを犯しうるという可能性については，次の著作を参照。Carl Jung, *Answer to Job,* trans. R. F. C. Hull (Princeton, NJ: Princeton University Press, 1973).

31)　次の著作を参照。Lewis, *The Problem of Pain* (New York: Macmillan, 1962).

32)　次の著作を参照。Hick, *Evil and the God of Love.*

33)　Fyodor Dostoevsky, *The Brothers Karamazov,* trans. Constance Garnett (New York: Modern Library, n.d.). イワンの議論はラリモアでも再録されている。*The Problem of Evil,* pp. 277-282.

34)　こうした理由の説明については，次の著作を参照。James Turner, *Without God, Without Creed* (Baltimore: Johns Hopkins University Press, 1985); also Nel Noddings, *Educating for Intelligent Belief or Unbelief* (New York: Teachers College Press, 1993).

35)　次の著作を参照。Paul Tillich, *The Courage to Be* (New Haven, CT: Yale University Press, 1952).

36)　この議論に関しては，次の著作を参照。David G. Myers, *The American Paradox: Spiritual Hunger in an Age of Plenty* (New Haven, CT: Yale University Press, 2000).

37)　次の著作を参照。Alan Lightman, *The Diagnosis* (New York: Pantheon Books, 2000).

38)　Myers, *American Pradox,* p. 294.

39)　Jean Baudrillard, *Fatal Strategies,* trans. Philip Beitchman and W. G. J. Niesluchowski, ed. Jim Fleming (New York: Semiotext (e), 1990).

40)　Ibid., p. 156.

41)　Ibid., p. 184.

第3章　ニーズと欲求

1)　道徳的動機の解釈においては，欲望の概念が学術的に重要であるが，わたしは，ここではよく耳にする日常的な意味で使用している。

2) David Braybrooke, *Meeting Needs* (Princeton, NJ: Princeton University Press, 1987)
3) 次の著作を参照。Nancy Fraser, *Unruly Practices: Power, Discourse, and Gender in Contemporary Social Theory* (Minneapolis: University of Minnesota Press, 1989).
4) Alison Jaggar, *Feminist Politics and Human Nature* (Totowa, NJ: Rowman & Allanheld, 1983), p. 42.
5) 次の拙著を参照。*Starting at Home*: *Caring and Social Policy* (Berkeley: University of California Press, 2002).
6) 次の著作を参照。Edward O. Wilson, *Biophilia* (Cambridge, MA: Harvard University Press, 1984).
7) 拙著参照。*Starting at Home,* p. 58.
8) Isaiah Berlin, *Four Essays on Liberty* (Oxford: Oxford University Press, 1969), p .168.
9) そのような本の多くは環境運動の発展とともにかなり増え，ほとんどどの規律も今日では自然保護と人間と自然との関係を考えることに寄与している。
10) Berlin, *Four Essays,* pp. 135-136.
11) Joseph A. Schumpeter, *Capitalism, Socialism, and Democracy* (London: Routledge, 1996), p. 392. Orig. 1943.
12) Ibid., p. 395.
13) 次の著作を参照。Bob Brecher, *Getting What You Want?* (London: Routledge, 1998).
14) 次の著作を参照。Berlin, *Four Essays.*
15) わたしとしては，この箇所では，ブレッチャーはいい過ぎているように思われる。選択することと自律とを，実際に同一視しているリベラルな哲学者はほとんどいない。とくに無反省な選択をしているものはいない。
16) モノを欲するという言葉は，欲求によって決定され動かされるような人間を描いたホッブズの定義に，ブレッチャーが応用した言葉である。
17) 次の著作を参照。John Stuart Mill, *On Liberty* and *Utilitarianism* (New York: Bantam Books, 1993/1859 and 1871).
18) Martin Buber, "Education," in Buber, *Between Man and Man* (New York: Macmillan, 1965), p. 90.
19) 次の著作を参照。Alice Miller, *For Your Own Good,* trans. Hildegarde Hannun and Hunter Hannun (New York: Farrar, Straus and Giroux, 1983).
20) 次の著作を参照。Sigmund Freud, *Civilization and Its Discontents* in *The Freud Reader,* ed. Peter Gay (New York: W. W. Norton, 1989), pp. 722-772.
21) Ibid., p. 763.
22) John Dewey, *Human Nature and Conduct* (New York: Modern Library, 1930), p. 105.
23) Freud, "Formulations on the Two Principles of Mental Functioning," in *Freud Reader*, p. 304.
24) Dewey, *Democracy and Education* (New York: Macmillan, 1916), p. 52, quoting Emerson.

25）John Steinbeck, *The Winter of Our Discontent*（New York: Viking Press, 1961）, p. 54.
26）Betty Frieden, *The Feminine Mystique*（New York: W. W. Norton, 1963）.
27）次の著作を参照。Kent C. Berridge, “Pleasure, Pain, Desire, and Dread: Hidden Core Processes of Emotion,” in *Well-Being,* ed. Daniel Kahneman, Ed Diener, and Norbert Schwarz（New York: Russell Sage, 1999）, pp. 525-557.

第4章　教育の目的

1）個人的にもそう思うが，ウィリアム・シューベルトは，教育的意図に固定的階層はないと論じているが，目的，目標，めあてが一般的ではなくなってきている，と広く考えられているとも記している。次の著作を参照。Schubert, *Curriculum: Perspective, Paradigm, and Possibility*（New York: Macmillan, 1986）.
2）このことについては，次を参照。Schubert, pp. 190-191.
3）次の著作を参照。National Education Association, *Cardinal Principles of Secondary Education*（Washington, DC: U. S. Government Printing Office.1918）.
4）Herbert M. Kliebard, *The Struggle for the American Curriculum*（New York: Routledge, 1995）, p. 98.
5）次の著作を参照。Franklin Bobbit, *How to Make a Curriculum*（Boston: Houghton Mifflin, 1924）.
6）めあてを確立するさいに含まれる諸問題の優れた分析に関しては，次の著作を参照。Elliot W. Eisner, *The Educational Imagination*（New York: Macmillan, 1979）.
7）次の著作を参照。Plato, *The Republic,* trans. B. Jowett（Roslyn, NY: Walter Black, 1942）, Book II.
8）John Dewey, *Democracy and Education*（New York: Macmillan, 1944/1916）, p. 90.
9）Ibid.
10）次の著作を参照。*The Republic,* Book III.
11）『エミール』への導入については，次の著作を参照。William Boyd, ed., *The Emile of Jean Jacques Rousseau: Selections*（New York: Teachers College Press, 1962）.
12）ルソーが勧めるソフィーの教育についての有益な分析については，次の著作を参照。Jane Roland Martin, *Reclaiming a Conversation*（New Haven, CT: Yale University Press, 1985）. 次の著作も参照。Susan Moller Okin, *Women in Western Political Thought*（Princeton, NJ: Princeton University Press, 1979）.
13）Dewey, *Democracy and Education,* p. 100.
14）Alfred North Whitehead, *The Aims of Education*（New York: Free Press, 1967/1929）, p. 1.
15）Ibid., pp. 6-7.
16）次の著作を参照。National Commission on Excellence in Education, *A Nation at Risk*（Washington, DC: U.S. Government Printing Office, 1983）.
17）Ibid., p. 5.
18）次の著作を参照。David Berliner and Bruce Biddle, *The Manufactured Crisis: Myths, Fraud, and the Attack on America's Public Schools*（New York: Perseus, 1996）. 次の著作も参照。Gerald Bracey, *Setting the Record Straight: Responses to*

Misconceptions about Public Education in the United States（Alexandria, VA: Association for Supervision and Curriculum Development, 1997）.

19） Dewey, *The School and Society*（Chicago: University of Chicago Press, 1990）, p. 3.

20） 次の著作を参照。Jeannie Oakes, *Multiplying Inequalities: The Effects of Race, Social Class, and Tracking on Opportunities to Learn Mathematics and Science*（Santa Monica, CA: Rand, 1990）. 次の著作も参照。Oakes, *Keeping Track: How Schools Structure Inequality*（New Haven, CT: Yale University Press, 1995）. 能力別クラス編成の正負の影響に関しては，次の著作を参照。James E. Rosenbaum, "Track Misperceptions and Frustrated College Plans: An Analysis of the Effects of Tracks and Track Perceptions in the National Longitudinal Survey," *Sociology of Education* 53, 1980: 74-88.

21） 次の著作を参照。National Council of Teachers of Mathematics, *Principles and Standards for School Mathematics,* Discussion draft（Reston, VA: NCTM, 1998）.

22） Ibid., p. 15.

23） Ibid., p. 23.

24） Ibid.

25） この目標を達成することに含まれる諸問題についての包括的なレビューについては，次の著作を参照。James Paul, Michael Churton, Hilda RosselliKostoryz, William Morse, Kofi Marfo, Carolyn Lavely, and Daphne Thomas, eds., *Foundations of Special Education*（Pacific Grove, CA: Brooks/Cole, 1997）. 次も参照。Paul, Churton, Morse, Albert Duchnowski, Betty Epanchin, Pamela Osnes, and R. Lee Smith, eds., *Special Education Practice*（Pacific Grove, CA: Brooks/Cole, 1997）.

26） このレッテルから逃れることが子どもたちにとっていかに困難であるかに関する説得力のある説明については，次の著作を参照。Theresa A. Thorkildsen and John G. Nicholls, *Motivation and the Struggle to Learn*（Boston: Allyn & Bacon, 2002）.

27） これは，ユートピアを描くさいに用いられる知られたテクニックである。二つのよく知られた例として次の著作を参照。Edward Bellamy, *Looking Backward*（New York: New American Library, 1960/1888）. Samuel Butler, *Erewhon*（London: Penguin, 1985/1872）.

第Ⅱ部　個人の生活のために教育すること

第5章　家庭を築くこと

1） Wallace Stegner, *Angle of Repose*（New York: Penguin Books, 1971）, pp. 158-159.

2） Ibid., p. 159.

3） 居住と放浪の区別に関しては，次の著作を参照。Edward S. Casey, *Getting Back Into Place*（Bloomington: Indiana University Press, 1993）. 次の著作も参照。Erazim Kohak, "Of Dwelling and Wayfaring: A Quest for Metaphors," in *The Longing for Home,* ed. Leroy S. Rouner（Notre Dame, IN: University of Notre Dame Press, 1996）, pp. 30-46; Stegner, *Angle of Repose* .

4） Robert Coates, *A Street Is Not a Home*（Buffalo, NY: Prometheus, 1990）.

5）次の著作を参照。Zoe Oldenbourg, *The Crusades,* trans. Anne Carter（New York: Pantheon Books, 1966）. また，オールデンボーグの同時期の歴史小説を参照。

6）Larry R. Ford, *The Spaces between Buildings*（Baltimore: Johns Hopkins University Press, 2000）, p. 200.

7）次の著作を参照。Casey, *Getting Back Into Place.*

8）そのような容器のなかの植栽は，多くの写真家に好まれる題材である。魅力的な例を取りあげたものとして，次の著作を参照。Linda Garland Page and Eliot Wigginton, eds., *Aunt Arie, A Foxfire Portrait*（New York: E. P. Dutton, 1983）.

9）次の拙著を参照。Nel Noddings, *Starting at Home: Caring and Social Policy*（Berkeley: University of California Press, 2002）.

10）Hermann Hesse, *Steppenwolf*（New York: Holt, Rinehart and Winston, 1963）, p. 52.

11）次の著作を参照。John Kenneth Galbraith, *The Culture of Contentment*（Boston: Houghton Mifflin, 1992）.

12）Hesse, *Steppenwolf,* pp. 77-78.

13）Marcel Proust, *Remembrance of Things Past,* Vol. 1, *Swann's Way,* trans. C. K. Scott Moncrieff and Terence Kilmartin（New York: Random House, 1981）, pp. 48-51.

14）確かな一例として，次の著作を参照。William Pinar, *Autobiography, Politics, and Sexuality*（New York: Peter Lang, 1994）.

15）たとえば，次の著作を参照。Carollyne Sinclaire, *Looking for Home*（Albany: State University of New York Press, 1994）.

16）この作業がはらむ複雑さの分析については，次の著作を参照。Elizabeth Ellsworth, "Why Doesn't This Feel Empowering? Working Through the Repressive Myth of Critical Pedagogy," *Harvard Educational Review* 59 (3), 1989: 297-324.

17）次の著作を参照。David McCullough, *John Adams*（New York: Simon & Schuster, 2001）.

18）次の著作を参照。Page and Wigginton, *Aunt Arie.*

19）次の著作を参照。Robert Graves, *Goodbye to All That*（London: Folio Society, 1981; orig. 1929）.

20）快適さについての簡潔な歴史については，次の著作を参照。Witold Rybczynski, *Home: A Short History of an Idea*（New York: Viking Press, 1986）.

21）Casey, *Getting Back Into Place,* p. 120.

22）次の著作を参照。Rybczynski, *Home.*

23）Ibid. 次の著作も参照。Laura Shapiro, *Perfection Salad*（New York: Modern Library, 2001）.

24）Gaston Bachelard, *The Poetics of Space,* trans. Maria Jolas（New York: Orion Press, 1964）, p. 14.

25）再び，次の著作を参照。Rybczynski, *Home,* and Shapiro, *Perfection Salad.*

26）さらなる事例と直観的様式における日課形態の論述については，次の著作を参照。Nel Noddings and Paul Shore, *Awakening the Inner Eye: Intuition in Education*（New York: Teachers College Press, 1984）.

27）James R. Newman, ed., *The World of Mathematics*（New York: Simon & Schuster, 1956）, p. 2039.

28） *The New Buckeye Cook Book*（Dayton, OH: Home Publishing, 1891）, p. 922.

29） Jerome Bruner, *The Process of Education*（Cambridge, MA: Harvard University Press, 1960）, p. 52. また，ブルーナーのスパイラル・カリキュラムの解説も参照。

30） 次の著作を参照。Franklin Bobbitt, *How to Make a Curriculum*（Boston: Houghton Mifflin, 1924）.

31） リブチンスキーの『家庭』の解説を参照。

32） Ibid.

33） 次の著作を参照。Shapiro, *Perfection Salad.* しかし，家政学の専門家の賛否両論の分析に関しては，次の著作を参照。Patricia Thompson, *Bringing Feminism Home*（Charlottetown, Canada: Home Economics Publishing Collective, 1992）.

34） 次の著作を参照。Irma S. Rombauer and Marion Rombauer Becker, *Joy of Cooking*（Indianapolis: Bobbs-Merrill, 1974; orig. 1931）.

35） 次の著作を参照。Claire Joyes, *Monet's Table*（New York: Simon & Schuster, 1989）.

36） Ibid., p. 54.

37） Theodore Zeldin, *An Intimate History of Humanity*（New York: HarperCollins, 1994）, p. 437.

38） Ibid., p. 438.

39） Ibid., p. 439.

40） 次の著作を参照。Bachelard, *Poetics of Space*.

第6章　郷土と自然

1） David McCullough, *John Adams*（New York: Simon & Schuster, 2001）, p. 31.

2） Ibid., p. 383.

3） Pearl S. Buck, *The Exile*（New York: Triangle, 1936）.

4） Wallace Stegner, *Angle of Repose*（New York: Penguin Books, 1971）, p. 274.

5） Ibid., p. 277.

6） Brad Leithauser, *"The Selected Poetry of Robinson Jeffers," New York Times Book Review,* Sunday, July 22, 2001, p. 14.

7） Gaston Bachelard, *The Poetics of Space,* trans. Maria Jolas（New York: Orion Press, 1964）, p. 93.

8） Ibid., p. 91.

9） Ibid., p. xxix.

10） Ibid., p. xix.

11） 次の著作を参照。Alfie Kohn, *The Schools Our Children Deserve*（Boston: Houghton Mifflin, 1999）.

12） 次の著作を参照。David Labaree, *How to Succeed in School without Really Learning: The Credentials Race in American Education*（New Haven, CT: Yale University Press, 1997）.

13） 次の著作を参照。Peter Kahn, *The Human Relationship with Nature*（Cambridge, MA: MIT Press, 1999）; also Edward O. Wilson, *Biophilia*（Cambridge. MA: Harvard University Press, 1984）.

14)　この問題の賛否両論については，次の著作を参照。Kahn, *The Human Relationship.*

15)　Alfred North Whitehead, *The Aims of Education* (New York: Free Press, 1967/1929), p. 32.

16)　次の著作を参照。David Hawkins "How to Plan for Spontaneity" in *The Open Classroom Reader,* ed. Charles E. Silberman (New York: Vintage Books, 1973), pp. 486-503; also Kohn, *Schools Our Children Deserve;* Charles E. Silberman, *Crisis in the Classroom* (New York: Random House, 1970); Deborah Meier, *The Power of Their Ideas* (Boston: Beacon Press, 1995); and Frances Lothrop Hawkins, *Journey with Children* (Niwot, CO: University Press of Colorado, 1997).

17)　Albert Schweitzer, *Out of My Life and Thought,* trans. C. T. Campion (New York: Henry Holt, 1933), p. 272.

18)　Robert Paul Smith, *"Where Did You Go?" "Out." "What Did You Do?" "Nothing"* (New York: W. W. Norton, 1957), p. 23.

19)　次の著作を参照。Gary Paul Nabhan and Stephen Trimble, *The Geography of Childhood: Why Children Need Wild Places* (Boston: Beacon Press, 1994).

20)　Rumer Godden, *An Episode of Sparrows* (New York: Viking Press, 1955), p. 55.

21)　次の著作を参照。Philip W. Jackson, *Untaught Lessons* (New York: Teachers College Press, 1992).

22)　William James, *The Varieties of Religious Experience* (New York: Modern Library, 1929/1902), p. 161. さらに多くの例としては，病める魂に関する章を参照。

23)　Wendell Berry, *The Unsettling of America* (San Francisco: Sierra Club, 1977), p. 233.

24)　次の著作を参照。Michael Pollan, *The Botany of Desire* (New York: Random House, 2001), p. 220.

25)　Wendell Berry, *Another Turn of the Crank* (Washington, DC: Counterpoint, 1995), p. xi.

26)　次の著作を参照。Sara Stein, *Noah's Garden: Restoring the Ecology of Our Own Back Yards* (Boston: Houghton Mifflin, 1993).

27)　ジョイ・アダムソンの夫のアダムソンは，かのベストセラー『野生のエルザ』を著したが，それは次の著作に引用されている。Jeffrey Moussaieff Masson and Susan McCarthy, *When Elephants Weep: The Emotional Lives of Animals* (New York: Delacorte Press, 1995), p. xviii.

28)　次の拙著を参照。*Starting at Home: Caring and Social Policy* (Berkeley: University of California Press, 2002).

29)　年長の生徒たちは，アルトゥール・ショーペンハウアーの次の著作のなかで適切な論議を読むことができるであろう。*The World as Will and Representation,* trans. E. F. J. Payne (New York: Dover, 1969).

30)　Peter Singer, *Animal Liberation,* second edition (New York: New York Review of Books, 1990), p. 6.

31)　人間以外の動物に対する人間の扱い方についての恐ろしい話に関しては，次の著作を参照。Singer, *Animal Liberation;* also Tom Regan, *The Case for Animal Rights* (Berkeley: University of California Press, 1983).

32） Charles Reich, *The Greening of America*（New York: Random House, 1970）, p. 203.

33） Ibid., pp. 342-343.

第7章 親　業

1） 次の著作を参照。Adrienne Rich, *Of Woman Born*（New York: W.W. Norton, 1976）. 次も参照。Barbara Ehrenreich and Deirdre English, *Witches, Midwives, and Nurses*（Old Westbury, NY: Feminist Press, 1973）.

2） 次の著作を参照。Lucy Candib, *Medicine and the Family: A feminist Perspective*（New York: Basic Books, 1995）.

3） この物語の悲哀を感じさせる記述の詳細や，さらに多くの典拠については，アドリエンヌ・リッチの前掲書を参照。

4） 第2章の議論を参考。次の著作も参照。Mary Daly, *Beyond God the Father*（Boston: Beacon Press, 1974）; Paul Ricoeur, *The Symbolism of Evil*（Boston: Beacon Press, 1969）.

5） 次の著作を参照。John Anthony Phillips, *Eve: The History of an Idea*（San Francisco: Harper & Row, 1984）.

6） たとえば，次の著作を参照。A. N. Wilson, *Against Religion*（London: Chatto & Winders, 1991）. ウィルソンは，系統立てられた宗教への敬意に失望し，わたしたちに「とんまへのブーイング」をうながしている。彼は次のように書いている。すなわち「ローマ法王は，非常に強烈なとんまである。アヤトッラ・ホメイニは，さらに偉大なとんまである。大統領夫人は，取るに足らないとんまである。トニー・ヒグトン師とイアン・ペイズリーは，口うるさい，少し間抜けなやつである。この人たち全員に対して，やじって，やじって，やじりたおしなさい」（pp. 48-49）。

7） 次の著作を参照。James G. Frazer, *The Golden Bough*（New York: Macmillan, 1951）, pp. 415-420.

8） 次の著作を参照。Geoffrey C. Ward and Ken Burns, *Not for Ourselves Alone: The Story of Elizabeth Cady Stanton and Susan B. Anthony*（New York: Alfred A. Knopf, 1999）.

9） 次の著作を参照。Susan Brownmiller, *Against Our Will*（New York: Simon & Schhuster, 1975）.

10） Emilie Buchwald, Pamela R. Fletcher, and Martha Roth, eds., *Transforming a Rape Culture*（Minneapolis: Milkweed Editions, 1993）.

11） 拙著のよろこびに関する章を参照。*Caring: A Feminine Approach to Ethics and Moral Education*（Berkeley: University of California Press, 1984）. 次も参照。Sara Ruddick, *Maternal Thinking: Towards a Politics of Peace*（Boston: Beacon Press, 1989）. Mary O'brien, *The Politics of Reproduction*（London: Routledge and Kegan Paul, 1981）. Joyce Trebilcot and Carolyn Whitbeck eds., *Mothering: Essays in Feminist Theory*（Totowa, NJ: Rowman & Allenhald, 1984）.

12） Madeleine R. Grumet, *Bitter Milk*（Amherst: University of Massachusetts Press, 1988）, p. 8.

13） Ibid., p. 11.

14）　次の著作を参照。Ruddick, *Maternal Thinking*.

15）　次の拙著を参照。*Starting at Home: Caring and Social Policy*（Berkeley: University of Calfornia Press, 2002）.

16）　次の著作を参照。Shulamith Firestone, *The Dialectic of Sex*（New York: Bantam Books, 1972）.

17）　Rich, *Of Woman Born* を引用したS.ファイアーストーンの前掲書290ページ，注30を参照。

18）　*Starting at Home* でのわたしの議論（と補助用の参考文献）を参照。

19）　次の著作を参照。Ruddick, *Maternal Thinking*.

20）　次の著作を参照。Benjamin Spock, *Baby and Child Care*（New York: Pocket Books, 1946）. 次も参照。Spock, *On Parenting*（New York: Pocket Books, 2001）.

21）　テキストに加えて，多くの有名な書籍が，食物生産と食習慣の諸側面を扱っている。たとえば，次の著作を参照。Kenneth Kiple and Kriemhild Conee Ornelas (eds.), *The Cambridge World History of Food*（Cambridge: Cambridge University Press, 2000）; Claire Shaver Haughton, *Green Immigrants*（New York: Harcourt Brace Jovanovich, 1978）; Laura Shapiro, *Perfection Salad*（New York: Modern Library, 2001）; Reay Tannahill, *Food in History*（New York: Stein and Day, 1973）; Theodore Zeldin, *An Intimate History of Humanity*（New York: Harper Collins, 1994）. もちろん加えて，レシピよりもより多くのものを提供してくれる料理本も多数ある。

22）　レイ・タナヒルの『食物と歴史』にある興味深い議論を参照。

23）　ジョニー・アップルシードについての興味をそそる議論については，次の著作を参照。Michael Pollan, *The Botany of Desire*（New York: Random House, 2001）.

24）　Ibid., p. 21.

25）　Ibid., p. 23.

26）　Ibid., p. 23.

27）　David McCullough, *John Adams*（New York: Simon & Schuster, 2001）, p. 36. および，その周辺を参照。

28）　ポーランやゼルディンによって引用された著作に加えて，次の著作を参照。Carl Kerenyi, *Dionysus: Archetypal Image of Indestructible Life,* trans. Ralph Manheim（Princeton, NJ: Princeton University Press, 1976）. David Musto, "Opium,Cocaine, and Marijuana in American History," in *Drugs: Schould We Legalize, Decriminalize or Deregulate?* ed. Jeffrey A. Schaler（Amherst, NY: Prometheus Books, 1998）, pp. 17-30.

29）　次の著作を参照。John Dewey, *Experience and Education*（New York: Collier, 1963/Kappa Delta Pi, 1938）, p. 36.

30）　次の著作を参照。Robert Paul Smith, *"Where Did You Go?" "Out." "What Did You Do?" "Nothing"*（New York: W. W. Norton, 1957）.

31）　そのようなケースの強力な例については，次の著作を参照。Denise Clark Pope, *"Doing School": How We Are Creating a Generation of Stressed Out, Materialistic, and Miseducated Students*（New Haven, CT: Yale University Press, 2001）.

32）　ダイアナ・バームリンドによる影響力のある一連の論文を参照。たとえば，

"Parent Style and Adolescent Development," in *The Encyclopedia of Adolescence,* ed. R. Lerner, A. C. Peterson, and J. Brooks-Gunn（New York: Garland Press, 1991）. また，Baumrind, *Child Maltreatment and Optimal Caregiving in Social Contexts*（New York: Garland Press, 1995）.

33）次の著作を参照。Shirley Brice Heath, *Ways with Words*（Cambridge: Cambridge University Press, 1983）.

34）次の著作を参照。E. D. Hirsh, Jr., *The Schools We Need*（New York: Doubleday, 1996）, p. 24. 次も参照。Hirsh, *Cultural Literacy: What Every American Needs to Know*（Boston: Houghton Mifflin, 1987）.

35）次の著作を参照。Philip W. Jackson, *Untaught Lessons*（New York: Teachers College Press, 1992）.

第8章　性格とスピリチュアリティ

1）たとえば，次の著作を参照。Thomas Lickona, *Educating for Character*（New York: Bantam Books, 1991）; B. Edward McClellan, *Moral Education in America*（New York: Teachers College Press, 1999）; and Alex Molnar, ed., *The Construction of Children's Character*（Chicago: National Society for the Study of Education, 1997）.

2）たとえば，次の著作を参照。Alfie Kohn, "The Trouble with Character Education," in *The Construction of Children's Character,* ed. Molnar, pp.154-162; also Robert J. Nash, *Answering the "Virtuecrats"*（New York: Teachers College Press, 1997）.

3）拙著 *Starting at Home*（Berkeley: University of California Press, 2002）所収，第5章「かかわりの内にある自己」を参照。

4）A. S. Neill, *Summerhill*（New York: Hart, 1960）, p. 250.

5）次の著作を参照。Alice Miller, *For Your Own Good,* trans. Hildegarde Hannun and Hunter Hannun（New York: Farrar, Straus and Giroux, 1983）; also Miller, *The Truth Will Set You Free*（New York: Basic Books, 2001）.

6）Louis Menand, *The Metaphysical Club*（New York: Farrar, Straus and Giroux, 2001）, p. 159.

7）こうした手順はマルティン・ホフマンが「導入」として記したものととても似ているが，ホフマンは三番目の段階をよりよく見せることを強調していない。次の著作を参照。Hoffman, *Empathy and Moral Development*（Cambridge: Cambridge University Press, 2000）.

8）ジョン・ウェスレーの説教からの引用。John Wesley in Sissela Bok, *Lying: Moral Choice in Public and Private Life*（New York: Vintage Books, 1979）, p. 34.

9）David Hume, *An Enquiry Concerning the Principles of Morals*（Indianapolis: Hackett, 1983/1751）, p. 66.

10）次の引用を参照。Quoted in Adam Potkay, *The Passion for Happiness: Samuel Johnson and David Hume*（Ithaca, NY: Cornell University Press, 2000）, p. 60. ポチュカイはこう付け加えている。「唯一の幸せとは分かち合われた幸せのことである」。

11）Paul Tillich, *The Courage to Be*（New Haven, CT: Yale University Press, 1952）, p. 7.これは彼がアクイナスの分析に関して議論するところにあらわれている。

12)　ジョン・デューイもまたこうした立場をとっている。次の著作を参照。Dewey, *Human Nature and Conduct*（New York: Modern Library, 1930）.

13)　William James, *The Varieties of Religious Experience*（New York: Modern Library, 1929/1902）, p. 359.

14)　次の著作を参照。Jane Roland Martin, *Reclaiming a Conversation*（New Haven, CT: Yale University Press, 1985）; also Nel Noddings, *Educating Moral People*（New York: Teachers College Press, 2002）.

15)　暴力における男性性の役割については，次の著作を参照。Jessie Klein and Lynn S. Chancer, "Masculinity Matters: The Omission of Gender from High-Profile School Violence Cases," in *Smoke and Mirrors,* ed. Stephanie Urso Spina（Lanham, MD: Rowman & Littlefield, 2000）, pp. 129-162; also James W. Messerschmidt, *Masculinities and Crime*（Lanham, MD: Rowman & Littlefield, 1993）.

16)　しかし，著しい対照を示す第一次世界大戦の詩を参照。たとえば次を参照。Wilfred Owen, "Dulce et Decorum Est," in *Anthem for Doomed Youth,* ed. Lyn Macdonald（London: Folio Society, 2000）, p. 200.

17)　軍隊を支える女性の役割についての記述としては，次の著作を参照。Jean Bethke Elshtain, *Women and War*（New York: Basic Books, 1987）. この問題の両面性に関する女性についての説明については，次の著作を参照。Sara Ruddick, *Maternal Thinking: Towards a Politics of Peace*（Boston: Beacon Press, 1989）.

18)　次の著作を参照。Jonathan Glover, *Humanity: A Moral History of the 20th Century*（New Haven, CT: Yale University Press, 2000）.

19)　次の拙著を参照。*Caring: A Feminine Approach to Ethics and Moral Education*（Berkeley: University of California Press, 1984.）*Women and Evil*（Berkeley: University of California Press, 1989）. *Educating Moral People*（New York: Teachers College Press, 2002）.

20)　合衆国市民となって以来ずっともたれている問題に関する強力な議論としては，次の著作を参照。Donaldo Macedo, *Literacies of Power: What Americans Are Not Allowed to Know*（Boulder, CO: Westview Press, 1994）. 教育目的にとっては，わたしたちの社会と政府のもつよい面とのバランスあるマケドーの説明は，好ましいように見受けられる。

21)　Glover, *Humanity,* p. 414.

22)　ペインの『理性の時代』から次に引用されたものを用いた。Michael True, *An Energy Field More Intense Than War*（Syracuse, NY: Syracuse University Press, 1995）, p. 14.

23)　Ibid., p. 14.

24)　次の著作を参照。Glover, *Humanity.*

25)　次の著作を参照。Simon Wiesenthal, *The Sunflower*（New York: Schocken Books, 1976）.

26)　Brian E. Fogarty, *War, Peace, and the Social Order*（Boulder, CO: Westview Press, 2000）, p. 88.

27)　*War Peace, and the Social Order* に加えて次の著作を参照。Herbert C. Kelman and Lee Hamilton, *Crimes of Obedience*（New Haven, CT: Yale University Press,

1989) ; also Lawrence Le Shan, *The Psychology of War* (Chicago: Noble Press, 1992).

28) Lickona, *Educating for Character,* p. 270.

29) 教授上の可能性については，次の著作を参照。Katherine G. Simon, *Moral Questions in the Classroom* (New Haven, CT: Yale University Press, 2001).

30) こうした話のよき情報源としては，次の著作を参照。True, *An Energy FieldMore Intense Than War.*

31) James Terry White, *Character Lessons in American Biography* (New York: Character Development League, 1909).

32) 次の著作からの引用。Frances Willard in White, *Character Lessons,* p. 31.

33) Ibid., p. 31.

34) John Knowles, *A Separate Peace* (New York: Macmillan, 1960), p. 46.

35) 次の著作を参照。Denise Clark Pope, *"Doing School": How We Are Creating a Generation of Stressed Out, Materialistic, and Miseducated Students* (New Haven, CT: Yale University Press, 2001).

36) Martin Buber, *I and Thou,* trans. Walter Kaufman (New York: Charles Scribner's Sons, 1970), p. 57.

37) Jean-Paul Sartre, *Nausea,* trans. Lloyd Alexander (Norfolk, CT: New Directions, 1959/1938), pp. 170-173.

38) James, *The Varieties of Religious Experience,* p. 158.

39) W. G. Sebald, *Austerlitz,* trans. Anthea Bell (New York: Random House, 2001), p.163.

40) Ibid., p. 93.

41) Ibid., p. 94.

42) Gaston Bachelard, *The Poetics of Space,* trans. Maria Jolas (New York: Orion Press, 1964), p. 67.

43) Carol Ochs, *Women and Spirituality* (Totowa, NJ: Rowman & Allanheld, 1983), p. 6. 彼女の定義は一般に受容された基本的なものである。先のティリッヒの著作も参照。

44) Ochs, *Women and Spirituality,* p. 13.

45) この表現は，ジョン・エベリンからサー・トーマス・ブラウンへの手紙のなかで用いられた。次の引用を参照。Edward S. Casey, *Getting Back into Place* (Bloomington: Indiana University Press, 1993), p. 153.

46) これは『カンディード』のなかの有名な最後の行である。次の著作を参照。*The Portable Voltaire,* ed. Ben Ray Redman (New York: Penguin Books, 1977).

47) キャサリン S. ホワイトへの E. B. ホワイトの序言。*Onward and Upward in the Garden* (New York: Farrar, Straus and Giroux, 1979), p.xix.

48) Buber, *I and Thou,* p. 62.

49) Anne Morrow Lindbergh, *Gift from the Sea* (New York: Random House, 1955), p. 48.

50) Ibid., p. 52.

51) Ibid., p. 53.

52) Ibid., p. 105.

53）Hannah Arendt, *The Human Condition*（Chicago: University of Chicago Press, 1958）, p. 52.
54）次のなかの記述を参照。Samuel Oliner and Pearl M. Oliner, *The Altruistic Personality: Rescuers of Jews in Nazi Europe*（New York: Free Press, 1988）.
55）Casey, *Getting Back into Place,* p. 19.

第9章　対人関係における成長

1）次の著作を参照。David G. Myers, *The Pursuit of Happiness*（New York: Avon, 1992）. 次も参照。David Hume, *An Enquiry Concerning the Principles of Morals*（Indianapolis: Hackett, 1983/1751）.
2）再び次の著作を参照。Myers, *The Pursuit of Happiness*. 次の著作も参照。Michael Argyle, "Causes and Correlates of Happiness," in *Well-Being,* ed. Daniel Kahneman, Ed Diener, and Norbert Schwarz（New York: Russell Sage Foundation, 1999）, pp. 353-373.
3）Hume, *Enquiry Concerning Morals,* p. 71.
4）Myers, *The Pursuit of Happiness,* p. 107.
5）Hume, *Enquiry Concerning Morals,* p. 62.
6）Ibid., p. 61.
7）次の著作を参照。Ed Diener and Richard E. Lucas, "Personality and Subjective Well-Being," in *Well-Being,* ed. Kahneman, Diener, and Schwarz, pp. 213-229.
8）次の著作を参照。Ed Diener and M. Diener, "Cross-Cultural Correlates of Life Satisfaction and Self-Esteem," *Journal of Personality and Social Psychology* 68, 1995: 653-663.
9）John Rawls, *A Theory of Justice*（Cambridge, MA: Harvard University Press, 1971）, p. 440.
10）Ibid., p. 440.
11）Toni Morrison, *The Bluest Eye*（New York: Plume, 1994/1970）, p. 205.
12）Hume, *Enquiry Concerning Morals,* p. 55.
13）次の著作を参照。Diener and Lucas, "Personality and Subjective Well-Being."
14）この課題に関しては最近多くの本がでているので役立つ。たとえば，次の著作を参照。Ruth Charney, *Teaching Children to Care*（Greenfield, MA: Northeast Foundation for Children, 1992）; Jonathan Cohen, ed., *Educating Minds and Hearts*（New York: Teachers College Press, 1999）; John Nicholls and Theresa Thorkildsen, eds., *"Reasons for Learning"*（New York: Teachers College Press, 1995）.
15）Jessie Klein and Lynn S. Chancer, "Masculinity Matters: The Omission of Gender from High-Profile School Violence Cases," in *Smoke and Mirrors,* ed. Stephanie Urso Spina（Lanham, MD: Rowman & Littlefield, 2000）, p. 155. この問題に関するさらなる議論に関しては，次の著作を参照。James W. Messerschmidt, *Masculinities and Crime*（Lanham, MD: Rowman & Littlefield, 1993）.
16）青少年たちにとって重要であるこの問題について，教師たちに理解させ議論させる取り組みに関しては，次の著作を参照。Gregory Michie, *Holler If You Hear Me*（New York: Teachers College Press, 1999）.

17) 再び次の著作を参照。Klein and Chancer, "Masculinity Matters."

18) 次の著作を参照。David Flinders and Nel Noddings, *Multiyear Teaching: The Case for Continuity* (Bloomington, IN: Phi Delta Kappa, 2001).

19) 多くのよい例については，次の著作を参照。John H. Lounsbury and Gordon Vars, *A Curriculum for the Middle School Years* (New York: Harper & Row, 1978).

20) 次の著作を参照。Theodore Sizer, *Horace's Compromise: The Dilemma of the American High School* (Boston: Houghton Mifflin, 1984).

21) 次の著作を参照。Deborah Meier, *The Power of Their Ideas: Lessons for America from a Small School in Harlem* (Boston: Beacon Press, 1995).

22) 次の著作を参照。Myers, *The Pursuit of Happiness*. また次の著作も参照。Myers, "Close Relationships and Quality of Life," in *Well-Being,* ed. Kahneman, Diener, and Schwarz, pp. 374-391.

23) Aristotle, *Nicomachean Ethics,* trans. Terence Irwin (Indianapolis: Hackett, 1985).

24) Ibid., p. 212.

25) Ibid., pp. 212-213.

26) Oscar Wilde, *The Picture of Dorian Gray and Other Writings* (New York: Bantam Books, 1982/1890), pp. 129-130.

27) Aristotle, *Nicomachean Ethics,* p. 218.

28) Job 6: 14 and 16: 2.

29) 次の著作を参照。Andrew Garrod, Lisa Smulyan, Sally I. Powers, and Robert Kilkenny, *Adolescent Portraits: Identity, Relationships, and Challenges* (Boston: Allyn & Bacon, 2002).

30) Ibid., p. 227.

31) 多くの可能性が考えられるが，次の著作を参照。Andrew Garrod and Colleen Larimore eds., *First Person, First Peoples* (Ithaca, NY: Cornell University Press, 1997); Garrod, Janie Victoria Ward, Tracy Robinson, and Robert Kilkenny, eds., *Souls Looking Back: Life Stories of Growing Up Black* (New York: Routledge, 1999); Michie, *Holler If You Hear Me*.

32) 次の著作を参照。David McCullough, *John Adams* (New York: Simon & Schuster, 2001).

33) Lewis Thomas, *Late Night Thoughts on Listening to Mahler's Ninth Symphony* (New York: Viking Press, 1983), p. 142.

34) Anne Morrow Lindbergh, *Gift from the Sea* (New York: Random House, 1955), p. 104.

第Ⅲ部　公的な生活のために教育すること

第10章　仕事への準備

1) John Dewey, *Democracy and Education* (New York: Macmillan, 1916), p. 308.

2) National Commission on Excellence in Education, *A Nation at Risk* (Washington, DC: U.S. Government Printing Office, 1983), p. 5.

3) *The New York Times,* Sunday, August 31, 1997, E-9.

4) この点については，次の著作を参照。Richard J. Murnane and Frank Levy, *Teaching the New Basic Skills: Principles for Educating Children to Thrive in a Changing Economy* (New York: Free Press, 1996). 必要とされる技能について，わたしたちがいかに生徒に誤解を与えてきたかについての説明として，次の著作を参照。Ivar Berg, *Education and Jobs: The Great Training Robbery* (Boston: Beacon Press, 1971).

5) この点については，前にもあげた次の文献を参照。Robert E. Lane, *The Loss of Happiness in Market Democracies* (New Haven, CT: Yale University Press, 2000).

6) この点については，次の著作を参照。Robert E. Lane, *The Market Experience* (Cambridge: Cambridge University Press, 1991).

7) 中退率に関しては，さまざまな報告書がそれぞれ異なった計算結果を報告しており，議論の的になっている。したがって，さまざまな情報源を検討する必要がある。対立する見解については，次の著作を参照。http://nces.ed.gov/pubsearch/pubsinfo.asp? pubid=2002114; Jay Greene, "Graduation Statistics: Caveat Emptor," *Education Week,* Jan. 16, 2002, pp. 52, 37; also www. manhattaninstitute. org/html/cr_baeo. htm.

8) 次の著作を参照。Herbert Kliebard, *The Struggle for the American Curriculum* (New York: Routledge, 1995) ; Harold S.Wechsler, "Eastern Standard Time: High School-College Collaboration and Admission to College, 1880-1930," in *A Faithful Mirror: Reflections on the College Board and Education in America,* ed. Michael C. Johanek (New York: College Board, 2001), pp. 43-79; and David L. Angus and Jeffrey E. Mirel, *The Failed Promise of the American High School: 1890-1995* (New York: Teachers College Press, 1999).

9) カリキュラムがますますスタンダード化されていることに対する強力な反対論として，次の著作を参照。Alfie Kohn, *The Schools Our Children Deserve* (Boston: Houghton Mifflin, 1999) ; Deborah Meier, *Will Standards Save Public Education?* (Boston: Beacon Press, 2000) ; and Susan Ohanian, *One Size Fits Few: The Folly of Educational Standards* (Portsmouth, NH: Heinemann, 1999). また，教育機会の平等についての議論を幅広く分析したものとして，次の著作を参照。Kenneth Howe, *Understanding Equal Educational Opportunity* (New York: Teachers College Press, 1997).

10) コース分けのよい点，悪い点を論じたものとして，次の著作を参照。Thomas Loveless, *The Tracking Wars* (Washington, DC: Brookings Institution Press, 1996) ; Samuel Lucas, *Tracking Inequality* (New York: Teachers College Press, 1999) ; and James E. Rosenbaum, "Track Misperceptions and Frustrated College Plans: An Analysis of the Effects of Tracks and Track Perceptions in the National Longitudinal Survey," *Sociology of Education* 53, 1980: 74-88.

11) Dewey, *Democracy and Education,* p. 87.

12) デューイは『民主主義と教育』の第1章で，人間には互いにコミュニケーションをしようとする社会的衝動があることを論じている。そして，コミュニケーションをとろうとする欲求を，共通の価値を追求するうえでの基盤としている。

13) Dewey, *The Public and Its Problems*（New York: Henry Holt, 1927）, p. 184.
14) アダムズについては，次の著作を参照。Jean Bethke Elshtain, *Jane Addams and the Dream of American Democracy*（New York: Basic Books, 2002）.
15) Dewey, *Democracy and Education,* p. 8.
16) デューイとハッチンズとのあいだのやりとりについては，次の著作を参照。John Dewey, *The Later Works, 1925-53, Vol. 11: 1935-37,* ed. Jo Ann Boydston（Carbondale and Edwardsville: Southern Illinois Press, 1991）, pp. 391-396, 397-401, 402-407, and 592-597. このやりとりはもともと，次の著作に掲載されたものである。*Social Frontier,* 1936 and 1937.
17) 教育における自己評価の重要性については，次の文献が説得力ある議論を展開している。William Glasser, *The Quality School*（New York: Harper & Row, 1990）.
18) 現在では古典となっている論文であるが，さまざまな学問を定義し，そうした学問がリベラル・エデュケーションの中心となっていると論じたものとして，次の著作を参照。Paul H. Hirst, "Liberal Education and the Nature of Knowledge," in *The Philosophy of Education,* ed. R. S. Peters（Oxford: Oxford University Press, 1973）, pp. 87-111.
19) たとえば，シュタイナー学校はそうしたバランスを重視している。
20) 次の著作を参照。Howard Gardner, *Frames of Mind*（New York: Basic Books, 1983）.
21) 次の著作を参照。W. Norton Grubb, ed., *Education Through Occupations in American High Schools,* Vols. 1 and 2（New York: Teachers College Press, 1995）. 次も参照。Grubb, vol. 1: *Approaches to Integrating Academic and Vocational Education,* p.11.
22) Grubb, ibid., vol. 1 これは全米教育協会の委員会が1893年に出版したものを参照したものである。
23) 当時の学校に対する批判は，次の文献がうまく描写している。Angus and Mirel, *Failed Promise of the American High School.* また次の論文も参照。Herbert Kliebard, *Schooled to Work: Vocationalism and the American Curriculum 1876-1946*（New York: Teachers College Press, 1999）.
24) エリオットの発言は次の文献に引用されている。Kliebard, *Schooled to Work,* p. 43.
25) Ibid.
26) 前の章で述べておいてように，J. S. ミルの自由についての考えと不介入の原理とは，子どもにはあてはまらないものになっている。対照的にデューイは，子どもは必要な知識と理解に基づいた選択をすることが許されるべきであり，そうすることがリベラルな民主主義における教育の一部であるべきだ，と主張した。
27) 次の著作を参照。Dewey, *Human Nature and Conduct*（New York: Modern Library, 1930）.
28) 次の拙著のなかの議論を参照。*Starting at Home: Caring and Social Policy*（Berkeley: University of California Press, 2002）.
29) Kliebard, *Schooled to Work,* p. xv.

30）次の著作を参照。Grubb, *Education Through Occupations.*
31）次の著作を参照。Mike Rose, *Possible Lives: The Promise of Public Education in America*（Boston: Houghton Mifflin, 1995）, pp. 37-43.
32）Dorothy Day, *The Long Loneliness*（San Francisco: Harper & Row, 1952）, p. 285.
33）次の著作ではとても読みやすく説明されている。Bud Schultz and Ruth Schultz, *It Did Happen Here*（Berkeley: University of California Press, 1989）.
34）これは現在，教育の分野でとても人気のあるテーマになっている。たとえば，次の著作を参照。Holmes Group, *Tomorrow's Teachers*（East Lansing, MI: Author, 1986）. さらには，関連して生じてきている問題（およびプロフェッショナリズムと専門職業化との区別）については，拙稿を参照。"The Professional Life of Mathematics Teachers," in *Handbook of Research on Mathematics Teaching and Learning,* ed. Douglas A. Grouws（New York: Macmillan, 1992）, pp. 197-208.
35）準専門職に関する議論としては，次の著作を参照。Amitai Etzioni, ed., *The Semi-Professions and Their Organization: Teachers, Nurses, and Social Workers*（New York: Free Press, 1969）.
36）Steven Levy, "Great Minds, Great Ideas," *Newsweek,* May 27, 2002, 56.
37）たとえば，次の著作を参照。E. D. Hirsch, Jr., *Cultural Literacy: What Every American Needs to Know*（Boston: Houghton Mifflin, 1987）; also Hirsch, *The Schools We Need*（New York: Doubleday, 1996）. Diane Ravitch, *Left Back: A Century of Battles Over School Reform*（New York: Simon & Schuster, 2000）.
38）デューイが反主知主義だとする批判については，次の著作を参照。Alan Ryan, *John Dewey and the High Tide of American Liberalism*（New York: W. W. Norton, 1995）.

第11章　共同体，民主主義，奉仕活動

1）次の著作を参照。Robert A. Nisbet, *The Quest for Community*（New York: Oxford University Press, 1953）. 次も参照。Arthur M.Schlesinger, Jr., *The Disuniting of America: Reflections on a Multicultural Society*（New York: W. W. Norton, 1992）. 目的をもない時代の生活については，次の著作を参照。Paul Tillich, *The Courage to Be*（New Haven, CT: Yale University Press, 1952）. ユートピア的な共同体をつくることにより，人々が広い社会において，意味と共同体の損失にどのようにかかわっていくかという興味深い研究については，次の著作を参照。Rosabeth Moss Kanter, *Commitment and Community: Communes and Utopias in Sociological Perspective*（Cambridge, MA: Harvard University Press, 1972）.
2）共同体の定義を曖昧なままにすることを支持するすぐれた主張については，次の著作を参照。Philip Selznick, *The Moral Commonwealth: Social Theory and the Promise of Community*（Berkeley: University of California Press, 1992）, pp. 357-358.
3）Ferdinand Tonnies, *Gemeinschaft und Gesellshaft,* trans. C. P. Loomis（New York: HarperCollins, 1957/1887）, p. 248.
4）ベラーとその同僚たちは，強力な共同体の土台を記憶している。これに関しては次の著作を参照。Robert N. Bellah, Richard Madsen, William M. Sullivan, Ann Swidler, Steven M. Tipton, *Habits of the Heart*（Berkeley: University of California

Press, 1985).

5) セルズニックは，『モラル・コモンウェルス』において，歴史性，自己同一性，相互関係，複数性，自立性，参加，統合を共同体の「構成要素」と見なしている。

6) 次の著作を参照。Tillich, *Courage to Be*.

7) Eric Hoffer, *The True Believer* (New York: Harper & Row, 1951), p. 80.

8) William Galston, "Two Concepts of Liberalism," *Ethics* 105 (3), 1995: 529.

9) 次の拙著を参照。Nel Noddings, *Educating for Intelligent Belief or Unbelief* (New York: Teachers College Press, 1993).

10) John Dewey, *The Public and Its Problems* (New York: Henry Holt, 1927), p. 98.

11) 次の著作を参照。Tillich, *Courage to Be*.

12) 次の著作を参照。Michel Foucault, *Discipline and Punish: The Birth of the Prison,* trans. Alan Sheridan (New York: Vintage Bookes, 1979).

13) 次の拙著を参照。Nel Noddinngs, *Starting at Home: Caring and Social Policy* (Berkeley: University of California Press, 2002), p. 137.

14) 次の著作を参照。Samuel Oliner and Pearl M. Oliner, *The Altruistic Personality: Rescuers of Jews in Nazi Europe* (New York: Free Press, 1988).

15) 次の拙著を参照。Nel Noddings, *Educating Moral People: A Caring Alternative to Character Education* (New York: Teachers College Press, 2002).

16) 21世紀の初期の段階では，本能は人間の多種多様な行動を説明するために引用された。これらの主張と，それに異議を唱える力強い評論については，次の著作を参照。Dalbir Bindra and Jane Stewart, eds., *Motivation* (Middlesex, England: Penguin Books, 1971).

17) 社会階層の再生産に寄与するものに対する強力な抵抗例として，次の著作を参照。Paul Willis, *Learning to Labour* (Farnborough, England: Saxon House, 1977).

18) 次の著作を参照。Diana Meyers, *Self, Society, and Personal Choice* (New York: Columbia University Press, 1989).

19) 次の著作を参照。Selznick, *Moral Commonwealth,* Chapter 9.

20) ジャン=ポール・サルトルは，実存的自由の認識が苦悩を和らげると述べている。状況のなかで生じる自由は，注意深く選択することを認識させることによって苦悩を和らげるかもしれないが，もし，確実な選択肢の用意ができていなければ，わたしたちの苦悩は深まるかもしれない。そのことについては，次の著作を参照。Sartre, *Being and Nothingness,* trans. Hazel E. Barnes (New York: Washington Square Press, 1956).

21) この議論の例については，次の著作を参照。Alasdair MacIntyre, *After Virtue* (Notre Dame, IN: University of Notre Dame Press, 1981) ; Michael Sandel, *Liberalism and the Limits of Justice* (Cambridge: Cambridge University Press, 1982) ; Charles Taylor, *Sources of the Self* (Cambridge, MA: Harvard University Press, 1989). この双方の側の優れた概要が，次の著作で見受けられる。Shlomo Avineri and Avner de-Shalit, eds., *Communitarianism and Individualism* (Oxford: Oxford University Press, 1992).

22) 次の著作を参照。John Dewey, *Democracy and Education* (New York: Macmillan,

1916).

23)　次の著作を参照。Amy Gutmann, *Democratic Education*（Princeton, NJ: Princeton University Press, 1987）, p. 38.

24)　これに関するデューイの主張については，次の著作を参照。*Democracy and Education* and *The Public and Its Problems.*

25)　次の拙著を参照。Noddings, *The Challenge to Care in Schools*（New York: Teachers College Press, 1992）.

26)　多様なボランティア活動の印象的な記述については，次の著作を参照。Laurent A. Parks Daloz, Cheryl H. Keen, James P. Keen, and Sharon Daloz Parks, *Common Fire: Lives of Commitment in a Complex World*（Boston: Beacon Press, 1996）; Marc Freedman, *The Kindness of Strangers: Adult Mentors, Urban Youth, and the New Voluntarism*（Cambridge: Cambridge University Press, 1999）; John W. Gardner, *Self-Renewal*（New York: Harper & Row, 1965）; Pearl Oliner and Samuel Oliner, *Toward a Caring Society: Ideas into Action*（Westport, CT: Praeger, 1995）; Robert A. Rhoads, *Community Service and Higher Learning: Explorations of the Caring Self*（Albany: State University of New York Press, 1997）; Lisbeth B. Schorr, *Common Purpose: Strengthening Families and Neighborhoods to Rebuild America*（New York: Anchor Books, 1997）. このような行動の必要性については，次の著作を参照。Bellah et al., *Habits of the Heart.*

27)　次の著作を参照。Ruth L. Smith, "Happiness and the Uneasy Conscience", in *In Pursuit of Happiness,* ed. Leroy S. Rouner（Notre Dame, IN: University of Notre Dame Press, 1995）, pp. 136-146.

第12章　学校と教室における幸せ

1)　このわたしの主張に関しては，次の拙著を参照。*The Challenge to Care in Schools*（New York: Teachers College Press, 1992）.

2)　貧しい子どもたちがいかにひどく無視されているかに関する説得力のある説明については，次の著作を参照。Jonathan Kozol, *Savage Inequalities*（New York: Crown, 1991）.

3)　たとえば，次の著作を参照。Fraser Brown, ed., *Playwork-Theory and Practice*（Philadelphia: Open University Press, 2002）.

4)　Alfred North Whitehead, *The Aims of Education*（New York: Free Press, 1967/1929）, pp. 17-18.

5)　たとえば，次の著作を参照。Charles E. Silberman, *Crisis in the Classroom: The Remaking of American Education*（New York: Random House, 1970）.

6)　Anne Long, "The New School-Vancouver," in *Radical School Reform,* ed. Ronald Gross and Beatrice Gross（New York: Simon & Schuster, 1969）, p. 296.

7)　そのような冷酷な話の例に関しては，次のエッセイを参照。Gross and Gross, ibid.

8)　次の著作を参照。Jean Anyon, *Ghetto Schooling*（New York: Teachers College Press, 1997）. 次の著作も参照。Herve Varenne and Ray McDermott, *Successful Failure*（Boulder, CO: Westview Press, 1999）.

9) Jules Henry, "In Suburban Classrooms," in *Radical School Reform,* p. 84.

10) そのような機会がいかにしばしば失われているかの印象的な説明については，次の著作を参照。Katherine G. Simon, *Moral Questions in the Classroom*（New Haven, CT: Yale University Press, 2001）.

11) これに関しては，ジョン・デューイの次の著作を参照。*Experience and Education*（New York: Collier Books, 1963/1938）; また次の著作も参照。Nel Noddings and Paul Shore, *Awakening the Inner Eye: Intuition in Education*（New York: Teachers College Press, 1984; reissued by Educator's International Press, Troy, NY, 1998）.

12) Paul Goodman, "No Processing Whatever," in *Radical School Reform,* ed. Ronald Gross and Beatrice Gross, p. 105. 次の著作も参照。Goodman, *Compulsory Miseducation*（New York: Horizon, 1964）. Goodman, *Growing Up Absurd*（New York: Random House, 1960）.

13) 生徒と親の両方の協力を見守ることが重要である。次の著作を参照。Deborah Meier, *The Power of their Ideas: Lessons for America from a Small School in Harlem*（Boston: Beacon Press, 1995）. Meier, *Will Standards Save Public Education?*（Boston: Beacon Press, 2000）.

14) *Wisconsin v. Yoder,* 406 U. S. 205（1971）. この事例の慎重な議論としては，次の著作を参照。Stephen Macedo, "Liberal Civic Education and Religious Fundamentalism: The Case of God v. John Rawls?" *Ethics* 105, 1995: 468-496.

15) ニューヨークタイムズ紙上の次の説明を参照。"From the Dissent," June 28, 2002, A23.

16) 驚くべきことに，ジェイムズ・コナントは教育の目的と哲学の議論に向き合うと「不快な疲労を覚える」ともらしている。同様に，ジャーナリストのマーチン・メイヤーはシルバーマンの『教室の危機』を引用しながら，「人間性追求においてもっとも退屈でもっとも実りのないもの」として，目的をめぐる議論を切り捨てている。このような批判は，プラトン，アリストテレス，ルソー，ホワイトヘッド，デューイにも向けられている！

17) John Dewey, *Democracy and Education*（New York: Macmillan, 1916）, p. 211.

18) 次の著作を参照。Stephen J. Thornton, "From Content to Subject Matter," *The Social Studies,* November/December 2001:237-242.

19) 次の著作を参照。William Watson Purkey and John M. Novak, *Inviting School Success*（Belmont, CA: Wadsworth, 1996）. 次の著作も参照。Novak, *Advancing Invitational Thinking*（San Francisco: Caddo Gap Press, 1992）.

20) 次の著作を参照。Silberman, *Crisis in the Classroom,* and Ronald Gross and Beatrice Gross eds. *Radical School Reform.*

21) Alfie Kohn, *The Schools Our Children Deserve*（Boston: Houghton Mifflin, 1999）, p. 104.

22) Silberman, *Crisis in the Classroom,* pp. 172-173.

23) この応答のわかりやすい説明については，次の著作を参照。David L. Angus and Jeffrey E.Mirel, *The Failed Promise of the American High School: 1890-1995*（New York: Teachers College Press, 1999）.

24) Nel Noddings, "Care and Coercion in School Reform," *Journal of Educational Change* 2, 2001: 38.
25) 次の著作を参照。Linda McNeil, *Contradictions of School Reform* (New York: Routledge, 2000).
26) ディアネ・ラビッチ（他）によるこの批判については，次の著作を参照。Diane Ravitch, *Left Back: A Century of Battles Over School Reform* (New York: Simon & Schuster, 2000).
27) 次の著作を参照。Jane Roland Martin, *The Schoolhome: Rethinking Schools for Changing Families* (Cambridge, MA: Harvard University Press, 1992).